HOMBRE, ETNIA, ESTADO

BIBLIOTECA ROMÁNICA HISPÁNICA

DIRIGIDA POR DÁMASO ALONSO

II. ESTUDIOS Y ENSAYOS, 344

MANUEL ALVAR

HOMBRE, ETNIA, ESTADO

ACTITUDES LINGÜÍSTICAS EN HISPANOAMÉRICA

BIBLIOTECA ROMÁNICA HISPÁNICA

EDITORIAL GREDOS

MADRID

EDITORIAL GREDOS, S. A.

Sánchez Pacheco, 81, Madrid. España.

Depósito Legal: M. 13845-1986.

ISBN 84-249-1035-4. Guaflex.

ISBN 84-249-1034-6. Rústica.

Impreso en España. Printed in Spain.

Gráficas Cóndor, S. A., Sánchez Pacheco, 81, Madrid, 1986. — 5881.

A María y Armando Saitta.

INTRODUCCIÓN Y JUSTIFICACIÓN
BIBLIOGRÁFICA

Reúno en este volumen un conjunto de estudios homogéneos por el tema y próximos por la cronología. Las encuestas dialectales me llevaron a una cuestión relativamente inesperada: cómo reacciona un hablante hacia ese instrumento que es su propia lengua. De este planteamiento, que muchas veces es subjetivo, se llega a otro, que es ya social: ¿cuál es la reacción de un grupo? Y, por último, la pregunta esperada: ¿qué actitud adopta un estado ante la lengua nacional o, si las hay, ante las lenguas minoritarias? Lo que era una cuestión sin demasiado relieve se convirtió en un problema capital, que quise entender y explicar.

Tenía la suerte de poder trabajar en Hispanoamérica, espléndido campo para estos intereses (por la variedad de gentes y tierras, por la heterogeneidad de los problemas, por el nacionalismo de unos pueblos jóvenes, por las polémicas sobre la unidad o la fragmentación de la lengua). Entonces me decidí a analizar lo que tenía ante mis ojos, y resultaron estas páginas. Pienso que coherentes y variadas, pero no reiterativas ni ocasionales.

El libro trata de enfrentamientos lingüísticos y de convivencias, hechos sociales; pero la lengua refleja esos trozos de vida que, en ella, cobran un sorprendente sentido. Sin embargo es el hombre quien sufre o decide los resultados del enfrentamiento, y con él su grupo, hasta que el estado trata de poner las cosas en su sitio (o en el sitio que le convendría que tuvieran).

Por eso en el título del libro la palabra *hombre*, primer eslabón
de una larga cadena o, si se prefiere, punto central en torno
al que se van a dibujar círculos más amplios. Pero trabajo sobre
Hispanoamérica y, lógicamente, me relaciono con grupos indígenas, transculturados o no; son las *etnias* que tantas veces apa-
recerán por estas páginas, en América septentrional, en el istmo, en el cono sur. O incluso cabrían aquí los problemas de
enfrentamientos lingüísticos, pero me parece innecesario proceder con precisiones de leguleyo: trato de problemas de lenguas
en contacto, y todo resulta claro. Aunque el contacto lo considere siempre desde una perspectiva, justamente la que no es mía.
Por último, el *estado* participa en todos estos hechos: no puede
ser ajeno a sus propios- problemas y, cuando puede, busca soluciones. Tampoco hace falta justificar más: en su Constitución,
cada pueblo tiene el instrumento para convivir y para pervivir,
y tiene en ella recogidos otros problemas a los que debe atender, y que en estas páginas también se consideran.

Si el título no hace otra cosa que reflejar el contenido de
la obra, pocas palabras hacen falta para justificar otra presen-
tación. Unos trabajos son teóricos, otros históricos, otros sin-
crónicos. Triple perspectiva bajo la que el hecho lingüístico se
puede considerar y en estas páginas también así se hace. En
última instancia, resultado de una formación —la mía— que explica todas mis investigaciones en el campo de una lingüística
que veo siempre como resultado del hombre que la crea.

Acaso merezca la pena hablar de los trabajos que aquí ordeno, siquiera sea para darles sentido en estas páginas.

1. *Actitud del hablante y sociolingüística* es resultado de un
encargo. El profesor Rafael Lapesa me invitó a participar en
un curso que dirigía y me propuso hablar de sociolingüística.
Son las cuartillas que vieron la luz por vez primera en un libro,
Comunicación y lenguaje, impreso por la Editorial Karpos en
Madrid, 1977. El artículo ocupó entonces las páginas 87-105 y
ahora se amplía con algunas páginas que en tal circunstancia
no pude escribir. La Universidad Nacional de México lo recogió
en sus *Estudios sociolingüísticos* (1978).

2. *Bilingüismo e integración en Hispanoamérica* se publicó en la *Revista Española de Lingüística* (I, 1971, páginas 25-27). Estuvo motivado por el *Proyecto Oaxaca* de Gloria Bravo y Beatriz Garza, antiguas alumnas mías en El Colegio de México, a las que profeso los sentimientos más afectuosos. Sus nombres aparecen en la dedicatoria, porque su amistad —hoy, que ambas investigadoras responden de grandes responsabilidades— sigue siendo la misma que me confiaron en 1964.

3. En 1979 estuve en Guatemala para preparar un proyecto de investigación que hubiera tenido muy altos empeños. Iba a ser paralelo del que mis colegas de la Universidad Complutense realizaban en otros campos. Poco después se produjeron hechos que nada tuvieron de científicos, y no pude llevar a cabo sino dos estudios para los que había recogido información: las *Encuestas fonéticas en el suroccidente de Guatemala (Lingüística Española Actual*, II, 1980, páginas 245-298) y este otro, *Español, castellano, lenguas indígenas*, que publiqué en *Logos Semantikos. Homenaje a Eugenio Coseriu*, t. V, Madrid, 1981, páginas 393-406.

4 y 5. Las *Actitudes lingüísticas indígenas en la Amazonia colombiana* y las *Actitudes lingüísticas de un grupo yagua* son, respectivamente, los capítulos IV y VII de mi libro *Leticia. Estudios lingüísticos sobre la Amazonia colombiana* (con una monografía etnográfica de Elena Alvar), Publicaciones del Instituto Caro y Cuervo, XLIII, Bogotá, 1977. Traigo aquí esas páginas porque completan la visión que estoy ofreciendo de estos problemas y porque ahora tienen un sentido que les hace cobrar nueva vida. El primero de estos estudios, adaptado a la ocasión, se leyó en la sesión plenaria del día 27 de julio de 1977, en el XV Congreso Internacional de Lingüística y Filología Románicas, y se publicó como *Espagnol et langues indigènes: attitudes en Amazonie Colombienne* en la *Revue de Linguistique Romane*, XLII, 1978, páginas 1-43.

6. *Español de Santo Domingo y español de España: análisis de unas actitudes lingüísticas* se incluyó en la revista *Lingüística Española Actual*, V, 1983, páginas 224-239. Es el primer trabajo que dediqué a la República Dominicana. Después de 1982 he

vuelto a la Isla, y en 1986 tendré que acabar las encuestas del país que figurarán en el *Atlas Lingüístico de Hispanoamérica.* Siempre fui generosamente acogido y debo recordar los mil desvelos del Prof. Orlando Alba para que éste y mis otros trabajos llegaran a buen fin.

7. En 1983, la Academia de Ciencias de Cuba nos invitó a Antonio Quilis y a mí para dar sendos cursos y poner en marcha diversos trabajos. Las *Reacciones de unos hablantes cubanos ante diversas variedades del español (Lingüística Española Actual,* VI, 1984, páginas 229-265) fueron las primeras páginas que dan fe de nuestros quehaceres. Agradezco a mi muy querido amigo la generosidad con que me permite reproducir estas páginas.

8. *Español e inglés en Puerto Rico* (con un título ligerísimamente distinto, pero cambiado ahora para evitar repeticiones) se publicó en la *Revista de Filología Española,* LXII, 1982, páginas 1-38.

9. *La influencia del inglés en la República Dominicana: valoración de una encuesta oral* se ha publicado (1985) en el *Anuario de Letras,* de la Universidad Nacional Autónoma de México.

10. *Lengua nacional y sociolingüística: las Constituciones de América* responde a una invitación para inaugurar el XVI Congreso Internacional de Lingüística y Filología Románicas. Tal y como leí la conferencia se publicó en las *Actes* (Palma de Mallorca, 1982, t. I, páginas 33-54) y, en su versión total, vio la luz en el *Bulletin Hispanique,* LXXXIV, 1982, páginas 347-414.

Una vez más, agradezco a la Editorial Gredos el cobijo que da a mis libros en sus beneméritas colecciones.

La Goleta, 15 de mayo de 1985.

I

ACTITUD DEL HABLANTE Y SOCIOLINGÜÍSTICA

I

Plantearse el problema de qué pueda ser una sociolingüística es, ante todo, enfrentarse con la cuestión del concepto que el hablante tiene de su propio instrumento lingüístico. Porque —tácita o expresamente— el hablante toma posiciones para encararse con su lengua: unas veces, las más, no las manifiesta; pero otras —acuciado por excitantes externos— responde a una pregunta que se formula o que le formulan. De este concepto surgen distintas valoraciones que afectarán a toda clase de ámbitos: sea para asegurar su conciencia nacional o de grupo étnico; sea para valorar o desestimar su lengua; sea para afianzar la conciencia de clase, etc. Surgen entonces problemas de lingüística institucional que rebasan con mucho la propia condición de la lingüística, porque nos estaremos asomando a cuestiones que tienen que ver con las lenguas en contacto y los problemas del bilingüismo, con los caracteres sociales de la alienación o transculturación, con la dialéctica de la lucha de clases.

Cuando en América se suscitan problemas de integración lingüística, sobre el tapete encontramos siempre los escabrosos motivos de la pervivencia de unas lenguas, del bilingüismo y de la alienación. Inmensa teoría de posibilidades en las que todos pensamos, todos desearíamos resolver y todos quisiéramos salvar sin lastimar la condición de unos seres marginados [1]. Pero al mismo tiempo que se suscitan estos problemas, ha aflorado el de la permeabilidad del hablante hacia la lengua nacional y su posición frente a la acción estatal [2]. O dicho de otro modo, la *Native Reaction as a Criterion in Linguistics Analysis* de que habla Hoijer [3] y las *Language Attitudes* de R. W. Shuy y R. W. Fasold [4]. Creo que el conocimiento de unos cuantos hechos nos podrá servir para ulteriores especulaciones.

En los atlas de España figura un mapa que suele enunciarse como «Nombre del habla local según los informantes». De lo que el hablante cree que habla se podrán deducir juicios de valor —comportamiento y conciencia— de su propia lengua. Hay en la lingüística románica un problema debatido hasta la saciedad: el de la frontera catalano-aragonesa. Se trata de unas hablas anteriores a la reconquista, con unos límites fonéticos que aparecen entreverados, con dificultades —como siempre— de clasificación. Pero el mapa 4 del *Atlas Linguistic de Catalunya* nos puede dar una clave para interpretar los hechos: hay informantes que hablan *aragonés,* otros *catalán,* otros sienten el orgullo de su modalidad local, ni aragonesa ni catalana *(patués benasqués),* otros confunden lengua y geografía: el *aragoná peraltí,* es catalán (hecho lingüístico) en una modalidad local *(peraltí)* de tierras aragonesas (hecho geográfico [5]). Sin embargo, las interferencias lingüísticas son muy grandes y las penetraciones recíprocas afectan a todos los órdenes, pero hay un hecho de conciencia lingüística que afecta sólo a uno de esos cuatro grupos diferentes: los hablantes del catalán lo consideran muy

---

[1]   Cfr. «Bilingüismo e integración. Comentarios Hispanoamericanos», *Revista Española de Lingüística,* I, 1971, págs. 25-57. Se imprime en este volumen y las referencias figuran en las págs. 37 y 73.

[2]   Vid. la pág. 28 del trabajo citado en la nota anterior. Ahora en la pág. 40 de este libro.

[3]   Apud *Reports for the Eight International Congress of Linguistics,* Oslo, 1957, págs. 112-121.

[4]   El libro de ambos autores se publicó en Washington, D. C., 1973, y a él tendré que referirme más adelante.

[5]   «Catalán y aragonés en las regiones fronterizas», *Actas del VII Congreso Internacional de Lingüística Románica,* Barcelona, 1955, págs. 737-778, especialmente la pág. 778.

feo, mientras ven en el castellano «la mejor de las lenguas» [6]. He aquí unos informes de tipo sociológico que, unidos a otros de alcance muy diverso, nos explican la situación de la frontera catalano-aragonesa, como he mostrado en otra ocasión [7]: según mi criterio, asistimos a un proceso —inevitablemente largo— de absorción de unas hablas marginadas por una lengua que cuenta con todo el apoyo de una organización orientada a captar los elementos extravagantes. No de otro modo a como señaló Rona con el dialecto *fronterizo* del norte del Uruguay: conjunto de hablas portuguesas en trance de castellanización hasta el extremo de que hablantes del *fronterizo* se creen estar hablando en castellano, «importante mutación de la actitud lingüística», que «hace pensar que el 'fronterizo' ahora cambiará en dirección al castellano» [8]; y no hay que olvidar, además, la acción —intencionada o no— de la organización estatal, por cuanto unos uruguayos hablantes de portugués se solidarizan con sus compatriotas hablantes de español, precisamente, por una aspiración de integrarse en la lengua común de toda la colectividad [9]. He aquí, pues, algo muy importante para cuando se establezcan programas lingüísticos: la posición del hablante ante su propio instrumento, lo que le llevará, consciente o no, hacia la adquisición de una nueva lengua, aunque *nueva lengua* sea un proceso que dure generaciones y generaciones.

El mapa número 4 del *Atlas Lingüístico de la Península Ibérica* podría ser un ejemplo espléndido de realidades, sin embargo está muy mal hecho y tenemos que conformarnos con lo poco que nos da. Según él, en la provincia de Santander se habla *pasiego* (puntos 407, 411), *montañés* (401, 405), *habla lebaniega* (400)

---

[6] Saroïhandy, «El catalá del Pirineu a la ratlla d'Aragó», *Primer Congrès Int. de la Llengua Catalana*, Barcelona, 1908, págs. 332-333. Cfr., también, *El dialecto aragonés*, Madrid, 1953, págs. 140-141.

[7] «Un problème de langues en contact: la frontière catalano-aragonesa», *Travaux de linguistique et littérature*, IX, 1971, págs. 73-84.

[8] «Una visión estructural de la Sociolingüística», *Santiago*, revista de la Universidad de Oriente, Cuba, junio de 1972, pág. 36.

[9] Para la importancia del nacionalismo en los hechos lingüísticos, vid. Uriel Weinreich, *Languages in Contact*, La Haya, 1963, pág. 99.

y *tudanco* (406). Es todo. Pero el atlas regional nos dice mucho, muchísimo más. En la conciencia de todos estos hablantes lo que actúa es la realidad de la región a la que pertenecen y que por tanto da nombre a su lengua: en Santander se habla *castellano*, según dijeron los informantes de cuarenta puntos, y aun ese castellano era «legítimo», como apuntó el sujeto de Liencres (202), y «limpio», según el de Fresno (500), o, con cierta restricción localista, «castellano con la u» en Oreña (100) y la Hermida (107). *Castellano* es, pues, la conciencia lingüística arraigada, ya que no puede ser de otro modo en una provincia de Castilla; ahora bien, es además el ideal lingüístico que encierra en sí la perfección a la que puede aspirarse; por eso unos hablantes atemperan la afirmación con algunas restricciones atenuativas *(con la u)* o, según el informante de Guriezo, «aunque no se sabe hablar», el de Carmona que lo considera «rebujao», los de Tudanca o San Sebastián de Garabandal, que lo estiman «mal hablado»; *español* es denominación más escasa y su presencia habrá que juzgarla como perteneciente a supraestructuras nacionales (escuela, administración, etc.) o, lo que resulta ejemplar, a considerar *español* como un «suprasistema en el que se integran las realizaciones dialectales», según dije y me confirma el informante de Celis que habla *español* «porque no es castellano legítimo»; con lo que venía a coincidir con aquel otro interlocutor de la isla de la Palma que, dándome la misma respuesta, apostillaba: «porque *castellano* no lo sabemos hablar». Que en regiones naturales muy diferenciadas apliquen a su variedad lingüística el nombre de la comarca, no tiene nada de particular, ni aquí ni en Canarias o Andalucía; *lebaniego, campurriano, pasiego* son otras tantas designaciones de carácter localista en las que se proyecta una visión de la lengua como instrumento de escaso alcance (para hablar con las gentes del valle, y nada más, pues del valle no se sale). Los hablantes de Santander, al dar unos informes singularmente luminosos, han venido a coincidir con otros de las más remotas geografías de España, aunque en cada sitio la fidelidad a la tierra impone su propia coherencia. Santander es Castilla y habla *castellano*, pero *castellano* se siente como un ideal lingüístico en el que caben desviaciones del sistema; por eso, quien tiene seguridad en el instrumento que maneja ponderará enfáticamente *(castellano legítimo* o *castellano limpio)* y, por el contrario, quien conoce la limitación de su sistema frente al común apostillará *castellano con la u* o dirá «aunque no se sabe hablar». Sin embargo, *español* es el término que se identifica con la idea de España, y del mismo modo que en el concepto nacional se integran las limitaciones regionales, en la designación lingüística se integran todas las variedades discrepantes, pues *español* es un suprasistema que abarca a las modalidades que se apartan de ese ideal *castellano,* cuando el *castellano* «no lo sabemos hablar».

Fijémonos en otro atlas, el *Atlas Lingüístico-Etnográfico de Andalucía* [10]. En la conciencia lingüística de las gentes del mediodía español existe —claramente— la idea de que emplean un dialecto fuertemente diferenciado: *andaluz.* Pero este *andaluz* tiene connotaciones negativas: es *malo* (Al 100), *bajo* (Al 600), *mal hablao* (Al 404), *fulero* (Ca 300, Gr 602) o *basto* (Se 310) [11]. Éstas son respuestas transcritas; otras veces las consideraciones de los informantes se diluían en una conversación en la que los términos con que se enriquecía la caracterización eran poco académicos. Hay, pues, una conciencia de cierto ideal mejor de lengua que es el castellano. Bien que no siempre —y colectivamente— se considere como tal: para muchos hablantes, sólo el andaluz es bueno; los españoles septentrionales hablamos mal y lo que hay de Despeñaperros para arriba ya no es sino el norte, algo que deja de ser España: curiosa reacción que tiene su paralelo en la de tantos y tantos españoles del norte —incluidos honestos profesores— para quienes Andalucía es morisma o gitanería, y yerro grave las reconquistas de San Fernando o los Reyes Católicos. Pero ésta es una sociología de la que ahora no me puedo ocupar. No es nueva la idea que tienen muchos andaluces de ser algo así como la quintaesencia de España: hace siglos, Juan de Castellanos, beneficiado de Tunja, identificaba andaluz con español, según he dicho en alguna oca-

---

[10] Mapa 5 del t. I.
[11] En J 307, *se habla basto.*

sión [12], y convendría no echar en saco roto las apreciaciones antiguas y modernas. Sin embargo, que el castellano sea, lingüísticamente, un ideal mejor que el suyo dialectal es algo de lo que se puede dudar tan poco como que lo sea para tantos academicistas que andan sueltos por América. De ahí que *castellano* sea un término que aparece 37 veces en el *ALEA* (frente a las 57 de *andaluz*), y alguna vez, prestigiado por un rasgo que se considera muy caracterizador: *castellano con la ll* (J 400) o *castellano de verdad* (H 301) [13], por mantener la palatal lateral. *Español*, el otro término repetido, sólo aparece en 12 ocasiones. Tenemos, pues, que la conciencia lingüística de los hablantes andaluces manifiesta una fuerte identificación con su dialecto, aunque a veces asomen connotaciones despectivas. Y es que unas hablas como éstas, muy diferenciadas de la lengua común, sirven para acentuar el sentido dialectal de las gentes que las emplean; más aún, crean una autoafirmación de personalidad que les hace desdeñar todo aquello que les es dispar, y eso desde el catedrático de Universidad hasta el último bracero, con lo que resulta que el dialecto tiene un prestigio social que difícilmente alcanza en ningún sitio del país, y es que en Andalucía se trata de una conciencia colectiva íntimamente sentida, no activada o motivada por idealismos de clases dirigentes. Problema que sólo se explica si partimos del principio lingüístico de la coexistencia de normas [14] dentro de una misma lengua. Naturalmente, Andalucía es discrepante con respecto a Burgos - Toledo - Madrid [15] y tiene una norma que afecta a toda la región, por más que no sea uniforme al faltarle nivelación [16]. Entonces *andaluz* es término muy general, como espejo de conciencia colec-

---

[12]   Manuel Alvar, *Juan de Castellanos. Tradición española y realidad americana*, Bogotá, 1972, pág. 58.

[13]   Frente a él estaría el *patán* de Al 502, el *cateto* de Ma 407, el *hablar cateto* de Co 605.

[14]   Vid. *Niveles socioculturales en el habla de Las Palmas*, Las Palmas de Gran Canaria, 1972, pág. 229.

[15]   «Sevilla, macrocosmos lingüístico», *Homenaje a Ángel Rosenblat*, Caracas, 1974, págs. 13-42.

[16]   «Hacia los conceptos de lengua, dialecto y hablas» (*Nueva Revista de Filología Hispánica*, XV, 1961, pág. 59).

tiva; *castellano,* reflejo de un cierto ideal de lengua, que no actúa en la totalidad de los hablantes; *español,* identificación de habla y sentimiento nacional.

Cierto que acaba de surgirnos el principio de la «falta de nivelación». Sólo así se explica el carácter eminentemente localista que tienen muchas de las denominaciones regionales: una cincuentena de ellas hace referencia a la modalidad aldeana, casi tantas como las que consideran su habla como andaluza. Y tendríamos —una vez más— la falta de integración que se ve en muchos hechos de la región: *berrocaleño* (H 402), *aznarcollero* (Se 305), *jimenato* (Ca 400), *lujeño* (Gr 513), *porcunés* (J. 306), *cantoriano* (Al 400), etc. [17], son modalidades de habla insertas en una geografía que se siente, pero que no caracteriza. Por eso hay escasas denominaciones que rebasen el localismo sin incorporarse a la estructura regional: hay muy poco *sevillano* (Se 200, 400, 402, 404) o *granadino* (Gr 306, 309, 403, 406), menos *almeriense* (Al 204, 405, 501) o *alpujarreño* (Gr 506, 510, 603) y menos aún *cordobés* (Co 402, 601) o *malagueño* (Ma 300, 406). Otras veces, sobre la conciencia lingüística actúan peculiaridades regionales diferenciadoras *(extremeño* H 100, Se 101, Co 103; *manchego* J 100; *murciano* Gr 200, Al 200, 205) [18] o algún rasgo que se considera relevante: *hablar con la ll* (Se 308), *hablar con la ce* (Gr 300, 406), *hablar con la ese* (Gr 505, 601, Al 501) o, sin perder la ironía, *hablar de los talegos* (Al 401) [19]. Tenemos, pues, que la reacción del hablante de cara a su dialecto es bien precisa: domina *andaluz,* sigue *castellano* y *español* va a la zaga. Mal se podrá intentar una nivelación de ésta con la norma oficial si pensamos que la personalidad regional se acentúa con unas formas dialectales totalmente dispares, y de las que nadie renuncia por la sencilla razón de haberse convertido en norma

---

[17] Con ellas habría que alinear el *hablar boyuyero* (H 603), el *habla de...* (11 veces), el *dialecto de...* (Co 600, 606), el *deje de...* (Ca 203, 500, Ma 301, 500), a *la costumbre del pueblo* (Gr 302) o *a nuestra costumbre* (Gr 301).

[18] En Gr 400; «ni andaluz ni murciano»; en Se 100: «ni andaluz ni extremeño, para entendernos se necesita un intérprete».

[19] Otras formas irónicas: *lengua bartolina* 'de San Bartolomé de la Torre' (H 500), *aguijones* (H 201), *felisario* (Al 506).

discrepante que —al cabo de los siglos— ha dejado sin eficacia
a la que solemos llamar lengua de cultura. Claro que hablamos
de hablas vivas, las que —desde la geografía lingüística— facilitan información a la sociolingüística, porque la lengua escrita
tiene otros alcances muy distintos.

Ahora bien, si la norma sevillana ha servido para hacernos
ver la ruptura del hablante con la conciencia de lengua nacional, o el surgir de unas nuevas valoraciones, no deja de ser curioso el estudio de la irradiación que esa norma tuvo sobre las
Islas atlánticas. El mapa n.º 3 del *Atlas Lingüístico Etnográfico
de las Islas Canarias* recoge las respuestas a una pregunta que
se formulaba así: «¿Qué se habla aquí?». Hay unas cuantas formas puramente isleñas, ya que no locales. Frente a lo que era
tan corriente en Andalucía, en Canarias no se da ningún tipo
de desintegración aldeana: dos hombres de Fuerteventura hablaban *majorero*, es decir, denominación geográfica que afecta
a todo lo que pertenece a la isla, la antigua *Mahoh* [20]; otro de
Gran Canaria habló del *español canario* (Gc 40); otro de Go 4,
del *gomero*, y nada más. Veintitrés informantes tuvieron convencimiento de hablar *español* y 19, *castellano*. Como se ve, todo
es de una extraordinaria sencillez: un hombre dirá que tiene
habla de mago 'campesino' (Tf 6) [21], pero ese mismo hombre dijo hablar *español;* es decir, sobre su conciencia de hablante de
la lengua nacional operaba la restricción de su ruralismo. Del
mismo modo que otro hablante de la isla de la Palma dijo que
ellos hablaban *español*, «porque *castellano* no lo sabemos hablar». Curiosamente, aquel palmero intuía algo que cobra cuerpo en todas las colectividades de nuestra lengua, y en ellas los
resultados van de acuerdo con una teoría de compromisos afectivos o sentimentales [22]: *español* se convertía en el instrumento
inmediato utilizado por todos los hablantes de un país, con independencia de su carácter regional; *castellano* sería la norma

---

[20]   Sólo hay un *arafero* en Tf 40.

[21]   *Mago*, 'campesino', en *Estudios canarios*, I, Las Palmas, 1968, pág. 116.

[22]   Amado Alonso, *Castellano, español, idioma nacional. Historia espiritual de
tres nombres*, Buenos Aires, 1938.

—considerada superior— que sólo utilizan aquellos peninsulares que no tienen, en su habla, connotaciones regionales. Resulta, pues, que *español* es un suprasistema en el que se integran las realizaciones dialectales (canario, andaluz, venezolano, por no citar sino lo que opera en las Islas), mientras que *castellano* es, a la vez, una parcela del español, pero la parcela paradigmática, a la que los hablantes dialectales no alcanzan.

Si prescindimos de esta apostilla del hablante de LP 3, *español* y *castellano* suscitan otras cuestiones: el arcaísmo *castellano* se documenta 5 veces en Lanzarote (por 2 *español*), *castellano-español* están igualados en Fuerteventura, donde —sin embargo— aparece el adjetivo que designa a la Isla; en Gran Canaria, *castellano* sólo aparece 3 veces, frente a 7 de *español*, lo mismo que en Tenerife (3 *castellano* por 8 *español*); en La Palma las proporciones son equitativas, mientras que en La Gomera no hay sino *castellano* (y una vez *gomero*). Queda aparte El Hierro con su universal *herreño*, al que tendré que volver. Estos informes son —realmente— ilustrativos: *español* aparece en proporción superior a 2,5 frente a 1 en las islas mayores (Tenerife y Gran Canaria), donde la administración estatal, el desarrollo cultural, el comercio más activo han conducido a la imposición del término nacional, mientras que *castellano* lucha con él en Fuerteventura y La Palma, dos islas a las que el término de la lengua común ha tardado en llegar, y en Lanzarote (isla más alejada que Fuerteventura) o en La Gomera (isla muy pequeña y de singular arcaísmo), domina totalmente *castellano*. Esto es: *castellano* fue la designación común de la lengua, que debió ocupar todo el Archipiélago. Frente a ella, *español* es un término moderno, impuesto desde fuera y en un época de clara centralización. La idea nacional se ha identificado con la lengua, y *español* es la lengua de España, país del que son parte integrante estas dos provincias. Frente a estos conceptos propios de la esencia de un estado moderno, *castellano* es un arcaísmo que dura, aún, en los campos (donde retrocede frente a *español),* en una isla alejada (Lanzarote) o en una muy pequeña y, por supuesto, sumamente marginada (La Gomera). Queda aparte El Hierro, cuya discrepancia no es difícil de explicar: todas las gentes insulares consideran como mejor español el hablado en esta pequeña isla [23]. Suele aducirse su falta de relación con las demás, su conservadurismo, su vida apegada al terruño; es decir, su no participación en la vida de las demás islas hizo que en El Hierro pervivieran arcaísmos de todo tipo. No es el momento de señalar aciertos o desvíos en estas interpretaciones, sí dejar constancia de algo aclarado de manera inequívoca: frente a la aspiración general de la -*s* implosiva, El Hierro la conserva y, en posición final, puede desarrollar una -*e* esvarabática [24]. De la conciencia colectiva participan los herreños: ellos se consideran posesores de un castellano «legítimo» y, por supuesto, superior al de los otros insulares. Pero *castellano* caracterizaría muy poco por cuanto es el término que sirve para designar la modalidad arcaizante de todas las Islas; entonces, como peculiaridad específica de ese castellano sin deterioro y, por tanto, mejor, se emplea el adjetivo *herreño*.

Ahora bien, ¿cómo explicar las diferencias connotativas entre *andaluz* y *canario*? Para mí habrá que pensar en hechos históricos que han repercutido sobre la sociedad. Andalucía es una entidad sentida como tal; antes y después de la reconquista de Granada no había ningún riesgo de identificar con Andalucía a otras zonas de la región. Pero en Canarias las cosas fueron de otro modo: la denominación del Archipiélago fue *Islas de Canaria* [25], y una de ellas era *Canaria* o *Gran Canaria* [26]; por tanto, *canario* era —como sigue siéndolo— término ambiguo; designaba a lo propio de todas las islas y de una sola. Cuando un peninsular habla hoy de *canarios* piensa en la totalidad, indiscriminada, de las gentes del Archipiélago. Pero los insulares saben muy bien que *canario* es, sólo, el 'grancanario', mientras

---

[23] Vid. los testimonios que aduzco en «La articulación de la *s* herreña: (Canarias occidentales)», *Phonétique et Linguistique Romanes. Mélanges offerts à M. Georges Straka*, I, Lyon-Strasbourg, 1970, págs. 106-107.

[24] *Ibidem*, pág. 113.

[25] Vid. mi estudio «Canarias en el camino de las Indias», prólogo a la obra de Manuel Álvarez Nazario, *La herencia lingüística de Canarias en Puerto Rico*, San Juan de Puerto Rico, 1972, pág. 12, nota 10.

[26] Así ya en el pacto de 1480 entre los Reyes Católicos y Alfonso de Quintanilla y Pedro Fernández Cabrón.

que hay —además— *tinerfeños* o *chicharreros*, según el talante
que se quiera usar, *palmeros, herreños, gomeros, majoreros* y
lanzaroteños. Una vez más el viejo problema de las designaciones de puertas afuera o de puertas adentro [27]. *Canario* no podía usarse porque se había marcado en una acepción específica
(de ahí el *español canario* Go 40), mientras que *andaluz* no ofre-
cía ambigüedades [28]. Quedó *castellano* como término común al
que la lengua moderna convirtió en arcaísmo; *español,* como neologismo nacional; *herreño,* como peculiaridad de un castellano
que discrepaba del resto del castellano insular. He aquí cómo
castellano fue en las Islas, igual que en América, el término generalizado en el momento de su hispanización, pero mientras en América *castellano* pudo subsistir por un conjunto de razones bien
sabidas, entre las que contó —naturalmente— la nacionalista [29],
en las Islas *castellano* tiende a desaparecer por la presión nacionalista de la lengua estatal. Un día, en Mitla, unas indias zapotecas me dijeron que ellas hablaban *pura castilla* [30]; si el encuentro se hubiera producido en Canarias, hubieran hablado *herreño,* única variedad «pura» del castellano insular.

Estamos, por tanto, en la dualidad que la palabra *lengua* (inglés *language)* puede presentarnos: de una parte, el conjunto de
normas que engendran no sólo comportamientos lingüísticos, sino
también de otro tipo (pensemos, por ejemplo, en la carga afectiva que pone en *castellano* un aragonés, un andaluz o un hispanoamericano); la segunda acepción de *lengua* haría referencia

---

[27] Américo Castro, «*Español*», *palabra extranjera: razones y motivos,* Madrid,
1970.

[28] Las tenía, y grandes, en cuanto se identificaban *andaluz* 'hispano-
musulmán' y *andaluz* 'español de Andalucía'. Pero a finales del siglo xv sólo
actuó —como referencia significativa— la segunda; la primera se limitó al campo
de los eruditos.

[29] Sobre esta cuestión pueden verse unas notas —no excesivamente nuevas,
pero bastante sensatas— de E. Haugen, «Dialect, Language, Nation», en *Sociolinguistics,* edit. J. B. Pride y J. Holmes, Ringwood, Victoria (Australia), 1972, págs.
104-105. Algo después (pág. 106), se ejemplifica con el francés.

[30] «Hablar pura Castilla», *Variedad y unidad del español,* Madrid, 1969, páginas 175-192.

al código lingüístico de tipo particular que resulta de ese comportamiento [31]. Pero sobre esto hablaré más adelante.

II

Calas semejantes a las descritas podrían hacerse en cualquier punto del mundo hispánico y siempre habría que tener en cuenta la reacción del hablante frente a su habla, frente a la norma de la capital, frente a la peculiaridad regional, frente a la lengua del país. Y quedan marginados —de momento— los problemas del bilingüismo. Desde su conciencia personal cada hablante es un juez que puede dirimir pleitos. Y esto afecta de manera decisiva al futuro de las hablas que se cotejan. Porque, hemos visto, muchos hablantes no ven en su instrumento lingüístico otra cosa que el vehículo de su comunicación inmediata; son las gentes que no se asoman sino al *habla de tal sitio* o al *deje de tal otro*, pero hay muchos que se consideran integrados en un suprasistema (*andaluz* en Andalucía, *castellano* en Canarias), cuyas precisiones —desde la historia— acabo de hacer. Pero suprasistema significa integración de variedades locales en normas regionales [32], y esto es un problema de sociolingüística que ahora debemos abordar. El significado que han ido adquiriendo este manojuelo de palabras fue, es y será un problema de contexto social, cuyo fundamento, como siempre, está en la historia. Dependiendo los contenidos de un contexto, vale para ellos lo que se ha dicho desde la sicología del lenguaje:

> Si virtualmente el signo tiene núcleos de significación diversos y a veces también contradictorios, solamente el conjunto —con sus posibilidades de reforzar, de matizar e incluso de crear— limita los significados actualizando uno, que completa de inmediato, dándole, por la función discernida, el valor específico actual [33].

[31] David M. Smith, «Languáge, Speech and Ideology: A Conceptual Framework», *Language Attitudes: Current Trends and Prospects*, edit. Roger W. Shuy-Ralph W. Fasold, Washington, 1973, pág. 102, § 3.

[32] Vid. el esquema 1 (pág. 200) en mis *Niveles socioculturales* ya citados.

[33] Tatiana Slama-Cazacu, *Lenguaje y contexto* (trad. Carla del Solar), Barcelona, 1970, pág. 287.

Resulta que aquello que un hablante cree que es, podrá intentarse que sea. La postura de un andaluz es consecuente, porque piensa que habla *andaluz* (por más que los lingüistas sepamos que tal entelequia no existe, sino que viven pluralidad de normas andaluzas, todas ellas opuestas a la castellana) y, por tanto, no se preocupa de lo que pueda ser el castellano; un canario habla *castellano* y sólo de manera archiexcepcional se plantea lo que pueda ser *español*. Ahora bien, en uno y otro caso, *andaluz* y *castellano* satisfacen las exigencias del hablante: si alcanza un nivel de instrucción suficientemente alto, verá que su *andaluz* o su *castellano* son variantes de algo que —desde su conciencia— puede ser mejor, el *castellano de Castilla,* por cuanto *español* no ha arraigado popularmente o es una tardía designación. Pero de cualquier modo se plantea, ya, una oposición: regionalismo frente a nación. Aspecto de un problema que es, en una banda del Atlántico, apenas perceptible porque todos —aragoneses, canarios y andaluces— están integrados en una entidad superior, España, cuya lengua era *castellano* para unos (andaluces y canarios) y hoy es *español* para todos. La situación es muy otra en las orillas de América: *español* es —salvo las sabidas excepciones— un término que se sintió, al menos, como polémico. Y los pueblos americanos, como los canarios —nunca considerados en la cuestión—, prefirieron *castellano,* y esto vino a crear un nuevo problema: identificados español y castellano en España, en América la norma nacional, cuando existe con suficiente diferenciación, vino a ser el suprasistema equivalente al castellano peninsular, pero lo que en esa banda se llama castellano no era otra cosa que la supraestructura que nosotros llamamos español [34]. Si redujéramos todo a un sencillo diagrama, veríamos que en un momento dado lo que en Castilla (y los pueblos integrados en el reino de Castilla) se llamó *castella-*

---

[34] Es muy oportuno en este momento recordar una cita de H. Paul traída a colación por E. Coseriu: «Mas en el momento en que nos preguntamos […] *qué lengua es ésta,* y contestamos de algún modo (aunque fuera sólo diciendo, por ej., que es 'el español', que es 'una lengua románica'), ya hemos empezado una narración y, como decía Paul, hacemos historia 'aun sin saberlo'» (*Sincronía, diacronía e historia,* Madrid, 1973, pág. 21).

no pasó a América como tal, pero, unidas Castilla y la Corona de Aragón, ese castellano se convirtió en español; es decir, la modalidad regional se integró en un suprasistema más complejo, del que ya no participó América; de esa norma (para mí sevillana, pero no es esta la ocasión de discutirlo) salió la entidad llamada *andaluz* y *castellano* (en Canarias) y *español de América*, con lo que vino a resultar que el suprasistema llamado *español de América* es para los hispano-hablantes de esa banda atlántica lo mismo que *castellano* para los canarios: una modalidad mutuamente afín, pero disidente de la castellana:

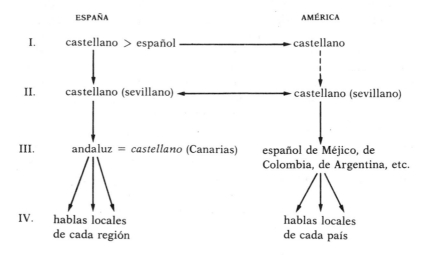

Ahora bien, en la columna de AMÉRICA, la primera flecha con trazo discontinuo indicaría la presencia del castellano no andaluz, que no pudo por sí solo generar el español americano y que, por tanto, no fue suficiente para anegar la impronta sevillana: no se olvide que en caribe *sihuiya* significa 'español', según el testimonio de Raymond Breton (1664) [35]. De este modo, cuando en nuestros días los países de América hablan de *lengua-*

---

[35] *Petit Catéchisme sommaire en la langue des Caraïbes*, Auxerre, 1664, pág. 442 *b*.

castellana su terminología resulta anfibológica: *castellano* es no la modalidad peninsular donde castellano ha pasado a español, sino *castellano* de modalidad americana y, por tanto, de filiación sevillana. Con lo que el plano III tiene como referente el I, sin tener en cuenta el II y sin vinculación mutua entre I y III. De ahí la aporía de tantos maestros de América —y poseo informes de Argentina y Colombia facilitados por quienes tienen el máximo prestigio científico—, que al enseñar lengua castellana, quieren practicar el castellano de nuestro nivel I, con su oposición *ll / y*, su oposición *s / z*, su oposición *vosotros / ustedes*, etc. [36], con lo que viene a falsearse la realidad de aquello que se usa y que, lógicamente, se quiere enseñar [37]. Claro que las dudas asaetean por doquier: en Granada, mis hijos estudiaban francés en un centro de enseñanza media; el libro de texto era, como casi todos, ejemplar: para él, «la *s* francesa suena más suave que la castellana». Los chicos se metían el dedo en la boca para que la *ese* se quedara quietecita y no resultara áspera, pero... La *ese* castellana no es la *ese* granadina y, con suavidad o con aspereza, desde el granadino no se llega al castellano. ¡Con lo fácil que hubiera sido decir: los castellanos aún no han aprendido a pronunciar una *ese* digna de tal nombre, mientras que los franceses hablan con nuestra *ese* granadina! Sutil descubrimiento que colmaría la felicidad de monsieur Jourdain. Lo que ha ocurrido en todos estos casos es que no se ha establecido conexión entre la teoría gramatical y su aplicación práctica, cuando —precisamente— se trata de aspectos solidarios que

---

[36] Esta lengua escrita puede influir, como es lógico, sobre la hablada (cfr. Haugen, *art. cit.* en la nota 29, pág. 23), y en Hispanoamérica se ha dicho que el voseo desapareció del habla culta chilena «por acción de la escuela» (J. P. Rona, *Geografía y morfología del «voseo»*, Pôrto Alegre, 1967, pág. 42). En las primeras páginas de ese libro (7-8) se habla de «la tendencia a evitar las expresiones no usadas en la Península Ibérica», con lo que el autor cae en el error de considerar unitario el español peninsular; cierto que no es ésta la única exageración del libro.

[37] Léanse las ponderadas palabras de Á. Rosenblat en «Lengua y cultura en Hispanoamérica. Tendencias actuales», *La primera visión de América y otros estudios*, 2ª edic., Caracas, 1969, págs. 127-128.

no pueden disociarse [38] y, si se disocian, repercuten negativamente sobre el objeto mismo de su interés.

Todo esto viene a dar la razón a José Pedro Rona, cuando señalaba la inoperancia de enseñar a un niño un sistema lingüístico ajeno al que utiliza y con el que practica [39]; pero, no menos cierto, todo esto señala que una cosa es la realidad lingüística sentida por el hablante y otra la que puede producir la existencia de un suprasistema o diasistema sobre la sociedad que lo emplea. Porque dudo que sean equivalentes los términos de lengua nacional, lengua literaria o lengua normalizada, no estoy de acuerdo con otro trabajo de Rona, ni con el que previamente lo motivó [40]. Nos enfrentamos en todos estos casos —y tal ha sido mi punto de partida— con la conciencia de una serie de individuos aislados que viene a dar, por yuxtaposición, una suerte de conciencia colectiva [41]. Conciencia colectiva enfrentada con qué se entiende por la propia lengua, y entonces vemos cómo una determinada designación viene a trabar diversos juicios individuales convirtiéndolos en actitud [42]. Claro que la actitud no ha sido uniforme, pues hay hablantes que en su lengua sólo ven un vehículo local e inmediato, otros una identificación regional, otros la fusión lengua-estado, y, fuera de ellos, hay quienes valoran despectivamente su modalidad lingüística o quienes la tienen como afianzamiento consciente de personalidad. Todo ello repercute más allá del individuo aislado y condiciona, tam-

---

[38]   Vid. Muzafer Sherif, *L'interazione sociale* (trad. María Chiara Celetti), Bolonia, 1972, pág. 41 [La edición inglesa es de 1967].

[39]   «Relación entre la investigación dialectológica y la enseñanza de la lengua materna», *El Simposio de Cartagena*, Bogotá, 1965, pág. 334.

[40]   *Visión estructural*, ya citada, pág. 28.

[41]   Convendría tener en cuenta que el hombre es, además de un individuo singular, lo que se llama *hombre temporario* (Lacombe) u *hombre histórico*, «hombre de una época y un lugar [... con] modos de pensar, de sentir y de actuar que no son singulares ni generales sino comunes a un grupo más o menos amplio» (A. Cuvillier, *Introducción a la Sociología* (trad. F. Setario), Buenos Aires, 1968, págs. 56-57).

[42]   Creo que esto obliga a estar en desacuerdo con ciertas ideas de J. Habermas-A. Ponzio, expuestas por este último en *Produzione linguistica e ideologia sociale*, Bari, 1973, págs. 186-187.

bién, la psicología de una sociedad: surgen los casos de *autoafirmación* o de alienamiento de que han hablado los lingüistas [43] como resultado de la propia conciencia lingüística del hablante; es decir, a través de la lengua se llega a comportamientos culturales [44]. En nuestros casos concretos, *andaluz* y *castellano* (en Canarias o en América) definen a unos suprasistemas que tienen concretas realizaciones, pero que no pueden entenderse en todas partes del mismo modo porque son hechos que en cada sitio se han diferenciado. Por eso me parece dudoso que se puedan aceptar los elementos L_1 *(langue)*, L_2 (lengua opuesta a dialecto) y L_3 (lengua nacional opuesta a otra lengua nacional) de la terminología de Rona [45]. Ya López Morales —con cautela y respeto— hizo ver algunas debilidades del planteamiento [46] y, por mi parte, con semejantes cautela y respeto, quisiera decir lo que de insatisfactorio encuentro. Porque L_1 es un convencionalismo, según decía Saussure («la langue est une chose acquise et conventionelle, que devrait être subordonnée à l'instinct naturel» [47]), y nosotros no estamos manejando elementos abstractos sino reales. Por otra parte, tampoco me parece necesaria la existencia de L_2 en los trabajos que tratamos de realizar, pues, como también diría Saussure, «il est difficile de dire en quoi consiste la différence entre une langue et un dialecte» [48], y nos quedamos con L_3, por más que tampoco podamos formular su enunciado de manera tan exclusiva como hizo nuestro malogrado y sagaz amigo. Bien es verdad que Rona, cuya perspicacia estaba siempre sobre aviso, había mostrado que cualquier estudio de idiolectos «será externo a L_1, pero interno a

---

[43] W. von Wartburg, *Problemas y métodos de la lingüística* (trad. D. Alonso y E. Lorenzo), Madrid, 1951, pág. 50.
[44] Gr. Norman y A. McQuown, «Analysis of the Cultural Content of Language Materials», *Language in Culture*, edit. H. Hoijer, Chicago-London, 1963, pág. 20.
[45] *Visión estructural*, pág. 23.
[46] «Hacia un concepto de Sociolingüística», *Revista Interamericana*, II, 1973, pág. 485, nota 14.
[47] *Cours de linguistique générale*, Édition critique préparée par Tullio de Mauro, París, 1972, pág. 25.
[48] *Ibidem*, pág. 278.

L$_3$. El estudio de solamente hechos extra-diasistémicos sería externo a L$_3$» [49], con lo que las actitudes de los hablantes, tal y como las hemos considerado, serían a la vez hechos diastráticos (a un hablante culto no se le plantean los problemas del modo a como le ocurre a los informantes ignaros) y diatópicos (sobre distinta geografía, *castellano* no dice lo mismo) condicionados por la historia *(español* en Canarias no es lo mismo que *español* en América, por ejemplo; ni el *español* de Méjico o de Puerto Rico tiene la misma connotación que *español* para un hablante andaluz o canario). Entonces analizamos —sólo— L$_3$, por más que la esquematización de los tres niveles por medio de un cubo no sea demasiado afortunada, pues la diacronía no puede estar en el mismo plano que la diatopía.

La actitud del hablante afecta a lo que viene llamándose diatopía, o a la consideración de determinados grupos (diastratía), y tiene valores distintos en momentos diferentes o es resultado de evoluciones dispares (diacronía). Nos encontramos, pues, que, como ocurre tantas veces, la dialectología se manifiesta como una lingüística dinámica mucho más compleja que el estatismo con que suele quererse ver el funcionamiento de un sistema [50]. Si queremos entender la actitud de un hispanohablante de una región cualquiera ante el hecho que es su propia lengua, nos encontraremos sincrónicamente con valores que tienen en cada sitio una altura social diferente, como consecuencia de historias dispares, por más que partieran de un origen común. Y esto que es evidente ha enmarañado los cómodos planteamientos de la sincronía o de la sintopía: lo que hoy nos parece un hecho sociológico, lo es hoy, pero responde a motivaciones de mayor complejidad. Pienso que estos problemas que de modo tan directo afectan al español son los que han hecho que lingüistas del mundo hispánico hayan sido quienes se planteen más rigurosamente una serie de cuestiones que llevan, por fuerza, a la revisión del propio concepto de sociolingüística. Para mí nadie

[49] *Visión estructural*, pág. 25.
[50] Vid. M. Alvar, *Estructuralismo y geografía lingüística*, ya citado, páginas 21-24.

ha ido tan lejos como Rona o López Morales, precisamente porque ambos han suscitado en toda su transcendencia el contenido y el método de esta disciplina [51]. Ya que hacer, como Fishman o Mathiot, una dicotomía entre problemas nucleares (la diversidad lingüística como reflejo de la diversidad social) y problemas marginales (cambio lingüístico, adquisición del lenguaje, relativismo lingüístico) [52] no es fijar el concepto de sociolingüística, ni siquiera establecer un orden; no hay problemas nucleares y problemas marginales por la sencilla razón de que tal diferencia no existe: el cambio lingüístico, por ejemplo, será problema nuclear tan pronto como se cumpla, pues, si es una tentativa rechazada por un grupo mínimo, quedará abortada y, si prospera, su adquisición afectará a la problemática nuclear [53]. Ahora bien, Rona se plantea el problema de la diferencia metodológica entre sociolingüística y dialectología en un nivel difícilmente aceptable. No es cierto que «la buena selección de los informantes [...] deje de importar demasiado en la investigación sociolingüística» y, por tanto, «los métodos de investigación de la dialectología no puedan aplicarse cabalmente a la sociolingüística»; no me convence tampoco que «raramente es posible hacer un análisis comparativo adecuado de dos o más sistemas lingüísticos correspondientes a dos o más estratos del mismo lugar»; ni puedo admitir que «el más poderoso factor de conformación de las diferencias dialectales consiste en la falta de opor-

---

[51] Rona, artículo citado, pág. 30, escribió: «Tengo la sensación, más bien, de que la mayor parte del trabajo hecho hasta ahora en este campo está afectada por la falta de una concepción adecuada en la teoría y los métodos». Y, por su parte, López Morales, *art. cit.*, pág. 470: «Como era de esperar, dadas las precarias circunstancias de su nacimiento, estos estudios crecieron bastante desprovistos de enmarque teórico definido. La sociolingüística no había sido concebida más que en términos extremadamente generales, no se había pensado su objeto de estudio, ni se había establecido, consecuentemente, la metodología analítica adecuada».

[52] J. Fishman, «Basic Issues in the Sociology of Language», *Language*, XLIII, 1968, págs. 506-604; y M. Mathiot, «Estado actual de la sociolingüística norteamericana», *Boletín de Sociolingüística*, I, 1969, págs. 3-6.

[53] Vid. Eugenio Coseriu, «La aparente aporía del cambio lingüístico», *Sincronía, diacronía e historia*, Madrid, 1973, págs. 11-17.

tunidades concretas para comunicarse» [54], porque, justamente, eso es lo que hace surgir los dialectos de grupo, es decir uno de los principios sobre los que reposa la sociolingüística. Claro que las ideas de Rona tenían un fin muy claro: frente a una sociolingüística en la que —sin discriminación— cabe todo, o todo es sociolingüística, él quiso estructurar con rigor los principios teóricos que dieran validez para siempre a la nueva disciplina, y forzó las cosas en busca de ese rigor. Tal vez, como en toda reacción, se excediera, pero pretendió hallar el sustento de todo el edificio especulativo, y los cimientos que pretendía los encontró «en la investigación de actitudes» (p. 33), por más que en ello le hubiera precedido Hoijer. López Morales pudo plantearse los problemas con un mayor equilibrio y atemperó excesos de unos y otros. Llegó por propios caminos a negar la estructura monolítica del sistema lingüístico y a valorar con justeza lo que se despenaba con el remoquete de *free variation* (p. 481). Es ésta mi postura: la alcancé por caminos distintos y no por la teoría, sino por el análisis de multitud de hechos concretos [55], y es que creo que si la teoría es válida se realiza en la praxis y, si la práctica está científicamente elaborada, permite ordenar un cuerpo doctrinal. Desde estos hechos, López Morales emite las mismas conclusiones que Rona:

> En cuanto a la sociolingüística alingüística, lo más importante es el efecto de la sociedad en el diasistema. Aquí la sociedad puede afectar al significante del signo —tabúes y eufemismos— o, por el contrario, afectar al contenido sintomático del signo, en cuyo caso estamos ante actitudes lingüísticas (p. 483).

Resulta que se ha llegado —una vez más— a la integración de los hechos extralingüísticos, de acuerdo con los principios establecidos por Graur [56]: los hechos sociales no son internos,

---

[54]   Todos los fragmentos acotados en *Visión estructural*, pág. 32. Contra esta postura, vid. López Morales, pág. 484.

[55]   Vid. *Niveles socioculturales*, ya citados, págs. 241-246.

[56]   «Le rapport entre les facteurs internes et les facteurs externes dans l'histoire de la langue», *Revue de Linguistique*, X, 1965, págs. 69-73. Sobre el carácter social que tiene la adquisición por parte de las normas de elementos extranorma-

sino externos a la lengua, por más que puedan incrustarse en ella y llegar a modificarla, momento en que se convierten en factores internos. Pero hay más, la lengua no es sólo un sistema de signos, sino —además— un instrumento de comunicación [57], y la comunicación se hace a través de las mil realizaciones diferentes que puede presentar un sistema. Cada una de esas mil realizaciones pertenece al individuo hablante, a su personal idiolecto, con lo que resulta que tan pronto se puedan establecer oposiciones entre un idiolecto y el dialecto de la comunidad estamos estableciendo hechos de lingüística social: microproblema, si se quiere, pero cuyos resultados pueden abocar en un macroproblema. En definitiva, lingüística «hacia dentro»: el hombre ha creado unas causas que han condicionado su actitud hacia la lengua, pero no es menos cierto que la lengua lleva al condicionamiento del hombre [58].

En las valoraciones de los lingüistas de Hispanoamérica —y desde posturas teóricas distintas— se ha llegado a ver en la sociolingüística el estudio de la actitud del hablante hacia su propio instrumento [59]. Creo que aquí está la base de muchos —ya que no de todos— los problemas sociolingüísticos [60]: si el ha-

les, vid. J. Fourquet, «Langue, dialecte, patois», *Le Langage*, dir. A. Martinet, París, 1968, pág. 589.

[57] *Estructuralismo y geografía lingüística*, pág. 102.

[58] Con otros alcances, habla de esta cuestión Sherif, *op. cit.*, pág. 144. Para mí, el comportamiento del hablante está condicionado por el tipo cultural en el que se inserta, por más que otros hombres hayan determinado la existencia de esa cultura: las palabras comentadas en este trabajo creo que ayudan a entender todo esto.

[59] López Morales (*art. cit.*, pág. 483) tentaría la siguiente definición: «la sociolingüística es una ciencia lingüística, no sociológica; por tanto, su objeto de estudio no puede ser otro que el lenguaje. Pero el lenguaje tal y como interesa al lingüista, es decir, en cuanto sistema o sistema de sistemas, y no concebido en bloque como identidad social, cultural, etc., y externamente».

[60] No es éste el momento de entrar en nuevas precisiones sobre la sociolingüística. Para su concepto véase un libro —que si aduzco aquí es por ser muy reciente— de J. B. Marcellesi y B. Gardin, *Introduction à la sociolinguistique. La linguistique sociale*, París, 1974. En la parte teórica no se encontrarán grandes novedades, pero sí reunidas las diversas opiniones sustentadas (págs. 14-19). Del mismo modo, en la obra de Gianna Marcato Politi (*La sociolinguistica en Italia*, Pisa, 1974, págs. 12-21) se agrupan definiciones más o menos consecuentes.

blante poseyera un instrumento inmejorable, no lo modificaría con el cambio lingüístico. Y en el cambio lingüístico con su génesis, su propagación, su adquisición y su repercusión sobre el sistema veo yo la cuestión capital de la sociolingüística. En ella está el principio de diferenciación, del individuo y del grupo que se solidariza con él, que es imprescindible para que la sociolingüística exista, y en la aceptación y generalización del cambio va implícita la solidaridad de los mínimos grupos sociales [61], los que se enfrentan en esas relaciones «cara a cara» sobre las que se basa cualquier estructura social [62].

III

Hemos vuelto al principio. Los hablantes poseen una determinada conciencia lingüística cuyo reflejo primordial es el concepto que tienen de su propia lengua. Poner en relación este hecho con la preferencia que elijan para denominarla significa encararse con hechos fundamentales como puedan ser su concepto de lengua, el prestigio o descrédito que le confieren (y que revierte sobre el hablante mismo), los rasgos que pueden ser —siempre desde la perspectiva del hablante— caracterizadores del sistema empleado, la propia visión de la realidad a la que se asoma por la ventana de su lengua... Pero nada sale de la nada. Ahí están las causas históricas que decidieron que las cosas fueran de un modo y no de otro. Nos ha bastado con acordarnos sobre varios mapas lingüísticos para que lo que se pensó geografía lingüística nos haya hecho remover —desde la postura de los hablantes— conceptos que afectan a lo que todos sentimos al nombrar a nuestra lengua: actitud que no es sólo lógica y fría, sino valorada por compromisos afectivos y cordiales. De no existir una actitud de los hablantes, no hubiera cabi-

---

[61] Puede tenerse en cuenta para estas acciones e interacciones el esquema de Smith, «Language, Speech and Ideology», ya citado, pág. 98. Bien que no sean incontrovertibles sus ideas sobre sociedad y cultura.

[62] Cf. las referencias bibliográficas que doy en *Niveles socioculturales*, ya cit., pág. 209, § 88, nota 28.

do la posibilidad de meditar sobre los problemas, o, con otras palabras, de convertirlos en materia de especulación lingüística. Y este hecho rebasa con mucho lo que es comportamiento del individuo, y comportamiento de un pequeño grupo, para ser —ni más ni menos— el comportamiento de una gran comunidad, de todo un país o de un conjunto de países. La cuestión es ésta: qué vemos cada uno de nosotros —desde nuestras independencias nacionales— que, con valoraciones distintas, por motivos diferentes, a causa de razones dispares, hace que nos consideremos solidarios de un instrumento lingüístico a la vez inalienablemente personal y coercitivamente comunitario. Estamos, pues, más allá de las tesis de Humboldt: la lengua no es sólo un reflejo de la realidad, sino reflejo del mundo, tanto en sus categorías como en sus inventarios léxicos, siempre y cuando entendamos por *mundo* la realidad sensible y la historia [63]. Porque —en efecto— al enfrentarnos con un determinado término *(castellano* por la problemática heterogénea que suscita) hemos visto que se ha conformado a nuevas realidades por necesidad de expresar aquello que la nueva sociedad pretendía, pero —como diría Dubois [64]— son insuficientes las explicaciones sociológicas directas, «la linguistique n'est pas une partie de la sociologie ou de l'histoire, mais la langue se développe dans le cadre de l'histoire et de la sociologie». Todo esto es cierto, pero conviene no perder de vista los referentes inmediatos: *andaluz, castellano, español* se han convertido en significantes que, según el lugar, el tiempo o la sociedad, cobran un significado distinto. A vueltas de mucho caminar necesitamos entender por qué se han producido tales hechos: un conjunto de hombres ignorados —por más que buena parte de ellos sea analfabeta, yo no me atrevería a decir que ignorante— nos ha dado la clave de unos contenidos que implican unas determinadas posturas. Estamos rozando el idealismo humboldtiano: la lengua es el arca de los tesoros espirituales de un pueblo, el espejo de su cultura, etc., etc. Algo que, por estas calendas tal vez, no suene

---

[63] Adam Schaff, *Langage et connaissance*, París, 1969.
[64] *Le vocabulaire politique et social en France de 1869 à 1872*, París, pág. 195.

del mismo modo a todos. Pero podemos buscar un nuevo sesgo para decir —paradojas de la ciencia— lo mismo. En 1964, Roch Valin publicó *Langage et science du langage*, de Gustave Guillaume [65]; en la *Introduction* se dice que la lengua es «le principal document de l'histoire spirituelle de l'humanité» [66].

---

[65] París, Nizet-Université Laval, Québec, 1964.

[66] En la pág. 29 de la «Introduction» a las *Leçons de Linguistique de Gustave Guillaume (1948-1949)*, París-Québec, 1971, se lee: «C'est ainsi que, de loin en loin, un emploi particulier du système de la langue, à des fins momentanées et contingentes, peut contraindre celle-ci à dépasser l'état construit par elle atteint, sous peine de garder en elle un déficit caractérisé à l'endroit du contenu de l'expérience».

II

BILINGÜISMO E INTEGRACIÓN EN HISPANOAMÉRICA

A Gloria Bravo Ahuja
y Beatriz Garza

CONTACTO Y MESTIZAJE

Los problemas de coincidencia de lenguas suponen muchas veces el proceso inmediato de integración de una comunidad en otra y su pérdida como entidad independiente. En el plano individual, la absorción del hablante por una cultura que estima superior [1]. Tantos cuantos matices establezcamos, nos encontraremos con estos hechos: individuo captado por necesidades de convivencia, comunidades que cambian de cultura. Lo que —en el mejor de los casos— era un problema histórico en el siglo pasado, cobra hoy un carácter de dramatismo inmediato: ya no se trata de observar fríamente qué ha ocurrido y deducir unas consecuencias con las que podamos reconstruir una parcela de historia, sino de algo mucho más inmediato: el investigador tiene bajo sus ojos realidades vivas, que pugnan por no morir o que necesitan integrarse en una sociedad mucho más amplia para cumplir, en ella, su misión de hombres. No trato

---

[1] Uriel Weinreich ha llamado observación *microscópica* a los fenómenos de contacto en individuos bilingües y *macroscópica* a la acción de una lengua sobre otra («Unilinguisme et multilinguisme», en A. Martinet, *Le Langage*, París, 1968, pág. 654). Me ocuparé solamente de la segunda de estas modalidades.

de los problemas de bilingüismo exclusivamente —permítaseme— «lingüístico»; porque en un plano de paridad, las dos culturas en contacto se realizan y cada una de ellas es un logro que florece exento o híbrido. El bilingüismo suscita entonces no sólo los problemas inherentes al contacto, sino otros más profundos de integración. Lógicamente, problemas de este tipo han interesado en los países de América en los que su propio ser histórico es —hoy por hoy— el resultado de pasar de una cultura a otra. Lento proceso de quehacer patriótico que, si resuelto en determinados niveles, exige —aún— la incorporación de muchas gentes que no tienen conciencia nacional, porque no han cambiado su cultura.

Uno de los grandes filólogos de Hispanoamérica, Ángel Rosenblat, escribió una pensada y profunda investigación sobre el mestizaje en el Nuevo Mundo. Son páginas que exigen muy hondas meditaciones. Quiero —tan sólo— traer al filo de estas líneas un manojo de frases que nos sitúan, violentamente, en el problema lingüístico:

> Hay todavía un millón de indios en Méjico que no saben hablar español y que usan lenguas propias como único medio de comunicación. Es decir, hay un millón de mejicanos que no saben que son mejicanos [2].

Resulta, entonces, que el problema de la integración nacional se reduce en muchos casos a un problema de bilingüismo. Es ésta una faz distinta de otra en la que se ha insistido mucho: la de las lenguas en contacto. Porque, en las naciones de Hispanoamérica, el contacto se produce, la interferencia afecta a los sistemas en contacto, pero —además— exige unos planteamientos que llevan a la redención de muchas almas que viven en condiciones infrahumanas. El «trauma» de la conquista afectó a sociedades enteras con todo lo que ello significa, pero condicionó una evolución distinta de pueblos que vivían en otras culturas; así, mientras las gentes que habitaban las ciudades se

---

[2] *La población indígena y el mestizaje en América*, t. I, Buenos Aires, 1954, pág. 31.

incorporaban —por procesos más o menos largos— a la cultura
de los conquistadores o creaban esa especie de mozarabismo
o mudejarismo americano, que en Méjico se ha llamado *tequiti* [3], las colectividades rurales seguían con sus viejas ordenaciones, pero reducidas a un proceso puramente vegetativo. Se des-
compasó, pues, totalmente el caminar de la historia: mientras
las gentes que se europeizaban progresaban en el nuevo sentido,
las que se mantuvieron fieles a su cultura autóctona se anquilo-
saron por faltarles los medios idóneos que les hubieran permitido su evolución. Esta falta de coherencia llevó a pensar en la
redención de los indios por una incorporación a la vida nacional, la «desindianización», como dijo Rosenblat.

Quedan señalados los caracteres que el bilingüismo tiene en
América; en el plano estrictamente lingüístico, la situación se
da en todos los sitios donde hay una sociedad minoritaria [4].
Claro que las formas en que se cumplan los dos procesos (el
de lenguas enfrentadas y, su consecuencia, el de la absorción
de la pequeña comunidad por la grande) variará en cada caso,
pero no dejará de tener caracteres semejantes.

En un trabajo minucioso me he ocupado del enfrentamiento
en territorio peninsular de dos lenguas: castellano y catalán. Pero su encuentro no se limita a la colisión de dos estructuras
cerradas, sino que el paralelismo con los hechos de América se
cumple en una pequeña zona marginal donde se distiende la ten-

[3] Creo que fue Moreno Villa quien empleó el término con referencia al arte
hispánico condicionado por las formas indígenas —recuérdese, por ejemplo, la
portada de la iglesia de San Francisco en Cuernavaca. En náhuatl, *tequiti* significa 'trabajar o tributar', *tequitiliztli* 'trabajo o servidumbre', *tequitini* 'trabajador
o tributario', *tequitl* 'tributo u obra de trabajo', etc. (Fr. Alonso de Molina, *Vocabulario en lengua castellana y mexicana*, México, 1571; edic. facsímil, Madrid,
1944, II, s. v.). Familia de voces cuyo valor social nos abruma y nos hace pensar
en la falacia de la vida idílica del indio.

[4] J. Vendryes mostró las ventajas e inconvenientes del bilingüismo y con-
cluyó en su necesidad para las clases cultas de Europa, sobre todo de las pequeñas naciones cuya lengua se limitará a los usos locales, en tanto hará falta una
lengua común para estar al corriente de la civilización general (*La mort des langues*, en *Conférences de l'Institut de Linguistique de l'Université de Paris*, I, 1933,
pág. 9).

sión centrípeta del catalán [5]. Son hechos —en sí— totalmente distintos, pero su realización lingüística, afín.

Las lenguas indígenas, sin el apoyo de una estructura política que les dé coherencia y las vitalice, se convierten en naves al garete, incapaces de resistir todo el aluvión de fuerza que les viene bajo la forma de coerción estatal, de necesidades comerciales, de exigencias para ascender a una vida mejor, etc., etc. Convertidas en estructuras —lingüísticas, sociales— minoritarias, mal pueden achicar el agua que entra por todas las cuadernas.

Los dialectos marginales del catalán, sin protección oficial (si ésta existe, favorecerá a la lengua organizada dentro de unos límites administrativos, no fuera de ellos, porque —fuera— esas comunidades tienden a castellanizarse por razones económicas, culturales, administrativas, etc.) se encuentran en una situación semejante, por cuanto quedan al margen del centralismo catalán, en tanto actúan las fuerzas centrífugas que los van arrastrando hacia la lengua nacional.

Mauricio Swadesh estudió el problema con referencia a Méjico, pero el planteamiento —como problema general— tiene validez universal:

> Las sociedades humanas minoritarias que se hallan separadas de la vida oficial del país en que se encuentran son bastante variadas. Por lo tanto su reacción frente a diferentes planos de educación no puede ser completamente igual. Al hablar del impacto de la educación que se imparte en lengua vernácula, será necesario distinguir, por ejemplo, entre grupos que, por razones históricas, están ansiosos por conocer la lengua nacional y los que se oponen a ello; entre los que cuentan con un porcentaje alto o bajo de bilingüismo; entre los que ya aprecian y los que todavía no entienden los beneficios de la educación; entre los que tienen confianza en el gobierno y los que lo temen [6].

---

[5]   Véase el trabajo que cito en la pág 15 nota 7.
[6]   «El impacto sociológico en la enseñanza en lengua vernácula», *El simposio de Bloomington. Agosto de 1964. Actas, informes y comunicaciones*, Bogotá, 1967, pág. 212. Citaré esta obra *SBloom*.

Por eso, en Méjico, se han suscitado diversos programas educativos que tienden a la captación del indio para liberarlo de su servidumbre y convertirlo en fuerza activa de producción. El más reciente de los que conozco es ejemplar por muchos conceptos y ofrece no escasos motivos de comentario [7]. Y, como siempre, los hechos concretos dan pie para tratar de entender alcances más amplios.

Una comunidad pequeña inserta en otra mayor lleva a sus miembros, en efecto, a una «excesiva autoidentificación con la propia comunidad», con restricciones de todo tipo frente a la comunidad nacional. Principio que sería aventurado restringir a un solo país o a un tipo de asociaciones enfrentadas, porque se trata —ni más ni menos— del concepto de «grupo»: 'conjunto de seres sociales que entablan entre sí unas relaciones sociales diferenciales'. Según esta definición puramente sociológica, el grupo «supone una reciprocidad entre sus miembros» [8] y la reciprocidad sólo se puede obtener gracias al vehículo lingüístico. Resulta entonces que el lenguaje se convierte en el arca donde se depositan todas las herencias que esa sociedad ha constituido, cofre del tesoro cultural de un determinado grupo de gentes. En la lengua se encuentra la propia identificación —frente a los demás y a lo demás—, la realización de una comunidad en lo que tiene de más intransferible, la salvación de la persona colectiva gracias a la conducta individual. A estos hábitos constituidos en formas de expresión es a los que se llama *usos* o *mores*. El lenguaje es el uso de las posibilidades de comunicación, conjunto de signos elaborado por el uso ininterrumpido de una sociedad que en él, más que en cualquier otro elemento, se acierta a identificar. Resulta, entonces, que una pretensión que lleve al cambio de una lengua conduce —fatalmente— a la

---

[7] Gloria R. Bravo Ahuja y Beatriz Garza Cuarón, *Problemas de integración*, Instituto de Investigación e Integración Social del Estado de Oaxaca, México, 1970. Las autoras habían trabajado anteriormente en la región. De ellas son las monografías *Contribución al estudio del habla de Tuxtepec, Oaxaca*, México, 1967, y *Caracterización fonética y léxica del habla de la ciudad de Oaxaca*, México, 1967 (Obras, respectivamente, de G. Bravo y B. Garza).

[8] R. M. MacIver-Ch. H. Page, *Sociología*, Madrid, 1969, pág. 15.

destrucción de una cultura. No se trata de hacer sentimentalismo ni bucolismo: millones de seres han cambiado de lengua para incorporarse a otra cultura, cientos de pueblos se han alienado en el proceso de la historia. Hay que saber si el cambio ha dado felicidad a esos seres —infinidad de ellos ha hecho voluntariamente el trueque— o si hoy, con la única pretensión de liberarlos de la esclavitud y la servidumbre, es posible hacer otra cosa. Todo es relativo y todo significa, en busca de una pretendida dicha, una cierta renuncia. Por eso las gentes que intentan salvarse en su entidad tradicional se asen a la lengua como última tabla que puede flotar sobre el naufragio, y la lengua —sólo ella— resiste los embates.

Ya Von Wartburg habló de que

> las comunidades lingüísticas son de duración mucho más larga que casi todas las demás formas de comunidad. Si éste es un hecho del que pocos se dan cuenta, ello se debe a la naturalidad con que cada uno arraiga en la suya [9],

y pudo acuñar el término de *ultra-autoafirmación*, frente al de *ultra-enajenación* de Gartner: hablas engadinas y tirolesas, que ultradialectalizan su propio dialecto [10], forma de afirmarse como grupos coherentes.

No otra ha sido la suerte del judeo-español: su decadencia económica y social hizo que la lengua se convirtiera en un elemento decisivo del sentido del grupo. El capitalismo turco y griego del Imperio Otomano y, después, las burguesías de las naciones independientes, llevaron a la destrucción de las comunidades independientes: absorbidos por los grupos mayoritarios, los judíos conservaron su lengua como vehículo religioso —fosilizada en la liturgia o en los comentarios rabínicos— y como lazo de unión familiar, pero, en el hogar, todos los adelantos materiales fueron erosionando lo que en un principio fue estructura homo-

---

[9] *Problemas y métodos de la lingüística* (traducción de Dámaso Alonso y Emilio Lorenzo, anotado para lectores hispánicos por Dámaso Alonso), Madrid, 1951, págs. 386-387.
[10] *Ibidem*, págs. 49-51.

génea [11]. Esta es la situación de las comunidades indígenas en muchos países de América: la lengua prehispánica es, sustancialmente, un elemento conservador porque une al individuo con el grupo y da sentido a su existencia dentro del mismo; fuera de él, los comportamientos diferentes exigen romper las fuerzas que establecen una tensión, y no todos los individuos están dotados para ello. Sólo cuando todas las acciones exteriores han actuado en el mismo sentido, podrán someterse los últimos defensores de la tradición lingüística, o ésta morirá con ellos —lentamente— sin que la bandera de la independencia se arríe. En cualquiera de estos casos, el vencimiento de la comunidad minoritaria no permitirá el nacimiento de lenguas mixtas o criollas, pues ya no cabe pasar de una estructura marginada a otra que se impondría a sí misma la marginación.

Esto dentro de unos planes orgánicos como los que se proyectan en Hispanoamérica. Porque —lógicamente— el aprendizaje por simple contacto producirá toda clase de mezclas e interferencias al faltar una ordenación científica de los elementos que entran en contraste. En Ecuador, por ejemplo, hay núcleos indígenas bilingües de quechua y español (unos 180.000 hablantes en 1950), pero —aun aceptando como buenas esas cifras— «lo que el censo no dice es el grado de pobreza lingüística de los núcleos bilingües», cuyo español es una especie de jerga castellano-quechua, difícilmente comprensible por quien sólo conozca el español normal [12].

El resultado de la enseñanza de la lengua oficial —con uno u otro método, con o sin alfabetización en la lengua nativa, con simultaneidad o no en los procesos de castellanización y alfabetización— hará que durante un período más o menos largo haya bilingüismo, hasta que una lengua ceda a la otra. Lógicamente el desenlace es el mismo: en Méjico o Perú se irá imponiendo la lengua nacional; el castellano erosiona en el corazón

---

[11] Vid., para todos estos, Marius Sala, *Estudios sobre el judeoespañol de Bucarest* (trad. Flora Bottom), México, 1970, págs. 12-26.

[12] Humberto Toscano, «La lengua española y su enseñanza en el Ecuador», *El simposio de Cartagena. Agosto de 1936. Informes y Comunicaciones*, Bogotá, 1965, pág. 93. Citaré, *SCartag.*

de su propia estructura al catalán fronterizo; el judeo-español muere ante cada una de las lenguas estatales. Más o menos se realiza la tesis stalinista:

> La lingua rientra nel novero dei fonomeni sociali che risultano attivi per tutto il periodo dell'esistenza della società. Essa nasce e si sviluppa parallelamente alla nascita ed allo sviluppo della società. Muore insieme con la morte della società. Non esiste lingua al di fuori di una società [13].

LA ACCIÓN DEL COMERCIO
SOBRE LA LINGÜÍSTICA

La sociedad tradicional —llámese india, llámese arcaizante— ha dejado de ser operativa en el mundo actual. No puede pensarse en que los hechos se produzcan por un determinado tipo de estructura colonial. A mi ver las cosas son mucho más generales, con independencia de sus caracteres locales. Cuando los geógrafos han estudiado la existencia de unos mercados y su funcionamiento dentro de la economía regional, han dado unos informes que son totalmente solidarios de los hechos lingüísticos y que —además— ayudan a explicarlos [14]. Gloria Bravo y Beatriz Garza conocen el exacto planteamiento de los hechos («la fragmentación social ya existía antes de la llegada de los españoles, pues había grupos tribales que vivían al lado de sociedades muy evolucionadas» [15]). La situación de la estructura colonial no hace sino crear una nueva ordenación de los grupos, pero la división de los grupos venía desde mucho antes. En última instancia, los aztecas no eran otra cosa que un pueblo conquistador que tenía «bajo tributo a otras 371 tribus y pobla-

---

[13] *Il Marxismo e la Linguistica*, Milano, 1968, pág. 46. A. Graur recoge las palabras del texto en un trabajo en el que explica la desaparición del sánscrito o del latín por muerte de las sociedades que los hablaron; sin embargo, para este autor ninguna lengua desaparece bruscamente («Cum moare o limbă. Limbi mixte», en *Studii de Linguistică Generală*, Bucarest, 1960, págs. 434-438).

[14] Vid. el trabajo que cito en la pág. 15 nota 7, donde aduzco la bibliografía en que me baso. Ahora no es imprescindible.

[15] *Op. cit.*, pág. 5.

dos», poco propicios al yugo que se les imponía [16]. Lo que ocurre es que, igual que los nahuas marginaron a las otras culturas, la azteca fue marginada por la conquista [17]. Y entonces se cumplió el proceso al que me he referido: no hubo posibilidad de que la cultura vencida pudiera renovarse y enriquecerse, sino que se fue ruralizando, alejando de los grandes centros, depauperando en todos sus contenidos:

> La economía indígena se caracteriza por ser de autoconsumo, y es tan rudimentaria que apenas permite la supervivencia del grupo. Sobre esta economía se ha impuesto, desde el principio de la colonia, un sistema de mercados de tipo solar. Es decir, sobre el comercio de cada pueblo hay siempre una ciudad-mercado mestiza que controla la incipiente economía de toda una región [18].

He aquí dos hechos diferentes: la economía indígena es de autoconsumo y existen mercados que la condicionan. El primero no es otra cosa que el reflejo de la destrucción de una cultura. Las poblaciones indígenas, incapaces de resistir las nuevas técnicas de los conquistadores, se replegaron sobre sí mismas. Como consecuencia, todas las manifestaciones de la vida se empobrecieron, y el resultado recayó —también— sobre la lengua; y si el prestigio de la cultura que se impone ha conseguido romper las defensas del grupo tradicional, volveremos a enfrentarnos con algo ya considerado: la lengua se va haciendo insuficiente para las nuevas necesidades, se empobrece cada vez más

---

[16] Cortés, en la *Segunda relación*, dice de las gentes de Cempoala: «eran súbditos de aquel señor Mutezuma, y según fui informado lo eran por fuerza, y de poco tiempo acá [...] y que me rogaban que los defendiese de aquel grande señor que los tenía por fuerza y tiranía, y que les tomaba sus hijos para los matar y sacrificar a sus ídolos» (pág. 26 *a* de la edic. de México, 1963).

[17] La palabra *azteca* apareció a comienzos del s. XIV (Vid. Jacques Soustelle, «Langages et tribus indigènes au Mexique», *Conférences de l'Institut de Linguistique de l'Université de Paris*, VIII, 1940-1948, pág. 8). La marginación del náhuatl como lengua no tiene que ver con su difusión por los españoles como lengua general; fue —sobre todo— vehículo de una determinada religión, que poco tenía que ver con la autóctona, y, por otra parte, las imposiciones de la nueva cultura difícilmente podían encontrar en el mundo azteca.

[18] Bravo-Garza, *op. cit.*, pág. 6.

y se convierte en un utensilio válido para un mundo afectivo de poca variedad. Si el grupo minoritario endurece sus defensas —como las esporas— encontrará en su estructura aislada la justificación de su existir, pero no podrá enriquecerse con otros contactos, y su lengua será el amparo de la autodefensa; como el mozárabe o el judeo-español, irá empobreciendo poco a poco sus propios contenidos y vivirá, hasta su extinción, como un fósil.

A mi modo de ver, este hecho es —en Méjico— independiente del «sistema de mercados de tipo solar». En el imperio azteca existían mercados de tal carácter. Las páginas que Bernal Díaz dedica a la gran plaza de Tlatelolco son una espléndida descripción de algo muy complejo: no sólo el mercado, sino la organización gremial por grupos de intereses, algo que existe en todas partes donde el desarrollo económico es muy elevado. Por eso el cronista puede decir que todo está «puesto por su concierto de la manera que hay en mi tierra, que es Medina del Campo, donde se hacen las ferias» [19]. Cortés ha descrito «mercados de tipo solar» en Tlaxcala, Texcoco, Méjico, y sus relatos no van a la zaga del de Bernal; la distribución de las calles le viene a los gavilanes de la pluma y la distribución del trabajo le recuerda cosas sabidas:

> «Hay hombres, como los que llaman en Castilla ganapanes, para traer cargas» [20],
>
> «hay [...] siempre sentadas diez o doce personas, que son jueces y libran todos los casos y cosas que en el mercado acaecen» [21];
>
> «hay [...] otras personas que andan continuo entre la gente, mirando lo que se vende y las medidas con que miden lo que venden» [22].

Un investigador tan riguroso como Miguel León-Portilla ha escrito que

---

[19] Capítulo XCII de la *Historia de la conquista de la Nueva España.*
[20] *Segunda relación,* edic. cit., pág. 51 *b.*
[21] *Ibidem,* pág. 52 *a.*
[22] *Ibidem,* pág. 52 *b.*

al igual que el mercado de Tlatelolco, existían otro muchos, algunos de ellos probablemente desde los tiempos toltecas. Tal es el caso del célebre mercado de Cholula en el Valle de Puebla y de otros como Azcapotzalco,

y aumenta la nómina con los de Xalapan, Coaixtlahuacan, Nochiztlán, Puctla «y otros en el estado de Oaxaca»[23]. Mercado importantísimo fue el de Xicalango, en el Golfo de Méjico, avanzada hacia el mundo maya: allí estableció Moctezuma una guarnición al mando de su propio hermano, que debería atacar y conquistar Yucatán, pero la llegada de los españoles segó, sin granar, el proyecto[24].

La situación de estos mercados mejicanos es la de todos los mercados; su sentido para la lingüística rebasa —también— lo estrictamente local. Cuando la comunidad practica un tipo de vida abierto, el mercado es camino de toda suerte de intercambios, incluido el lingüístico: entonces actúa como vía de progreso y modernización[25]; si —por el contrario— es instrumento de una economía cerrada, todo lo que hace es mantener la inercia de las viejas posiciones.

La eficacia de los mercados en una economía abierta con facilidades para el intercambio y la comunicación es —lingüísticamente hablando— un camino franco, igual que la ósmosis y la acción de los adstratos. Acabamos de ver cómo el mundo azteca, a través de sus mercaderes, se proyectaba hacia Yucatán y, añadamos, las regiones mesoamericanas del istmo. La situación tenía un claro paralelismo —sin salir de nuestro propio

---

[23]   *Imagen del México antiguo*, Buenos Aires, 1963, pág. 102.

[24]   Vid. «Las *Relaciones* de Yucatán del siglo XVI» (*Revista de Filología Española*, LV, 1972, págs. 1-34).

[25]   Cfr., por ejemplo, las explicaciones que se aducen en Manuel Alvar, *Un problema de lenguas en contacto: La frontera catalano-aragonesa* (Zaragoza, 1976), y U. Weinreich, *Languages in Contact* (La Haya, 1963, pág. 90). La incidencia del comercio en los cambios lingüísticos puede afectar a hechos tan importantes como la sustitución de los numerales: en pame del norte (Acapulco) *ocho* es reemplazado por *peso*, ya que los *pesos* españoles estaban formados por *ocho* reales (vid. Doris Bartholomew, «Los numerales *uno* a *diez* en los idiomas otopameanos», *El simposio de México. Enero de 1968. Actas, informes y comunicaciones*, México, 1968, pág. 284. Citaré, SMéx.

mundo cultural— en la historia de la Península Ibérica [26]. Incluso los procedimientos de conquista no debían diferir mucho, a pesar de los siglos transcurridos: Catón expulsó de su ejército a los abastecedores porque «la guerra se alimentaba de sí misma» (en vez de comprar el trigo —digamos el maíz en América— era preferible arrebatárselo a los indígenas); por otra parte, la venta de los vencidos como esclavos fue un negocio harto lucrativo. Todo esto hizo que en el Viejo Mundo —como luego en el Nuevo— la explotación minera, a expensas de los enemigos sojuzgados, se convirtiera en importante fuente de ingresos, y que las comunidades que no se incorporaban al vencedor padecieran un trato muy duro. Por el contrario, la sumisión y fidelidad era pagada con protección y honores: tal es el caso de Gades y los Balbos, en la romanización de Hispania, o de Tlascala y sus reyezuelos, en la castellanización de la Nueva España.

Lo que en líneas anteriores se ha descrito como propio de la situación actual del estado de Oaxaca es justamente —y volvemos a encontrar paralelismos antiguos— lo que historiadores y economistas consideran como causas de la desintegración del imperio romano: la actividad comercial quedó reducida a mercadear con unos pocos objetos suntuarios, a los que sólo tenían acceso las clases más acomodadas; la moneda —sin posibilidad de inversión— fue sustituida por el trueque [27]; los poderosos adquieren la tierra como única inversión segura; los campesinos viven precariamente y sobre ellos se ceban los usureros. El dinero no se invierte en la producción, sino que se convierte en objeto de especulación y derroche. Estas ideas de F. Lot [28],

---

[26]   Voy a extraer mi información de Antonio García Bellido, «Los *mercatores, negotiatores* y *publicani* como vehículos de romanización en la España romana preimperial» (*Hispania*, XXVI, 1966, págs. 497-512).

[27]   Otro tanto en sociedades primitivas y marginadas; cuando se intenta comprar algo a los lacandones, la respuesta es: «no quiere dinero, dinero no sirve» (Raúl Anguiano, *Expedición a Bonampak*, México, 1959, pág. 60).

[28]   *La fin du monde antique et le début du moyen âge*, París, 1938; *Les invasions germaniques. La pénétration mutuelle du monde barbare et du monde romain*, París, 1935.

N. A. Maşkin [29], M. Almatov [30], G. Giannelli-S. Mazzarino [31], M. J. Rostovtzeff [32] resuenan con fidelidad en el *Proyecto Oaxaca:*

> Dentro de la ideología de la producción se encuentra la economía de prestigio, que está basada en el gasto de la riqueza —no en su inversión— con objeto de obtener un status y prestigio social (mayordomías, cargos, fiestas del pueblo, etc.). De este modo nunca hay excedentes para reinvertir y poder crear capitales [...] La producción es muy deficiente. Esto lleva al indígena a buscar ingresos adicionales por medio de las artesanías, el peonaje y la recolección [33].

INCORPORACIÓN DE LOS INDÍGENAS

Resulta entonces que la integración debe buscarse por caminos totalmente distintos de los habituales: hay que incorporar a las sociedades marginadas rompiendo la sobreestructura con la que se defienden de un medio que social y económicamente les es hostil. Y hay que arriesgarse a unos frutos —hoy por hoy— precarios si se quiere alcanzar un «desarrollo real y no ficticio en el futuro». Porque la sociedad mestiza crece y prospera en un sentido mucho mayor que los grupos marginados de indígenas, aunque éstos —no proporcionalmente, pero sí numéricamente— crecen de día en día; sin embargo, su realización como integrantes de las sociedades nacionales sólo podrá cumplirse cuando se diluyan en unas estructuras ya mestizas. Las consecuencias de estos hechos fueron vistas con total clarividencia por Ángel Rosenblat:

> En algunos países el mestizo domina toda la vida nacional: economía, política y cultura. En ese mestizaje, que representa lo autóctono fundido con la sangre de Europa, tratan de sustentar algunos países

---

[29] *Istoria Romai antice,* Bucarest, 1951.
[30] «O etapă nouă în studiul problemei de tranziţie de la antichitate la evul mediu», *Studii şi cercetări de istorie veche,* I, 1950.
[31] *Trattato di storia romana,* Roma, 1956.
[32] *Social and Economic History of the Roman Empire* (2ª edic.), Oxford, 1959 [Traducción española de Luis López Ballesteros, 2 vols., Madrid, 1937].
[33] Bravo-Garza, *op. cit.,* pág. 7.

su orgullo nacional. Pero el mestizo se orienta cada vez más hacia las normas de la cultura occidental. Es la supervivencia y, en el futuro, la superación del indio [34].

No es el mestizaje biológico el que aquí nos interesa, sino el cultural, y esos procesos que acabamos de apuntar se cumplen, precisamente, a través de la lengua. Hace bien pocos años se abrió en Méjico —sobre el viejo Tlatelolco— la hermosísima Plaza de las Tres Culturas: una lápida —harto veraz— da fe del mestizaje actual. Por eso, la pretensión de cualquier estado es la incorporación del indio a la vida nacional, incorporación que nada tiene que ver con determinantes sanguíneos. Un día —setiembre de 1964— había llegado yo a Palenque en una minúscula avionetita. Otra estaba a punto de salir hacia Bonampak. Un chiapaneco me hablaba de los lacandones; en mi conversación rehuí —con todo cuidado— emplear la palabra «indio»; lo era, y harto puro, mi interlocutor. Y espontáneamente la voz afloró: «los *indios* también son inteligentes; vinieron dos y aprendieron español y hasta a manejar un camión». Indio nada tiene que ver con la sangre, sino con otros comportamientos. Los gobiernos los señalarán de una u otra forma: no dormir sobre cama, caminar descalzos, ignorar la lengua nacional, etc. Hechos que pertenecen a la cultura y no a la biología. Los lacandones —a punto de extinguirse— son indios para el hablante de Palenque porque viven en la selva, marginados, sin incorporarse a la vida nacional por medio de la lengua, que apenas si alguno de ellos conoce [35].

Esta inclusión del indio en la organización total del país significa un cambio de cultura, con todas las implicaciones que ello supone, pues no se trata de la palanquita que cambia la melodía del aristón, sino que el paso de una a otra cultura significa —también— la incorporación de unos nuevos comportamien-

---

[34] *La población indígena*, ya cit., I, págs. 28-29.

[35] Otro tanto puede decirse de los cayapas (276 según el censo de 1950) y colorados (unos 500) de la costa del Ecuador, que pertenecen al grupo chibcha. Los esmeraldas desaparecieron en el s. xix. Para Venezuela son fundamentales los informes de Á. Rosenblat en «La influencia indígena», *Buenas y malas palabras*, t. IV, Caracas-Madrid, 1969, págs. 109-113, *passim*.

tos —o *mores*, según los sociólogos— a lo que tradicionalmente
era un bloque compacto. Claro que el cambio de cultura no se
produce a toque de campana; los estados nacionales cobran conciencia de los hechos en un momento determinado y, hoy, con
una sensibilidad de que antes carecieron. Pero es cierto que raro será el grupo indígena de América que no se encuentre desde
hace siglos bajo el peso de una cultura que trata de imponérse-
le. Cuando Herbert R. Harvey estudia los *Términos de parentesco en el otomangue* [36] descubre que «hay pocas localidades que
no hayan adoptado al menos unos cuantos términos de parentesco españoles» (p. 6), porque

> los estudios del cambio de términos de parentesco han mostrado que
> los términos de parentesco por lo general no son prestados, sino más
> bien que los cambios terminológicos reflejan una readaptación inter-
> na que sigue a cambios en otros aspectos de la organización social
> (p. 6) [37].

La transculturación empieza por la lengua. Pero, ante la len-
titud de todos los métodos tradicionales, se han ideado una serie de proyectos que facilitan la penetración de la lengua nacional. M. Swadesh, P. Kirchhoff y N. McQuown aplicaron por 1940
un viejo método que en los primeros tiempos de la Colonia había dado buenos resultados: las escuelas indígenas. Por eso en
el proyecto tarasco se atendió principalmente a cuatro aspectos: 1) alfabetización en lengua materna antes que en español;
2) empleo de la lengua indígena en la explicación de materias
elementales ; 3) aprovechamiento de los mejores métodos peda-
gógicos y 4) empleo de maestros nativos [38]. Los resultados fueron —al parecer— muy positivos: no sólo los hombres saben
español, sino que «las mujeres también lo emplean» [39].

---

[36] Instituto Nacional de Antropología e Historia, México, 1963.

[37] El grupo otomangue ocupa la parte del istmo de Tehuantepec compren-
dida entre la costa del Pacífico y amplias zonas del interior, con irradiaciones
hacia el norte. (Véase el mapa que incluyen Mercedes Olivera y Blanca Sánchez
en su *Distribución actual de las lenguas indígenas de México*, México, 1965).

[38] M. Swadesh, *SBloom.*, ya cit., pág. 214. Hay sobre la cuestión un muy
valioso libro de Gloria Bravo Ahuja, *Los materiales didácticos para la enseñanza
del español a los indígenas mexicanos*, México, 1977.

[39] Lógicamente, la penetración es mucho más fácil en los núcleos de dife-

El problema está en conocer el arraigo que estos logros consiguen. Porque el propio Swadesh ha dado información sobre la discontinuidad del trabajo. Si la acción no se prosigue, los grupos indígenas seguirán marginados y con la conciencia de la inutilidad de sus esfuerzos. Por eso se han señalado las causas que vienen limitando el éxito de las soluciones ensayadas: carencia de metodología adecuada, estatismo de los proyectos, dispersión geográfica de los intentos, diversidad de los organismos responsables y falta de consideración de los factores que determinan los cambios sociales [40].

ALFABETIZACIÓN Y CASTELLANIZACIÓN

La llamada de atención de los lingüistas tiene un sentido muy claro, que los gobiernos no siempre han entendido. Porque de las observaciones que acabo de hacer y otras que deduciré al extraer unas conclusiones más amplias resulta —tal es el caso del Perú— que se confunde «alfabetización» con «castellanización» [41], con lo que los resultados para la integración de los indígenas son muy escasamente aprovechables. Alberto Escobar señaló hace unos años que el ministerio de Educación del Perú, al considerar el español como lengua oficial, vino a caer en el yerro de creer que todo el país —salvo la Amazonia— es monolingüe. Los datos que el investigador facilita son impresionantes: más del 50 % de los peruanos no hablan español [42]:

> Grandes grupos humanos en la región andina hablan quechua y aymara, lenguas que a su vez comprenden una serie de dialectos; ade-

renciación dialectal muy grande. Así en mazateco, donde recurren al castellano para entenderse hablantes de la misma lengua, pero de dialectos muy distintos. Recuérdese lo que ocurre entre pastores vascos de dialectos franceses o españoles de los Estados Unidos, que, ante la incomprensión de su lengua nativa, tienen que recurrir a otra para comunicarse.

[40]   Bravo-Garza, *op. cit.*, págs. 9-10.

[41]   Ténganse en cuenta los informes, importantísimos en sí y de la máxima responsabilidad para la persona que los emite, de Alberto Escobar en el *SCartag.*, pág. 73.

[42]   Calcula en 12 millones la población del país.

más, en la región amazónica existe una enorme variedad de tribus selváticas con diferentes lenguas, cuyo número tampoco se conoce con exactitud [...] Es posible, incluso, que se dé el caso de lenguas que, como el jaraco, hasta hace muy poco, no hayan sido estudiadas ni en forma elemental.

Entonces —como bien señala Escobar—, el erróneo planteamiento de las cuestiones, lejos de acercar a los peruanos no hace sino «afianzar las barreras lingüísticas que impiden la comunicación», con lo que se retarda la incorporación de los indígenas a la vida nacional. Resultado negativo de un problema que —si bien es conocido— no se interpretó con justeza. Posteriormente, y gracias al esfuerzo de los lingüistas, se estableció un *Experimento de alfabetización y castellanización*, con lo que se asentaban claramente las diferencias de uno y otro propósito, aunque ambos condujeran a ese fin de romper las estructuras que mantienen marginadas a ciertas comunidades. Claro que los primeros logros de una empresa semejante han de proyectarse sobre descripciones lingüísticas, paso previo para el conocimiento de la realidad del país y exigencia liminar si se quiere pisar sobre seguro y no estar volviendo —de continuo— a los puntos de partida [43]. Aquí, como en Méjico, los resultados del bilingüismo son los mismos: en primer lugar, la lengua oficial se asienta junto a la indígena; después, la va erosionando [44], y, por fin, hace prever su total extinción. Cierto que las lenguas no se extinguen por completo, sino que dejan —como adstrato— algunos elementos que condicionan a la lengua que se impone o —como substrato— tienen ecos para siempre en la entonación y en la fonética. Rodolfo Cerrón da testimonio de la situación con una gran objetividad científica, aunque su postura sentimental no coincida con ella:

---

[43] En 1967, el *Plan de Fomento lingüístico* publicó las *Cuatro fonologías quechuas*, de A. Escobar, G. Parker, J. Creider y R. Cerrón, que ilustran el conocimiento de áreas muy poco estudiadas (Yanacocha, Caraz, Picoy y Wanka).

[44] Así consta, por ejemplo, en la *Gramática del quechua ayacuchano*, de Gary Parker (Lima, 1966): «El alófono más fuerte del acento primario acompaña al centro de una entonación. Los hablantes bilingües con frecuencia introducen palabras de acuerdo con los patrones castellanos» (pág. 12).

Al lado de éstos [préstamos antiguos del español] hay otros préstamos de más reciente incorporación, los cuales generalmente, al ser
admitidos por la lengua aborigen, arrastran consigo fonemas que al-
teran su fisonomía, por lo menos a nivel fonológico [...] Estamos segu-
ros de que el sistema aquí presentado habrá variado en el lapso de
algunos decenios, si es que para entonces el español todavía no logra
exterminar la lengua nativa, con gran lástima por cierto [45].

Ahora bien, la lengua oficial no sería suficiente para eliminar a todas estas variedades indígenas si, al mismo tiempo que
el bilingüismo, no se fueran creando unos nuevos puestos de
trabajo o unas nuevas ocupaciones que habrán de ser servidas
por una minoría indígena conocedora de la lengua nacional [46].
En definitiva, problema de sociología que debe escudriñar el
comportamiento individual ante la realidad que es la propia lengua, y que no se puede separar de otros hechos históricamente
conocidos. Sin prejuzgar un fin rápido o lento de las lenguas
minoritarias —los yerros de los vaticinadores son tan grandes
que evitan cualquier tentación—, merece la pena meditar estos
hechos a la luz de algún otro: choca la rapidez con que desapareció el celta de Galia en la época latina, a pesar de sus títulos
de nobleza (civilización con tradiciones muy viejas, poseía una
literatura oral); pero se encontró un latín que le aventajaba en
valor utilitario, en gloria literaria, en prestigio general; entonces, las clases dirigentes fueron ganadas por las ventajas morales y materiales que les garantizaba el conocimiento del latín
y, añado por mi cuenta, para conservar entre los vencedores
sus privilegios de grupo, con lo que vino a desaparecer la lengua de los vencidos [47].

---

[45] «Fonología del wanka», pág. 57 de la obra citada en la nota anterior.

[46] Vid. John J. Gumperz, «On the Ethnology of Linguistic Change», *Sociolinguistics*, edit. William Bright, La Haya-París, 1966, pág. 29, especialmente.

[47] Vendryes, *La mort des langues*, ya cit., págs. 9-10. También en la colonización de América se daba instrucción a «la gente baja», pero el mayor empeño
iba hacia la «principal», convertida en auxiliar de la labor misionera (Rosenblat,
PFLE, II, 201-204, y «Contactos interlingüísticos en el mundo hispánico: el español y las lenguas indígenas», *Actas del Segundo Congreso Internacional de Hispanistas*, Nimega, 1967, pág. 148).

Claro que no hemos de ver, únicamente, factores negativos en la acción de la lengua oficial, aunque sus resultados acaben siéndolo. En 1550 se decidió que la instrucción religiosa de los indígenas se hiciera en castellano [48], pero el Concilio III de Lima (1583)

> ordena que se les enseñen a los indios las oraciones y el catecismo en su propia lengua, sin obligarlos a que aprendan la nuestra si no es por su voluntad. A consecuencia de esta recomendación de Lima aparece la rica serie de libros debidos principalmente a los jesuitas [49].

Como muchas veces se ha señalado, no hubo uniformidad de criterios entre las autoridades, pues mientras la Corona quería imponer el español, la Iglesia prefería las lenguas indígenas. Pero —de cualquier modo— se sintió un principio coactivo en favor de la lengua del Estado, que tenía —además— el poder de la fuerza, por más que la acción de los clérigos fuera entonces mucho más fuerte y eficaz que la que podían inspirar unos principios puramente religiosos: baste recordar las cátedras de lenguas indígenas en Méjico, Lima y Quito y alguna otra de importancia secundaria. Pero —a pesar de todo— el prestigio del español aumentó de tal modo, que la cédula de Carlos III (1770), insistiendo en imponer a los indios la lengua oficial, fue el resultado —según Morínigo— del fracaso de la doctrina de la Iglesia y el «definitivo retroceso de las lenguas indígenas» [50]. Al cabo de los años se ha vuelto a la situación primitiva: la catequización en castellano. En 1512, el franciscano Alonso de Espinar regresaba al Nuevo Mundo con otros compañeros suyos; en Sevilla había comprado a Jacobo Cromberger «dos myll cartillas

---

[48]   Vid. Antonio Tovar, *Catálogo de las lenguas de América del Sur*, Buenos Aires, 1961, pag. 186. En 1579, muchos mayas eran ya «ladinos», es decir, hablaban también español (cfr. las conclusiones de «Las *Relaciones* de Yucatán», que ya he citado).

[49]   *Ibidem*, pág. 187.

[50]   *Ibidem*, pág. 188. En Lima existió cátedra de quechua desde 1550, gracias a la generosidad del canónigo Rodrigo Pérez (cfr. L. Castro, «La cátedra de lengua quechua en la catedral de Lima», *Nueva Coronica*, I, 1963). Sobre la cátedra de chibcha en Santa Fe hay un libro inédito de Elena Alvar.

de enseñar a leer». La noticia impresiona hoy: en cualquier sitio comprar dos mil cartillas para enseñar a leer es una cifra más que respetable; pensemos lo que significaban para los escasos territorios que la corona poseía —en 1512— en América [51], y no se olvide que —más tarde—, cuando el imperio se ha dilatado, 12.000 cartillas se imprimen en Alcalá por fr. Juan de Zumárraga, obispo de Méjico [52].

El problema de si —para un futuro— resultó negativa y contraproducente la liberalidad lingüística que se practicó a raíz de la conquista, no nos afecta en este momento. Conste —sólo— que plantea muy diversos problemas, parcialmente considerados por algunos investigadores [53].

LA TRANSCRIPCIÓN DE LENGUAS INDÍGENAS COMO VEHÍCULO DE TRANSCULTURACIÓN

Problema fundamental en estos procesos de transculturación es el de establecer un sistema gráfico. Porque si bien es cierto que en muchos sitios hay hablantes de lengua nacional que no saben escribir [54], el simple aprendizaje de una variedad oral del español resulta hoy insuficiente. El indio se transculturaliza no sólo hablando, sino, también, leyendo y escribiendo. No enten-

---

[51] J. Hazañas, *La imprenta en Sevilla*, pág. 75, de donde copia E. Asensio en su edición del *Tratado del Niño Jesús*, de Erasmo (Madrid, 1969, pág. 31). También Á. Rosenblat trae a colación este informe en *La hispanización de América. El castellano y las lenguas indígenas desde 1492* (PFLE, II, pág. 194). Para todo esto es imprescindible el capítulo II de la obra de Robert Ricard, *La conquista espiritual de México* (traduc. A. M. Garibay, México, 1947).

[52] Rosenblat, *art. cit.*, pág. 206, y A. Tovar, «Español, lenguas generales, lenguas tribales, en América del Sur», *Studia Philologica. Homenaje ofrecido a Dámaso Alonso*, III, págs. 509-525. Trabajo este último donde se estudian las condiciones del bilingüismo hispanoamericano (págs. 520-521, especialmente).

[53] Rosenblat, *art. cit.*, en nota 51, págs. 210-211, y *Buenas y malas palabras*, IV, pág. 113.

[54] Véanse las consideraciones que hace S. Gudschinsky, «Techniques for Functional Literacy in Indigenous Languages and the National Language» (*SBloom.*, pág. 225).

derlo así es quedarse a mitad del camino y mantener unas masas analfabetas, que continúan siendo tan lastre como los analfabetos de la lengua nacional. El problema reviste un doble carácter: la eficacia que se obtiene con la enseñanza en lengua indígena debe potenciarse hasta el máximo. En teoría, saber la lengua vernácula escrita es, a la vez, un paso decisivo hacia la total alfabetización en castellano. La dificultad radica en que hay muchas lenguas que no tienen un alfabeto para su escritura y, añado, ni tienen tampoco literatura. Entonces, es necesario emplear el alfabeto castellano para conseguir un máximo de eficacia, incluso en la lengua materna.

Ya en 1965 el gobierno boliviano tuvo clara conciencia de estos hechos en un texto que voy a copiar y cuyas últimas palabras son harto significativas:

> La acción alfabetizadora se hará en las zonas donde predominen las lenguas vernáculas, utilizando el idioma nativo como vehículo para el inmediato aprendizaje del castellano como factor necesario de integración lingüística nacional. Para este efecto se adoptarán alfabetos fonéticos que guarden la mayor semejanza posible con el alfabeto del idioma castellano [55].

También Swadesh, en los proyectos en que colaboró, partía de ideas afines a éstas:

> el proyecto mixteco, así como la segunda fase del tarasco, evitaba el uso de letras distintas a las del alfabeto español. Esto ayudó para evitar las sospechas de que se pensara desviar a los alumnos del aprendizaje del español [56].

Las observaciones son muy exactas, pero parten de algo que ya es propicio: la conciencia de que es necesario aprender la

---

[55] *Código de educación boliviana*, artículo 1150, capítulo X. La tesis aquí sustentada es la de las Naciones Unidas y usada también en la experiencia Guajira de Venezuela (Vid. *Mesa redonda sobre el monolingüismo quechua y aymara y la educación en el Perú*, Lima, 1966, págs. 57 y 61).

[56] *Art. cit.*, pág. 218. En el Perú, Bolivia y Ecuador los indígenas se resisten a ser alfabetizados en su propia lengua y sienten la necesidad de ser alfabetizados en castellano (*Mesa redonda*, pág. 72).

lengua nacional y su conocimiento previo. ¿Cómo si no esos neófitos sabían que las letras eran o no las de nuestro alfabeto? Creo que Swadesh parte de la situación más propicia y cómoda, aunque no la más probable. Sin embargo, en un plano teórico, su razonamiento es justo; válido, por tanto, no sólo para los proyectos que analiza, sino para mucho más amplias realizaciones. Porque cuando se transcribe una lengua es necesario obtener un máximo de posibilidades combinatorias con un mínimo de signos utilizables. Es, precisamente, el problema que han tenido que resolver las gentes que, en otros ámbitos, se han enfrentado con las mismas dificultades. O con palabras de Albert Valdman:

> la transcripción anota tan sólo la representación superficial, mientras que la escritura intenta representar la forma subyacente. Tanto en criollo como en francés, la forma subyacente y la estructura superficial no son isomórficas y, puesto que la ortografía francesa convencional representa en forma elegante y económica la forma subyacente en la estructura superficial, los pioneros en la elaboración de la ortografía del criollo cometieron un error al desechar sin razón las convenciones de la ortografía francesa [57].

Por eso Swadesh acertó a ver con precisión el estado teórico de la cuestión, aunque —he señalado— discrepo de sus interpretaciones, y dudo también de sus ventajas. Resulta, pues, que castellanizar no es lo mismo que alfabetizar a los analfabetos. Este es un problema que existe por doquier, pero es independiente de que los indígenas conozcan o no la lengua nacional. En el Proyecto Oaxaca se interpretan los hechos con una visión mucho más amplia. Se parte, en efecto, de la misma postura de Swadesh («alfabetizar en español a monolingües indígenas [...] es innatural»), pero —inmediatamente— se formulan las re-

---

[57] «Variación lingüística y estandarización en Haití», *SMéx.*, pág. 309. Los problemas de normalización, nivelación y escritura son tratados por W. A Stewart en «A Sociolinguistic Typology for Describing National Multilingualism» (cfr. Fishman, *Readings*, ya cit., pág. 534), y los del desarrollo de los sistemas de escritura en los pueblos sin literatura, por A. F. Sjoberg, en «Socio-cultural and Linguistic Factors in the Development of Writing Systems for Preliterate Peoples», *Sociolinguistics*, págs. 260-276.

servas a ese alfabetizar en lengua indígena y enseñar a hablar en español. Sustancialmente son las siguientes: 1) el español se presenta como traducción de la lengua indígena, con las deficiencias inherentes a su enseñanza asistemática; 2) el material didáctico empleado sólo vale para unas pocas variedades, pues otras muchas son desconocidas en buena parte; 3) no es demasiado útil que el niño aprenda a escribir en una lengua —la suya— que carece de literatura, tradición gráfica, etc.; 4) donde se alfabetiza en español, maestro y alumno no se entienden, y donde se alfabetiza en lengua indígena, el aprendizaje es lento e incompleto [58]. En vista de ello, se pretende

> enseñar el español en forma *oral*, de una manera sistemática [... y] la metodología [...] debe ajustarse a las necesidades de los hablantes indígenas y [...] aplicarse sin discriminación a toda la comunidad [59].

ESPAÑOL NACIONAL Y REGIONAL

Esto nos lleva a otro aspecto que debe atenderse: ¿qué español se va a usar, si lo que se pretende es enseñarlo de manera oral y ajustado a las necesidades locales? Porque en todos estos proyectos no suele darse sino una visión parcial de la cuestión: la lengua indígena. Se habla de su fragmentación, incluso falta de intercomprensión, empobrecimiento conceptual, etc. Pero no hay que creer que el español se presente como un bloque monolítico; es más, el español de cada región presentará unas determinadas particularidades de las que no podremos desentendernos [60]. Difícilmente se podrá enseñar una koiné nacional, cuan-

---

[58] Bravo-Garza, págs. 24-25. Cfr. Alberto Escobar, *Mesa redonda*, ya citada, pág. 27.
[59] *Ibidem*, pág. 25. Para este tipo de planteamientos, vid. E. Haugen, «Linguistics and Language Planning» (*Sociolinguistics*, de Bright, ya cit., págs. 61-64); sus consecuencias afectan totalmente al conservadurismo de que habla Soustelle *(art. cit.*, pág. 9) y al renacimiento indigenista que señala en 1940 (pág. 10). Creo que son cosas distintas el conocimiento científico, sentimental, etc. del indio y pensar en su revitalización —como indio— lingüística y cultural.
[60] Humberto Toscano señaló, para el Ecuador, el absurdo de dar como enseñanza normativa la de países distintos del suyo (*SCartag.*, págs. 94-95), y otro

do la lengua nacional presente diversidad de normas *orales* de realización. Estudiando el español yucateco pude darme una idea de su complejidad gracias —precisamente— a una serie de informantes elegidos sin prejuicios. Los elementos sociológicos que integraban esa gran comunidad hablaban sólo castellano (los menos y siempre sujetos urbanos) o eran bilingües [61]; resultado de ese contacto lingüístico fueron unas conclusiones que afectaban a la articulación oclusiva de *b, d, g* (y no sus alófonos fricativos), la falta de *y* rehilada, la despalatalización de la *ñ*, la juntura abierta, la nasal *m* en posición final y la sustitución de *f* por *p* [62].

Naturalmente, sería absurdo pensar en que cada parcela del mundo hispánico enseñara el español normal de la zona y no, cuando menos, la modalidad inteligible en toda la nación. Pero no menos absurdo será imponer un tipo de pronunciación —o de léxico— que ha sido rechazado por la comunidad tras cuatrocientos años de castellanismo oficial. Por eso parece lógico conocer cuáles son las modalidades locales que esos hablantes van a necesitar. Al menos en un primer nivel, la lengua que van a aprender se conformará con la norma habitual de la región. Si volvemos a considerar la situación en Oaxaca tendremos que un millón de habitantes (el 50 % de la población) es de cultura indígena, aunque habla español, pero más de 200.000 personas ignoran la lengua nacional. Por muy negras que queramos ver las tintas, nada menos que 1.800.000 habitantes conocen el castellano. Un castellano en el que hay —también— diferencias [63], pero que funciona como vehículo de expresión, único, de un millón de hablantes y, junto a otras lenguas, de otros ochocientos

---

tanto apunta A. Escobar para el Perú («Problemática de las lenguas nacionales», *Letras*, n° 80-81, pág. 10 de la separata).

[61] Cfr. «Nuevas notas sobre el español y el maya yucateco», *SMéx.*, pág. 202. Naturalmente, no hice encuestas con gentes monolingües de maya.

[62] *Ibidem*, pág. 206. La redacción completa del trabajo (con los elementos romances) se publicó en *Ibero-romania*, I, 1969, págs. 159-189.

[63] Vid. M. Alvar, «Algunas cuestiones fonéticas del español hablado en Oaxaca (México)», *NRFH*, XVIII, págs. 353-377.

mil [64]. Por toda la superficie del Estado se extiende una sobreestructura, más o menos diferenciada de otras de la República, pero que da unidad a la diversidad de hablas locales. Hay que tener en cuenta esta modalidad —o las modalidades de cada Estado— para poder resolver adecuadamente los numerosos problemas que el bilingüismo va a plantear (interferencias de sistemas, rechazo de sonidos, usos sintácticos, modalidades léxicas, etc.), sin que con ello haya que descender a la fragmentación dialectal, absurdo, por una parte, y contrario a los propósitos, por otra.

CAMINOS HACIA LA INTEGRACIÓN

Porque esos propósitos han sido fijados —de una vez por todas— en los *Problemas de integración* de Oaxaca:

a mayor desarrollo cultural es mayor la tendencia a la uniformidad lingüística, porque aumenta la necesidad de intercambio cultural y de comunicación [...] el monolingüismo [indígena] y la fragmentación lingüística son la evidencia mayor del aislamiento y el marginalismo. Es indispensable una lengua común, base fundamental para el progreso uniforme de un país [65].

Y, en todas partes, los sentimientos son los mismos. El gobierno boliviano dispuso la alfabetización en lenguas indígenas para llegar a un mejor conocimiento del castellano, «idioma oficial y de unificación nacional» [66].

Este planteamiento lleva los hechos a ciertas formulaciones de Weinreich [67]: la lengua nativa en los casos de bilingüismo

---

[64] Juan M. Lope Blanch, denodado trabajador, está estudiando la delimitación de las zonas dialectales de Méjico (testimonio de sus tareas en el *SMéx.*, págs. 255-261). El final de esta gigantesca empresa nos aclarará muchos problemas pendientes, o ilustrará nuestra ignorancia.

[65] Bravo-Garza, pág. 23.

[66] D. Burns, apud *SCartag.*, pág. 84. Se trata de un aspecto del «planteamiento lingüístico» que estudia E. Haugen en la *Sociolinguistics*, de Bright, ya citada, págs. 50-70.

[67] «Unilinguisme et multilinguisme», *Le Langage*, dirigido por A. Martinet, París, 1968, pág. 683.

sólo es válida hasta ciertos niveles. No resulta viable —económicamente hablando— montar un sistema de enseñanza media y superior sobre la base de una lengua minoritaria. En cualquier caso, faltarían el instrumento adecuado para impartir las enseñanzas y los docentes para ejercerlas [68]. Y quede aparte la intolerancia estatal para fomentar el cultivo de lenguas y culturas distintas de la mayoría. No queda, pues, otra solución que instruir a los indígenas en la lengua nacional y capacitarlos para acceder —a través de ella— hasta los niveles más altos de instrucción. Es preciso elaborar un sistema distinto de los tradicionales; la castellanización del niño da unos frutos raquíticos —con frecuencia se agostan en cuanto desaparece la acción de la escuela. Las conclusiones a las que llega Swadesh son, a mi modo de ver, un tanto utópicas, aunque —como tantas veces en su trabajo— tenga una clara visión de los problemas:

> No se debe menospreciar lo difícil que es para un pueblo ajustarse a normas radicalmente nuevas para él, como en muchos casos la de mandar sus hijos a la escuela diariamente. Por tanto es conveniente emplear los mejores métodos en la escuela y prestar atención a la relación que tiene con la comunidad [69].

Emplear «los mejores métodos» será útil desde un punto de vista práctico, pero queda —y es objeción que he formulado en algún otro momento— el problema de la continuidad de los fru-

---

[68] Por otra parte, está el defectuoso conocimiento de las variedades de las lenguas indígenas, cuya agrupación hay que fijar muchas veces. En este sentido puede ser útil el intento de E. Bradley, «Metodología y práctica para determinar afinidades dialectales» (*SMéx.*, págs. 264-269). Para dejar las cosas en su punto hay que decir que no se procedió nunca de igual manera para lenguas de carácter distinto, pues mientras la lengua de una pequeña comunidad se castellanizaba rápidamente, el conquistador usaba las lenguas generales para instruir a los indígenas con ellas (Tovar, *op. cit.*, pág. 189), con lo que Castilla vino a difundir alguna de estas lenguas por inesperadas superficies (vid. M. Alvar, *Americanismos en la «Historia» de Bernal Díaz del Castillo*, Madrid, 1970, págs. 39-40, y «Las *Relaciones* de Yucatán» (*Rev. Filol. Española*, LV, 1972, págs. 1-34). Sobre estos temas, Á. Rosenblat ha reunido una información importantísima (vid. «La hispanización de América», *PFLE*, II, págs. 199-201).

[69] «El impacto sociológico», ya cit., pág. 220, § 3.

tos obtenidos. Desde la infancia se podrá ir cambiando la estructura mental de una comunidad por la doble acción que puedan ejercer esos niños: prestigio de conocer la lengua nacional y su proyección sobre los grupos nativos cuando hayan crecido en edad. Pero no hay que creer que todo el grano cae en buena tierra de sembradura: si no hay una conciencia inmediata de utilidad, la castellanización se empobrecerá o —incluso— desaparecerá; si los hábitos del grupo son muy fuertes, acabarán neutralizando la acción de la escuela, puesto que su clan ejercerá una acción mucho más durativa que la efímera del maestro. Y no se piense que esto es un fruto del primitivismo de los indígenas, sino que se da en todos los sitios. En Estados Unidos se ha creado una especie de «reanalfabetización» en ciertas gentes: van a la escuela, aprenden a leer y a escribir; trabajan, y no vuelven a usar los conocimientos adquiridos. Cuando se incorporan al cuartel, les resulta difícil leer [70]. Estos informes que me dieron mis colegas de California podemos verlos comprobados —con otro sentido, pero con una acción coercitiva semejante— en nuestro país: en determinadas regiones, el dialectalismo se siente como una tara de la que hay que evadirse, en otras no. El grupo social impide en estos casos que prosperen las enseñanzas de la escuela —suponiendo que sean idóneas—, y toda la presión de la colectividad hace que el hombre, en trance de instrucción, acabe desentendiéndose de lo que es norma culta: catedráticos de lengua nacional que dicen *me se* u opositoras a lengua y literatura que emplean *ansina*. Y baste con esto, por excepcionales que las muestras sean.

En unos grupos muy trabados, como son muchos de los indígenas (defensa de su propia entidad contra las imposiciones extrañas, temor a ser explotados, recelo contra la pasividad de los gobiernos, etc.), ha de ser distinta la acción que lleve a la incorporación de tanta comunidad marginal: escuela elemental,

---

[70] A. Escobar, para describir la fonología del quechua de Yanacocha, empleó a una mujer bilingüe, que de niña aprendió castellano y lo olvidó posteriormente; sólo dos estancias en la costa le permitieron recobrar su español (*Cuatro fonologías quechuas*, pág. 9).

nivel medio (humanista, técnico, etc.), nivel superior [71]. El bilingüismo debe motivarse en todos los puntos previsibles para que su eficacia sea duradera: en el espacio, en la mayor cantidad posible de lugares; en la estructura social, dentro de cada una de sus ordenaciones (niños y adultos, hombres y mujeres, labriegos y artesanos). Se trata —ni más ni menos— de crear una nueva conciencia en la que las comunidades mejoren (ventajas de un nivel de vida superior, beneficios de la medicina y de la higiene, etc.) y, a través de estos beneficios inmediatos, se haga realidad la incorporación de los grupos marginados a la marcha progresiva del país [72]. Es necesario que las cosas sean así, para favorecer a gentes que viven en estado de miseria y para el desarrollo equilibrado de naciones en marcha, que no pueden caminar con el lastre de cientos de miles de personas ajenas a la obra que la colectividad ha emprendido. Las ventajas indudables y —ya— insoslayables exigen otros sacrificios.

INTEGRACIÓN Y SALVAGUARDA DE VALORES

Todas estas realizaciones —parece inútil decirlo—

> [no tratan] de que el indígena olvide lo que es, salga de su comunidad, se cambie el vestido y olvide su lengua, sino que se trata de que valore sus características étnicas, sus patrones culturales, su lengua [...] y de que asimile lo que la sociedad moderna le ofrece para su propio desarrollo [73];

---

[71] Como excelente planteamiento, véase el que se expone en los «Problemas de integración», ya citados, págs. 10-28. Alberto Escobar ha formulado severos reparos a la pretensión de castellanizar sin alfabetizar en la lengua indígena (*SCartag.*, pág. 76).

[72] Se consideran como elementos básicos de estos cambios los «promotores», gentes de instrucción post-primaria que llegan a todos los sitios y a todas las gentes gracias a unos conocimientos técnicos adquiridos y a su pertenencia a la comunidad que estaba marginada. No se olvide nunca que el conocimiento de una lengua que se considera mejor no es sólo una necesidad de comunicación, sino un fin para mejorar el status social de un individuo; si los promotores son ejemplo de ese progreso, su eficacia será mayor (cfr. U. Weinreich, *Languages in Contact*, Nueva York-La Haya, 1953, pág. 78).

[73] Bravo-Garza, págs. 19-20.

pero —también parece inútil decirlo— por mucho que se cuide el mantener la libertad cultural de estas gentes, acabarán sometidas o, lo que es peor, considerando su propia cultura como un mero objeto folklóricamente rentable. El libro de Rosenblat, al que me he referido más de una vez, pone el dedo en la llaga:

> «Mantener al indio» puede ser un ideal de folkloristas, pintoresquistas y etnógrafos, jamás un ideal político o cultural de ningún estado moderno. «Incorporación del indio a la vida nacional» fue una consigna de la revolución mejicana de 1910. «Incorporación», «asimilación», es decir, desindianización [74].

Y este es el gran problema de Hispanoamérica: la necesidad de incorporar a millones de seres a una cultura que no es la suya, pero que señala un proceso irreversible. Volver a un pasado indígena es irrealizable porque —entre otras muchas cosas— ahí están esos millones de nacionales que —en cada país— no son indios, ahí están los mestizos, países enteros de mestizos. Cada una de las naciones libres de América es el resultado de unos hechos históricos —buenos o malos, victoriosos o humillantes, elija cada quien según su posición sentimental —que están ahí, operando sobre la carne viva de los pueblos de hoy [75]. Que Cortés —el primer hombre que posee una conciencia de mejicano moderno— no tenga una estatua en Méjico, o que Piza-

---

[74] *La población indígena*, I, págs. 30-31. Más o menos esas son las palabras del *Código de educación boliviana* (1956), que siente la necesidad de la alfabetización para «incorporar a la vida nacional a las grandes mayorías campesinas, obreras, artesanales y de clase media, con pleno goce de sus derechos y deberes a través de la alfabetización en gran escala y de una educación básica» (Art. 2, § 4). Y se postula una alfabetización en lengua nativa para «pasar gradualmente al uso del castellano» (vid. Donald Burns, «La Lingüística y los problemas de la lengua en Bolivia», *SCartag.*, pág. 83). En Méjico, Moisés Sáenz, «uno de los creadores de la escuela rural, la consideraba, en 1928, factor de integración que principia por dar voz castellana a cuatro millones de indios mudos» (Á. Rosenblat, «Hispanización», ya cit., *PFLE*, II, pág. 213).

[75] Humanista de tan gran solvencia como Miguel León-Portilla escribe unas palabras, que suscribo totalmente, al estudiar el legado de la América Indígena: no hay que «hacer supresión anacrónica e imposible de lo Occidental, que es ya también nuestro» (*El reverso de la conquista*, México, 1969, pág. 8).

rro —junto a la Plaza de Armas de Lima— tenga la suya, hermana de la de Trujillo; que en el Hospital de Jesús —en el lado
del evangelio— apenas se encuentre una lápida de ofrenda española con el nombre de Hernán Cortés de Monroy, o que una
gran capilla —nave de la epístola— guarde los restos de Pizarro
en una suntuosa catedral: es lo mismo. En uno u otro caso,
los resultados actuales son los mismos: mestizaje. Mestizaje biológico y mestizaje cultural. Volver a la vida azteca o a la vida
del incario es imposible y, por supuesto, inútil regresión. Los
pueblos jóvenes de América no pueden elegir: necesitan incorporar a su realidad histórica de hoy todas las tierras a las que
difícilmente llega el Estado, y a todos esos hombres que necesitan de ayuda y a quienes se necesita, y «el bilingüismo es la
primera etapa en la extinción de una lengua indígena». Este hecho no se da sólo en las naciones de América; es la historia cumplida en todas partes: el heroísmo de Indíbil y Mandonio, el holocausto de Numancia y de Sagunto no pudieron hacer retroceder la historia. Y los españoles de hoy hablan una lengua neolatina porque las gentes que nacieron en este solar, antes de que
Hispania se convirtiera en España, fueron bilingües. He aquí
un proceso doloroso, lleno de situaciones conflictivas, pero —
también— de un intenso dinamismo y con una gran puerta abierta hacia el futuro.

Desde nuestra situación de lingüistas asistimos a unas tentativas de incorporar las comunidades marginadas a las grandes
empresas nacionales. Méjico es, acaso, el país donde más activamente se ha tratado de resolver cada uno de estos problemas,
y las soluciones propuestas, vemos, tienen un valor general. En
unos casos, porque los caminos buscados son caminos que trillaron muchas plantas en situaciones semejantes; en otros, porque la situación actual es válida para otras geografías. Tal puede ser el valor de la historia: experiencia vivida y todavía viva.

LA ENSEÑANZA DE LA LENGUA OFICIAL Y EL
RETROCESO DE LAS MINORÍAS. CONCLUSIONES

Un conocedor muy profundo de lenguas minoritarias de Méjico ha señalado con suma claridad la dificultad que incardina la enseñanza del español en las comunidades nativas:

> El número de lenguas indígenas americanas impresiona por dos razones: por la profusión de estructuras lingüísticas aquí representadas con su variedad cultural correspondiente, y por las numerosas situaciones lingüísticas y culturales que deben afrontar para solucionar los problemas de enseñanza de un segundo idioma de aplicación cultural más amplia. La primera nos impone una tarea descriptiva de gran alcance. La segunda requiere una serie de descripciones de contrastantes que abarquen tanto la lengua y la cultura indígenas como la lengua y la cultura nacionales [76].

Punto de vista —realidad indígena, lengua nacional— que no habrá que desatender si se quieren obtener unos frutos duraderos. Considerar —sólo— las modalidades indígenas no hace sino enfocar las cosas desde un aspecto muy parcial; hace falta —también— cuidar de ese otro factor de la integración, la lengua nacional. Precisamente, al formularse un proyecto muy ambicioso sobre el habla culta en las principales ciudades de Hispanoamérica, Juan M. Lope Blanch, creador y alma de la empresa, pudo señalar la importancia que tendría el conocimiento de la norma de cada país para la castellanización de los indígenas [77].

Se infieren de ello unos resultados importantes para la lingüística general: lenguas poco o nada conocidas por su escaso significado histórico y cultural acceden así a estudios de carácter mucho más amplio y universal, aportando sus elementos funcionales [78]; de otra parte, se obtienen los materiales más ricos

---

[76] Gr. Norman-A. McQuown, «La tarea lingüística cultural y pedagógica en relación con los grupos no-ibéricos de América latina» (*SBloom.*, pág. 182). Sólo en Méjico son 50 los grupos autóctonos, fragmentados en multitud de subdivisiones.

[77] Juan M. Lope Blanch en el *SBloom.*, págs. 260-261, § b.

[78] Joseph E. Grimes señaló cómo Pike «nunca hubiera postulado su teoría tagmémica» sin conocer los problemas de análisis gramatical que plantean va-

y variados para conocer los problemas del bilingüismo y los de
su propia condición; para establecer la correspondencia entre
clases sociales y grupos étnicos; para conocer las correlaciones
entre elementos que se transculturalizan y los que mantienen
los usos antiguos.

Aunque la castellanización tenga que darse en todos los niveles, si se pretende la total incorporación de las comunidades
indígenas, es lógico que las generaciones más jóvenes sean más
permeables a la recepción de todas estas acciones [79], por cuanto están más próximas a una serie de motivos cada vez más
operantes (la escuela, las vías de comunicación, los intercambios mercantiles): así consta en Yucatán [80] o en ciertas áreas
del Perú [81]. Conforme el bilingüismo se acreciente, aumentará
el prestigio social del castellano en todos los niveles, venciendo
la inercia en favor de las nuevas estructuras [82]. Porque las hablas indígenas —abandonadas a su suerte— difícilmente enriquecen su propio acervo, ni son capaces de adaptarse a las nuevas necesidades [83]. De las funciones que cumple la lengua na-

rias lenguas de Mesoamérica («El estado actual de los estudios descriptivos de
lenguas amerindias en Latinoamérica», *SBloom.*, pág. 190).

[79] En ocasiones, los niños son monolingües, como en tarasco (Swadesh,
SBloom., pág. 213), pero creo que esta situación varía en cuanto salen de la féru-
la materna. Entre hablantes de español, pude comprobar que un niño tenía en
ocasiones los rasgos fonéticos de la madre, pero en otras, no («polimorfismo y
otros aspectos fonéticos en el habla de Santo Tomás Ajusco, México», en el *Anuario de Letras*, VI-VII, 1966-1967, pág. 40, § 37).

[80] Vid. *SMéx.*, pág. 202.

[81] J. Creider, «Fonología del quechua de Picoy» (*Cuatro fonologías quechuas*,
pág. 43): «El bilingüismo varía mucho. Todos entienden el quechua y casi todos
entienden el español. Los niños residentes en el pueblo hablan sólo el español
y, muy a menudo, no pueden hablar en quechua. Los niños residentes en las
estancias son completamente bilingües. La mayoría de las mujeres hablan quechua solamente, y los hombres se dividen, más o menos, en partes iguales, entre
hablantes habituales del quechua y hablantes del español».

[82] Los yaquis jóvenes «hablan el español con mucha facilidad»; en general
es pueblo bilingüe (vid. Jean B. Hohnson, *El idiona yaqui*, México, 1962, pág.
X. El yaqui es una lengua nahua hablada en Sonora, Méjico).

[83] Baste pensar en el guaraní, que tiene consideración de lengua nacional,
incapaz para expresar —según sus hablantes— conceptos harto triviales en la
vida de un hablante instruido (vid. J. P. Rona, «The Social and Cultural Status
of Guaraní in Paraguay», *Sociolinguistics*, págs. 277-298).

cional nos interesan ahora la unificadora y la de prestigio [84]. La primera es aducida taxativamente en Méjico o, como fundamento de la propia nacionalidad, por el gobierno boliviano. Países jóvenes, los de Hispanoamérica, tienen un carácter fuertemente nacionalista: la unificación de todas las tierras y de todos los hombres se hace —y cada vez más— con los elementos que dan cohesión al país [85]. En tal sentido, la lengua oficial no puede ceder —ni siquiera por patriotismo— al mosaico de las lenguas nacionales. Cuando el 3 de octubre de 1970 la Plaza de Armas de Lima era un impresionante mosaico de trajes y de rostros, cuando los indios venidos de todas las comunidades y de todas las punas traían el abigarramiento de su diversidad, sólo una cosa los unió —contra la oligarquía, contra el explotador extranjero, contra el pasado y en favor del futuro—: el español que les hablaban, aunque para algunas de esas gentes fuera una lengua imperfecta o escasamente conocida.

En cuanto al prestigio, desde siglos, sólo lo tiene la lengua oficial. En la Colonia, por ser el castellano la lengua de los vencedores; en la Independencia, porque las comunidades de indígenas siguieron marginadas; y, en todo tiempo, porque la literatura se escribió en la lengua oficial. Se vino a crear de este modo una escisión entre la lengua nacional y las de los grupos nativos, trasunto fiel de la correlación que había separado a las etnias precolombinas de los blancos (españoles o no) y de los mestizos asimilados. Y vino a resultar —entonces— que sólo la lengua oficial se identificó con la idea de nación. Por otros caminos los lingüistas norteamericanos han llegado a posturas semejantes. M. A. K. Halliday expone —entre otros principios— un concepto bastante sofístico de lo que es la nación, o —a lo menos— muy simple y esquemático; con lo que resulta de aplicación válida tan sólo para aquellos casos de uniformidad lin-

[84] P. Garvin-M. Mathiot, «The Urbanization of the Guaraní Language: A Problem in Language and Culture», *Readings in the Sociology of Language*, edit. J. A. Fishman, La Haya-París, 1968, págs. 369-370.

[85] Caso excepcional es el del Paraguay, pero —así y todo— véase lo que se dice en la bibliografía citada en la nota 82 y los informes de M. Morínigo y Á. Rosenblat en el trabajo de este último (*PFLE*, II, 215).

güística dentro de un territorio, o se cae en el extremo de inventar lenguas distintas para lo que es una unidad lingüística no constreñida a los límites políticos de un solo estado:

a nation, in one view, is defined by language as well as by other factors. On the other hand, the category of 'nation' defined politically has sometimes been used in linguistics to give an institutional definition of 'a language': in this view 'a language' is a continuum of dialects spoken within the borders of one state [86].

Los problemas de bilingüismo que se van a producir ahora (dirección científica, vigilancia estatal) no serán del mismo tipo que los que dieron pie para la formación de las hablas criollas, mas en este período de vida común de las dos estructuras habrá muchas interferencias, cuya naturaleza es difícil de prever. Pero, porque hay unos conocimientos y unos cuidados desconocidos antes, se podrán describir los diversos tipos de influencia recíproca y, a través de índices de frecuencia, se intuirán las líneas de adopción o los límites de la adquisición total de una lengua. Problema de lingüística general que vendrá a dar luz a las viejas discusiones de los partidarios o enemigos del sustrato. Y no puede olvidarse que está hoy en trance de revisión la facilona tesis de la acción sustratista en el español de América [87], que el español de América —con su sorprendente unidad a pesar de la infinidad de grupos indígenas a los que se enfrentó— es un testimonio hostil a la pretendida fragmentación de una lengua cuando se extiende sobre inmensas superfi-

---

[86] «The Users and Uses of Language» (en J. A. Fishman, *Readings*, ya cit., pág. 39). Para los sociólogos, «en nuestra civilización actual la nación continúa siendo la más efectiva de las comunidades» (Iver-Page, *op. cit.*, pág. 310).

[87] Vid. Juan M. Lope Blanch, *El léxico indígena en el español de México*, México, 1969, págs. 9-21, y Á. Rosenblat, «Contactos interlingüísticos en el mundo hispánico: el español y las lenguas indígenas de América», *Actas del Segundo Congreso Internacional de Hispanistas*, Nimega, 1967, pág. 147. Merece la pena aclarar conceptos sobre lo que se viene entendiendo por sustrato y que —en definitiva— no es sino influencia de una lengua sobre otra; como sustrato se debe considerar 'la acción de la estructura de una lengua sobre la estructura de otra' (B. Malmberg, «Encore une fois le substrat», *Studia Linguistica*, XVI, 1962, págs. 41-42).

cies, o a su degradación, cuando choca con estructuras bien trabadas; y, por el contrario, es la comprobación más espectacular de la formación de un tipo lingüístico único, a pesar de integraciones producidas desde muy diversas procedencias [88].

Desde el lado de la lengua oficial, estas grandes empresas de integración van a tener una enorme importancia. Porque no sólo ayudarán al mejor conocimiento del español que se quiere enseñar, sino que —si se orientan en el sentido que hacen prever algunos planteamientos— darán conciencia de las modalidades regionales y formarán variedades supralocales que han de irradiar sobre áreas muy dilatadas desde las localidades elegidas como centros de influencia (la escuela local sobre las aldeas; el centro de tipo medio sobre las escuelas y los núcleos urbanos de importancia secundaria; los centros superiores sobre todos los demás y las ciudades más relevantes), y, de nuevo, un problema de lingüística general mucho más amplio de los que se piensan para Estados Unidos o Australia: lenguas en contacto, creación de una serie de normas regionales, *standardización* de un tipo común, que no podrá ser exclusivamente nacional, porque la dispersión de los grupos indígenas no se conforma a los límites estatales, etc. [89].

Y, por último, esta acción organizada desde todos los niveles culturales llevará a la integración de una cultura en otra —con tantos matices diferenciales como se quiera, con tanta originalidad como se comprueba cada día—, pero no se crearán «lenguas criollas», porque el ideal lingüístico de la nación y la fuerza coercitiva del estado ven en la unidad la única posibilidad de subsistir como naciones libres. Y la enseñaza —hecho cultural, no fórmula de compromiso— lleva a extender la norma que en una región rige sobre el ámbito que gravita en torno de ella. Y las condiciones socio-económicas de la lengua oficial (presti-

---

[88] Véase J. Fourquet, «Langue, dialecte, patois», *Le Langage*, dir. A. Martinet, París, 1968, pág. 582.

[89] Por supuesto, tampoco será desdeñable la influencia de la norma nacional sobre cada una de las normas regionales; véase —por ejemplo— la información de S. M. Ervin-Tripp en «An Analysis of Language, Topic and Listener» (publ. en Fishman, *Readings*, ya cit., pág. 200).

gio urbano, mejora del nivel de vida a través de ella, especialización técnica —y aumento subsiguiente de salario— en las escuelas que imparten sus enseñanzas en español, etc.) impiden que
esa lengua se desvirtúe; adquirirá modalidades regionales dentro de la unidad, pero sin fragmentarla [90].

He aquí, pues, una enorme aplicación de los hechos de la
llamada «lingüística institucional», aunque su magnitud supera
cuanto hasta este momento sabemos de tales problemas. Se trata —ni más ni menos— de crear, a través de la lengua, el sentido moderno de nación (responsabilidad suprema de cualquier
Estado organizado), de liberar a millones de seres que pertenecen a comunidades marginadas por consecuencias históricas anteriores, simultáneas o posteriores a la época colonial, de romper las barreras de introversión que impiden el acceso de estos
grupos a la vida colectiva del país, de igualar ante derechos y
obligaciones a todas las gentes, sean cuales sean sus colores o
su mores. Pero con respeto de todos los demás hacia lo que in-
dividualiza a cada grupo. Principio teórico que como hombres
suscribimos en cada momento, aunque —desde la experiencia
exigible al científico— se vea de difícil realización, por cuanto
de los conjuntos que se enfrentan uno se muestra como liberador de un pasado que hay que superar y otro, como inmersión
en unas estructuras que —desde siglos— vienen explotando a
los grupos más débiles [91]. Con lo que se habrá cumplido, una
vez más, la tesis de que los factores externos condicionan también a la estructura interna de la lengua, y se vendrían a confirmar las palabras de William F. Mackey de que el bilingüismo

---

[90] Por otra parte, serán distintos los problemas que se planteen cuando la
lengua oficial se oponga —por los nuevos métodos— a lenguas indígenas de escasa
importancia (cultural y numérica) que cuando se oponga a las más sólidamente
asentadas, y los resultados serán diferentes si el bilingüismo es corto o largo
(para esta última cuestión, vid. John Gumperz, «Linguistic and Social Interaction
in two Communities», *American Anthropologist*, LXVI, 1964, págs. 137-153.

[91] Lo que, es inútil decir, no prejuzga la superioridad de una lengua o de
una cultura, sino —simplemente— la posibilidad actual de sobrevivir. Desde un
punto de vista sociológico las cosas son semejantes a las lingüísticas (vid. Iver-
Page, *op. cit.*, pág. 406).

no se puede describir en la lingüística, sino más allá de ella, en un complejo de relaciones psicológicas, lingüísticas, sociales y, no quisiera ser redundante, sino aclarador, culturales[92].

---

[92] «The Description of Bilingualism» (en Fishman, *Readings*, pág. 583). Ideas semejantes en E. Haugen, «Linguistics and Language Planning» (en *Sociolinguistics*, de Bright, pág. 67); para Vendryes el lingüista que analice estos hechos debe ser historiador y sociólogo (*La mort des langues*, ya cit., pág. 8). Por su parte, Dell Hymes señala cómo el lenguaje debe tener un puesto en la cultura considerada como un todo (*Two types of Linguistic Relativity*, ibidem, pág. 118).

III

ESPAÑOL, CASTELLANO, LENGUAS INDÍGENAS

(Actitudes lingüísticas en la Guatemala sudoccidental)

LA ENCUESTA

Desde que Amado Alonso publicó su *Castellano, español, idioma nacional* [1] la denominación de nuestra lengua no ha dejado de ser motivo de consideración. La bella obra del malogrado lingüista ha merecido matizaciones, ampliaciones, rectificaciones, pero es un hito al que referir los trabajos de este tipo. Mucho más cerca de nosotros, se ha visto en la forma de designar a la lengua algo que difiere y se relaciona con lo que en aquel libro se dijo: la actitud individual que puede ser reflejo de una conciencia colectiva. Y, entonces, problemas de sociología o de psicología vienen a dar más profundo sentido a lo que se pensó consideraciones exclusivamente lingüísticas [2].

Trabajando en la Guatemala sudoccidental pregunté unos cuantos motivos que ahora quisiera glosar, agrupándolos e inten-

---

[1] Cito por la 2ª edición, Buenos Aires, 1943.

[2] Cfr. «Actitud del hablante y sociolingüística», incluido en este volumen, y «El Atlas lingüístico y etnográfico de Santander», *Revista de Filología Española*, LIX, 1977, págs. 81-118. Para cuestiones teóricas, J. A. Fishman, «The Relationship between Micro and Macro-Sociolinguistics in the Study of Who Speaks What Language to Whom and When», en J. Pride-J. Holmes, *Sociolinguistics*, Harmondsworth, 1976.

tando deducir algún orden de datos, a veces, dispersos. Las cuestiones que formulé eran éstas:

1. ¿Qué lengua habla V.?
2. ¿Por qué se llama así?
3. ¿Es mejor su forma de hablar o la mía?
4. ¿Tiene ventajas hablar castellano/español?
5. ¿Qué hablan los que no saben castellano/español?
6. ¿Aumentan o disminuyen los hablantes de lenguas indígenas?
7. ¿Debe enseñarse en la escuela alguna lengua indígena?
8. ¿Cuál y por qué?

LOS HABLANTES

Creo necesario hacer una advertencia sobre los informantes de que dispuse. Dejo para otra ocasión la descripción pormenorizada de sus condiciones personales [3]; ahora me basta con señalar unos grados de cultura y, en su caso, de bilingüismo, porque nos serán necesarios para ponerlos en relación con las respuestas que faciliten. Los informantes de que dispuse se caracterizaban —culturalmente— así:

1. Bachiller
2. Empezó secundaria
3. Estudios primarios
4. Analfabeta (habla *mam*) [4]

_____

[3] Vid. mis «Encuestas fonéticas en el sudoccidente de Guatemala», *Lingüística Española Actual*, II, 1980, págs. 245-298.

[4] Tovar incluye el *mam* dentro de la familia mosquito y lo localiza en la costa caribe de Nicaragua (*Catálogo de las lenguas de América del Sur*, Buenos Aires, 1961, pág. 181, § 23.5); sin embargo, se trata de subgrupo maya, bien clasificado y localizado por Meillet-Cohen en *Les Langues du Monde*, París, 1952, pág. 1073. *El Mapa de las lenguas indígenas actuales de Guatemala*, realizado por el Lic. A. Goubaud Carrera y el Prof. A. Arriaga, del Seminario de Integración Social, señala como del grupo mam toda la región occidental de Guatemala (frontera con Méjico) y, dentro de la zona a la que extendí mis exploraciones, ocuparía los departamentos de Huchuetenango, San Marcos y, parcialmente, Quetzaltenango; de tal modo que San Antonio Huista, Nebaj, Huchuetenango, San Juan Ostuncalco y Quetzaltenango, de donde poseo información, pertenecerían a la lengua mam. Una *Mam grammar* fue publicada por E. Sywulka en 1966.

5. Perito contador (entiende *quiché*) [5]
6. Maestro (habla *quiché*)
7. Estudia bachiller (habla *quiché*)
8. Hizo sexto curso de enseñanza media
9. Profesor de educación física
10. Estudia enseñanza media
11. Analfabeta
12. Estudios primarios
13. Idem
14. Estudiante de tercer curso de bachiller
15. Maestro (habla *ixil* [6]).

ESPAÑOL O CASTELLANO

Tres de los hablantes dijeron hablar español «porque siempre se ha dicho así y vino de España» (inf. 10), «porque en la escuela se dice *lengua española*» (inf. 3) y sin dar ninguna razón (inf. 11). Como se ve, sobre el hablante 10 hay, transparentándose, una idea escolar, ese «vino de España» y otra que no cuenta, pues ni es experiencia ni es aprendizaje («siempre se ha dicho así»); también sobre el informante 3 hay algo que, evidentemente, responde a una enseñanza escolar: en las aulas dicen *lengua española*. Podemos, sí, ver en ello contradicción con lo que otros hablantes respondieron, pero pienso que el sintagma es, efectivamente, muy escolar: tendríamos que saber qué texto utilizó en sus estudios o qué maestro tuvo para que las cosas pudieran aclararse un poco más. No obstante vemos que *español*, como término único, no es demasiado corriente y, en los dos casos

---

[5] En la zona de mi estudio, el quiché ocupa los departamentos de Tutinicapán, Sololá, Quetzaltenango, Escuintla. Esta lengua constituye el subgrupo maya-quiché, constituido por varios dialectos; el quiché guatemalteco está bien situado en la obra citada de Meillet-Cohen, pág. 1074. Véanse los números 493-497, 1690, 2441-2452 de la *Bibliography* del Summer Institute of Linguistics (1935-1972), México, 1974.

[6] Presenta afinidades con el quiché y tiene su centro en Nabaj, de donde era uno de mis informantes; lo hablan unos 20.000 individuos al N. E. del territorio de lengua mam, de la que parece derivar (Meillet-Cohen, pág. 1074). Véanse los números 443-446 y 2378-2383 de la *Bibliography* citada en la nota anterior.

que cuentan, obedece al aprendizaje escolar [7]. Creo no pecar de exagerado si digo que se trata de una denominación ajena a la costumbre. Porque, en efecto, *castellano* es término mucho más arraigado. Dos informantes de escasa cultura, el 4 (analfabeto) y el 13 (estudia primaria), no supieron razonar su juicio, en tanto que los más cultos de este grupo (1, 8, 9) se explicaron, e incluso con razones, aunque no siempre sean válidas, pero lo que importa es ese encararse críticamente con una realidad acerca de la cual acaso antes no se hubiera discurrido. El informante 1 dirá que «*español* es una lengua de España, mientras que el *castellano* incluye todo». Para mí se trata de algo muy claro: él emplea castellano y, por ello, juzga que es el término abarcador, mientras que con una total coherencia dice que «*español* es la lengua de España» [8]. He aquí dos hechos que se deben considerar: *castellano*, general; *español*, particular. La situación es distinta de la que ocurre en varios sitios de España, donde *castellano* es el término limitativo y *español* una suerte de suprasistema que abarca a todas las modalidades regionales (incluida la castellana) [9]. Tendríamos, pues, uno de esos casos que para Amado Alonso acreditan la difusión del término por mil causas heterogéneas; en tal circunstancia *español* actúa como neologismo que se identifica y deriva de una ajena realidad llamada España. No de modo muy distinto se expresó otro alumno de bachillerato avanzado: «*castellano* es lo que hablamos; el *español* sólo los de España»; tampoco ahora cabe buscar mayores sutilezas: en una hipotética ecuación, tendríamos que, identificándose *español* con España, *castellano* es (por exclusión) la forma de hablar

---

[7] Los libros escolares dicen *Idioma español* o *Lengua española;* en los tres cursos básicos (= bachillerato), la asignatura es *Idioma Español*, y el mismo título tienen los libros de texto; y en la Universidad, la disciplina se llama *Lenguaje* y los textos *Lengua Castellana* o *Lengua Española.*

[8] Hay que tener presente —por su valor coercitivo— la nomenclatura de la Constitución, que en su título I, artículo 5°, dice: «El idioma oficial de la República es el *español*».

[9] Cfr. libro citado en la nota siguiente, pág. 99 y artículo aducido en el mismo sitio. Cfr. M. Alvar L. y M. Alvar E., «Español», *Homenaje a Lacarra*, t. V, Zaragoza, 1977, págs. 285-294.

de cuantos no son españoles, entre los que figuran —naturalmente— los guatemaltecos [10].

Mayor raigambre escolar tiene dar una información bien precisa, derivada de saber la existencia de Castilla. En tal caso son de aprendizaje académico respuestas como decir «porque viene de Castilla» (inf. 9), «aunque decimos *castellano*, debe decirse *lengua castellana*, porque se enseña así en la escuela» (inf. 2), «porque siempre se dijo así y es costumbre de la escuela» (inf. 12). Evidentemente, la voz, tan arraigada, es de origen escolar que, por supuesto, coincide con el uso común: la escuela refuerza unos hábitos, no los cambia. Proporcionalmente, una mayoría de hablantes se inclina —hasta este momento— por el término *castellano* (siete) frente a los muchos menos que prefieren *español* (tres), y, además, si carencia de explicaciones hubo en el caso anterior, tampoco ahora dos personas con mínima cultura o sin ella razonaron el porqué de una terminología. Queda ese grupo en el que *castellano* es una convicción frente a *español*, que se asocia con España o es un hábito escolar [11]. De cualquier modo, castellano es término de mayor difusión entre gentes de todo tipo y con apoyo en una nomenclatura que se impone desde las aulas y desde el mundo oficial, toda vez que *lengua castellana* es el sintagma curricular en los distintos niveles de enseñanza [12].

Al grupo de las últimas preferencias que he considerado habría que incorporar la información de un maestro que dijo: «también se dice [hablar] *en Castía*» (inf. 6). Se trata de un viejo, viejísimo arcaísmo del español de América, por más que persevere en otros muchos sitios, según he podido mostrar tomando como base una anécdota con indias zapotecas [13].

---

[10] Sobre las diferentes valoraciones de *castellano* en América, vid. *Teoría de las regiones*, pág. 105, y, sobre el término en general, «Para la historia de *castellano*» (*Homenaje a Julio Caro Baroja*, Madrid, 1978, págs. 75-82).

[11] Vid. los juicios del escritor Ricardo Rojas reproducidos por A. Alonso, *op. cit.*, pág. 139.

[12] Cfr. A. Alonso, *op. cit.*, pág. 140, y nota de esa misma página.

[13] «Hablar pura Castía», en *Variedad y unidad del español*, Madrid, 1969, págs. 175-192.

Por último, un grupo de cinco informantes no veía las cosas con mucha claridad, a pesar de estar constituido —probablemente— por gentes de las más instruidas, o acaso, por ello; su instrucción libresca no llegaba a una clara asimilación de conceptos. Tres de estos informantes dirían poco más o menos lo mismo: «[decimos] *español* porque vino de España; también *castellano* porque es de Castilla» (inf. 5), «[se llama así] porque lo trajeron los españoles y viene de Castilla» (inf. 14, 15). Aquí se mezclan cosas heterogéneas: la lengua —a Guatemala— no vino de España, inexistente como tal, sino de Castilla, y no la trajeron los españoles (concepto tardío), sino los castellanos. Lo que ocurre es que Castilla fue reemplazada —o lo es hoy— por una realidad política llamada España, y esa realidad ha hecho identificar la lengua con el Estado actual, frente al cual se obtuvo la independencia; la falta de unas ideas claras hace que *español* y España vengan a resultar tan actuantes como *castellano* y Castilla, pero el desajuste en los conocimientos ha permitido que se intercambiaran las parejas de la ecuación y los resultados hayan venido a ser inexactos o, totalmente, vacilantes. De este modo, habría que explicar otras consideraciones que transcribí y que muestran una preferencia para la que no se encuentra justificación («aunque es mejor *español*», inf. 7) o «usamos los dos, pero mejor es *español*, por su origen» (inf. 6) [14].

En resumen, hablantes guatemaltecos de muy diversos niveles culturales, al designar a la lengua nacional, emplean el término *español* (inf. 10, y hay que añadir los informantes 6 y 7), que va asociado a un tipo de conocimientos escolares; de ahí que lo empleen las gentes más instruidas de cuantas interrogué. *Castellano* es una forma arraigada en gentes incultas, conservadoras por tanto (lo que explicaría que aún persista *en Castía*)

---

[14] Creo que todo esto se refleja en las conclusiones a que llega Amado Alonso (pág. 163 de su libro): «Hay millones de hispanoamericanos que usan ambos nombres, *castellano* y *español*, indistintamente, pero, en general, se advierte preferencia —rara vez excluyente— por castellano. Los motivos son arcaísmo (sobre todo fuera de las grandes ciudades), academicismo y celo patriótico». Me parece oportuno traer aquí una referencia: en quiché *kaštlan* [castellano] significa 'extranjero', y así, por ejemplo, *kaštlanhwá* 'pan' (literalmente, 'tamal extranjero').

y con apoyo en la organización estatal (constitución, escuela), que ve en el arcaísmo otros motivos distintos que el pueblo [15]; conservadurismo, también, al resolver una falsa ecuación *español: España :: castellano*: a todas las naciones que hablan la misma lengua, pero que políticamene son otra cosa que España, y aun habría que pensar en sintagmas totalmente escolares como *lengua española* (igual que hubo otra *lengua castellana*), de cuya efectividad no puedo dar ninguna confirmación. En resumen: *español* es utilizado por los informantes 10, 3 y 11 por muy variados motivos y aun a ellos tal vez haya que incorporar otros dos (6 y 7) de ideas poco claras; *castellano*, por los informantes 4, 13, 1, 8, 9, 2, 12 (según el orden que he establecido en mis comentarios); *en Castía*, por el 6 (que utilizó también *español)* y alternan las dos denominaciones los informantes 5, 14 y 15.

Así, pues, y en síntesis brevísima: se usan de manera indistinta *castellano* y *español*. La primera parece forma más arraigada y tiene su apoyo arcaizante en el uso *en Castía; español* se recogió en gentes que intentaron resolver las aporías, aunque tal vez dieron en blancos distintos de los que apuntaron; en otros hablantes, entre los que hay gentes de alta instrucción, alternan una y otra designación [16].

MODELO DE LENGUA

En las consideraciones anteriores había ya un principio que para unos hablantes era discriminador: español es la modalidad lingüística de las gentes de España, en tanto *castellano*, la nacional. De inmediato se puede formular otra pregunta: ¿qué es mejor, el hablar de los españoles o el hablar de los guatemaltecos? [17].

---

[15]   A. Alonso, *op. cit.*, págs. 139-140.
[16]   Para el papel de las actitudes y de lo que se llama «falsa consciencia lingüística», vid. *Iniciación a la sociolingüística*, Madrid, 1977, pág. 62.
[17]   Sobre el significado del par de valores en sociología, vid. Neil J. Smelser, *Sociology: an Introduction*, 2ª edic., Nueva York, 1973, págs. 476-477.

Lógicamente, la pregunta no pretende establecer ninguna prioridad; sería absurdo desde una posición científica. Lo que se pretende es algo mucho más simple y, a la vez, más complejo: qué actitud adopta el hablante hacia su propio instrumento lingüístico. O de otro modo: cómo se considera inserto en ese medio en el que se mueve, en el que actúa y con el que actúa. A la vez, podremos descubrir cuál puede ser un ideal de lengua, y si ese ideal está condicionado por algunas causas extrañas. Se me podrá decir —y lo concedo— que el hablar yo una determinada modalidad del español pudiera inducir a que algunos hablantes la consideraran mejor que la suya propia, pero —también lo atenuaría— cuando yo pregunté de dónde era, muchos de estos informantes no sabían decirlo o me englobaban en un «sudamericano» bien poco caracterizador y, por supuesto, tremendamente inexacto.

Hechas las salvedades, y limitando el valor de las respuestas a cuanto se estime pertinente, nada menos que diez hablantes creían preferible el español de España porque su pronunciación es mejor (1), «más cabal» (14), «más clara y mejor acentuada» (5), «más clara» (11). Es decir, cuatro de ellos valoraron los hechos fonéticos; otro (el 7) habló de ortografía (si es que no quería decir lo mismo que los anteriores) y luego vinieron consideraciones en las que cuenta el origen, tal y como hemos visto en páginas anteriores: se habla mejor en España, porque allí nació la lengua (5, 9, 13) y de allí vinieron a enseñarla (13), porque el español peninsular es más correcto (8) o porque los españoles tienen más *práitica* (12), son más cultos (6) o definen mejor las palabras (13)[18]. Añadamos el informante 3, que decía ser mejor el español europeo, aunque no dio ninguna razón que lo justificara. Paralelamente a estos hechos, algunos de mis interlocutores señaló no las razones positivas del español de España, sino que adujo los elementos negativos del de Guatemala; razones que no cuentan mucho en un plano teórico, por cuanto son

---

[18] Establecida la igualdad *español = castellano*, estas gentes suscitaban las mismas cuestiones que, en la Península, surgieron cuando *castellano* parecía preferible «porque en Castilla se formó y porque en Castilla es donde, por lo general, se habla mejor» (A. Alonso, *op. cit.*, pág. 102).

aplicables a cualquier otra parcela; como el hablante que se limitaba a decir: «aquí hablamos mal« (inf. 12), los otros instruidos que decían que ellos «descomponían» el habla (inf. 1, 14) o que achacaban el carácter negativo a la mala conjugación de una sola persona en un verbo: *venistes* por 'viniste' (inf. 14). Antes de proseguir resumamos muy abreviadamente: los informantes 1, 3, 5, 6, 7, 8, 9, 12, 13, y 14 preferían el español peninsular por razones fonéticas, de origen lingüístico o de instrucción, lo que, implícitamente, llevaba connotada una cierta crítica de su propio hablar. Es un abanico de razones con las que se pretende juzgar objetivamente unos hechos, aunque esa valoración no sea —no puede ser— científica. Pero, de cualquier modo, se intenta establecer una escala de valores: mejor fonética, posesión primitiva del instrumento, cultura. No se trata de ver si la escala es falsa o no, sino que, en un cotejo, unos hablantes encontraron algo que puede ser un ideal mejor.

Por el contrario, quienes prefirieron la modalidad guatemalteca recurrieron a verdades evidentes («el de aquí es más fácil de hablar», 4), se adscribieron a una posición terruñera y respondieron con algo que no entraba en la pregunta («es mejor el del occidente de Guatemala porque es perfecto, aunque los del oriente digan que ellos lo hablan muy bien», 2), divagaron a pesar de ser hablantes instruidos («aquí las palabras significan lo mismo», 15) o cargaron —todos a una— contra la pronunciación española: hablan deprisa (2), muy rápido (10), «cortan las palabras» (15), «se entiende peor su pronunciación» (15) [19]. Las cosas quedan claras: preferencias por una u otra variedad apenas si tienen que ver con el grado de cultura de los hablantes. El español peninsular es preferible porque tiene mejor fonética; razón idéntica a la que lo hace reprobable para otros hablantes (se entiende peor) y no quedó en el campo de las negaciones ningún arma que oponer a las de la posesión antigua (que científicamente no cuenta) o al grado de cultura (que exigiría otro tipo de comprobaciones). Lo cierto es que un 66,6 % de

---

[19]   En todos estos casos se trata de lo que se llama *etnocentrismo;* cfr. Melvin L. Defleur et al., *Sociology: Human Society,* 2ª edic., Dallas, 1973, pág. 103 *b.*

los guatemaltecos interrogados creían mejor la variedad que ellos no practicaban.

VENTAJAS DE HABLAR ESPAÑOL

Cuatro de los informantes eran bilingües y uno más entendía quiché. Sin embargo, cuando a todos se les formuló la misma pregunta (¿*Tiene ventajas hablar español?*), todos —con independencia de adscripciones sentimentales— se manifestaron concordes: la utilidad de poseer ese instrumento. Lo que varió fue la manera de valorarlo. Resulta curioso comprobar que alguna de esas valoraciones las hemos oído en mil otros lugares: «porque es muy rico y las cosas se pueden decir de muchas maneras» (inf. 2), «porque sirve para mucho» (7), «porque está en los colegios» (7); después vienen las valoraciones nacionalistas («es nuestro idioma», 3, 9, 13, 14; «es la lengua de Guatemala», 1, 6) o de relación, necesarias en una república rodeada de otras muy próximas y que también hablan español («se habla en muchos países», 2, 4, 8, 9, 10, 12, 13, 14, 15) [20].
La unanimidad se manifestaba de dos modos: criterio nacional y posibilidades de intercambio; uno y otro actúan en cualquier sitio y en cualquier nivel. El primero por la acción dirigida —se manifiesta de manera patente o no—, por la escuela y la propaganda estatal; el segundo por el aluvión de gentes extrañas que llegan al país, por lo que se sabe del colegio o por lo que se ha oído. Evidentemente, el consenso lleva a otro punto: la posición privilegiada del español por cuanto todos (cultos e ignaros, bilingües o monolingües, hombres o mujeres) aceptan su utilidad y creen necesario su conocimiento. Con ello la lengua nacional se convierte en elemento de toda suerte de relaciones y, a través de ella, se configura la vida espiritual de los usuarios [21] y se elimina una hipoteca, la de las lenguas indíge-

---

[20] Vid. «Actitudes lingüísticas indígenas», en el libro *Leticia. Estudios lingüísticos sobre la Amazonia colombiana*, Bogotá, 1977, págs. 225-226, y «Actitudes lingüísticas de un grupo yagua», en la misma obra, págs. 354-355. Este segundo trabajo se imprime con el número V en este volumen.

[21] Pueden encontrarse ideas válidas en B. Berstein, «Social Class, Language

nas, que por unos hablantes se adscriben a situaciones que se deben superar [22].

La prioridad otorgada al español nos sitúa ante la valoración de las lenguas autóctonas. La propia terminología que se utilice hablará de paridad o sumisión. Por eso es importante intentar aclarar las cosas: para unos, las hablas indígenas merecen el dictado de *lengua*, pero, observemos, todos los que así las valoraron eran gentes instruidas, como nuestros informantes 2, 6 (maestro de quiché), 15 (maestro hablante de ixil), mientras que el término *dialecto*, con su carga de inferioridad [23], estaba en gentes más o menos instruidas, pero que no practican sino el español (8, 9, 10, 12, 13); otro hablante (1) utilizó las denominaciones de *lengua* o *dialecto* y otro (el 13) las de *dialecto* o *idioma*; por último, *la idioma* se recogió en el 11, 13 y 14, gentes de cultura incipiente o nula [24]. A pesar de su aparente carácter neutro, *idioma* se carga muchas veces de tono peyorativo, y no sería desdeñable considerar qué gentes utilizaron la designación. Como en otras ocasiones, el resumen puede aclarar las cosas: tres hablantes prefirieron el término valorativo *lengua*; cinco, el peyorativo de *dialecto*; tres el neutro de *idioma*, que yo no vería como indiferente por cuanto jamás se dice *idioma español* o *idioma castellano* y sí (por el informante 13, también de cultura en desarrollo) la alternancia *dialecto ∼ idioma*. Evidentemente, la postura de nuestros sujetos, salvo los casos

---

and Socialization», publicado en Pier P. Giglioli, *Language and Social Context*, Londres, 1976, pág. 166. La obra de Berstein está traducida al francés por Jean-Claude Chamboredon con el título de «Langage et classes sociales. Codes sociolinguistiques et controle social» (París, 1975).

[22] Cfr. Lee Thayer, «People, Communication, and Organization: Some Basic Perspectives», en James W. Gibson, *A Reader in Speech Communication*, Nueva York, 1971, pág. 126, por ejemplo.

[23] «Hacia los conceptos de lengua, dialecto y hablas», *Nueva Revista de Filología Hispánica*, XV, 1962, págs. 51-60, y «Lengua, dialecto y otras cuestiones conexas», *Lingüística Española Actual*, I, 1979, 3-29. Ambos estudios los recogí en *La lengua como libertad*, Madrid, 1982, págs. 56-68.

[24] Cfr. *Leticia*, pág. 241; *idioma* también entre los yaguas (*ibidem*, pág. 353).

de gentes que figuran entre las más instruidas del repertorio, era marcadamente proclive a considerar las hablas indígenas con tilde de menos valor, lo que —necesariamente— afecta a otros problemas según paso a considerar [25].

SITUACIÓN DE LAS LENGUAS INDÍGENAS

La mayor parte de estas gentes sabe que el español atenta contra la vitalidad de las lenguas indígenas. Y es lógico, si todos han manifestado preferencia por el conocimiento de la lengua nacional. En favor de un determinado platillo de la balanza actúa una serie de normas de prestigio; los hablantes lo saben bien y formulan con claridad su pensamiento: en la escuela, los niños que sólo saben la lengua indígena son ridiculizados por sus compañeros (informante 13) y acaban avergonzándose de su penuria (6, 13). Estos datos no me cabe duda que son ciertos: proceden de un estudiante de primaria y de un profesor de quiché; uno y otro con lógico conocimiento de causa. A estos motivos psíquicos hay que añadir otros estrictamente culturales: al estudiar, se abandonan las lenguas aborígenes (9); conforme se aprende la lengua nacional (14), y «raro es el indígena que ya no sepa algo de español» (15), la lengua nativa se posterga, y la acción de la escuela se ve ayudada por unas emisiones de radio en las que abruma el empleo del castellano (15) [26]. Por otra parte está el prestigio de la Iglesia, «y los padres enseñan en español» (7) [27]. Todo esto son factores que llevan a la desintegración y «el quiché se está perdiendo por falta de conciencia de grupo» (6) [28].

Las formulaciones son exactas y precisas. Quienes las enunciaron eran maestros (infs. 6, 9, 15), estudiantes adelantados (7,

---

[25] Cfr. págs. 99-102 de David M. Smith, «Language, Speech and Ideology: a Conceptual Framework», en R. Shuy-R. Fasold (Washington, 1973).

[26] Compárense estos hechos con lo que señalé en *Leticia*, págs. 213-214 y 353.

[27] También en la *op. cit.*, nota anterior, págs. 244 (§ 25.3.1) y 354 (§ 2.2).

[28] Cfr. Alberto Escobar, *Lenguaje y discriminación social en América Latina*, Lima, 1972, especialmente el trabajo «Lengua, cultura y desarrollo».

14) o simplemente estudiantes (13); salvo este último caso, los otros cinco informantes apuntan a gentes de la más alta responsabilidad. Por eso la concordancia de sus testimonios tiene un carácter muy preciso, consciente y, previsiblemente, verdadero. Los informes en sentido contrario no cuentan por cuanto enuncian hechos que ellos no pueden conocer: las lenguas indígenas se hablan cada vez más porque hay gentes interesadas en aprenderlas en escuelas especiales (inf. 2) o porque cada vez aumenta el número de indígenas (12).

ENSEÑANZA DE LENGUAS INDÍGENAS

Esto nos lleva a formular una nueva pregunta: *¿Se deben enseñar las lenguas indígenas?* Como respuesta, se formulan dos órdenes de informes; positivos unos, negativos los otros.

La afirmación está sustentada en unos principios de carácter nacional: «porque es parte nuestra» (informantes 1, 7), «porque sirve para conocer nuestro país, y ahora sólo se enseñan idiomas extranjeros» (10); otros de identificación con lo que es propio: para poder hablar con los indígenas (2, 12, 13, 14), «porque es bueno saber el *idioma* de la región» (12), «porque es muy necesario para darse a entender con las gentes del área rural» (6); algunos como testimonio de orgullo nacional: «para enseñar a los demás lo que tiene Guatemala» (10); o de justicia democrática: «porque Guatemala tiene más indígenas que *ladinos*» [29] (15); o de necesidad didáctica: «Él [maestro] se hace así entender de los niños que se sienten atraídos hacia lo que dice» (6); o por cierta utilidad práctica: «porque [las lenguas indígenas] se hablan aquí y podrían traducir a los turistas lo que dicen los indígenas» (5), «porque se enseña inglés y, sin embargo, casi

---

[29]   *Ladino* es 'mestizo'. En efecto, esta acepción cuenta ya en Friederici: «en Guatemala también, descendiente de español e indio» (*Amerikanistisches Wörterbuch*, Hamburgo, 1960, s. v.). Santamaría también trae nuestro valor: «En Centro América y en Tabasco, mestizo, en contraposición de indio, principalmente cuando por sus rasgos puede confundirse con éste» (*Diccionario general de americanismos*, Méjico, 1942, s. v., 4ª acepción).

todos [los guatemaltecos] se quedan aquí» (2); o de nostalgia histórica: «para que no se pierda el *dialecto*» (13). No es difícil que todo este abanico de respuestas se pueda reducir mucho: se trata de conocer, conservar y divulgar algo que es patrimonio de toda la nación (1, 7, 10, 2, 12, 13, 14, 6, 15) y, subsidiariamente, como vehículo de utilidad didáctica (6) o de rentabilidad práctica (5). Volvemos a algo que se formuló en otras ocasiones: el criterio nacional, que defendía el uso del español, actúa también ahora en favor de las lenguas indígenas y, el mismo practicismo que presidió las posibilidades de intercambio que el español facilitaba, vuelve a suscitarse ahora con otro tipo de comunicación. La diferencia no es de orden sustancial, sino accidental: en la lengua estos hablantes quieren encontrar un instrumento de vinculación nacional y de intercambio, pero mientras en el español ven el utensilio que transciende por todo el país y comunica de fronteras afuera, en las lenguas indígenas sólo pueden encontrar el instrumento local (se habla de indígenas, lógicamente, de cada comarca, pues son incomunicables los de zonas diferentes; se habla de región, se habla de área rural, se habla de niños marginados o de lengua que puede perderse) o de intercambio con minorías restringidas a su propia limitación geográfica [30].

Pero, también muy minoritariamente, se obtuvieron respuestas contra la enseñanza de las lenguas indígenas, precisamente, apoyándose en el carácter poco difundido de tales idiomas («sólo se hablan en los pueblitos», (3), en su incomunicabilidad («no se entienden con los indígenas de otras lenguas», 4), en un estudio cultural que debe ser superado: «porque sería un atraso más aquí para nosotros en Guatemala; un gringo me dijo si en Centroamérica aún usábamos plumas» (inf. 9). También ahora las respuestas negativas vienen a incidir en los mismos caminos que hemos transitado: un criterio ampliamente nacionalista hace preferible la lengua hablada por los más, y un criterio patriótico (no digamos si acertado o no) busca igualarse, o al menos no

---

[30] La situación que describí en el Amazonas es totalmente distinta: en las zonas rurales allí sólo había indígenas, no mestizos, ni blancos.

diferenciarse, con aquella nación —Estados Unidos— que se considera como ideal de progreso.

De todos modos la evidencia es clara: un 75 % de los informantes cree que deberían ser estudiadas las lenguas indígenas, y esto nos lleva a otro punto [31].

¿QUÉ LENGUA INDÍGENA SE DEBERÍA ENSEÑAR?

En favor del quiché abundaron los testimonios: «porque es la principal» (1, 6, 15), «porque las otras son más fáciles» (2), «porque se habla aquí» (5). El acierto de estas respuestas es de carácter práctico: la mayor parte de mis encuestas se hizo dentro de territorio quiché [32]; es lógico, pues, que hablaran de su importancia tanto gentes que no la conocen, pero que tratan con indígenas que la hablan (inf. 1), como los propios hablantes de quiché (inf. 6) o, razonablemente, gentes ixiles, pero que tienen clara conciencia de la realidad (maestro que designo con el número 15). Decir un monolingüe de español que las otras lenguas son más fáciles que el quiché no es decir nada, por cuanto ignora todo (inf. 2); mientras que atenerse a la realidad inmediata y seleccionarla, por ser de la región (inf. 5), es sustentar un pragmatismo más que razonable.

El resto de las contestaciones apenas sirven para algo. Decir que se deben enseñar «las [lenguas] de aquí» (13) no parece viable: ¿cuáles son las de aquí? ¿Mam?, ¿ixil?, ¿quiché? ¿Se enseñarían todas a todos? ¿La de la zona propia de cada una de ellas? Entonces estaríamos en los planteamientos de los informantes anteriores: en cada distrito debe estudiarse la que es propia de él. Decir que se enseñen «todas» (inf. 12) no es decir nada, y tampoco hay que detenerse mucho en ello: lo dijo una persona cuya instrucción no alcanzó grados superiores. Por último, otra respuesta es ajena a la realidad: el informante 8 recomendó el cakchiquel [33] «porque la hablan mucho por aquí y tra-

---

[31] Cfr. *Leticia*, págs. 231-232.

[32] Vid. antes, pág. 76, nota 5.

[33] Pertenece al subgrupo quiché y se habla en torno al lago de Atitlán, que está ya en los límites de la región que estudio.

baja con ellos [con los cakchiqueles]». Como el cakchiquel es una variante del quiché, esto nos lleva —una vez más— al primer grupo de estas consideraciones; si creyó cierto lo que decía, no hizo sino formular un error.

CONSIDERACIONES DE TIPO GENERAL

Estudiar las posturas que unos hablantes adoptan frente a la lengua nacional o con respecto a las lenguas indígenas supone la adopción de una serie de comportamientos que son psicológicos, si responden a una actitud individual con respecto al hecho de que se trata; comportamientos sociológicos, si afectan a una conducta colectiva. Pero no nos engañemos, *psicológicos* y *sociológicos* son etiquetas para caracterizar de un modo u otro posturas lingüísticas. Y aquí convergen esas dos caracterizaciones que acabo de formular: cada hablante posee su instrumento de comunicación, y ese instrumento está dotado de unas valoraciones, que el sujeto considera de una determinada manera [34]. En el ámbito que hemos estudiado, el *español* es una lengua nimbada de prestigio porque es la lengua de la escuela, de la iglesia, de la administración y de comunicación entre las gentes de todo el país [35]. Su validez nadie la discute, por más que no sea la lengua primera de cuatro de nuestros informantes. Sin embargo, *español* es término que evoca reacciones de diversa índole, pues es la lengua de un país llamado España y el sentido nacionalista no acepta fácilmente lo que se considera como una cierta sumisión; entonces el arcaísmo *castellano* (más aún *en Castía*) facilita explicaciones falsas o verdaderas, históricas o geográficas, que permiten aceptar una lengua que no es autócto-

[34] Pueden ser útiles algunas consideraciones, de muy diverso tipo que las que aquí comento, expuestas por Lewis A. Coster en *Continuities in the Study of Social Conflict*, Nueva York, 1970, pág. 27.
[35] No se olvide que la lengua nacional cumple, entre otras, las funciones unificadoras y de prestigio (P. Garvin-M. Mathiot, «The Urbanization of the Guaraní Language. A Problem in Language and Culture», en J. A. Fishman, *Readings in the Sociology of Language*, La Haya-París, 1972, págs. 369-370).

na, pero que —sin embargo— es legítimamente propia. *Castellano*, término más difundido; *español*, aceptado y, si se rechaza, no consta nunca animadversión o encono [36]. Lógicamente, variedades de esa lengua, propias o extrañas, obligan a nueva toma de posiciones. No siendo una lengua nacida en el terruño, se piensa —y no es un pensamiento aislado— [37] que será mejor la que hablan las gentes nacidas allí donde se cree estar el origen de tal lengua: las preferencias van hacia la fonética, la práctica lingüística o el nivel cultural, mientras que en el propio instrumento se ven defectos, que —indudablemente— proceden de cotejos escolares. (¿Cómo si no·tener ese ideal de corrección?). Pero no todos los hablantes piensan igual: otros, cierto que minoritarios, creen que es mejor la propia lengua por serlo propia, y valoran rasgos que no son sustancialmente lingüísticos, aunque pueden convertirse en tales (pronunciación rápida, acortamiento de las palabras). Pero prescindiendo de discusiones localistas, resulta que esa lengua, en la que tantas excelencias se descubren, es una lengua común a todo el Estado; propia, por tanto, de la joven colectividad; pero es —también— la lengua de proyección hacia el exterior: de ahí el consenso uniforme acerca de las excelencias del español.

Entonces ya no extraña que las lenguas indígenas se estimen como de menos valor (*lengua, idioma, dialecto*) [38], que desaparezcan ante la presión de la escuela, de la Iglesia o de los grupos ya instruidos; pero esta desaparición se puede atajar con la práctica de las lenguas indígenas, tesoro —también— de Guatemala en el que se proyecta el orgullo nacionalista. Y, sin embargo, también hay respuestas hostiles a este planteamiento, y que abogan, con toda energía, para que la lengua nacional se

---

[36]   Véase, ahora, José Mondéjar, «*Castellano*» y «*españ0l*», *dos nombres para una lengua*, Granada, 1979; José Andrés de Molina, *Enseñanza de la lengua y política lingüística*, Granada, 1979.

[37]   Vid. antes, págs. 82-83.

[38]   Ya he dicho que no se trata de criterios científicos, sino de juicios de los hablantes; cfr. M. A. K. Halliday et al., *The Users and Uses of Language*, en J. A. Fishman, *Readings in the Sociology of Language*, La Haya-París, 1972, pág. 160, por ejemplo.

imponga; aunque, hoy por hoy, no se puede hablar de total desprecio, sí de manifiesto descuido, que lleva a identificaciones con lo que —con otro signo— también son motivos patrióticos. Por eso, para que las lenguas nativas no mueran entre los avatares que las golpean, se piensa en la utilidad de aprender una lengua indígena que sirviera de instrumento lingüístico para acercarse a las gentes culturalmente menos dotadas [39]. Si el ámbito en que nos movemos es quiché, lógicamente, en nuestra región, tal debiera ser la lengua que se enseñara.

DE LA PRAXIS A LA TEORÍA

Cada lengua es lo que sus hablantes quieren que sea. Como en tantos sitios de la América española nos hemos enfrentado con una realidad que es, en sí misma, polémica; y la propia indecisión actúa en el espíritu de los hablantes. No emito juicios de valor que, aquí y ahora, para nada sirven, pero quiero dar todo su sentido a situaciones que son intelectualmente conflictivas. Tan pronto como hacemos pensar en un problema de nomenclatura estamos tratando de reconstruir, desde el mundo hablante, un fragmento de historia. Y hemos encontrado historia en lo que los hispanohablantes de Guatemala pensaban de sí mismos cuando discurrían sobre su lengua; historia, cuando enfrentaban la lengua nacional a las indígenas. Pero —entendámonos— historia no es arqueología, sino como una necesidad que exige caminar hacia el futuro: sea para una integración total de los hombres de una nación o para el acercamiento entre grupos insolidarios. En inglés, y para muy otros propósitos, se

---

[39] Si esto se llevara a cabo, se dotaría a tales lenguas de una conciencia contra las innovaciones de las que el español es —y no sólo lingüísticamente hablando— portador. Por ejemplo, mi informante n.º 5 impidió que su hija estudiara en el Instituto porque la obligaban a usar uniforme del centro y a abandonar el traje tradicional. Léanse algunas de las cuestiones que aduce Francis M. Allen en *Socio-cultural Dynamics. An Introduction to Social Change*, Nueva York-Londres, 1971, especialmente las págs. 273-287.

ha dicho: «the future is a world limited only by ourselves» [40]. También en la pequeña parcela de nuestro estudio hemos encontrado ese futuro al que limitan, o quieren configurar, los propios hablantes, pero —impensadamente— cada uno de los hablantes, al encontrarse inserto en un grupo, ha tratado de identificarse con él, de caracterizarlo y de proyectarlo; es decir, ha establecido una teoría de valores para evitar el desorden y organizar el mundo al que pertenece: la lengua preferible es el español sentido con una realidad histórica ajena, pero ya legítimamente propia; su difusión le da una situación de prestigio («tanto soy cuanto puedo comunicarme»), pero hay otros bienes propios que, menos compartidos, merecen ser preservados y divulgados; con todos ellos se conforma una realidad cultural —e histórica— llamada Guatemala, por más que —desde toda suerte de prestigios— se camine hacia procesos de transculturación, implícitos —precisamente— en necesidades de comunicación. En tal sentido, la lengua nacional juega un papel decisivo, de cuya conciencia hemos podido dar muestras en estas páginas o volviendo a la tan traída y tan llevada hipótesis de Sapir-Whorf: la captación de la realidad está condicionada por la lengua. Y he aquí que una nomenclatura (*castellano* o *español*) ha hecho pensar en Castilla y en España, en lo que en un día se importó, y en lo que ahora es propio, en el Estado y en las misiones que el Estado cumple. Y todo ello a través de ese instrumento que estaba ahí, sobre el que acaso nunca se había pensado y que es —ni más ni menos— la lengua en la que se atesora, también, la propia historia del individuo. Y habríamos llegado de este modo a situaciones mediante las cuales encaramos lenguaje e individuos para obtener una correlación entre dos disciplinas distintas, la lingüística y la social o psicológica [41], y las mutuas implicaciones a las que nos hemos querido asomar.

---

[40] Rupert L. Cortright, «The Uses and Abuses of Discussion», en Johnnye Akin, et al. (edit.), *Language Behavior. A Book of Readings in Communication*, La Haya-París, 1970, pág. 169.

[41] Algo de esto se dice de pasada por Charles A. Ferguson, «National Sociolinguistic Profile Formulas», en W. Bright, edit., *Sociolinguistics*, La Haya-París, 1971, pág. 309.

IV

ACTITUDES LINGÜÍSTICAS INDÍGENAS
EN LA AMAZONIA COLOMBIANA

INTRODUCCIÓN

El enfrentamiento de dos culturas, la indígena y la adoptada como nacional, significa un choque violento (de actitudes humanas, de estructura social, de bilingüismo), cuando no de total alienación. En unos pocos kilómetros de ribera amazónica se pueden experimentar todas estas posibilidades de interacción y mezcla; más aún, de incorporación urbana, sin abandonar los usos de la quebrada o de la selva. Porque los indígenas que se encuentran en la Amazonia colombiana (y podrían hacerse otras generalizaciones que son, ahora, innecesarias) han sufrido el choque violento con las formas de vida que se consideran normales en el resto de la República (y permítaseme el uso algo abusivo de la palabra *normal*); de este choque han derivado ciertos calcos de las formas importadas (vestido, por ejemplo), empobrecimiento de la tradición tribal (ritos cuyo sentido ya no se percibe) [1], pérdida de instituciones integradoras del grupo (religión, lengua), pero, al mismo tiempo, se han llevado más allá del clan otras peculiaridades (barrios marginales de Leticia, donde hasta la forma externa de la vivienda coincide con la primitiva) [2]. En

---

[1] Elena Alvar, pág. 266 del libro *Liticia*, Bogotá, 1977.

[2] Naturalmente, la incorporación a otras formas culturales conlleva la estructuración de nuevas solidaridades: indígenas totalmente cristianizados o exclusivamente hispano-hablantes, por ejemplo.

la pequeña parcela sobre la que pudimos extender nuestro estudio, las cosas se nos complicaron más: había un verdadero mosaico de grupos indígenas que —en su fragmentarismo— daban un aire caleidoscópico al microcosmos sobre el que proyectábamos nuestra lente. Junto al río o en la selva interior, cada indígena sabía de otros que hablaban otras lenguas o que pertenecían a etnias distintas de la suyá. Pero estos conjuntos eran muy pequeños y estaban totalmente dispersos; muchas veces se reducían a una sola familia que vivía aislada en una finca, marginación extrema de lo que fue —en su origen, en la emigración— una estructura mucho más amplia.

Por eso creí que sería interesante ver cómo estos hombres, todos rurales y ninguno ciudadano, se enfrentaban con su propia entidad y con la realidad que los circundaba [3]. No sólo procuré recoger materiales sobre su lengua, sino intentar salvar algún retazo de su alma. Para ello redacté un breve cuestionario que pregunté a un huitoto, a un miraña, a un muinane y a dos ticunas. Son los materiales que paso a comentar, pero antes me voy a permitir transcribir las preguntas que formulé [4]:

¿A qué tribu pertenece? ¿Por dónde se extiende?
¿Dónde hay gentes de su tribu o de otra tribu?
3 ¿Dónde hablan otras lenguas indígenas?
¿Con qué otros indígenas se entienden al hablar?
¿Se pierden las lenguas de las tribus? ¿Por qué?
6 ¿Sabe de alguna que haya desaparecido?
¿Puede contar cualquier cosa en la lengua de su familia? Por ejemplo, lo que ha visto en el mercado, una cacería, una película.
¿En qué lengua hablan en el mercado?
9 ¿Tiene ventajas hablar español?
¿Se deben enseñar las lenguas indígenas?
¿Se debe enseñar el español?

---

[3] Cfr. Uriel Weinreich, «Unilinguisme et multilinguisme», en *Le Langage*, dir. A. Martinet, París, 1968, pág. 673.

[4] Un problema semejante al que me propongo tratar podrá ser el de Wolfgang Wölck, «Attitudes toward Spanish and Quechua in Bilingual Peru» (en Shuy-Fasold, *Language Attitudes*, Washington, 1973, págs. 129-147), pero diferimos creo que en todo.

12 ¡Qué piensa V. del español?
¿Qué le parece más importante, ser de una tribu o ser colombiano?
¿Qué lengua habla V.?
15 ¿Y eso qué es?
¿Cuál es la lengua de Colombia?
¿Por qué se llama así?

Estas gentes, muchas veces perdidas en su soledad, se sienten solidarias de un grupo al que pertenecen, sea a través de un sentido de tribu, sea a través de su lengua. Por eso creo útil establecer esa solidaridad sentida todavía gracias a una tradición que han heredado oralmente. En esta parvas muestras que voy a presentar hay —también— dramáticas historias de humanidad [5].

Mi hablante huitoto [6] es de origen ocaina [7], pero ya no conoce la lengua de su tribu y esto le «parece mal, porque se ha perdido la propia costumbre de la raza de uno». Pero «la raza de uno» biológicamente era ya una mezcla: el huitoto [8] era hijo de un cocama [9] y de una ocaina, pero él está desvinculado: los conflictos entre Perú y Colombia escindieron a la familia; el padre fue llevado al Perú, en tanto la madre emigró hacia tierras interiores de Colombia [10]; allí vivió con huitotos y el hijo

---

[5] Planteamientos generales de la cuestión en Voegelin, Yegerlehner, Robinett, «Shawnee Laws: Perceptual Statements for the Language and for the Content», en Hoijer, pág. 32. En el libro de Weinreich, *Languages in Contact: Findings and Problems*, Nueva York, 1953 (§ 4.4.1), hay unas amplias consideraciones sobre la cuestión de la fidelidad lingüística.

[6] De ahora en adelante citaré la información de cada indígena poniendo entre paréntesis la lengua que habla.

[7] Vid. la nota 21 en este mismo trabajo.

[8] Para quien esté interesado, vea el trabajo histórico y de conjunto de Sergio Elías Ortiz, «Familia lingüística witoto o huitoto», en *Estudios sobre lingüística aborigen de Colombia*, Bogotá, 1954, págs. 315-348. También puede encontrarse información de interés en M. de Castellví, «La macrofamilia lingüística witoto y sus relaciones con la familia sabele y otras indoamericanas», en *Amazonia Colombiana Americanista*, V, 1951-1953, págs. 9-14, y «La clase lingüista witoto» (*ib.*, págs. 15-16).

[9] Vid. más adelante la nota 16.

[10] Un informante muinane achacaría a esta guerra la dispersión de pueblos por las orillas de Leticia: los indios se trasladaron «y quedaron regados como están ahora». Tengo dudas sobre la importancia de tal guerra; probablemente se trata de algo menos heroico: la explotación de los caucheros.

sólo aprendió huitoto. A veces, su lengua indígena tenía alguna
inseguridad y buscaba la ayuda de su mujer. En estas pequeñas
anécdotas hay un desgarrón humano. Este hombre no acababa
de identificarse con su pueblo de adopción, como no se identifi-
cará con el español que ha aprendido mejor o peor: había quedado sin asideros a los que agarrarse. La transculturación le
ha traído un desajuste afectivo y él, el hablante de huitoto, piensa en la solidaridad etnia ~ lengua («la propia costumbre de la
raza de uno» quiere decir que el ocaina debía mantener su propia lengua) y él se considera ocaina (grupo materno), no cocama
(grupo paterno), ni huitoto (grupo de adopción). ¿Por qué pre-
valece la madre? Como en tantas y tantas soledades de América,
la mujer vive la ausencia del varón y los hijos la del padre; son
las madres —en el río, en la selva, también en las grandes ciudades [11]— quienes establecen la continuidad de la estirpe y, con
ella, la de la lengua. Pero esta mujer tuvo que emigrar: a la
soledad del marido, vino a unirse la propia soledad entre gentes
de linaje distinto del suyo, y el hijo, que no habla ocaina, pero
se considera ocaina, heredó el desajuste materno: el huitoto es
su instrumento de comunicación, su único instrumento indígena, pero él no ha terminado de integrarse. Por eso, cuando se
tenga que enfrentar con la lengua nacional, verá las cosas con
más lucidez que los demás nativos, pero las verá también como
una claudicación que, fatalmente, se debe aceptar.

En cierto modo, con el huitoto venían a coincidir los juicios
del miraña. El informante sabía que existen indígenas en Yacu-
na, Matapí, Macuna y Tanimoca (desde Mirití al Paraná central),
pero «están civilizados» y no llegan a estos rincones: ellos hablan sus propias lenguas; sin embargo, sabe que algunos emplean el miraña «porque se casan con mujeres mirañas, pues
las mujeres enseñan sus lenguas y no las del marido». Y en ello
abundaría el miraña (al casarse con una *bitoto* «pasan a hablar
eso») y el ticuna («se casan con otra y sus hijos se mestizan») [12].

---

[11] Como es bien sabido, se trata de uno de los grandes temas de la novelís-
tica hispanoamericana.

[12] Cfr. Uriel Weinreich, *ob. cit.*, § 4.1, especialmente las consideraciones finales de ese capítulo; Sorensen, «Multilingualism in the Nordwest Amazon»,
en Pride-Holmes, *Sociolinguistics*, Londres, 1972, pág. 80; Jean Fourquet, «Lan-

VINCULACIÓN Y TRANSCULTURACIÓN

Al responder a la primera cuestión (*¿a qué tribu pertenece?*) han surgido, inevitablemente, problemas de vinculación y de transculturación. La madre, por su sangre y por su lengua, es, en el concepto de estas gentes, el elemento que da coherencia al grupo: aquí como en tantas y tantas culturas; la transculturación en uno de nuestros informantes —el mejor de todos por su rigor mental, su precisión descriptiva, su independiente dignidad— ha venido a ser un problema dramático que se resolverá con la huida de las formas culturales indígenas. Pienso en unas palabras de Munné, que ahora cobran su cabal sentido:

> Un tipo peculiar de desviación es la llamada desviación marginal. La persona marginal —concepto introducido por Park, en 1928— es la que vive simultáneamente sometida a dos o más culturas diferentes, que escinden su personalidad al tener que repartir sus lealtades entre ellas. La persona o el grupo marginales no están ni se sienten completamente integrados en los agrupamientos a los que pertenecen. Su comportamiento sigue sólo algunas de las pautas establecidas. Y esto ya por su propia ambivalencia, ya porque no son propiamente admitidos en estos últimos (personas o grupos marginados) [13].

GEOGRAFÍA DE PUEBLOS INDÍGENAS

En estrecha conexión con la primera pregunta, formulé otra (*¿dónde hay gentes de su tribu o de otras tribus?*), porque podría ayudar a establecer la geografía original —hasta donde hubiera recuerdo de esos orígenes— de estas gentes tan dispersas hoy en la zona estudiada. Las respuestas obtenidas fueron variadas; el muinane volvía a repetir lo ya sabido: las diferencias entre Perú y Colombia produjeron la dispersión que ahora existe; el ticuna, asentado en un pueblo de ticunas, sabía que los yaguas son nuevos en la región [14], apenas nada. El huitoto y el miraña sabían más cosas y con ellas ordeno los datos que siguen:

gue, dialecte, patois», en *Le Langage*, dir. A. Martinet, París, 1968, pág. 586.

[13]   Federico Munné, *Grupo, masas y sociedades. Introducción sistemática a la Sociología general y especial*, Barcelona, 1970, pág. 87.

[14]   En efecto, se establecieron —o los establecieron— en Santa Sofía. Allí,

los *andoques* están en el Caquetá [15] (miraña);
los *boras* se encuentran en Cabinarí (miraña) y Putumayo
(huitoto) y La Chorrera;
los *cocamas* en el Putumayo [16] (huitoto);
los *huitotos* entre La Chorrera y el Caquetá (huitoto); o en
el Caquetá (miraña) [17];
los *mirañas* en Mirití (Paraná) y en el Caquetá (miraña);
el mejor miraña es el de Cabinarí en el Paraná (miraña) [18];
los *muinanes* son del Caquetá (muinane) [19];
los *nonuyas* en el Caquetá (miraña) [20];
los *ocainas* entre La Chorrera y el Caquetá (huitoto, miraña) y en Putumayo (miraña) [21];
los *ticunas·* en el Caquetá (miraña) [22];

entre ciénagas y soledad, separados de su origen, malviven los yaguas. Las empresas turísticas llevan a los viajeros hasta la isla, donde encuentran justificación para el largo viaje: costumbres primitivas, retratos con indias semidesnu-
das, etc.

[15]   La lengua se considera de origen huitoto, pero de subclasificación igno-
rada (Mason, apud Julian H. Steward, *Handbook of South American Indians. Bu-
reau of American Ethnology* (6 vols.), Washington, 1946-1950, págs. 246-247), mientras que Čestmir Loukotka lo cree idioma aislado (*Classification of South American Indian Languages*, Los Angeles, 1968, pág. 187).

[16]   Según Pericot, habitan en el bajo Ucayali y los cocamillas en el bajo Hua-
llaga (*América indígena* (2 vols.), 2.ª edic, Barcelona, 1962, pág. 884).

[17]   Al parecer, dispersos, ocupan las orillas de todos los afluentes del Putumayo (Ortiz, *art. cit.*, págs. 331-332).

[18]   Vid. nuestra nota 31.

[19]   Ortiz, *art. cit.*, pág. 332, sitúa a los muinanes en los ríos Caquetá y Putumayo, más o menos como nuestro informante, y su lengua como perteneciente
al tronco huitoto, pero dentro de los dialectos muy diferenciados; en tanto que
Mason concluye que se debe considerar como no clasificada (apud Steward, página 246).

[20]   Según el informante también hay en el Putumayo, «pero aquí no son *tri-
bo*» (es decir, están dispersos). Para Castellví, el *nonuya* es un dialecto del huitoto, pero de los muy diferenciados (Ortiz).

[21]   «Los ocainas están en Putumayo, donde están regaos, pero los más están
en el Caquetá arriba». Castellví los sitúa en Igaraparaná, y Loukotka reproduce
el emplazamiento, pero consigna la intrusión de boras en el territorio. Uno y
otro consideran el idioma como dialecto huitoto, aunque Ortiz lo juzga muy diferenciado.

[22]   El *ticuna*, objeto de algunas de las observaciones que se encuentran en

los *sionas* en Putumayo (miraña);
los *yaguas* en Putumayo y en Perú (miraña) [23];
los *yucunas* en el Caquetá (miraña) [24].

Como se ve, la geografía conocida por los informantes es muy precisa, pues prescindiendo de esa vaguedad político-administrativa *(el Perú),* hay una cuna muy bien caracterizada para asentar a todos estos pueblos: La Chorrera, el Caquetá, el Putumayo. Es decir, el territorio comprendido entre dos grandes afluentes del Amazonas dentro de la república colombiana, en una zona montañosa próxima a la actual frontera con el Brasil. Conviene no olvidar que los territorios del Putumayo y el Caquetá formaron una Prefectura Apostólica (1904) que administraban los frailes capuchinos.

GEOGRAFÍA DE LAS LENGUAS INDÍGENAS

Por 1967, A. P. Sorensen, Jr. [25], había señalado cómo en la cuenca del Vaupés cada indígena habla fácilmente cuatro lenguas. La situación se prolonga por otros sitios de la Amazonia, y las orillas en las que nosotros trabajamos permiten comprobar el aser-

---

este estudio, es una lengua muy mal conocida. Steward la clasifica entre las que tienen probables afinidades arahuaca (t. VI, pág. 218), pues los informes que se poseen son muy contradictorios. Tovar prefiere considerarlo lenguaje aislado con escasas influencias de tupí y del ge (pág. 152).

[23] Suelen considerarse caribes (Tovar, pág. 149) y su localización principal está efectivamente en el Perú, departamento de Loreto (Cfr. Čestmir Loukotka, *Classification of South American Indian Languages,* Los Ángeles, 1968, páginas 152-153).

[24] Cfr. L. Pericot, *América indígena,* 2ª ed., Barcelona, 1962, t. I, pág. 884. Para la distribución de etnias indígenas por el Amazonas, se verá con fruto el trabajo del P. Castellví, «Censo indolingüístico de Colombia», en *Amazonia Colombiana Americanista,* VI, 1954-1962, págs. 217-222.

[25] «Multilingualism in the Nordwest Amazon»; el trabajo ha sido reelaborado y se incluye en la *Sociolinguistics* de Pride-Holmes, Londres, 1972. La especie que cito en el texto aparece en la pág. 78. Ahora debe verse el *Atlas* del P. Arango, donde se da, por orden alfabético, la localización de los pueblos indígenas.

to. Lo que falta por decir es que las mezclas lingüísticas que se producen en tales hablantes son, también, constantes. Uno de nuestros informantes hablaba seis lenguas y su prestigio era grande en la región: una y otra vez nos llegaban ecos de la admiración que producía entre los demás indígenas. Sin embargo, al preguntarle nuestros cuestionarios —muy concretos, no demasiado extensos— le asaltaban continuamente dudas, pues el léxico le aparecía entremezclado. También es ésta una situación que debe considerarse y que, por supuesto, no se debe desdeñar.

Por ello creo que es útil —siempre desde la perspectiva del hablante— saber la geografía en que se pueden mover con su propio instrumento lingüístico y, con el fin de establecer las solidaridades que ellos expresan, determinar con qué otras lenguas o dialectos indígenas son capaces de entenderse.

El informante de huitoto sabía que existen grupos lingüísticos parecidos al suyo, pero sólo pudo precisar que en La Chorrera (Putumayo) se habla muruy y n'fodé, hablas muy mezcladas entre sí, de las cuales considera «mejor» al muruy; huitoto, muruy y n'fodé se entienden fácilmente, aunque el informante ignora si hay una lengua de la que procedan estas hablas o con la que estén emparentadas.

Los mirañas se entienden con muinanes y boras [26], aunque es esta lengua la que más se parece a la suya. En la región de Leticia apenas si hay boras, algunos en el kilómetro 6 [27]. La información de nuestro miraña está confirmada por un muinane, que —además— dijo que podían entenderse con los andoques.

Los ticunas se consideran aparte, pues no son capaces de entenderse con ningún otro pueblo indígena. Los ticunas más numerosos están en Perú, pero también hay en Brasil; los que vienen de esos países se entienden con sus hermanos de Arara (Colom-

---

[26] El huitoto me dijo: «el miraña es parecido al de los bora».
[27] Hay construidos, hacia la selva, 24 kms. de carretera: en pésimo estado, llena de fangales, apenas transitable. Los kilómetros de este camino sirven de referencia para encontrar —dentro del espeso arbolado— a las familias que hablan lenguas indígenas. A veces, desde la hipotética señal, hay que penetrar a pie durante horas en busca del informante.

bia), por lo que los dos informantes ticunas creían que tienen una lengua propia sin relación con los demás.

Según estos datos, los grupos lingüísticos conocidos por los informantes indígenas son tres:

1) el *huitoto* = *muruy* = *n'fodé*, procedente del Putumayo [28], con sus integrantes muy mezclados. Parece ser que en La Chorrera, de donde han descendido estas gentes, el muruy tiene mayor prestigio que el n'fodé y, según mi información, en las orillas del Amazonas, el huitoto [29];

2) el *bora* [30], con el que están estrechamente vinculados el miraña, el muinane y el andoque. También proceden del Putumayo [31];

3) el *ticuna*, con origen en el Perú y otros grupos en territorio brasileño.

Hay que hacer una observación a propósito de los mirañas: al parecer, una rama de ellos está emparentada con los huitotos (la del salto de Araracuarapuyo), mientras que otra —antropófaga—, no (la del alto Yapurá) [32]. Lo que puede deducirse de nuestros informantes es que ni los huitotos piensan en su afinidad con los mirañas, ni estos con aquellos. De cualquier modo, el parentesco étnico y lingüístico ya no se siente, y el juicio de mis informantes tendría singular valor: de la identifi-

---

[28] A comienzos del siglo xx los huitotos estaban en las cabeceras del río Caraparaná, de donde fueron capturados y dispersos por los caucheros hacia el alto Caquetá, el alto y medio Putumayo, el Igaparaná y hasta el Napo (Ortiz, pág. 327).

[29] Loukotka confirma estos datos —para él, hay huitoto septentrional (hablando en el Caquetá), central (en La Chorrera) y meridional (riberas del Putumayo y Amazonas)— en *Classification of South American Indian Languages*, ya cit., pág. 187.

[30] En seguida hablaré de las características de estas gentes.

[31] Efectivamente, este orden daría razón a las clasificaciones de Loukotka que identifica *bora* y *miraña* en una sola familia, a la que también pertenecería el *ocaina*, el *muinane* y el *nonuya* (cfr. Steward, págs. 245-246, y Loukotka, pág. 190). Tovar hace un grupo al que llama «miraña o bora» (pág. 148), siguiendo a Steward (pág. 243).

[32] Resumen de Ortiz, págs. 321, 326-327. Otros autores los consideran del grupo tupí, pero esta hipótesis parece menos aceptable.

cación huitoto = miraña, de Creveaux, se habría llegado a una
fórmula bien poco comprometedora, pero probablemente inexacta: el miraña-carapaná-tapuyo estaría lejanamente emparen-
tado con el huitoto-kaime.

CAUSAS DE LA DESAPARICIÓN O MEZCLA DE LENGUAS

En el breve cuestionario que redacté había una pregunta *(¿por
qué se han perdido algunas lenguas indígenas?)*, que está estrechamente vinculada con los apartados anteriores. Su formulación producía sorpresa a los informantes que, sin embargo, poseían ideas muy claras. Pienso que obedecían a un saber tradicional transmitido en forma de relatos, pues —alguna vez— el
informante parecía narrar un cuento. Así, por ejemplo, el hablante de huitoto dio una versión mitificada del pueblo ocaina,
al que pertenece por su linaje, aunque ya no por su lengua.

Los ocainas eran una tribu grande, pero no tenían mucha
cultura, por eso fueron vencidos, pues no supieron luchar contra los boras y los muruyes, que eran sus enemigos. Contra los
ocainas movieron guerras y, no bastándoles, hechicerías, que
con rayos que caían del cielo terminaron venciéndolos. Viéndo-
se perdidos, los ocainas llamaron a otras veinte tribus, cada una
con su «generación» (zorros, olleros, etc.) [33]; estas tribus eran
en su mayoría huitotos, que absorbieron a los ocainas, forzados
a abandonar su lengua para hablar la de sus aliados, y vencedores. Pero los boras fueron muy diezmados y huyeron para refu-
giarse a orillas del Putumayo.

Si este relato tiene cierto aire épico, el informante huitoto
explica muy objetivamente la pérdida de los cocamas: consti-
tuían una tribu muy poco numerosa, desaparecida en las guerras, y los escasos restos «se han metido» en otros grupos que
los han asimilado.

---

[33]   Está en lo cierto; ya en 1909, Mons. Pinell señaló los apodos que tenía
cada tribu o grupo; tales denominaciones de carácter totémico estaban tomadas
de la naturaleza o del cacique que las mandaba (Ortiz, *art. cit.*, págs. 322-323).

La suerte de los cocamas fue explicada de otro modo por el informante miraña, y su juicio podría tener valor mucho más amplio: al ir de un sitio para otro en busca de asentamiento estable, las tribus indígenas se aíslan. Y esto les ocurrió a los cocamas: vinieron hacia Leticia y, como eran pocos, no pudieron mantenerse aislados teniéndose que fundir con otros pueblos. Exactamente fue lo que también dijo el muinane. Tal vez no se puedan explicar así las cosas, pero así quisieron explicarlas [34].

Otro fue el destino del miraña según su propio hablante: aquí había «mucho tribu», no todas pacíficas. Los boras se caracterizaban por su carácter belicoso («son más bravos que nosotros»), como siguen siéndolo hoy, pues nadie se atreve a entrar donde hay boras; los boras fueron a Iquitos (Perú) y de allí huyeron algunos a la ribera colombiana en tiempos de la guerra entre los dos países [35].

El hablante muinane tiene una memoria tradicional: «me han dicho» que ellos hablaban nonuya cuando migraron juntos, pero esto fue hace mucho tiempo; entonces los dos pueblos tenían un mismo jefe y, según le dijeron, acabaron uniéndose. Esta memoria tradicional le da otras informaciones: los *antigos* dicen que los pueblos indígenas desaparecían por sus peleas,

---

[34] Al parecer las mezclas de todas estas gentes —y su dispersión— fue obligada por la explotación del caucho: las compañías obligaron a un verdadero éxodo, que, a veces, acabó con la extinción de las familias indígenas (Ortiz, *art. cit.*, pág. 323).

[35] Reiteradamente hablan todos los informantes de *Cobrito* o *Cofrito*, el peruano que quitó la tierra a Colombia. Creo poder aclarar algo, gracias a la cordial ayuda del Dr. Rivas Sacconi: el *cobrito* o *cofrito* es el *conflicto* que se produjo entre Colombia y el Perú en 1932 y duró un par de años. El Perú invadió militarmente Leticia y ocupó la población. Hubo guerra no declarada entre los dos países, con combates terrestres, aéreos y navales (sobre el río). Luego el conflicto se llevó a la Liga de las Naciones en Ginebra, que se pronunció a favor de Colombia. Finalmente se firmó un acuerdo en Río de Janeiro entre plenipotenciarios de las dos naciones. Colombia recuperó Leticia. El nombre que usualmente se dio a esa guerra fue el de *conflicto*. Muchos indígenas de las regiones amazónicas participaron en el conflicto, alistados en los ejércitos regulares, y por eso lo recuerdan. Cf. Julián López García, *Conflicto de Leticia*, Madrid, s. a.; Joaquín Molano Campuzano, *La Amazonia, mentira y esperanza*, Bogotá, 1972, págs. 115-116.

pero esto era hace mucho; él, con'sus 80 años a las espaldas, no ha conocido guerras, sino que siempre vivió en paz y aun añadió que su padre era cacique y le hizo saber que nadie de la tribu andaba *virigo* 'desnudo' en sus tiempos, sino que iban siempre vestidos. A estos recuerdos, impersonales o familiares, el muinane añade sus propias valoraciones: los indígenas pierden sus lenguas porque no estudian y porque, al salir en busca de trabajo, tienen que hablar la lengua de otros.

Los dos ticunas que me informaron en Arara piensan que cada vez se hablan menos las lenguas indígenas. Y culpan de ello a las escuelas [36] y al trabajo: «los antiguos no tenían escuelas y hoy sí; cada muchachito aprende y se aparta de su papá para trabajar» [37]. La necesidad de encontrar empleo lleva a los ticunas fuera de la comunidad, se casan con mujeres extrañas, los hijos «se mestizan» y la familia acaba hablando español. Ya no hay guerras, las hubo antes: la desintegración del grupo se produce por emigración e incorporación a otras costumbres.

Quienes nos informaban —sólo dos sabían escribir y sólo otro más podía leer con dificultad— recurrían al saber repetido por tradición oral o por el testimonio de los viejos. Como siempre que la información tiene que rastrearse de este modo, geografía y cronología tienen un valor relativo [38] y, como siempre, el propio linaje sale ennoblecido en el recuerdo. No obstante, los datos allegados son muy precisos y significan una posición perfectamente clara ante la cuestión planteada. Las lenguas indígenas desaparecieron:

1) Según el huitoto y el miraña, por guerras tribales. He aquí que la lucha tiene un sentido ennoblecedor de la muerte: así sólo han desaparecido el ocaina y el miraña, las propias lenguas de los informantes, mientras que para la ruina de otras se

---

[36] En otra ocasión también habló así el huitoto: «los niños van a la escuela, entran en la civilización y van perdiendo poco a poco su lengua porque ya no están con sus paisanitos».

[37] Weinreich (§ 4.2.1) ha estudiado la función de la escuela como limitativa de la libertad del comportamiento lingüístico, tal y como muchas veces vamos a ver a lo largo de estas páginas.

[38] Cfr. Julio Caro Baroja, *Estudios saharianos*, Madrid, 1955, pags. 393-422.

han buscado explicaciones menos heroicas. Más aún, el ocaina-huitoto conoce un relato en el que su pueblo sucumbió porque, a las alianzas de los hombres, se unieron los prodigios de las hechicerías. El relato puede tener un sustrato auténtico, pero es cierto que cuando este informante —y debo repetir siempre que excelente— narró su propia circunstancia personal y no la de su pueblo, explicó algo que vamos a considerar inmediatamente: los desplazamientos acaban por aislar a los individuos, y a los grupos, que se incorporan a comunidades más numerosas o estables.

2) Las guerras han podido ser causa histórica de la desaparición de algún pueblo y de su lengua, pero hay que recurrir a la tradición oral para poder encontrar tales antecedentes, pues ni los más viejos tienen recuerdo de hechos semejantes (informes de un muinane y de dos ticunas).

3) Conjuntos numéricamente escasos se incorporan a otros de mayor capacidad. Así se perdió el cocama (parcialmente, según el huitoto; como motivación única, según miraña y muinane) que, al quedar aislado de su tierra de origen, no pudo resistir las presiones de otros grupos más numerosos y acabaron siendo asimilados (informes de miraña y muinane). La migración fue la causa remota; el aislamiento, la inmediata de la desaparición del cocama.

4) Una variante del caso anterior puede ser la migración conjunta de pueblos diferentes. Entonces se produce la mezcla y la absorción de un grupo por otro (es de suponer que el número sea papel importante en el proceso). Así los nonuyas incorporados a los muinanes (informes de un muinane).

A causas bélicas o de desplazamientos, se añaden otras de carácter mucho más próximo. Son las que motivan respuestas de gentes que viven una realidad muy inmediata o en un asentamiento tribal estabilizado ya:

5) Falta de estudio (muinane);

6) Enseñanza de la lengua nacional (ticuna);

7) Necesidad de ir a buscar trabajo (muinane, ticunas), con lo que la lengua del grupo es insuficiente para la comunicación, el individuo aislado se casa con mujer ajena a su comunidad y acaba alienado. Es un conocido proceso de transculturación

que tiene una trascendencia mucho mayor de la que pueda motivarse al estudiar estos grupos minúsculos. Tenemos, pues, según los informantes, causas muy diversas sobre la alienación lingüística, pero que cabe reducir a dos. Unas, las que pudiéramos llamar históricas (guerras, migraciones, marginación de grupos pequeños); otras, sincrónicas (descuido en el aprendizaje de la propia lengua, salida de la fuerza coercitiva que constituye el grupo, incorporación a la nueva realidad). En el primer caso, la lengua se perdía porque desaparecían sus hablantes; en el segundo, porque resulta insuficiente al pasar el individuo de una comunidad a otra. El informante muinane lo dijo lapidariamente: «los idiomas desaparecen por el comercio y la vida». En estas palabras, tal vez queremos encontrar nosotros más de lo que se quiso decir, pero nos valen para la ocasión. Y de cualquier modo, en esa identificación del idioma y la vida está la suerte unificada de etnia y lengua, que ha venido a ser una misma cosa para todas estas gentes, como lo es para otros muchos pueblos primitivos [39].

Como resultado de los comentarios anteriores se desprendía una nueva pregunta: *¿se pierden las lenguas de las tribus?* Las respuestas facilitadas por cada informante pueden servir de referencia indicativa. La conciencia de estas gentes se inspira en un conocimiento directo y en lo que les comentan los hablantes de cada tribu. Según ellos se están perdiendo el *bora* (informantes huitoto y miraña), el *cocama*, ya desaparecido (inf. huitoto, muinane, ticuna), el *miraña* (inf. huitoto), el *muinane* (inf. miraña), el *n'fodé* (inf. huitoto), el *nonuya* (inf. muinane) y el *ocaina* (inf. huitoto).

Resulta que, de una u otra forma, se van erosionando todas las lenguas indígenas, pero hay una clara conciencia: se ha perdido el cocama [40] y nadie aludió al huitoto ni al ticuna. Hemos

[39] Cfr. Weinreich, § 4.3.1.3; y Sorensen, *art. cit.,* págs. 79-80.
[40] Efectivamente, estuve en San José, poblado de catorce viviendas, lo que no es nada desdeñable dado el carácter sumamente disperso de estas aldeas.

de dar como válidas las dos afirmaciones: una expresa y otra tácita. Porque, en efecto, el huitoto goza de un gran prestigio tanto por su lengua fácil cuanto por estar muy difundida y ser muchas las mujeres de la tribu que han salido para casarse con hombres de otras; por lo que respecta al ticuna, tal vez se piensa en Nazareth y en Arara, los poblados mayores y más homogéneos de todo el distrito: allí las comunidades han conservado bastantes de sus estructuras y de sus ritos (aunque no comprendan ya todo su sentido).

ACTITUD ANTE LAS LENGUAS INDÍGENAS

Las lenguas indígenas —decía el informante huitoto— se van perdiendo poco a poco, porque los indios abandonan sus costumbres, sus modos de vida, su alimentación tradicional, para imitar las maneras del hombre blanco [41]; sin embargo, no llegan a asimilarse a él porque no tienen dinero para seguir estudios. Entonces, tras haber intentado incorporarse a la sociedad nacional, se consideran fracasados y vuelven a sus antiguos modos, pero ya no se identifican con ellos y quedan en el aire, sin poder vivir como indios y rechazados por la sociedad de los blancos [42]. Esto pensaba un huitoto de ideas bastante claras, aunque tal vez lo que él veía como frustración individual tenga que entenderse como algo más que un repudio de grupos marginados o, de otro modo, los grupos marginados son más, mucho más que estos hombres perdidos en la periferia más remota de Colombia. Él había seguido estudios hasta cuarto curso de primaria, y allí se había estancado. Pero esa es la educación que reciben millones y millones de colombianos [43]; es posible que

---

Los cocamas han perdido totalmente su lengua, aunque hablan poco en español, y, sin embargo, conservan bien la estructura y organización etnográfica de su poblado.

[41] En el texto transcribo unas aclaraciones que se me hicieron cuando pedí que se ampliara esta frase literal: «el indio deja su costumbre y se mete al blanco».

[42] Lingüísticamente era lo mismo: «pierden su dialecto y no hablan español».

[43] Baste pensar que, en 1970, había 244.501 niños (varones) inscritos en 4º curso de primaria (Ministerio de Educación Nacional de Colombia, *Los sistemas educativos de los países signatarios del Convenio Andrés Bello*, Bogotá, 1974, pág. 64, cuadro 1.3.1.).

este hombre —bien dotado— proyecte a su comunidad, por ser indígena, la frustración individual de que se siente víctima [44]. No es —desde mi neutralidad científica— una justificación, sino la explicación de los hechos proyectándolos sobre el contexto, más amplio, de todo el país. Que las consecuencias son dolorosas, es evidente, pero evidente, también, que el modo de atajarlas exige una programación de carácter general y no con referencia a una tribu marginada. Pienso que mi informante huitoto, por tener una cultura mejor que la de los otros informantes, por estar en una posición de privilegio (mayordomo en una finca de un hombre blanco), por conocer más otros tipos de vida, adoptaba las posiciones más radicalizadas. Es lógico, es humano y es necesario, porque este hombre capaz de leer y escribir en español y en huitoto vivía lejos, en la selva, ganaba un poco más de 2.000 pesetas mensuales (verano de 1975), tenía que mantener una familia y cumplía —también él— los trabajos más duros. Lo conocí en la ciudad, cuando fue requerido por su patrón, para que me ayudara; vestía pulcramente y se comportaba con ponderada educación. Otro día, al empezar las encuestas, fui a buscarlo a su vivienda y estaba arrastrando enormes troncos que apoyaba en sus hombros desnudos; era irreconocible. Sobre la cabeza de uno de sus hijos dos micos jugueteaban y las colas se ceñían por la cara del niño. Los monos no eran para ellos, los cuidaban para regalárselos al patrón. No quisiera hablar de resentimientos porque es una palabra que nosotros cargamos de negaciones y aquel hombre —que me fue valiosísimo, que me trató con una exquisita cortesía, exenta de adulación y zalemas, que me enseñó infinidad de cosas que yo ignoraba—, aquel hombre me produjo siempre una gran admiración y un hondo respeto. Tal vez fuera el choque de dos culturas insolidarias y en él, dramáticamente, estaban proliferando los gérmenes de la destrucción de una de ellas. Cuando escribo esto a miles y miles de kilómetros del Amazonas, pienso en la soledad de mi informante, hombre capaz, inteligente, sabedor de cosas que

---

[44]   Y lógicamente ha valorado, como fundamentales, los problemas de fidelidad lingüística (cfr. Weinreich, § 4.4.1.).

yo necesitaba, pero inútil para su estirpe, inútil para los suyos, inútil para sí mismo. Él, joven aún, tenía conciencia de todo ello, y, al hablar conmigo, descubría no su fracaso, por más que exista, sino el de una organización mal dotada para aprovechar energías que se pierden y que, sin embargo, son necesarias para la sociedad en que no acaban de integrarse.

Al formular la misma pregunta a otros indígenas, las respuestas eran más acomodaticias y, si repetían algo de lo que el huitoto me había dicho, tal vez afloraba la repulsa. Era, tal vez también, el resultado de la sumisión. Así el informante miraña venía a coincidir en casi todo, pero las razones económicas no le eran fundamentales. La lengua indígena —decía— no debe olvidarse, por eso hay curacas [45] que, al anochecer, se reúnen con las gentes del pueblo para enseñarles el *idioma* 'lengua indígena', y que no lo olviden. Evidentemente, el miraña local está herido y hay una conciencia colectiva que trata de salvarlo, y está herido —son razones del informante— porque los niños van a la escuela y no hablan su lengua en los recreos, sino la de los demás [46]. Este informante miraña quería ser objetivo y no censuraba a las gentes de su linaje con las que convivía, sino a los otros mirañas que venían del Perú: estos, los mirañas peruanos, no quieren saber sus cosas, pues se avergüenzan de que los vean los blancos seguir costumbres de la selva, y quieren hablar la lengua de los ricos. Pero no se dan cuenta que «el indio nunca cambia su cara, el indio es indio». Los mirañas colombianos no son desagradecidos, como los del Perú, conservan

---

[45] En Nazareth, pueblo de ticunas, es donde oí por vez primera la palabra *curaca*. Cuando manifesté mi extrañeza de que ellos emplearan un término quechua, el curaca del poblado me explicó: «al jefe de la comunidad le decimos *curaca*, pero su nombre en la tribu es *cachique*». He aquí un problema de sociolingüística: *cachique* es término importado por los españoles (se trata de la bien sabida palabra taína) y *curaca* ha de ser importación posterior, cuando el quechua se convirtió —por los españoles también— en lengua general del cono sur. *Cachique* es apellido de relativa frecuencia en Leticia.

[46] Son, no se olvide, grupos minoritarios, que viven dispersos; las escuelas no se organizan para cada familia, sino para las que viven en una relativa proximidad, y en esa relativa proximidad conviven gentes de etnias y lenguas muy diversas.

su lengua, porque «están muy hechos con ella», y, aunque aprendan bien el español, no olvidan la suya propia; conviene conocer la lengua nacional, porque así viven mejor, y no quedar —como ahora— abandonados; por eso creía que lo importante no era el dinero, sino la instrucción. En La Pedrera (río Caquetá) les daban facilidades para estudiar, y no en la Amazonia. Los razonamientos del miraña —como ocurre tantas veces— no alcanzaban una coherencia total (tenía sentido de grupo a través de la lengua, pero tal sentimiento estaba deteriorado porque la propia lengua podía estar en trance de olvido), se manifestaba solidario de los mirañas colombianos porque mantenían su lengua, pocas palabras, después de haber reconocido que hay curacas que la enseñan para que no se pierda; no creía que los problemas económicos fueran fundamentales para la suerte del idioma nativo, pero quería que el español se aprendiera porque ayudaba a vivir mejor... En el fondo la estirpe era lo que daba coherencia a su sentido de grupo («el indio es indio»), mucho más que la lengua o las costumbres, que podían erosionarse y aun perderse, como les ocurría a los mirañas peruanos; es la estirpe quien aglutina al grupo, porque la piel no se cambia por mucho que se puedan mudar las costumbres o mores. Venía a coincidir con el huitoto: el indio no se integra, queda marginado, y de forma bien radical, por su tez. Ante la lengua acepta una postura fatalista: no debe perderse, pues con ella o sin ella, el indio seguirá siendo indio. Para él no se trataba de un problema cultural, sino puramente biológico.

Más o menos era esto lo que el muinane me decía: «es bueno hablar el *indioma*, porque esa es la costumbre». Aceptación de un hecho ineluctable, pero hay quienes imitan a los blancos porque tienen vergüenza de su linaje («pero son pocos y sólo es porque ignoran su sangre»). También ahora el reconocimiento de un abandono, todo lo matizado que se quiera, pero abandono, y, de nuevo, el sustrato biológico manteniendo la unidad del grupo y la lengua como algo de quita y pon: si un indio pierde su lengua en la escuela, luego se endereza: en el clan vuelve a la memoria «y se le arregla». Hemos visto que quienes tenían una mente muy clara no creían que las cosas fueran tan fáciles. A ello tendremos que volver y comprobaremos que la razón está de parte del huitoto pesimista, pero el muinane nos ha abundado en cosas que otros informantes han dicho y que tendremos que considerar en su conjunto.

Los ticunas de Arara no aportan nada nuevo, pero sus razones son muy importantes. Voy exponiendo siempre en un orden determinado (el alfabético de la inicial de cada lengua) y esto quita originalidad a la exposición de estos hombres; si invirtiéramos el orden, resultarían los más interesantes de todos los grupos. Veámoslos en el conjunto y no en la prioridad con que yo —arbitrariamente— consigno las respuestas. Estos dos ticunas que me ayudaron en Arara tienen ideas claras: se debe hablar ticuna porque es su propia lengua; conviene saber español por necesidades de comunicación y económicas, pero «el *idioma* nació primerito y luego vino el lengua español». Como el huitoto, piensan que salir del grupo en busca de trabajo significa la ruina del indio y la de la lengua que le sirve de instrumento: se apartan de la vida de su tribu, pero no se integran a la de los blancos, entonces vuelven al poblado «y ya no es como primero», hablan poco su idioma y no son capaces de reacomodarse, sólo piensan en huir. Más o menos son las ideas del hablante huitoto: se busca la sociedad blanca como una posible liberación, pero tal sociedad los rechaza. Y el indio, que es indio, queda vacilando entre su cultura (de la que ha renunciado o le han hecho renunciar) y la cultura occidental (que no lo acepta): ser extravagante que no pertenece a nadie y que no se puede identificar con nadie porque la lengua, instrumento de afirmación de su personalidad, ha dejado de pertenecerle o no ha acabado de dominar. Una vez más, fantasma que vaga entre la tierra y el infierno sin acabar de encontrar reposo. Y como estigma, esa constante biológica de la que no se puede librar.

Hemos visto distintas actitudes de los indígenas ante su propia lengua. Intentar liberarse de un pasado, y un presente, hostil para la vida actual significa un intento de incorporarse a la sociedad de los blancos (en esto coinciden todos), pero esa sociedad los rechaza por falta de cultura (huitoto, miraña, ticuna), con lo que el indio queda marginado por ambas estructu-

ras, la nacional y la de su grupo (huitoto, ticuna). Esta marginación no siempre es cultural, para algunos informantes es biológica («el indio es indio»), como para el miraña, el muinane o
el ticuna; económica (medio de adquirir cultura), como para el
huitoto, o, resultado de ambas, de desarraigo (todos los informantes). Ante estos hechos, la lengua nativa se deteriora y deja
de ser instrumento coercitivo; los optimistas (por ejemplo, el
muinane) piensan que con un nuevo contacto se produce la rea-
daptación, pero los más ven en el desarraigo un producto de
insolidaridades: el hombre ya no volverá a ser de los suyos porque está en desacuerdo con los usos tradicionales (formas de
vida, olvido de su lengua) y no acaba de incorporarse a la sociedad blanca porque, aparte materialismos ya aducidos, tampoco
domina el español [47].

He aquí una serie de motivos. Todos son válidos y todos en-
cierran una parte de verdad. Podrán ser matizados o atenuados,
pero su esencia no se adulterará. Son razones que debemos meditar cuando hablamos de transculturación: factores culturales,
biológicos, económicos, afectivos. Tal vez cada uno de ellos no
explique la totalidad de los hechos, pero estos indígenas amazó-
nicos han ido dando cada uno sus razones y entre todos han
conseguido la verdad absoluta. Es la experiencia repetida hombre por hombre, la que ellos alcanzan a conocer, pero el conjunto ha descubierto el angustioso problema de la transculturación
con la amargura —individual y colectiva— de la marginación.

UTILIZACIÓN DE LAS LENGUAS INDÍGENAS

El hablante huitoto, casado con una mujer del mismo grupo,
hablaba con ella indistintamente en la lengua del grupo o en
la nacional. Para él, era más fácil entenderse en una u otra lengua, según fueran los temas a tratar. Por ejemplo, el matrimonio, si hablaba de los hijos, lo hacía siempre en huitoto; si el

---

[47]   Vid. María J. Buxó Rey «Movilidad social y elección-uso de la lengua en
una comunidad bilingüe kechua-español», en *Etnica*, núm. 6, 1973, págs. 9-33.

varón explica una cacería, lo hace indistintamente en español o en huitoto; pero, para contar a la esposa la película que acaba de ver, lo hace sólo en español. A sus hijos, sobre la vida familiar, les aconseja en las dos lenguas, pero cuando viene del pueblo y les cuenta cuanto ha visto, lo hace únicamente en español. Los hijos, entre sí, son bilingües, pues en la escuela tienen que hablar en la lengua nacional porque los compañeros son muy heterogéneos y no hay ninguna lengua nativa en la que se puedan comunicar. En el mercado o con otros indígenas, nuestro informante utiliza el español, y el español es, también, la lengua de la iglesia: sólo sabe rezar en ella [48].

El hablante miraña se encontraba en una situación semejante: casado con una *bitota*, tenía que comunicarse con ella en miraña o en español, porque ignoraba la lengua de su mujer [49]. También emplea el español para hablar con otros indígenas de otro *idioma*, para contar el argumento de una película o para rezar, «porque los padres hablan español». Un hijo que tiene el matrimonio se marchó fuera de la Amazonia y habla español; antes, cuando era niño, entendía las dos lenguas de sus progenitores.

Las situaciones descritas se vuelven a repetir en el caso de nuestro muinane, pero su posición personal es singular: el informante conoce seis lenguas indígenas y produce la admiración de todos los nativos. Por eso puede entenderse con los amigos en cada una de las lenguas, por más que recurra al *bitoto* o al español, si no tiene un procedimiento de comprensión directa, con preferencia la lengua nacional. Como su mujer es huitota, con ella habla en huitoto, aunque el matrimonio se dirige a los hijos en la lengua que es propia de cada cónyuge: muinane, el padre; huitoto, la madre. Pero, en la escuela, los hijos sólo hablan en español, lo que hace que al venir a casa sigan

---

[48] Los comportamientos del huitoto son los que Weinreich (*op. cit.*, § 3.4.2) considera como específicos de los hablantes bilingües. Más adelante (§ 4.2) estudia, siguiendo a Schmidt-Rohr, el ambiente apropiado para la utilización de cada lengua.

[49] Según él, su esposa habla español —lo que no todas las mujeres pueden hacer— porque «es muy lista y muy brava».

hablando la lengua nacional, no el *idioma*. Pero el padre, consciente de que por aprender «mucho español» pierden las lenguas familiares, les hace hablar en ellas para que no las olviden. Por eso él, el muinane, emplea para todo su propia lengua, que no es en nada inferior a la española: es capaz de contar en *idioma* tanto el argumento de una película, cuanto de narrar los mil quehaceres cotidianos. Sólo es incapaz de rezar en muinane, porque en la iglesia las oraciones se dicen únicamente en español. Sin embargo, en la tribu también sabía en *idioma* el *Ave María* y *Por la señal de la Cruz*.

Los ticunas, como ya se ha dicho, viven en un poblado exclusivamente ticuna; por eso está mucho más trabada la solidaridad del grupo. De ahí que la lengua indígena se emplee para todo: en las relaciones con la esposa y con los hijos, de estos entre sí, para cualquier tipo de narración, etc. [50]. El español sólo lo emplean —quienes pueden saber algo de él— para entenderse con otros indios de lengua diferente, para comerciar y para dar precios o nombrar objetos; por ejemplo —y son testimonios directos—, las cuentas se hacen mejor en el idioma nacional y no tienen palabras para decir *libro* o *cuaderno;* por eso, aunque las compras se describan en *idioma*, la lengua nacional aparece para expresar nuevos tipos de necesidades [51]. En la iglesia, son bilingües.

En estas pocas muestras tenemos ya un abanico de posibilidades: en un grupo (nuestro informante huitoto) el español ha penetrado mucho en la vida familiar. Justamente en unas gentes que viven más en contacto con el mundo, digamos siguiendo la caracterización de los propios indígenas, blanco. La lengua indígena queda relegada a la intimidad con la esposa y, parcialmente, con los hijos.

---

[50] Válgannos en este momento las caracterizaciones que hace Munné (pág. 214): «Cada sociedad goza de una relativa autosuficiencia cultural. Sobre la base de un común sistema de comunicación o lenguaje, sus miembros comparten una amplia diversidad de pautas, internas y externas, relativas a los múltiples aspectos de la vida social, así como un conjunto de valores jerarquizados de un modo peculiar en cada caso».

[51] Weinreich (§ 4.3.2.3) había señalado cómo el contacto cultural produce de manera evidente la difusión tanto de elementos materiales como no materiales.

En un caso, el marido ignora la lengua indígena de la mujer (informante miraña) o, en otro, ésta la de aquél (informante muinane); los hijos resultan en tales casos bilingües de idiomas nativos, aunque no es excepcional que el español pueda ser vehículo de comunicación entre los cónyuges (caso del miraña) [52], y los hijos —en tales circunstancias— aprendan mejor el español e incluso pierdan las lenguas familiares (miraña) o haya que hacer grandes esfuerzos para que no las abandonen (muinane) [53].

De este modo, la tendencia al bilingüismo —primer paso en un proceso de asimilación— se ha impuesto por una serie de razones:

1) La escuela enseña únicamente en la lengua nacional, posibilidad única en un abigarrado mosaico de etnias e idiomas nativos, en una población muy dispersa y en unos grupos indígenas de pequeñísima importancia numérica. Ya he dicho que en muchos casos se trata de una sola familia de cada lengua; esto, fatalmente, lleva a la desaparición de los comportamientos nativos, y estaríamos, de algún modo, dentro de las explicaciones que se nos dieron anteriormente acerca de la desaparición de los cocamas [54].

2) El comercio ayuda a la erosión de las lenguas indígenas. Su dificilísimo sistema numérico —y limitado también en sus posibilidades de cómputo— hace que se prefiera utilizar la lengua nacional; a lo que se deben añadir las necesidades de entenderse por algún medio, cuando falta la comprensión en los idiomas aborígenes, y las nuevas exigencias de una cultura que poco tiene que ver con la vida selvática.

3) La iglesia actúa también como instrumento no ya de bilingüismo (entre los ticunas), sino de penetración española (en

---

[52] Son problemas de exogamia, como los estudiados por Sorensen, pág. 80.
[53] Sobre algunos de estos puntos, vid. John J. Gumperz, «Types of Linguistic Communities», cfr. Joshua A. Fishman, *Readings in the Sociology of Language*, La Haya, 1972, pág. 467.
[54] Cfr. María Jesús Buxó Rey, «Aculturación, bilingüismo y cognición, en Chinchero, Cuzco», en *Etnica*, núm. 8, 1974, págs. 51-59.

todos los demás casos), porque la evangelización se hizo con la lengua europea, la iglesia está servida en esa misma lengua y los sacerdotes son —con frecuencia— españoles. Sólo grupos muy trabados, como los ticunas, tendrán las oraciones traducidas, pero aun ellos oyen predicar en español porque no todos los misioneros pueden aprender su lengua o vivir con ellos. Necesariamente, debo insistir en las características de este *habitat* que hace poco menos que imposible la evangelización en cada una de las variedades lingüísticas que aquí se pueden encontrar.

Las lenguas indígenas son aptas para toda suerte de comunicación, según unos hablantes; según otros, no. Pero lo que es claro para las gentes mayores deja de serlo para los jóvenes. La acción de la escuela, y en menor medida la del comercio y la de la iglesia, hace que las lenguas indígenas dejen de utilizarse en algún momento, o en muchos momentos: en tales casos, el español viene a ocupar el hueco dejado, y su difusión se acrecienta. Creo que es un símbolo —claro y previsible— el de esa familia de hablar huitoto, para quien la lengua indígena es sólo un refugio de la afectividad.

Y queda una última consideración en la que todos los hablantes coincidieron: recurren a su lengua cuando no quieren ser entendidos tanto por los compradores en el mercado, cuanto por indios que no saben su lengua. En tal caso, el *idioma* actúa como sistema en el que el grupo se identifica y se traba, algo así como las hablas gremiales o de delincuentes [55], reduciendo éstas —y no es necesaria otra aclaración— a sus planteamientos estrictamente lingüísticos [56].

VENTAJAS DEL ESPAÑOL

Todos los hablantes coinciden en señalar la conveniencia de aprender la lengua nacional. Gracias a ella se adquieren unas

---

[55] Vid. A. Dauzat, *Les patois. Caractères, évolution, influence*, París, 1946, págs. 32-42, etc.

[56] Vid. los capítulos «Language as a Unifying Force» y «Language as a Divisive Force» de Kelman (*Advances in the Sociology of Language*, edit. J. A. Fishman, La Haya-París, 1972, págs. 193-200).

relaciones que pueden servir para mejorar el bienestar del individuo y del grupo al que pertenece (huitoto, ticunas), porque,
elevándose de posición, siguen sabiendo todo lo que es de los
indígenas y pueden ayudarles (muinane) [57]. La lengua nacional
les sirve también para adquirir unos conocimientos que les permitan trabajar mejor la tierra (miraña) [58] y mejorar así sus co-
sechas de plátano y de yuca (ticunas) [59]. Los informes allegados
podían ser más explícitos que estos, por más que abundaran
en las mismas consideraciones: el español es necesario para comunicarse (miraña, muinane) y para aprender a hacer cuentas,
caminos que llevan a la mejora económica (miraña, muinane),
tanto porque les evita los fraudes [60] cuanto porque permite exigir la adecuada remuneración de su trabajo (miraña), pues de
otro modo el indio no puede ir a ninguna parte y se tiene que
quedar «solo en su chacrita» (miraña) [61]. Pero, evidentemente,
no basta con aprender un poco de español o ir, como alguno
de mis informantes, un año a la escuela [62]; no basta con aprender un poco, porque resulta insuficiente y la tribu no se puede
beneficiar con ello: es necesario aprender mucho y bien para
no tener que volver a la *montaña* (muinane) [63].

Estas ventajas, indiscutidas y comúnmente aceptadas, deben
tener una correspondencia: la sociedad no debe rechazar a unas
gentes que tratan de incorporarse a ella. El hablante huitoto

---

[57]   Un hijo del informante está en Bogotá y, por dominar muinane y español,
es promotor de los indios.

[58]   Y no estar —como ahora— «inocentemente, y no tienen nada en la cabeza», es una aclaración del mismo informante.

[59]   Un ticuna me dijo: «antes no lo habíamos oído [el español], pero ahora
lo quieren oír los niños».

[60]   En un plano de planteamiento general, pueden ser válidas las consideraciones de Josephine Klein, *Sociologia dei gruppi* (trad. D. Mezzacapa), Turín, 1968,
pág. 197, por ejemplo.

[61]   Estas preocupaciones aparecían en todos y reiteradamente.

[62]   Esto llevaría al concepto de *pseudo-sabir* o 'esfuerzo unilateral de un individuo o de un grupo para reproducir una lengua de prestigio social superior'
(P. Perego, «Les sabirs», en *Le Langage*, ya cit., pág. 604).

[63]   Estamos ante las funciones de mejora social que estudia Weinreich en
el § 3.3.6 de su obra (*vid.* especialmente el comienzo del capítulo). Añádanse sus
consideraciones sobre el contexto socio-cultural (§ 4.1).

seguía sus comentarios: con el español cada uno puede defender mejor a su pueblo, pero el blanco impide al indio pasar de un límite, y lo deja en unas posibilidades muy restringidas. Si el indio quiere entrar en un puesto fijo, le dicen que no sabe bastante porque no tiene estudios [64]; si quiere cultivar la tierra por su cuenta, le faltan medios económicos, y entonces para nada le sirven las mejoras que ha adquirido en la escuela o el saber hablar español. Porque los blancos —y ahora son juicios del muinane— no quieren saber nada de ellos escudándose en que los indios son perezosos para trabajar, lo que no es cierto. Y, al fin, con la escuela y con las puertas cerradas, «los indios no saben qué están haciendo» (muinane). Tal vez para estas quejas hubiera alguna atenuación, extraída de las respuestas del miraña: el saber la lengua nacional trae el absentismo; cuando un indio puede entenderse con el español, marcha a la ciudad, incapaz de seguir viviendo en la *montaña* [65].

El español tiene para todas estas gentes una posición de prestigio: con él se entienden cuando las lenguas indígenas son insuficientes. Significa —también— la posibilidad de aumentar sus conocimientos de cara a la realidad (agricultura, comercio) y ello condiciona la posibilidad de disponer de mejores retribuciones [66]. Pero este español debe aprenderse bien en beneficio de la comunidad indígena; la afirmación del muinane había dado en un blanco de la sociolingüística: una lengua mal aprendida sirve de poco, porque se repetiría una vez más la experiencia comprobada en muchas partes:

> La déficience fonctionelle, les enfants des ghettos, reçoivent peu
> de stimulations verbales, entendent peu de phrases bien formées, et

---

[64]   Este magnífico informante quiso ser enfermero, pero no pudo obtener plaza porque fue rechazado en un examen previo al no saber resolver un problema de matemáticas.

[65]   Es la situación que se da en todas partes y que ha sido descrita por Lefebvre (*Lenguaje y sociedad*, Buenos Aires, 1967, pág. 159): «El derecho a la ciudad se manifiesta como forma superior de los derechos: el derecho a la libertad, a la individualización en la socialización, al habitat y al habitar».

[66]   Cfr. Halliday, McIntosh, Stevens, «The Users and Uses of Language», apud Fishman, *Readings*, ya cit., pág. 160.

sont donc diminués quant à leurs possibilités d'expression. Ils ne sa-
vent pas former de phrases complètes, ne connaissent pas le nom
des objets communs, ne peuvent pas former de concepts et sont par
conséquent inaptes au raisonnement [67].

Ante la realidad social en la que se mueven, los indios reaccionan con una clara conciencia de grupo: el blanco es culpable
de su marginación; lo que sí puede ser cierto no lo es más que
hasta el punto de que cada uno resulte responsable de la sociedad en que vive. En algún párrafo anterior he dicho que el problema no es de este pequeño rincón, sino de toda la estructura
del país, acaso de muchos países; en tal caso habrá que pensar
en problemas de más amplia envergadura. El indio que aprende
la lengua nacional quiere que ésta le rinda unas ventajas inmediatas; está en lo cierto y, evidentemente, ve que hay gentes que
viven mejor poseyéndola. Pero —aparte motivaciones más pequeñas como la de la pereza aludida— el hecho de conocer una
lengua no significa una liberación, aunque sea camino para ella.
Es necesario adquirir unos conocimientos. Evidentemente, quien
facilita la lengua nacional debe también facilitar la incorporación del hombre a una sociedad que lo reclama, pues, de otro
modo, nada se habría adelantado. Y para mí ésta es la crisis
del problema: debe enseñarse la lengua nacional por todo ese
cúmulo de ventajas que aquí se han contado y otras que no nos
han salido al paso; pero —sin más ayuda— estas gentes huirán
de la finca o del poblado en busca del paraíso que es la ciudad
y al llegar a ella sólo podrán probar el acíbar. Porque un indígena sin más conocimientos que los de mal cuidar un pedazo de
tierra será poco más que cualquiera de aquellos animales con
los que convive, pero tampoco tendrá muchas más apetencias;
sin embargo, un indígena en la ciudad, y sin ningún bagaje útil,
sufrirá una degradación mayor: como mucho, podrá aspirar a
ser azacán, en competencia con los mil azacanes desocupados.
Y vivir le será más difícil; ni la yuca, ni las ananas, ni los plátanos están en la ciudad al alcance de la mano. Se habrá converti-

---

[67] J. B. Marcellesi-B. Gardin, *Introduction à la Sociolinguistique. La Linguistique sociale*, París, 1974, pág. 112.

do en un proletario urbano, más necesitado e inerme que el proletario rural que antes era [68]. Tenían razón los mirañas y ticunas: es necesario saber cultivar mejor la tierra para hacerla producir más. Sólo así —fomentando el arraigo— esta gente será útil a sí misma, a su grupo y a su país, y dotando a quienes salgan de la tribu —que todo es necesario— de unas armas con las que combatir la dura vida que van a emprender. La mejora a través de la lengua nacional está en el campo y en la urbe, sin espejismos ni torpezas; lo que humanamente entristece y patrióticamente apena es encontrar gentes bien dotadas que, por no haber sido bien dirigidas, son inútiles en una sociedad que tanto necesita de ellas [69].

FUNCIÓN DE LOS MERCADOS

Leticia es el punto en el que confluyen todas las gentes de la región. Allí se proveen de los productos que necesitan y allí llevan sus excedentes y sus artesanías. Independientemente, puede haber otros mercados de tipo local, pero estos tienen unos alcances muy restringidos [70].

Resulta curioso ver el poco carácter de relación que estas gentes conceden al mercado: el huitoto dijo que en Leticia se encuentran gentes de lenguas muy diversas y no siempre comunicables. En tales casos, el español hacía de vínculo; lógicamen-

[68] Válgannos unas palabras de Lefebvre, siquiera tengan un valor general: «En los países denominados en vías de desarrollo, la disolución de la estructura agraria empuja hacia las ciudades a campesinos desposeídos, arruinados, ávidos de cambio; la chabola les acoge y desempeña el papel de mediador (insuficiente) entre el campo y la ciudad, la producción agrícola y la industria; a menudo, se consolida y ofrece un sucedáneo de vida urbana, miserable pero intensa, a los que alberga» (págs. 95-96).

[69] Aunque planteado para comunidades muy distintas de las que aquí estudio, nos interesa el trabajo de Herbert C. Kelman «Languages as Aid and Barrier to Involvement in the National System», en Fishman, *Advances*, pág. 184, especialmente.

[70] Algunas cuestiones generales sobre el problema, en Lefebvre, pág. 72. Me ocupé ampliamente del asunto en «Bilingüismo e integración», en *Revista Española de Lingüística*, I, 1971, págs. 31-36 (ahora en las págs. 37-73 de este volumen) y con ejemplificación muy concreta en «Un problème de langues en contact: La frontière catalano-aragonaise», *Travaux de Linguistique et Littérature*, Estrasburgo, IX, 1971, págs. 76-78.

te, con tales planteamientos no se puede esperar que el mercado cumpla una misión de apertura e intercambio de ideas: compran, venden y no hablan de otras cosas. Exactamente lo mismo dijeron el miraña, el muinane y los ticunas: en Leticia compran y venden todo —«pescado, plátanos, frutas, carnes de res»—, emplean en sus transacciones su propia lengua cuando comercian con gentes de su tribu y si no, el español, pero no hablan de nada más que de lo que es objeto inmediato. De vez en cuando en la respuesta surgía alguna precisión: el huitoto es la lengua más conocida de los indígenas y a ella recurren, pues además de ser «la más fácil» los huitotos son muy extrovertidos y sueltos de palabra, en tanto los ticunas se agachan, no miran a la cara y ni siquiera contestan cuando se les habla (informante muinane). Los ticunas mercadean en Arara o en Leticia: la lengua nativa sólo la utilizan entre sí, pues, si la gente viene al poblado o ellos van a la capital, hablan siempre en español.

El mercado, que siempre suele ser un centro de intercambio lingüístico y de ideas, en nuestra región tiene muy mermadas sus posibilidades: el mosaico de lenguas incomunicables hace que cada comerciante se limite a comprar y vender con las menos palabras posibles, pues a más larga plática, mayor sería la incomprensión. Por eso recurren a la lengua indígena más difundida (el huitoto), que sirve de expresión a gentes abiertas y habladoras; si no basta, el español se impone (por su facilidad en los cómputos; por tener posibilidad de expresar nuevas necesidades; por ser la lengua general). Pero no hay que hacerse muchas ilusiones: habitualmente el español es mal conocido, incluso por gentes que han hecho cursos de capacitación, y sólo sirve para un intercambio muy rudimentario. En estas circunstancias no puede esperarse que el mercado facilite mucho la comunicación de estas gentes. Estamos en una situación semejante a la que se produjo en Filipinas: la lengua oficial (allí era el *español de cocina*, el *chabacano* o *español de parián* [71]) valía para com-

---

[71] Cfr. Max Leopoldo Wagner, *Lingua e dialetti dell'America Spagnola*, Florencia, 1944, pág. 163, y el libro misceláneo *La lengua española en Filipinas*, Madrid, 1965, pág. 21.

prar y vender, y sólo para eso, y aun con posibilidades muy limitadas. Añadamos ahora el aislamiento de esta región: muy poco comunicada —sólo por interminables viajes fluviales [72]—, con producciones idénticas, sin el menor asomo de industria. Aquí, la Amazonia crea unos mercados de economía muy cerrada; hoy por hoy, con escasas posibilidades de abertura y, por tanto, negados para cualquier enriquecimiento ideológico o cultural [73]. De cara a la lingüística, tal vez sirvan para dar cierto prestigio al huitoto y mayor al español, pero no parece que de este estado de cosas se pueda pensar sino que la lengua nacional se extenderá como vehículo mediante el cual se facilitan las transacciones. Y sólo esto [74]. Se trata, pues, de los contactos llamados por los sociólogos de «cara a cara», en los que apenas si hay un mínimo de estratigrafía social [75].

¿QUÉ LENGUA DEBE ENSEÑARSE?

El hablante huitoto pensaba que el idioma indígena se aprende en el clan familiar y cumple las exigencias de la comunicación. En cuanto a la lengua nacional, es un error enseñarla como se hace: el niño puede estudiar —como mucho— hasta quinto curso de primaria, pero acabado este aprendizaje vuelve a su grupo y en otros cuatro o cinco años olvida lo que le costó muchos esfuerzos, pues de nada le sirve aquello que ha aprendido. Co-

---

[72] El tráfico aéreo sobre ser muy moderno sigue siendo escaso y, naturalmente, carísimo.

[73] Cooper-Carpentier describen una situación muy compleja de la utilización lingüística en los mercados etiópicos (qué lenguas se usan en 23 de ellos) que podría ser válida como procedimiento de investigación («Linguistic Diversity in the Ethiopian Market», en *Advances*, págs. 255-267).

[74] Estamos ante un problema que no es otro sino el de las *linguas francas*, que la Unesco define como: «A language which is used habitually by people whose mother tongues are different in order to facilitate communication between them» (*The Use of Vernacular Languages in Education*, París, 1953, pág. 46). Cfr. William J. Samarin, «Linguas Francas of the World», apud Fishman, *Readings*, págs. 660-672.

[75] Cfr. John J. Gumperz, *Types of Linguistic Communities*, apud Fihman, *Readingns*, pág. 466.

mo siempre, el informante ejemplificaba con su propia situación: saber español no le vale para gran cosa, pues vive peor que cuando era niño, a pesar de ser responsable de una finca. Su salario es muy bajo: un equivalente a 40 dólares mensuales, aunque reconoce que tiene los beneficios de la seguridad social, que eran desconocidos antes [76].

El miraña tampoco cree necesario que se enseñe la lengua indígena [77] y, sin embargo, piensa que debería darse más escolaridad obligatoria en español, superior al único curso que él tuvo. Aunque el muinane coincide con el miraña, su respuesta precisa algún matiz: debe enseñarse el español, pero en la tribu, porque así se aprendería más fácilmente. Por su parte, los informes de los ticunas eran muy exactos, pues tenían la experiencia de un aprendizaje destinado a gentes de una sola lengua y en un poblado relativamente numeroso de ticunas: el cacique de Arara sabía bien unas cuantas cosas, aunque tal vez reflejaran lo que había aprendido en el Instituto de Estudios Indigenistas; la ventaja de una enseñanza bilingüe permite un aprendizaje más rápido de la lengua nacional: a los niños, porque hasta los cinco años no comienza su escolaridad y entonces ya hablan ticuna; a los adultos, porque les cuesta mucho aprender una lengua distinta de la suya. Sólo enseñando en las dos lenguas se puede adelantar, pues los niños van a la escuela y no entienden nada de lo que les dice la maestra. Sin embargo, no es fácil encontrar docentes que sepan ticuna: hasta el año 1974 hubo un auxiliar capacitado, pero se fue y no ha tenido sustituto. En contra de la opinión del huitoto, mis informantes de Arara creían que la escuela hará que los niños hablen cada vez más en español y que aun siguiendo sólo hasta tercer curso de primaria, no lo olvidarán porque siguen hablándolo entre sí.

El problema suscitado se perfila con toda la complejidad con que los especialistas lo han formulado: enseñanza bilingüe o monolingüe, niveles de aprendizaje, alfabetización o castellanización, etc. Todas estas cuestiones quedan sobre el tapete.

---

[76] Datos, como todos los del trabajo, del mes de agosto de 1975.
[77] «Porque de la tribu salió con su palabra ya».

Siguiendo el orden con que las hemos transcrito parece evidente que la acción de la lengua nacional no debe limitarse a un cierto nivel. En todas partes se ha visto que una acción restringida a las horas de escuela, y sólo durante esos cursos que señalan nuestros informantes, no puede llegar muy lejos. La presión familiar durante la infancia y, siempre, la del grupo, acabarán borrando unas enseñanzas aprendidas con no poco esfuerzo: en tal sentido, la razón parece estar con el huitoto y no con los ticunas. Mucho más si el bilingüismo no va acompañado de mejoras económicas; en tal caso, habrá que reconocer la inutilidad de las enseñanzas, tal y como piensa el huitoto. Precisamente estos conceptos son los que han llevado, en países muy preocupados por el problema del bilingüismo y la integración, a postular unos programas de acción total y en todos los niveles [78], porque creer que los niños van a usar entre sí una lengua superpuesta y mal aprendida, no deja de ser una ilusión más que falaz.

Cierto que, de una forma u otra, los informantes indígenas no creían necesario el aprendizaje del idioma tribal, porque lo consideran algo propio, que les es dado sin esfuerzo, pero, no menos cierto, que lo veían como un buen auxiliar para aprender la lengua nacional. Claro que este juicio —más que razonable— sólo puede aplicarse en sitios donde la comunidad indígena sea unitaria y por tanto el auxiliar aborigen podrá hablar a niños —o adultos— del mismo grupo. La cosa ya no resulta viable en su realización práctica si, como ocurre en nuestra zona, los niños tienen que caminar, cada día, kilómetros y kilómetros en busca de su escuela [79] y en ella se encuentran —lo estamos viendo— con una población infantil que habla por lo menos seis lenguas mutuamente incomprensibles. En este caso, yo no veo otra solución que la de enseñar el español en español, pues es imposible hacerlo de otro modo, y, aunque utópicamente se pudiera, cada maestro tendría dos o tres niños en niveles distintos o, en el supuesto que supiera las seis lenguas, sus enseñanzas

---

[78] Cfr. Gloria Bravo y Beatriz Garza, *Problemas de integración*, México, 1970, y mis comentarios en este libro.

[79] Sólo hay una escuela para los grupos situados a lo largo de esos veinte largos kms. de carretera a los que ya me he referido.

serían inoperantes, de tan lentas como tendrían que formularse (si es que los rapaces aceptaban un aburrimiento semejante). Supongamos resuelto el problema de impartir unas enseñanzas bilingües (si pudiera agruparse por lenguas la población escolar) o sólo en español. (En cualquier otro caso, se plantea otra cuestión: deslindar los campos de alfabetización y castellanización). Alfabetizar en lengua indígena puede ser útil si se aplica a un aprendizaje del español; de otro modo, resulta inútil enseñar a leer y escribir en lenguas que carecen de la menor tradición escrita. En las cartillas que en algunos países se reparten entre los indígenas, se ha recurrido al alfabeto nacional, tal y como postuló el gobierno de Bolivia [80], y se han suplido algunos signos que representan sonidos faltos de correspondencia en la lengua oficial, sin que el instrumento resulte muy afinado, dada la heterogeneidad del utensilio y la lengua que intenta transcribir. Las consecuencias no se ven claras, ¿hasta qué punto se podrá crear esa literatura que se quiere transcribir? Porque una cosa es el deseo del etnólogo y otra muy distinta la realidad del hablante indígena: su mentalidad es una mentalidad hecha para la transmisión oral, lo que vale tanto como decir de realización tradicionalista. Fijarla por escrito significa fosilizarla, es decir, darle muerte, pues el texto escrito pugna con la inestabilidad de las reelaboraciones orales. Más aún, ¿se podrá fijar la totalidad de estas lenguas y se podrá obtener una literatura en cada una de ellas? ¿Dónde se guardarán esos tesoros como no sea en los archivos del etnólogo, muy lejos del ámbito donde nacieron y del pueblo que los necesita? ¿Habría cambiado esto mucho la situación actual? El problema es el que mil veces se ha suscitado: alfabetización, de una parte; castellanización, con su propia alfabetización, de otra. Los criterios de solución son tantos como teóricos. Dejemos el asunto aquí, tal y como lo planteó alguno de nuestros indígenas, pero en esas respuestas hay otra pregunta abierta: ¿cuándo acaba el proceso de aprendizaje?

Si unas gentes que necesitan liberación de un ambiente que les es hostil, no encuentran los medios con que liberarse, más

---

[80] Vid. mi artículo, ya citado, «Bilingüismo e integración en Hispanoamérica», págs. 37-73 de este libro.

valdría no perturbarlas [81]. Pero cada país necesita incorporar a esos hombres marginados. Los gobiernos son generosos ante los ciudadanos desvalidos, pero han de hacer rentable su generosidad: no se pueden vaciar las arcas nacionales en un Amazonas de inanidad improductiva [82]. Ahora bien, la rentabilidad exige una inversión adecuada. Y esos ciudadanos a los que se saca de su marginación exigen unos puestos de trabajo que les aseguren el bienestar económico que necesitan y que les haga dar sentido a lo que de otro modo no lo tendría [83]. Problema ya no lingüístico, sino sociológico, por más que haya nacido en torno a las lenguas indígenas y a las nacionales e implique —también— un problema inmediato de transculturación [84].

IDEAS DE LOS NATIVOS ACERCA
DEL ESPAÑOL Y DEL ESTADO

En esta situación, el español es sentido como una lengua extranjera (totalidad de los informantes), útil porque tiene una gran difusión por las orillas del Amazonas (huitoto, miraña, muinane); sin embargo, creen preferible hablar español y no portugués, por ser lengua más conocida y hablada (huitoto), porque es la que practican (miraña) [85], porque sirve para todo, y todos deben conocerla para poderse entender (muinane) y porque es mejor que el portugués (idem) [86].

---

[81]   Cfr. las cuestiones que plantea Lefebvre y que ahora nos son válidas (página 25).

[82]   Vid. «Bilingüismo e integración en Hispanoamérica», ya citado, págs. 37-73 de este volumen.

[83]   Cfr. ibidem, pág. 54.

[84]   Vid. la «Conclusión» del artículo de William F. Mackey, «The Description of Bilingualism», apud Fishman, *Readings*, págs. 583-584. Puede consultarse, aunque los problemas se toman desde más lejos, el artículo de Joseph H. Greenberg, «Concerning Interferences from Linguistic to Nonlinguistic Data» (en Harry Hoijer, *Language in Culture*, Chicago-Londres, 1963, pág. 4).

[85]   Lo que no es inconveniente para que lo hablara con muchísimas incorrecciones.

[86]   El informante decía hablar portugués (lo que no era cierto: conocía —sólo— algunas palabras aisladas) y su español era muy deficiente.

No son ideas demasiado válidas: consta, sí, el valor utilitario del español y una serie de creencias que, a todas luces, han adquirido fuera: ¿escuela? ¿propaganda nacionalista? Estas creencias les han llevado a considerar la lengua oficial como una lengua de gran prestigio (su difusión, su validez, su carácter instrumental) y ello les decide a juzgarla superior a otras. Evidentemente, estos planteamientos suscitan una nueva cuestión: si el español es la lengua nacional, ellos —ajenos al español— ¿se consideran o no colombianos?

Lógicamente se motiva un problema básico de la lingüística institucional: cómo identificarse con la idea de patria, a través de la lengua unitaria. O, de otro modo, ¿tienen los indígenas un sentido nacional o nacionalista? Preguntándoles si se consideraban o no colombianos (problema nacionalista) surgía su identificación con un grupo que participaba de otras estructuras políticas diferentes de la suya y entonces tenían que responder a una nueva cuestión: ¿eran huitotos, mirañas, etc., antes que colombianos o la idea de Estado se les había inculcado de tal modo que se identificaban con una supraestructura de la que apenas sabían nada? [87]. Porque si hace cuarenta años éstas eran tierras peruanas, no se puede pensar que unas escuelas deficientes, una escasa guarnición y unos administradores enviados de Bogotá, hubieran creado el sentido de la patria entre gentes que desde su mundo mental y material [88] ni lo tenían ni podían identificarse con él.

Como siempre, el huitoto sabía discurrir bien: se considera colombiano porque ha nacido en Colombia (idea superpuesta), pero «el indio no tiene patria segura» (idea arraigada). Por eso es malo que los indígenas estén esparcidos por diversos países, porque así pierden su propia cultura: si hay ticunas-ecuatorianos, ticunas-brasileños, ticunas-colombianos, para ellos desaparece el concepto de grupo indígena porque no se pueden relacionar

---

[87]   Cfr. Kelman, en *Advances*, págs. 187, 191, *passim*.

[88]   No me parecen justas, o por lo menos generalmente utilizables, ni aplicándolas a viejos países europeos, las ideas de Halliday, McIntosh, Stevens, «The Users and Uses of Language», apud Fishman, *Readings*, págs. 140-141.

por culpa de las fronteras y entonces el ticuna-ecuatoriano se hace ecuatoriano y se olvida de que es ticuna, y otro tanto ocurre con los indígenas de cada país. El miraña pensaba poco más o menos lo mismo; creía que acabarán siendo colombianos, peruanos, brasileños, aunque él, y en este momento, se consideraba más miraña que colombiano, pues «no puede tener amistad con los colombianos, porque no hablan *la idioma*». El informante muinane practicaba, como otras veces, un cierto idealismo utópico: él es colombiano, porque los muinanes son colombianos, pues si hay muinanes en Perú y Brasil es porque Perú y Brasil robaron a Colombia esos territorios «como los pájaros roban de una parte y llevan a otra»; para el muinane el caso de los ticunas es distinto, pues ticunas hay por todos los sitios. Los ticunas se consideraron más ticunas que colombianos, pero no les gustaría que otro país ocupara el territorio porque éste es una parte de Colombia [89].

Las respuestas son contradictorias y no manifiestan demasiada coherencia. Tal vez, una propaganda estatal —me parece innecesario decir que legítima [90]— ha hecho surgir una idea de la que carecían: la de Estado. Pero no se puede pedir a gentes marginadas e incultas que procedan con la coherencia de un tratadista de derecho político. Ellos tienen una idea sentimental, la de su tribu, y otra escolar, la del país al que pertenecen. Y si esto lleva a una fácil, e inexacta, igualdad en el muinane (tribu = Estado), en otros indígenas se ve cómo el elemento coercitivo es el del linaje (huitoto, miraña, ticuna) [91]; la sola excepción del muinane no explica nada: su planteamiento es falso, su explicación justamente opuesta a la realidad y, además, con-

---

[89] Frente al común consenso, los ticunas no creían que las divisiones nacionales afectaran a la unidad de los grupos nativos: dicen que siguen entendiéndose porque ahora las comunicaciones son fáciles. Idea esta que no es propia: ¿qué comunicaciones hay con Arara? ¿Cómo pueden salir del poblado si no es —como hace milenios— en una canoa? No son ellos quienes se benefician de la vida moderna. Pienso en las dos maestras, heroicas, que viven al margen del poblado: seis meses hacía que no se habían movido de Arara cuando llegamos nosotros.

[90] Cfr. Kelman, en *Advances*, pág. 186.

[91] Otro tanto había visto Sorensen en la pág. 79 de su *art. cit.* (vid. pág. 96, n. 12 de este libro).

dicionada —consciente o inconscientemente— por el hijo liberado de la selva y que en Bogotá sirve al Gobierno como procurador de los indios [92].

Antes que una idea ajena, y además moderna para ellos, es la sangre quien traba a los grupos y con la sangre todas las manifestaciones mediante las cuales se puede expresar la solidaridad: el huitoto es huitoto o el miraña, miraña o el ticuna, ticuna, porque hablan, respectivamente, huitoto, miraña y ticuna. La idea de estado moderno ha roto el carácter unitario que tenían estos grupos y, al romperlo, ha fragmentado la antigua unidad. En el resquebrajamiento va el riesgo de la absorción, porque los grupos se debilitan, se desvinculan unos de otros y acaban siendo jirones sin asidero. Una vez más se repite el aforismo latino del *divide et impera*. Es posible, pero no comprobable, que Roma practicara este principio diferenciador, no creo que los países modernos hayan querido seguirlo —ni como se atribuye a Roma ni de cualquier otro modo—, sino que la geografía y la historia han disociado lo que estaba unido, con lo que los resultados han venido a ser los mismos. No nos extraña el temor de algunos indígenas, amenazados con la disgregación; alguno de ellos nos habló objetivamente de un grupo que ahora no entra en juego, el de los cocamas: los cocamas perdieron su lengua porque —apartados de su origen— se extendieron sobre territorios heterogéneos y fueron absorbidos por otros pueblos. La historia vuelve a repetirse; ahora no sólo la lengua, sino la propia existencia de los grupos se ve amenazada: en un plazo más o menos largo el mestizaje será intensísimo (lo hemos visto reiteradamente en estos apuntes tan restringidos), con el mestizaje biológico vendrá también la ruina de las lenguas: si el matrimonio no se entiende en las lenguas indígenas tendrá que recurrir a ese vínculo valedero que es el español, y los idiomas aborígenes sufrirán también por la intrusión. Todo esto parece muy claro y sencillo. A lo que no apuesto es a predecir nada [93]. Tan sólo hablo de futuribles que parecen lógicos y los

---

[92] En cierta relación con estos hechos, vid. Lefebvre, pág. 19.
[93] Cfr. Weinreich, *Unilinguisme*, ya citado, pags. 682-683.

indígenas han colocado el dedo en la llaga. Si además el Estado inclina la balanza hacia el único platillo en el que puede poner sus pesas, el fiel se habrá desnivelado definitivamente [94].

IDIOMA O DIALECTO. CASTELLANO O ESPAÑOL

Cuando los indígenas hablaban de su propia lengua empleaban la denominación de *dialecto* (informante huitoto), *idioma* (miraña, muinane) e *indioma* (ticuna), mientras que, refiriéndose a la lengua nacional, sólo utilizaban *español*.

Tenemos, pues, que estas designaciones nos sitúan ante otro problema lingüístico: el concepto que el hablante tiene de su propia lengua. Y, como tantas veces, el informante huitoto se coloca —consciente o no— en una posición polémica. Porque *dialecto* supone una valoración de inferioridad con respecto a *lengua; dialecto* es fragmentario y restrictivo; sí, el habla tribal —tan reducida en su propio bilingüismo— frente a la nacional. Mientras que *idioma* es un término neutro, neutro hasta cierto punto, 'lengua de una nación o de una comarca', según el criterio académico. Pero la definición bien poco nos sirve, pues vale tanto como *lengua*, como *dialecto* o como *habla* (regional); es decir, se trata de un término que, definido así, es muy poco técnico. Tal vez tengamos aquí un problema de aprendizaje: el huitoto habrá oído que lengua es la de todos y dialecto la peculiaridad de cada grupo, lo que lingüísticamente es aceptable, y, en su criterio, lengua (término que no usó nunca) quedará reducido al español, mientras que dialecto sería la peculiaridad de cada tribu que constituye ese heterogéneo mosaico (como dirían los antiguos) de cada nación de indios [95]. *Idioma* ha adquirido connotaciones restrictivas: el español no necesita ser caracterizado, dadas su extensión y utilidad (lengua), pero, cada

---

[94] Se ha señalado reiteradamente en otros sitios: la difusión de la lengua nacional está vinculada a ciertas supraestructuras y, como consecuencia, a unos fenómenos de clase (Marcellesi, pág. 84).

[95] Vid. arriba, pág. 106.

una de las hablas locales o de grupo, es un idioma, lo que es verdad, pero idioma menor, sin generalización y sin comprensión universal. Aquí es donde debo recoger el cabo que dejé suelto al decir que se trata de un término neutro: desde el momento en que se emplea con un valor connotado, la neutralidad ha desaparecido; idioma sólo es el de los indígenas, no el de la nación. Y, en efecto, entre los ticunas se ha producido una etimología popular harto significativa: ellos hablan un *indioma*, es decir, una 'lengua de indios' [96].

Hecha esta caracterización queda el problema de la nomenclatura de cada lengua. La que atañe a las nativas no planteó ninguna dificultad: *dialecto* o *i(n)dioma* es la lengua propia y habitual, sólo con respecto a las otras se denominaban con el nombre de la tribu: huitoto, ticuna, etc. El problema es distinto si lo proyectamos al instrumento de todo el país. En mis conversaciones utilizaba *castellano* en función de todas las razones archiconocidas (arcaísmo, nacionalismo, aprendizaje escolar, etc.) [97], pero mis hablantes jamás utilizaron castellano, sino español. A mi pregunta *¿por qué dice V. español y no castellano?* las respuestas eran muy precisas:

1.º   Porque lo trajeron los españoles (huitoto).
2.º   Porque es lo que hablan los padres ('sacerdotes'); el resto de la gente habla *colombiano* (miraña).
3.º   Porque es lo que se oye en todas partes (muinane).
4.º   Porque se habla mejor en España y las maestras les dicen: «¿Por qué no hablan español bien?».

Tampoco ahora se pueden resolver los problemas con una perspectiva localista. En la respuesta se han ido entreverando razones de todo tipo, que es necesario intentar aclarar. La terminología *castellano* frente a *español* dominante en algunos si-

---

[96]   Los ticunas no emplearon sino esta forma, el muinane la usó muy esporádicamente.
[97]   Vid. Amado Alonso, *Castellano, español, idioma nacional* (Buenos Aires, 1943), y las precisiones de Fernando Lázaro en su discurso académico, *Crónica del Diccionario de Autoridades (1713-1740)*, Madrid, 1972, págs. 23-31.

tios (con todas las restricciones señaladas por Amado Alonso) creo que empieza a cuartearse en Colombia. Al *castellano* de Cuervo, los actuales lingüistas colombianos oponen *español* en una batalla que están ganando. Y la están ganando por el propio nacionalismo que en el siglo xix hizo preferir *castellano*, por más que *español* no fuera excluido. Un ilustre lingüista colombiano de hoy, pertinaz en defender *español*, me hacía ver los motivos: un maestro al que se le dice que enseñe lengua castellana se empeña en distinguir *ese* de *zeta*, *vosotros* de *ustedes*, lo que es pecado contra natura nacional (y en muchos sitios habría que añadir la pretendida oposición fonológica de *ll* - *y*); después sus dudas se acrecientan con los *autores castellanos*, que no son castellanos, sino españoles, y ocurre que esos autores escriben como Cuervo, como Pombo, como Valencia, que no son ni castellanos ni españoles. Resulta más fácil decir que hay una lengua, el *español* que se habla en España, en Colombia, en Méjico, en Argentina, etc. *Castellano* ha quedado insuficiente. He aquí una perspectiva que debemos tomar en consideración por más que ahora tengamos que abandonarla momentáneamente.

Cuando el huitoto decía que «lo trajeron los españoles» estaba cometiendo una inexactitud histórica. Lo trajeron los castellanos, pero para él, incorporado tardíamente a la cultura occidental, Castilla no existe y por tanto no actúa en ningún punto. Son válidas las razones que Amado Alonso establecía para indicar la preferencia por castellano, sólo que ahora hay que leerlas al revés: si unos indios establecieron relaciones con gentes de Castilla, castellano quedó anclado entre ellos, vivo hoy y no arcaísmo en sí mismo, por más que lo sea —ya— en el contexto histórico y cultural. Pero recíprocamente, gentes que hoy se están incorporando a las estructuras nacionales no sienten para nada el término de finales de siglo xv, del siglo xvi, etc. y no ven otra cosa que esa realidad escolar que es España. Resulta, pues, que la inexactitud histórica del huitoto venía a estar condicionada por unos hechos que la hacían ser veraz: la lengua no se la trajeron los españoles, pero sí es español —y no castellano— el complejo cultural en que la lengua se inscribe: arte, literatura, historia. Y esto da razón a los lingüistas colombianos que prefieren que los textos escolares y los colegios del país hablen de *lengua española* y no de *lengua castellana* [98].

Pero hay más: junto a unas razones que pueden ser escolares —aunque deficientemente sabidas (si existe España, su lengua será español)—, y su fundamento surgió bien claramente en la respuesta de los ticunas, hay otras de prestigio social: la Iglesia sigue significando algo en la conciencia de los indios, porque a ella está encomendada la instrucción —y no sólo religiosa— de estas gentes marginadas [99]. En 1976 termina el acuerdo que entregó estas tierras de misión a educadores eclesiásticos. Algún leticiano culto manifestaba su temor: ¿qué vendrá después? Porque él dudaba que el Gobierno pudiera tener maestros que se establezcan en la Amazonia o que —sin mayores estímulos— quieran perderse en una región sin otros atractivos que los de su paisaje. Y, en contrapartida, la lejanía, la enorme carestía de vivir, la falta de una vida social activa, el escaso porvenir de los hijos, etc.

En definitiva, son razones de prestigio las que aquí han asentado el término *español*, en tanto han hecho desconocer el de *castellano*: prestigio escolar y prestigio eclesiástico [100]. Sencillamente, prestigio de los educadores. Matizar más, oponiendo *español* (extranjero) a *colombiano* (nacional) puede ser —también— resultado de un aprendizaje colegial. Decir, como el muinane, que *español* «es lo que se oye en todas partes», no sirve para caracterizar nada; a su inexactitud une —justamente en la Amazonia— su vaguedad: en la ciudad se oye hablar portugués, y por el río cruzan barcos con turistas brasileños y desde las

---

[98] Por idénticas razones, los españoles de habla castellana, pero no castellanos, consideramos con preferencia la denominación de *lengua española*, que es universal, en tanto que *lengua castellana* nos resulta regional y restrictiva.

[99] Nuestro huitoto aprendió a leer con los misioneros que, además, le enseñaron a escribir, con cierta corrección, en español y, con dificultad, en huitoto. Gracias a este conjunto de saberes pude avanzar —y extender— mucho mi trabajo.

[100] Y no vacilaría en decir: económico también, por más que ahora sea marginal esta consideración. El informante miraña me dijo: «Los indígenas quieren hablar la lengua del blanco». Evidentemente, no por razones estéticas.

piraguas se ven juntos núcleos urbanos que hablan unos, español y otros, portugués [101].

El mosaico lingüístico que es la Amazonia colombiana nos ha venido a plantear numerosos problemas de carácter institucional. Hemos tomado como punto de partida la propia perspectiva de los hablantes, bien que limitada al mundo indígena, a unas cuantas lenguas de ese mundo y a un hablante o dos de cada una de esas lenguas. El muestreo es sumamente limitado, pero pienso que los informadores me han permitido hacer unas cuantas consideraciones que valen más de lo que pudiéramos creer dada la parvedad inicial.

El problema primero de toda una situación conflictiva es el del choque de dos culturas. Ello significa que uno de los grupos se impone al otro forzándole a un cambio radical de todos sus presupuestos vitales: organización social, concepto de la economía, mundo de las creencias, aprendizaje lingüístico, etc. Todo está mutuamente condicionado y no se puede pensar que uno solo de los factores se encuentre perturbado, mientras los demás se mantienen estables. En absoluto. Si desaparece la organización tribal para dar paso al concepto de estado (que naturalmente no tienen por qué poseerlo los indígenas), esto significa que hay un poder llámese central, federal o de la índole que se quiera, que necesita incorporar a esas gentes a su propia estructura: de una parte, para llevarles los beneficios de la sociedad moderna (medicina, mejora de vida, etc.), pero, de otra, para exigir a cambio una colaboración en las tareas de todos (trabajo, contribuciones económicas o de cualquier otro tipo, etc). La situación es irreversible desde el momento en que un pie extraño posó su planta para llevar los decantados beneficios, y es irreversible porque la fuerza y el poder y, probablemente, la razón estaban de parte de quienes se presentaron como intru-

---

[101] Aunque en un marco general, pueden ser útiles las observaciones de David M. Smith en «Language, Speech and Ideology», y Shuy-Fasold, especialmente las págs. 104-105, en *The Social Functions*.

sos. El problema no se puede discutir sobre si hay o no derecho, sino cómo se ejerce la acción y si se cometen injusticias en nombre de unas mejoras que se anuncian muy inmediatas. O con otras palabras: enormes beneficios de la civilización deben ser comunicados a seres humanos que, sin ellos, nunca rebasarían un tipo de vida mísero y poco más que animal; lo que no cabe es prostituir al individuo o al grupo a cambio de esos beneficios. Claro que el problema no se acaba en una teoría utópica, sino que necesita realizarse en una práctica que, necesariamente, resulta dolorosa: unas veces para los propios interesados; otras, para el científico que observa comprometiendo su propia condición humana. Pero, lo hemos dicho, el proceso es irreversible y, se supone, producirá más de un desgarro; nuestra obligación es alertar para que el desgarro sea lo más pequeño posible y se produzca las menos veces posibles. Por eso, al escribir estas páginas, pienso en las gentes que han de cambiar de cultura más que en las que cuentan con una organización estatal que las mueve y las ampara. Y reduciré el problema a lo que puede ser objeto de mi competencia técnica por más que, marginalmente, tenga que rozar algún otro.

El que los grupos indígenas estén muy dispersos significa que se ha perdido la trabazón étnica y lingüística que establecía la tribu y que, lógicamente, cada grupo aislado padezca presiones de todo tipo desde el momento mismo en que la dispersión se consumó de una manera legalizada: el establecimiento de fronteras que asignaba unos territorios a Colombia, otros a Perú, otros a Brasil, con unos criterios geográficos o históricos nacionales, pero poco acordes con el sentido indígena de grupo. Estas gentes dispersas y dispersadas (peleas internas, codicias internacionales) han mantenido unos principios de cohesión basados en dos instituciones básicas: la de consanguinidad y la lingüística. Claro que tales coherencias sólo se podrán observar en grupos que tengan —a lo menos— un tipo de sociedad superior a la familiar, pues, de otro modo, mil presiones ejercidas desde fuera acabarán disolviendo la conciencia de la etnia y de la lengua, con lo que la mezcla crearía otros problemas pero no los que ahora trato de considerar.

Por eso me pareció necesario conocer en qué se identifican todos estos grupos antes de plantear los problemas de transculturación. Y, en efecto, hay unos determinantes biológicos que traban a los individuos: unas veces por su identificación tribal, que puede ser sentida como un problema de origen común, de linaje o de afectividad. Esto lleva a un conocimiento de hechos geográficos que muestran la dispersión de las etnias, la existencia de comunidades amplias en las que se siente la solidaridad del grupo o, en todo caso, la presencia de la madre que establece una línea de consanguinidad, en muchos casos muy distinta de la agnática o consanguinidad a través del varón [102]. Por eso la importancia de la mujer en muchos de los casos que he podido considerar y que fijará el aprendizaje de la lengua de la madre y no la del padre o que dará prestigio a un determinado grupo, el huitoto, por el propio prestigio de sus mujeres. De ahí que cuando en algún momento se me dijo que el huitoto era instrumento de comunicación superior al de otra lenguas indígenas y se le consideraba más «fácil y mejor», probablemente no se hacía sino proyectar sobre el plano general lo que era resultado de cruces biológicos: los matrimonios con mujeres huitotas, que —aparte— había contribuido a la difusión de su lengua enseñándosela a sus hijos.

El segundo de los factores trabantes es el de la unidad lingüística, bien que muchas veces se establezca la unidad etnia = lengua. Esta comunicación idiomática está sirviendo para la identificación de grupos dispersos: precisamente por sus posibilidades o no de intercambio lingüístico. Pensando en este tipo de vinculación, se ve la estructura de familias de dialectos indígenas y la constitución de troncos lingüísticos, de repulsa hacia los grupos que pierden su lengua, de identificación —a través de ella— para cumplir fines de mercado o de comunión más allá de las contingencias geográficas actuales.

---

[102] Distinta es la situación que describe Sorensen, pág. 85. Estoy de acuerdo en que debería estudiarse la estructura matrimonial, pero eso no me fue posible y tengo que atenerme a lo que pude saber directamente de cada uno de mis sujetos.

La lengua es, pues, un instrumento aceptable porque viene impuesto insensiblemente a través del grupo social. Es resultado de una costumbre que, como tal, constituye un hábito del que no se puede salir si no es por un acto fuertemente voluntario. Pero la lengua, convertida en hábito, crea la única posibilidad de transmitir la vida colectiva: la memoria tradicional. Porque gracias a ella se sabe la historia del linaje, el comportamiento de los mayores, la razón de ser del propio grupo. Resulta, entonces, que cuanto se pueda conocer de cada tribu descansa en una memoria que se transmite por la palabra oral, sea en relatos dignificadores del linaje, sea en el testimonio de los mayores, sea en lo que se acierta a saber de una realidad inmediata. Y es que este conjunto de motivos ayudan a entender la situación en que etnias y lenguas se encuentran en la Amazonia. Sobre pueblos un día unidos, han actuado fuerzas de destrucción que han llevado a la desaparición de algunas lenguas indígenas: grupos grandes que absorben a los pequeños, tensiones traídas por la nueva vida, marginación en minúsculas comunidades. En definitiva, dispersión como la que llevó a la desaparición del cocama o a la desintegración de grupos, y lenguas, dentro de estructuras políticas actuales. Como única fuerza para dar cohesión frente a todas las fuerzas desintegradoras, sólo se ve la posibilidad de defenderse en grupos solidarios, pues de otro modo la hora de la desaparición habrá llegado. Porque la propia dispersión creadora de la heterogeneidad lingüística, impide también que instituciones habitualmente trabantes lo sean ahora: el mercado no une a los indígenas, los relaciona en un momento y, luego, los dispersa, porque el rompecabezas lingüístico impide la cohesión.

Ahora bien, roto el equilibrio inicial por la acción de otros pueblos indígenas, cada uno de los que son asimilados no se identifica con aquellos que lo adoptan, con lo que se mantiene la solidaridad tribal basada en la sangre más que en la lengua, hasta el momento en que también aquella desaparece.

No extraña, pues, que tampoco haya solidaridad con las presencias ajenas al territorio y que traen una visión del mundo totalmente distinta de la que tienen los nativos. Si el ocaina se

encuentra desplazado entre los huitotos, no podemos pensar que
los indios —del linaje que sean— se van a identificar con los
presupuestos que traen los nuevos dueños: para ellos la idea
de nación, tal y como la entiende un país moderno, está supedi-
tada a otra arcaica, la del clan o tribu. Con lo que el grupo
indígena es más operativo que el nacional, pero el estado ejerce
una coacción sobre las viejas estructuras que se manifiesta en
la ordenación de los nuevos valores a través de una lengua diferente. Entonces el indio, que no entiende ni la condición social
ni la lengua que se le impone, se margina —o lo marginan—,
porque no puede combatir, con su mentalidad primitiva y con
sus medios rudimentarios, a toda una complejísima organización y a un sistema de infinita fortaleza. Al encontrarse inerme,
considera con escaso valor sus fuerzas tradicionales reflejadas
en los instrumentos lingüísticos de que se valía, se automargina
o se incorpora cargado de complejos de inferioridad.

Tenemos un nuevo integrante de la realidad amazónica: ha
aparecido una fuerza de desequilibrio que, fatalmente, atenta
contra la propia vida de las instituciones primitivas. Pero esa
nueva realidad se proyecta —según nuestro interés científico—
por un instrumento que es la lengua española. Considerada como extranjera, pero aceptada, fatalmente, por una serie de ventajas que se pueden alcanzar a través de ella, todas al servicio
de aquel nuevo orden que se quiere imponer: la hablan los sacerdotes que propagan el nuevo credo, los maestros que enseñan en las escuelas, las gentes que poseen bienes de fortuna.
Sirve, además, para entenderse más allá de lo que permiten los
idiomas indígenas, para expresar las nuevas necesidades y sin
ella no se pueden alcanzar ventajas económicas. Todo hace que
—una vez producido el enfrentamiento— gracias al español se
pueda aspirar a una mejora de la vida y a la defensa de los
propios intereses. Es decir, la penuria indígena debe enfrentarse virtualmente inerme a la nueva realidad, y, además, debe luchar en el terreno que le impone un gobierno de cuya existencia
se sabe poco menos que nada. En esa situación no cabe sino
morir o aceptar el reto y dejarse asimilar. Entonces se proyecta
sobre la lengua el prestigio con que aparecen nimbados sus ha-

blantes (clérigos, maestros, pudientes), y la lengua de las clases rectoras y de una utilidad tan evidente es un instrumento de prestigio y que prestigia a quienes la poseen. El indio intenta ser, también él, dueño del maravilloso talismán, exornado con el exotismo que tiene aquel remoto país al que los instruidos llaman España.

Estamos en un nuevo punto conflictivo: la creación de una situación de bilingüismo y su camino hacia una integración de las comunidades indígenas en una sociedad occidental. Claro que esto no es nuevo: más o menos se repite una situación continuamente vivida, la de pasar de una cultura a otra, que, dentro de la vida indígena, tantas veces se había producido. No se trata de un trauma inédito, aunque aquí lo sea, sino de una experiencia muchas veces repetida, sólo que ahora se manifiesta con una brutalidad mucho mayor: el indio intenta imitar al que ellos llaman blanco, pero no llega a asimilarse, porque la nueva sociedad sólo le permite alcanzar hasta unos límites muy bajos más allá de los cuales el indio sigue siendo indio; pero no puede achacarse a una voluntad explotadora —aunque pueda existir y de hecho existe—, sino a una incapacidad con la que tropiezan los gobiernos, la administración blanca o como quiera llamarse; la mala organización social, no sólo frente al indio, por más que éste sea lo único que ve, hace que se produzcan tremendos desajustes en las dos formas de vida y, como resultado, la marginación de los débiles. Ni más ni menos a como se ha producido en las sociedades exclusivamente blancas. Y es que el indio no juega aquí otro papel que el del proletariado (rural o urbano) en cualquier otra sociedad en que haya persistido una ostensible diferencia de clases.

Entonces, la situación conflictiva exige soluciones para salvar a esos seres a quienes se quería incorporar y han quedado marginados. Son los problemas que afectan al modo de enseñar, a dar sentido a la enseñanza, a crear unos puestos de trabajo que ayuden a la liberación material a través de una lengua de prestigio, pues de otro modo la lengua, el instrumento liberador, no habrá sido sino un medio del que se valen los poderosos para oprimir a los sometidos.

Estamos al final: unos problemas muy concretos, los que afectan a unos indígenas de cuatro lenguas distintas y las reacciones de estos hombres ante todo un mundo que, sin buscarlo, se les ha venido encima, no hacen sino plantear cuestiones generales: culturas enfrentadas, lenguas en contacto, bilingüismo, transculturación, alienamiento, asimilación. Son etiquetas para designar situaciones conflictivas. Sobre ellas se ha especulado y no poco; para todas —y la buena fe impera por doquier— se han buscado soluciones. Se están buscando. Pero hemos ido de la realidad a la teoría y ahora, cuando nos instauramos en los principios objetivos, pensamos que para nada sirven si no tenemos en cuenta al hombre que sufre, y que los sufre. Sin él, poco importaría especular, y si especulamos es para tener conciencia de que quienes nos han enseñado necesitan algo más que teoría, necesitan esa extraña y milagrosa palabra a la que hemos dado en llamar amor.

V

ACTITUDES LINGÜÍSTICAS DE UN GRUPO YAGUA

INTRODUCCIÓN

No lejos de Leticia, en la quebrada de Tucuchira (paraje de Santa Sofía), hay una pequeña comunidad de indios yaguas. Cuarenta personas aisladas del mundo exterior por una penosa ciénaga llena de fango, troncos podridos, hormigas mordedoras. Estas trece familias habitan unas viviendas semejantes a las de los ticunas y otros indígenas de la región, pero sus chozas eran antes colectivas: vivían en ellas de dos a cinco familias y al interior se accedía por dos puertas muy bajas (un hombre tenía que penetrar agachado), que por la noche eran cerradas desde dentro. Los yaguas leticianos cultivan, igual que otras tribus de la zona, maíz, yuca, plátano y piña; además, los hombres cazan (dantas, venados, jabalíes) y las mujeres componen collares con semillas, huesecillos y plumas. Desde hace muchos años, desde antes de su dispersión, los yaguas empleaban escopetas para sus batidas; costumbre que adquirieron en el Perú, donde les cambiaban las pieles de sus capturas por armas y municiones.

César, uno de los indios de la tribu, que con otros hombres desocupados me facilitó abundante información, vino del Perú y se estableció en la quebrada donde —ciego— sigue todavía. Él me contó que vivían en Porto Fariña y río Tigre (Perú); formaban minúsculos poblados, de una a catorce viviendas *(maloca)*, y pasaban muchas penalidades. Decidió venirse a la Amazonia que hoy es colombiana, y un día invitó a Mauricio y Feliciano a una fiesta; ambos vinieron con otras gentes y son —más o menos— los que todavía siguen. El asentamiento de estas familias fue un tanto ocasional: Feliciano enfermó gravemente, una hija de César fue herida de un disparo fortuito y Mauricio, encarcelado y requisada su arma. Estos son los protagonistas de la minúscula historia del asentamiento. Las causas, éstas también, y la protección que buscaron en algún hombre blanco. Sin embargo, la «reducción» aún no era firme: cerca de Puerto Nariño hubo un muerto, los yaguas se dispersaron y se internaron en la selva; después fueron a Caballo Cocha (Perú), donde el ejército les hizo trabajar, pero los yaguas no están hechos para un trabajo riguroso: el 40 % murió en las tareas; el resto decidió volverse a Leticia. Es entonces cuando Feliciano salió del hospital, después de tres meses de cuidados.

El espectáculo de estos yaguas produce una infinita tristeza. Los hombres visten con faldellín, collar y espinilleras de hojas de palma pintada. Las mujeres, una pampanilla hecha de tela comercial; el cuerpo, desnudo. De unos senos que cuelgan fláccidos, se agarran unos arrapiezos, a los que llevan cargados sobre el cuadril. Difícil creer que se ha superado una vida puramente animal: ojos dañados de conjuntivitis, dentaduras prematuramente melladas, espaldas laceradas, toses continuas. Sobre las tablas, la mujer enferma o el hombre apaleado por los ticunas. Y la desnudez vergonzante de todos: me dijeron que así vivían en el Perú, y que el ciego César trajo los atuendos a Colombia. Triste cosa si de esta miseria hacen un espectáculo rentable dentro de los límites de espantosa pobreza. Los yaguas se pasaban todo el tiempo pidiendo ayudas: creían que la obligación de todos era alimentarlos, lo que acaso sea verdad, pero ¿no hay otras obligaciones? Con las mujeres apenas fue posible hablar; los hombres se comunicaban con dificultad y, sobre todo, la vida aislada en una tribu totalmente cerrada apenas si permite seguir una sencilla conversación.

Pregunté a estas gentes el cuestionario que he utilizado con otras tribus de la región; buscaba unas actitudes que comparar con las que he descrito de huitotos, muinanes, mirañas y ticunas, pero la parvedad de los informes fue muy grande. Las gentes con las que hablé en 1975, más o menos aisladas, tenían —sin embargo— la posibilidad de comunicarse con otros indígenas utilizando las lenguas de la región o, lo más frecuente, un español defectuosamente conocido. Pero estaban insertas tales gentes en una sociedad organizada, con independencia de que ellas se sintieran marginadas o incapaces de inserción. Sin duda, aspiraban a otras cosas y sabían —incluso mucho— de esas cosas. Los yaguas no. Eran una pasividad puramente vegetativa. Por eso busqué a un muchacho de 19 años que trabaja como guía en un refugio de la isla de los Micos; era analfabeto, pero el contacto con otras gentes le hizo discurrir con una coherencia llena de lógica. Él era de la tribu, pero la tribu se le había quedado convertida en una anécdota ni siquiera pintoresca. Tal sería el juicio de los otros yaguas si pudieran salir de su ciénaga. No mejores ni peores que los demás: hombres como cualesquiera otros. Lo que yo transcribí va a ir a continuación; mis comentarios, si creo pertinente hacerlos, irán suficientemente diferenciados. En el texto incorporaré las preguntas que formulé.

Las gentes de la tribu me dijeron que había yaguas desde los ríos Tipe y Yacú hasta el Putumayo, pero dispersos en grupos pequeños; según el mozo de la isla de los Micos, sólo hay gente de su tribu en Loreto Yacu (Perú), como le dijeron sus padres cuando vivían «en Los Lagos, arribita de Leticia». Cierto que las cosas son así, pero los buenos conocedores del Amazonas me dijeron que se encuentran también en el río Atacuari, en los límites occidentales de Colombia (entiéndase, del trapecio amazónico); un poco al sur de esta zona, se les vuelve a encontrar en Caballo Cocha (Perú) y a lo largo del río Yavarí, en la orilla peruana, pues no entran en territorio brasileño [1].

---

[1] Apenas se tienen informes sobre la difusión de los yaguas; basta ver lo que dice A. Tovar (*Catálogo de las lenguas de América del Sur*, Buenos Aires, 1961, pág. 149, § 18.3) para darnos cuenta de nuestro desconocimiento. En el mapa 62 de Arango, se da la localización del grupo que hemos estudiado, y el P. Castellví, en su «Censo Indolingüístico de Colombia», en *Amazonia colombiana americanista*, t. VI, 1954-1962, habla de su condición de seminómadas por el Amazonas (pág. 222).

De todas estas variedades, los indígenas consideran que en la selva se habla el yagua *más menudo* 'más rápido', tanto que ellos casi no lo entienden. Para identificar sus variedades recurrían al apodo que tenía cada casa o *maloca*, y ese apodo es siempre el nombre de un animal, a veces con cierta connotación burlesca o humorística (*Tucano, Mico barrigudo*, etc.), pero ahora han perdido tales usos. El muchacho de la isla pensaba que el yagua de Colombia es el mejor, por ser distinto; lo creía muy difícil, aunque —tal vez para consolarme— me decía que en tres o cuatro meses se puede aprender lo suficiente para entenderse. Como se ve, unos y otros vienen a coincidir en algo bien poco comprometedor, o, si se quiere, en un principio de autoafirmación de personalidad: lo mejor es lo propio, y ellos —encerrados en ciénagas y soledades— creen no estar en la selva. De ahí que les parezca mejor su peculiaridad lingüística, porque la comprenden bien, o por ser propia. En lo que todos andan concordes es en la fragmentación dialectal de su lengua.

El yagua no tiene relación con las demás lenguas indígenas de la Amazonia, de tal modo que sólo se pueden entender entre sí y con ningún hablante de cualquier otra [2].

VITALIDAD DE LA LENGUA INDÍGENA

A pesar de que se relacionan al menos con los ticunas, bien que no en plácidas diversiones, ninguno de los miembros de la tribu, ni el muchacho del refugio, sabían dónde se hablan otras lenguas indígenas; por tanto, mal podían responder a mi pregunta acerca de si sabían de alguna lengua nativa que hubiera desaparecido. Sin embargo, los juicios que me dieron sobre la decadencia del yagua fueron totalmente contradictorios: los hombres de la tribu no creen que el yagua se pierda, sino que cada vez se habla más español para poderse entender, gracias a él, con

---

[2] Algunos lingüistas creen que el yagua es mezcla de pano y caribe, mientras que Rivet y Loukotka agrupan juntos el yagua, el peba y el yameo: cfr. Tovar, *ob. cit.*, pág. 149 § 18.3.

la gente que va a visitarlos, y son los hombres quienes más progresos hacen en la lengua nacional, pues las mujeres no quieren hablar con los extraños. El guía de la isla de los Micos creía que el *idioma* se pierde, porque tan pronto como los yaguas se acostumbran a hablar «con la gente racional» abandonan poco a poco su lengua. Los informes, que he llamado contradictorios, eran coherentes con las posturas vitales de quienes los exponían: cierto que el yagua no se pierde en la tribu, porque allí es el único vehículo para la intercomunicación; el español no pasa de ser una lengua de mercado en la que se trafican menudencias (collares, flautas de Pan, alguna cerbatana), se hacen unas cuentas más que rudimentarias, y nada más. Ahí están las mujeres que apenas si se interesan por la lengua nacional. Informe veraz. La situación del muchacho de 19 años era muy otra: consigue «alguna monedita» gracias a comunicarse en español con su patrón, con los gerentes del refugio, con los clientes. El yagua le va resultando innecesario, y, tal vez, teme su pérdida. Su pérdida en sí mismo, que él proyecta al transfondo de todo su clan. Informe también exacto. Pero uno y otro responden a dos posibilidades: la del grupo, que en la lengua tiene un factor decisivo de coherencia y afirmación de personalidad, y la del hombre aislado, desasistido de las ayudas familiares, en proceso de transculturación para conseguir unos beneficios más rentables. Para él, el español va siendo el soporte que lo realiza como hombre; lo será más el día en que se cumplan sus proyectos de alfabetización, pero, entonces, el yagua será un barquichuelo al que se le abren todas las cuadernas.

En las situaciones descritas, la lengua tribal es para unos el único instrumento mediante el cual se pueden comunicar; el muchacho la emplea para hablar —de todo— con otros yaguas. El español sólo ha desplazado en él —y en escasa medida— a su lengua materna por la acción de la iglesia: los padres le han enseñado a rezar «un poquito» en español, y así hacen también en la tribu.

VENTAJAS DE LA LENGUA NACIONAL

Al acabar el apartado anterior, veíamos asomar tímidamente una nueva realidad: la iglesia evangeliza en español. Pero el español es —lo hemos señalado— la lengua del comercio; cuando las gentes de la tribu van al mercado, intentan entenderse a través de ella: era cuanto me dijeron los hombres de la selva. El muchacho fue más explícito: no se pueden entender con ninguna lengua indígena, pues aunque los ticunas le parecen buena gente, son tan poco habladores que con ellos no se llega a aprender nada. Por eso cree que el español es conveniente en las transacciones, pues gracias a su conocimiento los demás no los engañan. La pobreza de todos estos informes es muy grande: del español esperan alguna ventaja mercantil, y nada más. Frente a esos míseros planteamientos, otros pueblos habían reaccionado con un amplio espectro de posibilidades; ahora poco podemos confiar de tamaña parvedad: si el mercado no es en el Amazonas un campo de intercambio cultural, mal podemos esperar nada del vacío de los yaguas: saben que existen los ticunas, y nada más. La lengua nacional les puede ayudar a un mercadeo más fácil; eso es todo.

Intentando hablar con el hombre joven, las conclusiones a que permiten llegar sus palabras fueron inequívocas: con el español podría ayudar a su tribu, pero, si lo poseyera bien, se marcharía. Él quisiera aprender, pero aquí no hay escuelas; les han dicho que las van a poner y entonces estudiará por la noche. Posiblemente, es un deseo acariciado, pero nuestro yagua, tal vez, no sepa darle realidad. En Santa Sofía hay escuela; a ella van sus hermanos de tribu: en canoa, por la quebrada, queda muy cerca del poblado. Pero en la escuela —y es apostilla del lingüista— tal vez esté el germen de la destrucción de su lengua materna; aquí como en otras partes, y como hacía temer el guía salido de su comunidad: en la escuela, los niños yaguas coinciden con otros niños ticunas, no se entienden, y recurren al español, que es la lengua que les enseñan.

No hay ningún intento, que yo sepa, para alfabetizar en yagua, al menos en Colombia; mis informantes no sentían necesidad de escribirlo, insertos como están en una cultura exclusivamente oral. Para ellos, aprender yagua es tan innecesario como explicar las causas de los inviernos y los veranos: están ahí y basta. En el poblado, y sin esfuerzo, adquieren su lengua; otra cosa es el español, pues tratar de conocerlo por haberlo escuchado es muy difícil (informantes de la tribu); por eso todos, sin excepción, creen que deben enseñárselo.

IDEAS ACERCA DEL ESPAÑOL Y DEL ESTADO

Lógicamente, son paupérrimas —y allegadizas— las ideas que tienen sobre el español; y lo que el español significa. Han oído hablarlo porque es la lengua de las gentes que van a la tribu o la que ellos oyen, si alguna vez salen de su asentamiento. Pero algunos de estos indígenas han oído hablar portugués, que les parece difícil porque no se entiende y creen que el español se habla en todas partes. Errores explicables, si consideramos su trivial generalización. Ahora bien, español y portugués enfrentan dos realidades, Colombia-Brasil, que no creemos que puedan pesar demasiado para estas gentes, ni para ningún otro indígena.

Un hombre joven me contaba en su *maloca:* nací en el Perú, y hace unos doce años nos vinimos toda la familia a Colombia; primero vivíamos en lo alto, pero allí se nos anegaba el poblado y bajamos adonde estamos. Nos vinimos porque nos ofrecieron herramientas si trabajábamos colectivamente. Ahora ya no sé nada del Perú y soy colombiano, porque en Colombia han nacido estos dos hijos que tengo. El guía de la isla se considera colombiano «porque no vive en la selva»; le han dicho que en el Perú los pueblos están «muy lejísimos» y no se puede comprar lo necesario.

Ninguna de estas razones es demasiado consistente. Más aún, responden a algo superpuesto: llama la atención que estos yaguas no hayan valorado en nada la conciencia de grupo; tal como hicieron otros indígenas. Perú es en uno y otro caso una experiencia que se intenta olvidar: nuestras gentes tuvieron unos patronos peruanos que los explotaban para obtener maderas y pieles: la única solución para salir de la miseria fue huir. El grado de miseria en que debieron vivir sólo puede medirse a través de la que gozan, convertida, para ellos, en una casi buenandanza. Alguna vez volvieron al Perú, pero el arrepentimiento les hizo regresar a Leticia (caso de Mauricio y su familia). Entonces esta gente asocia yagua-peruano = Perú, yagua-colombiano = Colombia, y les es totalmente favorable la segunda igualdad. Pero esto que es una experiencia material, no explica las razones del primer informante; sí, acaso, las del segundo. Oyendo al hablante molido a palos por los ticunas, pensaba en la historia de Gonzalo de Guerrero, tal y como dramáticamente la cuenta Bernal Díaz del Castillo: los hijos ligan a la tierra. La sangre es la patria. Pero ¿puede ser original de esta miseria un sentimiento tan delicado? Indagué: han comenzado a subir los padres, de vez en cuando; les hablan, tratan de instruirlos religiosamente. Pero los misioneros sirven, también, sobre todo si son extranjeros, a unas ideas nacionalistas. El padre le había dicho que era colombiano porque la sangre le nacía colombiana. La Iglesia colabora con ideas que no cuentan para esta gente, pero que entre los yaguas encuentran buena tierra de sembradura: Perú es un mal recuerdo; basta con sustituirlo por una realidad más amable, Colombia. Y, a través de la Iglesia, va penetrando la idea de nación, suplantando a la de etnia que creeríamos más operante. Pero esto no es sólo aquí: prefiero no recordar a monjas españolas para quienes el inglés es más rentable en Puerto Rico; me conformo con describir lo que vi en Nazareth: unas religiosas que instruyen a los niños ticunas (alguna bellísima escena no cabe en estas líneas) les hacen desfilar, mientras redobla el tambor, preparando la parada del 20 de julio. Niños y niñas ticunas que, marcialmente, con paso de soldado, empiezan a sentir esa realidad difusa llamada Colombia. Pero, ¿difusa hasta cuándo? Esos niños, contrariamente a sus padres, ¿no acabarán sintiéndose más colombianos que ticunas? (¿No es todo esto lo que el lingüista ha visto mil veces en Méjico?

Niños indios que al son de trompetas y tambores llegan a tener un arraigado sentido nacionalista). Hemos llegado a una situación bien conocida por los sociólogos del lenguaje y que podríamos expresar con palabras de M. Cohen:

> à mesure qu'il y a acheminement à la constitution d'une nation, et surtout coïncidant avec un état, une langue prend la prédominance comme langue parlée et écrite et langue de administration, en réduisant les autres langages à des rôles restreints et subordonnés au même à l'extinction (II, p. 70).

Pero no pidamos más de lo que estas gentes son capaces de dar. Para ellos la lengua que hablan los colombianos es, sin vacilaciones, *español*. Así la llaman «porque es la costumbre decir así». Con la lengua han penetrado otros sentimientos, que atentan —tanto y más que ella— a la integridad del grupo. Como una gota de aceite en la superficie tersa, se van extendiendo todos ellos y se mina lo que aún parece estructura cerrada. Suponiendo que la situación actual se perpetúe —y como hombre alzaría mi protesta—, la escuela, el mercado, la religión, el nacionalismo acabarían por desintegrar lo que es un bloque macizo. Hoy por hoy, no sabemos sino de los primeros pasos y de las inclinaciones de un hombre aislado. Pero, ¿cuánto tiempo tardó en desarraigarse de estas gentes lo que pudieran ser sus tierras del Perú? Más aún, no desarraigarlas, sino convertirlas en una experiencia negativa de la que es preferible olvidarse. Y con razonamientos tan poco consistentes como los del padre debido al nacimiento de los hijos, o los de los pueblos —*dicitur*— muy remotos y difíciles para el suministro. Sobran comentarios, y ahorro palabras.

RECAPITULACIÓN

Los yaguas de la región de Leticia viven en un total aislamiento: ni se relacionan con otros grupos indígenas, ni conocen otra lengua que no sea la suya; apenas se asoman a la cultura nacional. Como grupo no han iniciado su incorporación a las

estructuras del país, sino que viven —vegetativamente— de unos
trabajos que no les permiten subsistir o de las dádivas que re-
claman. Situación degradada y degradante. En otra ocasión transcribí unas palabras de don Ángel Rosenblat, que me permito
repetir [3]:

> «Mantener al indio» puede ser un ideal de folkloristas, pintores-
> quistas y etnógrafos, jamás un ideal político o cultural de ningún es-
> tado moderno.

No creo que otra cosa quepa con estas gentes. En un trabajo
inserto en este mismo volumen, he hablado de cuatro grupos
indígenas, pero en tal caso se trata de gentes cuya transculturación se inicia o, virtualmente, está cumplida. Es lógico que tales
hechos me dieran unos variadísimos informes y una problemática muy rica. Ahora no. Ni el intercambio lingüístico, ni el contacto con otros grupos indígenas, ni el comercio por incipiente
que lo consideremos, ni la posición de la Iglesia han podido sig-
nificar gran cosa para una comunidad que se autoconsume. Porque los yaguas carecen de un desarrollo cultural capaz de generar nuevas formas de cultura; vegetan, y, poco a poco, se empo-
brecen hasta límites increíbles. Por eso, apenas si saben algo
de cualquier cosa: ignoran la dispersión de su etnia; reaccionan
considerando su modalidad lingüística como la mejor, porque
es la única que conocen; no saben nada de otros pueblos indígenas por más que los tengan harto próximos; creen que su lengua
vale para todo, porque ignoran cuanto les rodea... Si acaso un
individuo es capaz de romper la membrana que lo aísla, su postura es radicalmente opuesta a la de su tribu. Las pocas ideas
que poseen, son ideas superpuestas; tal lo que pueden ser las
ventajas de conocer la lengua nacional, aunque crean que se les
debería enseñar; tal lo que piensan de la idea de patria, sentimiento lógicamente inconsistente en sus planteamientos, pero
impuesto por una sobreestructura que empieza a actuar: la Iglesia. Por eso se les va arraigando un concepto político y adminis-

---

[3] *La población indígena y el mestizaje en América*, Buenos Aires, 1954, I,
págs. 30-31.

trativo, en tanto les faltan todos los asideros que pudieran hacerlo eficaz y razonable; así se les ha imbuido desdén por el Perú y convencimiento con una realidad, Colombia, que les es absolutamente inoperante: no poseen la lengua, ni la religión (la que sea), ni la solidaridad, ni deberes y obligaciones, ni comunidad de usos y mores. Y, sin embargo, van perdiendo las amarras que podrían mantenerlos como grupo: ¿qué será de ellos el día que les vistan las desnudeces[4] y les enseñen la lengua nacional? Porque sólo el vacío les domina. Si los yaguas se mantienen como yaguas es por un aislamiento del que deben salir, y deben salir para alcanzar dignidad humana. La que no tienen al servicio de un espectáculo propio de gentes espiritualmente más pobres que ellos[5].

---

[4] Un yagua amazónico se puede ver en la fotografía que Arango inserta ante la pág. 39 de su *Atlas*.

[5] Para lo que es preferible como juicio de valor, vid. Melvin M. Tumin, *La stratificazione sociale* (3.ª edic.), Bolonia, 1972, pág. 42, y para lo que es «assumer une culture», a través de la lengua, cfr. Marcel Cohen, *Matériaux pour une sociologie du langage* (2.ª edic.), París, 1971, I, pág. 145 nota.

VI

ESPAÑOL DE SANTO DOMINGO Y ESPAÑOL DE ESPAÑA: ANÁLISIS DE UNAS ACTITUDES LINGÜÍSTICAS

Para Orlando Alba.

LA ENCUESTA

Desde hace algún tiempo me viene preocupando el problema de las actitudes lingüísticas [1], pero nunca había considerado sistemáticamente el del enfrentamiento de dos variedades del español: una americana y otra peninsular. En octubre de 1982 visité la República Dominicana y trabajé en numerosos centros educativos; pude comenzar unas encuestas, que amplié a muchos lugares del país, y con la diversidad de gentes que a continuación voy a detallar.

Se hicieron cuatro grabaciones de un mismo texto: dos hombres y dos mujeres —todos con título universitario— daban la oportunidad de escuchar modalidades lingüísticas bastante distintas, pero emparejadas. En primer lugar, un colega dominicano leía el editorial que copiaré más adelante; luego, yo repetía la lectura. Sobre estas audiciones —reiteradas si hacía al caso— el informante respondía a las preguntas que yo le formulaba.

---

[1] Mis resultados quedan reunidos en este tomo, salvo estudios que, por su extensión, han merecido libros independientes.

Terminado el primer interrogatorio, una mujer española leía el texto y repetía la lectura otra dominicana. Luego, se volvía a pasar el cuestionario. Se hacían las lecturas en orden inverso (dominicano-español, española-dominicana) para tratar de no condicionar las respuestas de manera uniforme, sino que en cada caso el segundo lector fuera de modalidad distinta, y, por tanto, la última impresión que quedara fuera de una variedad diferente. Los lectores españoles fuimos mi mujer y yo; representamos una manifestación norteña de nuestra lengua, con una fonética —es lo que interesó en ese momento— sin marcas acusadas de dialectalismo y, lógicamente, con distinción de *ll* y *y*, de *s* y *z*, con *j* y sin ninguna suerte de aspiración, con mantenimiento de *s* implosiva y·articulada con el ápice y no con el predorso de la lengua y con *r, rr* siempre vibrantes. Naturalmente, jamás neutralizamos *l* y *r*.

EL TEXTO

En el diario *La Información*, bajo la rúbrica «Editorial», se publicó el 11 de octubre la siguiente columna, titulada «¡Bienvenido!»:

Hoy llega a Santo Domingo el presidente de México, don José López Portillo, con el fin de dar realce, con su presencia, a la inauguración de la gigantesca estatua del Padre Montesinos, donada al pueblo dominicano por el pueblo mexicano.

Los dominicanos tenemos varias deudas con el pueblo mexicano. Cuando nuestro país soportó la humillante intervención militar norteamericana en 1965, la voz de México se alzó viril en todos los cónclaves internacionales para protestar por la brutal acción. También fue México que acojió [sic] a los dominicanos que desde el obligado exilio lucharon contra la tiranía trujillista. Por último México, junto con Venezuela, es nuestro principal suministrador de petróleo.

Es decir, que tradicionalmente, el país azteca ha expresado siempre su solidaridad con el pueblo dominicano. Por eso decimos que tenemos esas deudas de gratitud con los mexicanos. Y esta visita de su ilustre Presidente es la mejor ocasión para testimoniar ese agradecimiento, recibiendo con los más altos honores a don José López Portillo.

¡Bienvenido, presidente López Portillo!

EL CUESTIONARIO Y LOS INFORMANTES

Como es uso, teníamos unas preguntas para identificar a nuestro informante (nombre y apellidos, edad, instrucción y profesión, localidad en la que nació); con ellas constituimos un corpus de datos que pertenece a las 40 personas que fueron los sujetos de las encuestas. Estas filiaciones están archivadas en el Departamento de Geografía Lingüística del C. S. I. C. (Madrid). Después formulábamos unas cuestiones que eran específicas para nuestro objeto [2], y concluíamos con otras [3] que hemos formulado en otros países y hemos estudiado en diversidad de textos [4].

El conjunto estaba constituido por 22 hombres y 18 mujeres. En el primer grupo había tres analfabetos, de 49, 62, y 63 años (todos dedicados a la limpieza) [5], dos campesinos, de 42 y 65 años [6], tres jardineros, de 19, 22 y 52 años [7], un conserje de 25 años [8], un obrero del Cabildo de 23 [9], un vigilante de 70 años [10], un portero de 52 [11], tres empleados de limpieza de 26, 26 y 36

---

[2]   1. ¿Cuál de las dos grabaciones está en mejor español? 2. ¿Por qué? 3. ¿Qué pronunciación prefiere? 4. ¿Por qué? 5. Si prefiere la primera, ¿en qué se ha fijado principalmente? 6. Idem de la segunda. 7. ¿Cuál se entiende mejor por un dominicano? 8. ¿Por qué? 9. En otros países de América ¿qué forma de hablar preferirían? 10. ¿Por qué?

[3]   11. ¿En qué lengua se ha dicho la primera? 12. ¿Y la segunda? 13. ¿Por qué se llama así?

[4]   En cada uno de los trabajos aduzco la bibliografía pertinente.

[5]   Los citaré como 1, 2, 3, respectivamente.

[6]   Representados por 4 y 5.

[7]   Números 6, 7 y 8.

[8]   Número 9.

[9]   Número 10.

[10]   Número 11.

[11]   Número 12.

años [12] y uno cuyo oficio no transcribí, de 30 años [13] (estos informantes del 4 al 16 tenían instrucción primaria); por último, tenían título de grado medio o superior un fotógrafo de 19 años [14]; cuatro estudiantes, de 17, 20, 22, 28 [15], y un licenciado de educación, de 41 [16].

En cuanto a las mujeres, me sirvieron con sus informes tres sin ninguna instrucción, de 34, 45 y 53 años (la primera y la última limpiadoras; la segunda dedicada a las faenas domésticas) [17], dos con enseñanza primaria, de 40 y 53 años [18], y un conjunto de gentes instruidas que se dedicaban a trabajos sociales (una de 18 años), que tenían el grado de bachiller (22 años), que eran estudiantes (dos de 20, una de 21, otra de 24) [19], que habían alcanzado el título de secretaria (20, 24, 38) o el de secretaria bilingüe (25 años) [20], y tres licenciadas (de 23 y dos de 34 años) [21].

Así, pues, nuestro conjunto de 40 informantes está constituido por 6 analfabetos (1-3, 23-25), 15 personas con instrucción elemental (4-16, 26-27) y 19 con título de grado medio o superior (17-22 y 28-40).

En cuanto a las edades, tuve 21 colaboradores entre los 17 y 28 años (18, 28, 6, 17, 19, 30, 31, 34, 32, 7, 20, 29, 10, 38, 33, 35, 9, 37, 13, 14, 21) [22], 11 entre los 30 y los 49 (16, 23, 39, 15, 36, 40, 26, 22, 4, 24, 1) y 8 desde los 52 a los 70 (8, 12, 25, 27, 2, 3, 5, 11).

---

[12]   Números 13, 14 y 15.
[13]   Número 16.
[14]   Número 17.
[15]   Números 18-21.
[16]   Número 22.
[17]   Números 23-25.
[18]   Ambas limpiadoras. Las citaré con los números 26 y 27.
[19]   Números 28-33.
[20]   Números 34-37.
[21]   Números 38-40.
[22]   La ordenación se hace siguiendo el de las edades a partir de la más baja.

IDENTIFICACIÓN DE LAS GRABACIONES

El lector dominicano fue reconocido como tal por los informantes 1, 2, 4, 6, 8, 10, 11, 14; otros, no se pronunciaron, pero dijeron que «identificaba mejor las palabras» (3) o «se entiende mejor» (5), lo que hace suponer un acercamiento lingüístico. Por otra parte, un informante lo consideró mejicano (12), otro dio la misma identificación, pero se corrigió para hacerlo dominicano (7), y, por último, hubo otro que lo caracterizó como «latino-hablante, colombiano o venezolano culto»[23].

En cuanto a las mujeres, acertaron inmediatamente, y con exactitud, el origen del primero las que he numerado como 24, 29, 32, 33, 34, 36, 37, 38, 39, 40. Con ellas deben ir las que consideraban mejor la lectura del profesor dominicano porque les parecía «más clara» (23, 26, 27, 28).

He aquí, pues, que los hablantes de la República identificaron a su compatriota en un 62,5 % de los casos (el 50 % de los hombres y el 77,7 % de las mujeres), de donde podemos inferir una solidaridad notoria con su propia variante lingüística y, sobre todo, una finura mucho mayor (en más del 27 % si nos atenemos a las cifras) entre las mujeres. Resulta curioso señalar que quienes no identificaron al lector dominicano fueron gentes de alguna instrucción o del más alto nivel cultural: el educador (n.º 22), que lo hizo colombiano o venezolano culto, es colega de Facultad del profesor dominicano. Y, entre las mujeres, quienes no reconocieron la variedad lingüística de la República también eran cultas. Pienso si en estas desviaciones no habrá pesado la propia instrucción: acaso creyeron que la prueba no era inocente, y buscaron unos tres pies que no tenía el gato.

En cuanto a la identificación del lector español, la hicieron los informantes 7, 8, 12, 21, 22; el 10 lo consideró «americano de Estados Unidos», pero se rectificó para decir «español»; los

---

[23]   Que aparezca Méjico en estas valoraciones creo que está favorecido en algún caso por el texto que se leía, donde tantas veces se nombra el país y a sus gentes.

informantes 9, 13, 18, 19 y 20 no dijeron que fuera peninsular, pero adujeron razones que lo identificaban como tal, y, por último, los informantes 1, 14 y 23 lo creyeron mejicano [24]. Las mujeres que identificaron al español fueron las siguientes: 24, 29, 31, 32, 36, 37; la 34 lo creyó venezolano.

Como es lógico, la modalidad europea fue identificada de manera menos precisa que la antillana: sólo 17 de los informantes aclararon su procedencia, lo que significa un 42,5 % de los casos (frente al 62,5 % de la identificación dominicana); de ellos, los hombres coincidieron con lo que hemos dicho anteriormente: la mitad de los 22; mientras que las mujeres descendieron ahora en su apreciación y sólo un 33,3 % de ellas vinieron a acertar. Podríamos creer en una vida de relación menos activa por parte de ellas, pero tal vez no coincida el aserto con otras cuestiones que consideraremos inmediatamente.

La mujer dominicana fue identificada por los hombres (3, 5, 11, 12, 14, 16, 17) y por las mujeres (23, 24, 27, 29, 31, 32, 34, 40), mientras que la española inmediatamente fue reconocida por los informantes 12, 21 (masculinos), 29, 34 (femeninos) y, por razones fonéticas que coincidían con la variante peninsular y no con la dominicana, por los sujetos 8, 13, 19, 20, 22 (hombres) y 39, 40 (mujeres). La creyeron mejicana los informantes 1 («tiene *eses* finales») y 17; el 16 dijo «es extranjera y suena española», y el 24, sólo, «es extranjera».

Vemos que 15 colaboradores identificaron a su compatriota y la proporción (37,5 % del total, que pertenece a un 31,8 % de los hombres y un 44,4 % de las mujeres) nos muestra que, aun habiendo disminuido mucho los aciertos, representan un cierto paralelismo con el descrito en pág. 156; mientras que 12 reconocieron la pronunciación española (un 30 %; 20 % de hombres y un 10 % de las mujeres). También estos datos son más bajos que los expuestos en la página anterior y se mantiene la misma situación que habíamos reconocido en ese punto.

---

[24] Un informante (el 12) hizo valoraciones pintorescas: para él, el lector dominicano era de Méjico y su habla se parecía más al español de España, mientras que el 2° (el español) se acercaba a la pronunciación dominicana.

VALORACIONES DE UNAS DETERMI-
NADAS MODALIDADES DEL ESPAÑOL

Creyeron que ambas grabaciones estaban en un español del mismo valor los informantes 1-4, 10, 16, 22, 24, 25, 26 y 36; juzgaron que era mejor la modalidad dominicana los 5, 11, 14, 23, 26, 27, 28, 29, 36, 40, en tanto sus preferencias iban por la española en los 6, 7-9, 13, 15, 17-21, 30-35, 37-39. Así, pues, 11 (un 27,5 % del total) valoraron como iguales ambas variantes; 10 (25 %) se manifestaron en favor de la dominicana y 20 (50 %), por la española [25]. Los resultados quedaron equilibrados: la mitad de los hombres y la mitad de las mujeres se decidieron por la variante extraña.

Realizando el mismo análisis sobre el habla de las dos mujeres los resultados fueron: igual valoración de ambas modalidades en los sujetos 2-4, 11 y 16 (un 12,5 % del total), preferencia por la forma dominicana en los 5, 12, 14, 24, 27, 31 y 37 (un 17,5 %), y, por la española, 6, 8-10, 13, 15, 17-23, 25, 28-30, 32-36, 38, 39 (un 60 %). No parece haber notoria distinción en las preferencias de varones y hembras.

CAUSAS DE LA PREFERENCIA

Evidentemente las reacciones son de carácter muy subjetivo, o preferentemente subjetivas. Por eso, las razones que unos hablantes esgrimen en favor de sus selecciones, otros las esgrimen en favor de las suyas. Pero, qué duda cabe, que de estas impresiones se pueden obtener determinadas normas de conducta. Unas veces, por el prestigio escolar, que llevará a preferir la norma ajena, mientras que otras la elección propicia se hace

---

[25] El informante n° 5, muy torpe a lo largo de la encuesta, creyó que la mujer española era dominicana, pero que la segunda hablaba «más claro»; luego cambió las tornas.

por razones patrióticas o de similitud lingüística. Creo que ordenar estos motivos puede alumbrar en un campo que se presenta bastante enmarañado. Por otra parte no hay que desdeñar otro motivo: no pocos hablantes creen mejor una de las normas enfrentadas (habitualmente la española), pero prefieren la dominicana porque con ella se identifican. He aquí un notable testimonio de oposición basada —según creo— en el prestigio de una enseñanza arraigada, porque ¿cómo si no pueden saber que es preferible cualquiera de los motivos que luego hemos desgranado? Antes de pasar adelante, veamos las causas que han llevado a cada una de estas selecciones.

La pronunciación de mi colega insular era preferible por una serie de razones, como pueden ser la falta de ellas (21), el propio «agrado» personal (3), el que hable como nuestro informante (2, 10, 33), el que su habla sea dominicana (1, 4, 10, 11, 14) y, lógicamente, se entiende con mayor claridad (4, 5, 14, 26, 27, 29, 31). Esta claridad, en ocasiones, podía deberse al «metal de la voz, aunque se equivocaba en la lectura» (40), a la pronunciación (36), al hablar pausado (23, 28) o apresurado (¡!) (1) o «porque interpreta mejor las palabras» (3). Es decir, prescindiendo de la falta de razones o las muy comprensibles de pertenencia a una misma norma, las que determinan la preferencia son articulatorias (40, 36), de entonación (23, 28) o semánticas (¿?), si es que «interpretar mejor las palabras» no quiere decir que articule mejor (3). Las razones, como se ve, no son muy variadas y casi no tienen más que un denominador singular —obvio en este tipo de encuesta— de carácter fónico.

Para justificar la proclividad hacia la norma española se han aducido motivos muy heterogéneos.

a) Unos de corrección: «se expresa mejor» (6), «lee mejor y habla como es debido» (19, 20), «habló mehol» (6), «mejor pronunciación» (4, 9), «más correcto» (13, 15).

b) Otros de pretendida instrucción: «está más educado» (6), «tiene más seguridad en lo que va leyendo; lee mejor» (30), «pronuncia mejor, es más claro, coordina mejor la lectura y sitúa bien las pausas» (32), «tiene más precisión» (16), «tiene más profesionalidad en el hablar, tiene más voz de locutor y se expresa

mejor. Se merece un 100» (17), «valdría mejor para la radio a
un pueblo de poca cultura» (2).

c)   Otros fonéticos, sean de articulación, sean de entonación.
Al primer caso pertenecen respuestas como «es más claro» (18,
31), «mejor pronunciación» (4, 39), «pronunciación más bonita
y gruesa» (8) [26], «pronuncia mejor y suena mejor, es más agradable» (15). En cuanto al segundo motivo, agruparíamos variados testimonios: «lee con mejor entonación, hace bien las pausas y se comporta mejor con las reglas gramaticales» (38), «habla mejor; hace menos pausas y lee mejor» (37), «es más seguro
al hablar, más fluido, mejor ritmo» (33), «mejor entonación, más
viveza en la voz y vida en la lectura» (35), «destaca la entonación
y el acento» (20), «es más pausado» (39), «mejor facilidad de expresión y énfasis al hablar» (34).

d)   Por último, otras razones, por su carácter aislado, resultan muy poco significativas: «por su español» (8), «es más fácil
de entender» (39).

Por lo que respecta al habla de las mujeres, las que prefirieron a la dominicana apenas adujeron otra razón que la de serlo
(3, 11, 12, 14, 27) y, por ende, ser fácilmente entendida (3, 24,
27, 31). Poco significa decir que habla mejor por el «sonido de
las palabras» (2). Por el contrario, quienes prefirieron la lectura
que hizo la mujer española tuvieron numerosos motivos en los
que apoyarse: «lee mejor» (21, 23, 37 [27]), «mejor énfasis» (29),
«tiene más ligereza y aptitud» (8), «lee con mucha más emoción»
(30), «es más fluida» (39), «se expresó mejor» (6, 17, 25). De estas
razones, digamos, generales, se pasó a otras específicas, referidas a la entonación, a la pronunciación o simultáneamente a
las dos: «mejor entonación y crea mejor comunicación» (22), «mejor entonación» (35, 37, 38), «mejor entonación, fluida y timbre

---

[26]   Es curioso el segunto adjetivo. ¿Tendrá que ver con la lengua gorda con
que caracterizaban a los ceceantes del siglo XVI? (Cfr. «A vueltas con el seseo
y el ceceo», *Romanica*, V, 1972 [1974], pág. 45, § 3).

[27]   Como siempre, hay alguna respuesta de pedantería suficiente y esta secretaria bilingüe nos la dio: «Ninguna domina el arte de la lectura», pero se
corrigió: «la primera [la española] tiene mejor entonación y es más rápida y lee
mejor. Como el hombre».

alto y claro, no tan monótono» (18), «entonación y acentuación» (20), «pronunciación y entonación» (36), «se expresó con más tono» (10), «pronunciación más clara» (28, 34), «mejor pronunciación» (9, 15), «mejor pronunciación y es mejor para la educación» (30) y el corolario fácilmente deducible: «habla más claro» (5, 32), «se entiende mejor» (5, 23). Por último no adujeron razones los informantes 13 y 19.

Naturalmente, estamos muy lejos de exigir una formulación científica a gentes que no tienen —y no pueden ni deben ofrecer— el rigor que pediríamos a un lingüista. Sin embargo, qué duda cabe que un conjunto de valoraciones como las que acabo de transcribir nos da una idea muy precisa de lo que los hablantes sienten y de la estimación que todas esas reacciones les han producido. Ahora bien, unas tienen que ver con eso que alguien llamó «arte de leer». Y es posible que las reacciones producidas sean ajenas a los sistemas encontrados y manifiesten la valoración de hechos de habla; más aún, de la realización de unos determinados idiolectos que son —naturalmente— personales, pero que no manifiestan la espontaneidad del individuo, sino un conjunto de aprendizajes que afectan a una manera artística de la lengua. Hechas estas salvedades, que por otra parte no son desdeñables, tendríamos motivos que glosar en este momento.

En general hay unas causas que justifican las preferencias por las variantes dominicanas. Son, como me parece harto razonable, las que manifiestan la identidad de la norma lingüística entre los emisores y los receptores del mensaje, y se dan tanto en los hombres como en las mujeres; a otro grupo pertenecería la similitud fonética aducida en una serie de casos. Por el contrario, la variante española —sentida como extraña— contó con muchos valedores; nada menos que un 52,6 de las respuestas afirmativas fue favorable al hombre y un 47,3 % a la mujer. Lógicamente, ahora hubo razones para amparar el criterio, referidas tanto a un ideal de corrección, de instrucción o ampliamente lingüísticas. De ellas —de todas ellas, tanto cuando hay proclividad hacia la variante nacional como cuando la hay hacia la extraña— se deduce que la fácil comprensión es un factor determinante y con ella se relacionan numerosas valoraciones que pueden condicionarla.

Al preguntar por los rasgos que caracterizaban al segundo hablante (modalidad española peninsular), anotamos las peculiaridades que habían percibido nuestros interlocutores. Como siempre [28] se dieron cuenta de la *zeta* castellana a la que atribuían un carácter de corrección («la *ce* tal como es», 20) o de total rechazo (al n.º 28 mi habla «no le gusta porque tiene *ce*»). Prescindiendo de estas valoraciones, que no significan mucho, se dieron cuenta de la variante peninsular con *ce* los hablantes 1, 6, 7, 9, 10, 11, 14, 15, 18, 20-22, 28-32, 35-40. Total 23 (57,5 % de los datos totales). Como observación notable, hemos de señalar la del informador n.º 11, que, a pesar de no tener sino instrucción primaria, apostilló al glosar la *ce* que había percibido: «porque nosotros no tenemos más que un dialecto y el español tiene muchos».

La -*s*, implosiva y final, yo «la hacía sonar más» (13), o, simplemente, «se oye más» (21) o «la arrastra» (33). En general, lo que se quería señalar según una información concorde era la tensión articulatoria con que mantengo la -*s* final (y, para el 32, también en posición implosiva interior) [29]. De este modo lo señalaron 18 de mis informantes (un 45 % del total).

Tras la -*s*, siguió numéricamente la percepción de la *jota:* 1, 2, 7, 14, 15, 19, 20, 30-33, 35-37, 40 = 15 (un 37,5 %). Casi en la

---

[28] Otro hablante, el 2, dijo que «los sonidos no son iguales» en las lecturas que se les habían reproducido.

[29] Cfr. Tracy D. Terrell, «Consideraciones para una teoría fonológica dialectal. Datos del Caribe Hispánico», *Revista de Lingüística Teórica y Aplicada,* Concepción (Chile), XIV-XV, 1976-1977, págs. 59-67 y «Aportación de los estudios dialectales antillanos a la teoría fonológica», *Corrientes actuales en la dialectología del Caribe Hispánico* [...], San Juan de Puerto Rico, 1976. Este autor presentó al IV Simposio de dialectología del Caribe Hispánico (San Germán, P. R., 1979) una comunicación titulada «Los efectos de la reestructuración fonética de /s/ en el habla dominicana».

misma proporción estuvo la identificación de la *elle* (7, 13-15, 17, 18, 22, 30-33, 35, 37, 40), 14 casos: 35 %.

Por último, un solo hablante reconoció que en el sistema peninsular nunca se igualaron -*r* y -*l* finales (13) [30].

Al considerar la pronunciación femenina, las observaciones vinieron a coincidir con las que se habían hecho a la del varón, aunque, en algún caso, se observó, además, que «tiene *eses* finales» (1, 39), «se muestra como la *ce*» (8), «pronunció *azteca*» (10), «tiene *zeta*» (16, 19, 34, 39) y, un solo caso, el 19, señaló que «tiene *rr* más fuerte y se oye mejor». Si unimos estos testimonios a los precedentes resultaría que la -*s* habría sido observada por el 50 % de los hablantes, y la *ce*, por el 72,5 %.

Así, pues, el rasgo que se considera diferenciador entre la pronunciación española y la dominicana es la oposición fonológica *ce / ese;* la enorme proporción de hablantes que lo indicaron muestra claramente lo arraigado de la creencia [31]; después vendría la conservación de la -*s* final (o implosiva), que podría servir de índice caracterizador de los plurales; menos fueron los hablantes que percibieron la pertenencia del rasgo diferenciador *jota / aspirada* y, algo menor, la oposición *elle / ye*. La neutralización de -*r* y -*l* finales o la tensión articulatoria de la *rr* sólo fueron percibidas por un hablante cada una de ellas. Tenemos en esta escala de valores un conjunto de rasgos que, efectivamente, oponen la norma peninsular a muchas de las modalidades americanas. Por supuesto, la primera, y fundamental, caracterización del español en el Nuevo Mundo es su seseo (del que participan también zonas andaluzas, el canario y el judeoespañol); los otros motivos señalados, aspiración o pérdida de la *ese* implosiva, aspirada en vez de jota y yeísmo, no son generales a toda América, pero sí propios —entre otras zonas— de la caribeña que estamos estudiando. Otro tanto habría que decir de la neutralización de -*l* y -*r* o de la articulación de *rr*, carac-

---

[30] Un hombre todavía adujo un testimonio muy preciso: la lectora dominicana había pronunciado *virí* por *viril*.
[31] Cfr. la pág. 219 de este libro.
[32] *Ibidem.*

terísticas que cada una de ellas sólo fue señalada por un hablante aislado. La conclusión que de estos datos podemos señalar es la exactitud de las observaciones formuladas por gentes de instrucción tan diversa y el arraigo de la conciencia diferenciadora basada, principalmente, en la oposición *ce / ese.*

VARIEDAD MÁS FÁCILMENTE COMPRENDIDA EN AMÉRICA

Trasponiendo alguna de las preguntas anteriores a un campo más extenso, formulábamos la cuestión «en otros países de América, ¿qué forma de hablar preferirían?» Nada tiene de extraño que las respuestas estén muy vinculadas con la pág. 161 de este artículo y que oigamos repetir algunas de las explicaciones que ya se han dado.

Hay un grupo de tres informantes que creen en una comprensión semejante para ambas modalidades de nuestra lengua (8, 9, 26); otro grupo manifiesta una lógica reserva: entenderán la que más se parezca a la modalidad local (4, 9, 14, 38), y otro que entendía al dominicano porque habla más claro (1), más lento (35) o porque, siendo americano, será más parecido a las otras palabras de América (6, 39).

Como en otros casos, las explicaciones favorables al español peninsular aparecen cargadas de razones basadas en un ideal de corrección (10, 16-19, 29, 30, 33, 34, 39 [33], 40), de cultura (11) [34], de prestigio (32, 33) [35] o, incluso, en inexactitudes [36]. Del mismo modo, a la mujer española se le comprendía por su claridad (5, 23 [37], 27), por su cultura (6), por su «tono» (10), o por

---

[33] «Es más pausado, está mejor pronunciado y se parece más a la pronunciación universal del español».

[34] «Porque es más refinado: los dominicanos son más burdos y no tienen educación» (11).

[35] «Tiene más facilidad para entender a un español que a un dominicano» (32), «Porque todos se relacionan más con España que con otros países» (33).

[36] «Porque se parece más a colombianos y peruanos» (20); «Porque es un idioma más modernizado y el de aquí es más viejo» (9).

[37] A pesar de que dijo que «hablaba inglés» (¡!).

su fonética (21, 28, 3). Un total de 20 hablantes (el 50 % del total) pensaron que sería más comprensible la modalidad peninsular, lo mismo que habían creído que para ellos era preferible la variedad ajena a su sistema (vid. pág. 161).

LA DENOMINACIÓN DE LA LENGUA

Para obtener una respuesta espontánea, formulábamos la cuestión 11. Como en tantas otras ocasiones, por medio de las encuestas [38] pretendía saber la reacción del hablante ante la denominación de su propia lengua. Es un problema de adscripción lingüística que tiene su mucho que ver con actitudes lingüísticas que ayudarán a resolver una antigua y, acaso, apasionada cuestión. Aquí teníamos dos variedades de nuestra lengua: una peninsular, que, si era identificada, probablemente condicionaría la respuesta *(español)*, y otra, la de la República, que también podría determinar la suya.

Un grupo de cierta entidad distinguió las dos modalidades enfrentadas: para unos, el lector insular lo hizo en *castellano* (4, 6, 10), con el que se establecía la oposición basada en la identificación del hablante (dominicano frente a español, condicionó que la lengua del primero sería *castellano* y la del segundo, *español*) [39]. Esto en cuanto a los informantes 4 y 6, porque el 10 formuló una afirmación mal expresada: *castellano* es el de aquí y *español* el de América. Probablemente habrá que interpretar *español* como 'modalidad general o suprasistema abarcador de todas las variantes' y *castellano* 'designación local de la lengua'. Para otros, *dominicano* era la variedad terruñera (3, 33), aunque se identificaban como iguales las dos maneras que se les habían mostrado (15); por último, para el informante n.º 13, su lengua era *dominicano*, «que quiere decir que no se habla correcto español» (13).

---

[38] Vid. estudios I, III, IV y VIII, especialmente, incluidos en este libro.
[39] Cfr. págs. 131-134 y 76-80 de este volumen.

La modalidad lingüística peninsular era *español* para los hablantes 4, 9, 11, 13, 15.

Estas denominaciones están dentro de esos condicionamientos de que acabo de hablar y, a pesar de las formulaciones imprecisas, no poco acierto hubo en oponer *castellano* (variante local) a *español* (suprasistema general) o, tal y como ha ocurrido en otros sitios de España, la norma regional *(dominicano* en este caso) es la realización del sistema como desvío de un ideal lingüístico que es la norma correcta *(español* ahora).

Creo que salvadas estas aparentes —y razonables— aporías podemos enfrentarnos con el problema de la oposición *castellano/español,* tan traída y tan llevada por unos y por otros. Los resultados no dejan de ser sorprendentes, ostensiblemente sorprendentes: dos hablantes consideraban válidas ambas designaciones, pero sus informaciones complementarias fueron diferentes: el n.º 8, reconociendo la alternancia del uso, creía —sin embargo— que se usaba más *castellano;* por el contrario, el 33 (estudiante de orientación pedagógica) aclaró, y la precisión de sus palabras hace que les demos singular valor: «me lo dijeron en bachillerato: *castellano* es por su origen; *español,* por la costumbre». Es decir, *castellano* es una superposición escolar sobre el uso generalizado. Y, en efecto, el uso generalizado es *español.* Nada menos que un 67,5 % del total, y eso que en ese total constan los hablantes que distinguieron entre las dos variedades, con lo que si deducimos los ocho que lo hicieron (3, 4, 6, 9, 10, 11, 13, 15) llegaríamos a un 84,4 % que manifiestan preferencia por la denominación exclusiva de *español.* Tales son los hablantes 1, 2, 6, 11, 12, 14, 16, 18, 19-23, 25-32, 35-40, pero en ellos encontramos también explicaciones que nos son válidas: para los informadores 18 y 30 la denominación la aprendieron en la escuela y aunque dijeron que también podía usarse *castellano,* la mujer que así se expresó (30) jamás la utiliza. Por otro camino se nos viene a confirmar que *español* es la denominación tradicional y *castellano* puede estar favorecida —en su escasa proporción numérica— por unas enseñanzas académicas.

Ahora bien, ¿por qué la preferencia por *español?* Tanto en Méjico como en Puerto Rico, castellano apenas si es término usado: el enfrentamiento que en ambos países existe con el inglés vendría a favorecer una designación mucho más amplia que la de *castellano* (y también en la República Dominicana hemos podido rastrear un criterio semejante); ahora, en la vieja Española, volvemos a enfrentarnos con una situación semejante. La desdichada política peninsular hizo que la Isla se fragmentara en dos partes y aun llegara a estar dominada la zona dominicana por Haití. Consolidada esta situación, el occidente de la Isla habla francés, mientras que el resto, la mayor parte, español. Una vez más tendríamos el enfrentamiento lengua extranjera / lengua peninsular, y la balanza se inclinó hacia la denominación que podía amparar una identidad del mismo tipo que la oponente. En este caso, *español* frente a *francés*. Además, hubo razones que determinaron el hecho: la dominación haitiana duró de 1822 a 1844, cuando, constitucionalmente, los africanos aún eran súbditos franceses [40] y cuando el estado unitario en que se había convertido España generalizaba el empleo de *español* [41].

Una vez más hemos de atenuar las especies que formuló Amado Alonso [42], y que en algún momento todos hemos seguido, pero *castellano* no es la designación más generalizada. El nombre de la lengua, en cada país, está sometido a mil diversos azares que han hecho preferir una u otra terminología, pero no podemos hablar, genéricamente, de un uso. Y, en cuanto a las preferencias, *español* parece imponerse en los sitios donde la lengua sufre colisión con otra, sea el inglés (en Méjico y en Puerto Rico), sea el francés (República Dominicana). En este caso, la existencia del *créole* no atenúa la afirmación: para un extranjero, el *créole* es francés, como el dominicano, español. Y no se olvide, francés fue continuamente la lengua única de Haití hasta 1935, en que siguió siendo la lengua nacional, por más que para

---

[40] Cfr. *BHi*, LXXXIV, 1982, págs. 347-414: «Lengua nacional y sociolingüística: las Constituciones de América». Este ensayo figura en el presente volumen con el n.º X.

[41] M. Alvar y M. Alvar Ezquerra, «Notas para la historia de *español*» en *Homenaje a José María Lacarra*, V, Zaragoza, 1982, págs. 285-294.

[42] *Castellano, español, idioma nacional*, Buenos Aires, 1942.

algunos actos se aceptara el *créole*, según he mostrado en otra parte [43]. Pues de otro modo quedaría sin explicar por qué se eliminó el arcaísmo *castellano* en la designación de nuestra lengua. Porque, en efecto, *castellano* es una supervivencia arcaizante, y como tal subsiste en Guatemala [44], mientras que *español* pertenece a un estrato más moderno [45]. En Santo Domingo existió, como es lógico, *castellano*, que fue reemplazado por una designación «moderna», *español* (acaso a partir del siglo XVIII); después, causas patrióticas sustituyeron al término «moderno» que, casi dos siglos andados, se hizo «antiguo», y la escuela ha vuelto a traer su «modernísimo» *castellano*; por más que esta modernidad haya venido a coincidir con la forma más vetusta. No acierto a explicar las cosas de otro modo, porque ¿hay causas para eliminar un arcaísmo afectivo en un país tan fiel a su tradición hispánica y tan celoso guardador de otros arcaísmos? [46].

En cuanto al nombre de la lengua, la mayoría aplastante de nuestros informadores cree que procede de su origen. En efecto, 'vino de España' lo dijeron muchas gentes (6, 11, 14, 16, 22, 23, 29, 31, 36, 39, 40), otros matizaron añadiendo «que es una región de España», o cosa parecida (9, 12, 17, 19); precisando exactamente su nacimiento («en Castilla», 20, 28, 32, 37, 38), o añadiendo alguna causa explicativa: «nació en Castilla, España; aquí es un dialecto», 20). Algunos hablantes quisieron decir lo mismo al puntualizar «somos de raza española» (1) o «dependemos de España» (3), mientras que la finura de algunos estuvo en deslindar bien los campos: *castellano* es la modalidad dominicana y *español* la general de América (10) o la de los españoles (34). Alguna otra careció de coherencia. Ese 60 % de los informantes que tenía ideas muy exactas de lo que decía creo que demuestra una conciencia idiomática muy arraigada; la proporción no es tan alta como en Puerto Rico (más del 90 %) [47], pe-

[43] Trabajo incluido en este volumen bajo el número X.
[44] Véanse las págs. 76-80.
[45] Téngase en cuenta lo que digo en las págs. 132-134.
[46] Pedro Henríquez Ureña, *El español de Santo Domingo*, Buenos Aires, 1940.
[47] Vid. págs. 76-80, 132-134 y 225-226.

ro acaso debamos pensar que la existencia de una sola lengua distiende preocupaciones o aminora curiosidades. No obstante, la precisión de ver la modalidad española como paradigmática, como general o como restringida al país llamado España, acredita que, en todas partes, hay una conciencia de solidaridad con otra u otras hablas, y si alguien nos dice, por grande que sea la inexactitud, que «lo llaman español porque somos dominicanos» (29) está estableciendo una secuencia de fidelidades que opera sobre los propios sentimientos.

RECAPITULACIÓN FINAL

Extraer unas conclusiones de tipo más o menos general de cuanto he escrito hasta ahora, no es difícil. No quiero convertir en categorías absolutas lo que son unos informes limitados, pero creo que en sí mismos muy importantes. Tal vez estas páginas puedan ser una llamada de atención para nuevos quehaceres y la rectificación de algunas cosas que suelen repetirse sin comprobación.

Para mí es de singular importancia considerar cómo muchísimos dominicanos que identifican el habla de su compatriota preferían, o consideraban mejor, la modalidad de España; hubo uno que llegó a decir que le «gusta la conversación con españoles» (12). Tenemos, pues, expresado, de una u otra manera, un cierto modelo lingüístico al que se considera mejor, o, con otras palabras, opera un aprendizaje escolar que ha trascendido de los límites puramente académicos. Pero, permítaseme insistir: se trata de un modelo lingüístico muy distinto del que es norma en la República Dominicana; si en vez de ser un español septentrional, de carácter arcaizante, hubiera sido andaluz o canario, las cosas probablemente hubieran sido muy otras. Lo que opera como modelo es una norma en la que se reconocen ciertos elementos de prestigio, discrepantes de los propios [48]. Ese ideal paradigmático se expresó por boca de nuestro informante 9: «al

---

[48] «La norma lingüística», apud *La lengua como libertad*, Madrid, 1983, páginas 37-55.

hombre primero [dominicano] se le entiende mejor porque pronuncia más en dialecto», lo que significa que la variedad terruñera se escuchaba como una variedad discrepante y local. De ahí a tenerla como inferior no hay más que un paso («la pronunciación dominicana es más burda», 11; «[la pronunciación española] es más clara y mejor entonada, pero la gente del pueblo no se fijaría», 18). No voy a comentar esto: simplemente quiero decir que son apreciaciones subjetivas, basadas en el estímulo de unos lectores (con otros los resultados serían distintos) y poco válidas científicamente. Sin embargo, me parece útil señalar que si esto responde a convicciones generalizadas, obedecerían a una tradición escolar que ha logrado arraigo. Porque quienes informaron eran gentes sin especialización lingüística, pues de haberla tenido hubieran dado unas respuestas que sabríamos de antemano. Lo importante es que, con lo que han dicho los no lingüistas, podemos ordenar una teoría. Y si las doctrinas han arraigado, será difícil arrancarlas. La lengua no la elaboran los filólogos, sino el pueblo; gracias a eso sirve y es utilizable: los técnicos harían cosas demasiado aburridas e inservibles. Se me dirá que he dicho que hay doctrinas escolares arraigadas. Cierto, y ello no se contrapone a lo que acabo de decir: quien educa a los niños es una persona que no tiene especialización, sino conocimientos generales de muchas cosas. Aprende y transmite, pero no está al día, no puede estarlo. Sus doctrinas son tradicionales y ellas llegan a los niños; desarraigar una enseñanza es muy lento y no sé si siempre fácil. Se ha creado una conciencia colectiva; está muy generalizada y, al verla en su conjunto de hablantes, pensamos que se ha convertido en la voz de todos.

CONCLUSIONES

Las conclusiones a las que llego son las que siguen:
1. La identificación de los hablantes se hacía por un criterio elemental: propio frente a ajeno. Una mujer, oyendo leer una de nuestras muestras, decía: «la comprendo a raíz bien y es criolla» (11). Después venía la selección de las variedades y enton-

ces, aunque creyeran mejor la española, les parecía preferible la dominicana porque les parecía más fácil (8) o por preferencias fónicas (8).

2. Resulta sumamente curioso que los hablantes instruidos no fueran quienes mejor identificaran la propia variedad dominicana. Pienso que esto sólo resulta explicable desde una rebusca de dificultades, inexistentes·en las preguntas. Las mujeres acreditaron en algún caso una finura lingüística mucho mayor que los hombres.

3. Preferían el español peninsular porque creían encontrar en los lectores de esa modalidad mayor grado de corrección, de instrucción, una mejor pronunciación o perfeccionamiento en la lectura y creían que en otros sitios también sería ésta la variedad más inteligible. Si había preferencias por una u otra variante es claro que la preferencia se basaba en el principio de la fácil comprensión.

4. Las diferencias fonéticas observadas en el español peninsular eran muy exactas: existencia de *zeta* (señalada por el 57,5 % de los informantes), conservación de la -*s* final absoluta o implosiva (45 %), *jota* en vez de aspiración (37,5 %) y oposición fonológica *ll / y* (35 %). Otros rasgos fueron muy escasamente observados.

5. La preferencia por el español de España estuvo basada en principios muy variados, pero me interesa señalar cómo se le consideró un suprasistema abarcador del que el español dominicano sería una variante dialectal.

6. La denominación de la lengua es abrumadoramente la de *español* (un 84,4 % de los hablantes), lo que abona en favor de su antigüedad, favorecida por la propia historia de la República, mientras que *castellano* sería la terminología usada en ciertas escuelas o la variante local (= dominicana), frente a *español*, que es abarcadora de todas las demás.

VII

REACCIONES DE UNOS HABLANTES CUBANOS ANTE DIVERSAS VARIEDADES DEL ESPAÑOL

LAS ENCUESTAS

Durante los meses de marzo y abril de 1984 estuvimos en Cuba realizando una serie de trabajos dialectales. Recogimos materiales para establecer nuestros primeros contactos con el español hablado en la Isla y llevamos a cabo encuestas de muy diversa índole. El resultado de una de estas investigaciones es el que presentamos en estas páginas. Trabajos como éste se han publicado con referencia a Puerto Rico, Guatemala y la República Dominicana [1] merecía la pena ver la situación de Cuba porque completaría el cuadro de las Antillas que hablan español, y aun permitiría, acaso, asomarnos a hechos sociolingüísticos muy recientes.

---

[1] Incluyo todos en este volumen. Nuestras referencias serán, de ahora en adelante, *Puerto Rico, Guatemala* y *Santo Domingo*. Como estos trabajos son muy recientes, nos remitimos a la bibliografía que en ellos se aduce; ahora mencionaremos únicamente la que nos es imprescindible.

Las encuestas las llevamos a cabo en tres núcleos urbanos (La Habana, Artemisa y Santiago de Cuba), aunque con hablantes de toda la República. El nivel cultural de nuestros informantes era más alto del que tenían los sujetos que empleamos en otros sitios; y esto no por deliberada selección sino por la situación que imponen los resultados de diversas campañas de instrucción, centradas ahora en la llamada «batalla del 9.º grado» (bachillerato superior). Es obvio que una investigación dialectal tendrá que hacerse en zonas muy rurales, pues la nivelación lingüística que hemos encontrado es grande, e importante la acción de la escuela sobre todos los hablantes [2]. Conste el hecho, pero no podemos entrar ahora en la preocupación nacional por establecer una norma culta y el interés que suscitan los problemas de lengua.

Nuestros informadores fueron 23 mujeres y 15 hombres. La distribución de este conjunto responde a las siguientes motivaciones:

Edad:	17-30 años	31-50 años	51 y más años
Mujeres	5	15	3
Hombres	4	7	4

[2] Lo que es distinto de los hechos señalados por otros autores, y que recoge Cristina Isbaşescu; tampoco se puede comparar —¿cómo?— la situación de Cuba con la de Puerto Rico o el papiamento (cfr. *El español en Cuba. Observaciones fonéticas y fonológicas*, Bucarest, 1968). La investigadora rumana repite especies de otros autores. La influencia africana en la pronunciación nos parece otra de tantas inexactitudes que se apuntan como ingeniosidades incomprobadas y que no demuestran sino arbitrariedad. Lo curioso es que nadie ha señalado lo evidente: el influjo canario. Para el problema de los africanismos, véanse (como negación de la pretendida tesis) los dos artículos de Humberto López Morales, «Elementos africanos en el español de Cuba» y «Tres calas léxicas en el español de La Habana», incluidos en el libro *Estudios sobre el español de Cuba*, Nueva York, 1971.

Instrucción:	*Elemental*	*Media* [3]	*Superior*
Mujeres	5	13	5
Hombres	5	8	2

Profesiones. Aparte el grado de instrucción, también el ejercicio profesional puede condicionar de algún modo el comportamiento de los hablantes. Dispusimos de personas de toda suerte de actividades, que aseguran la gran heterogeneidad de los informantes y, a la hora de valorar, el significado ampliamente «social» que puedan tener los datos que facilitamos. Las actividades de nuestros informantes se dividen del siguiente modo:

Mujeres

Licenciadas 5
Técnicos con titulación de grado
   medio 6
Estudiantes universitarios 1
Estudiantes de enseñanza media. 2
Secretarias, mecanógrafas, etc. 5
Encuadernadora 1
Recepcionista 1
Limpiadoras 2

Hombres

Licenciados 2
Técnicos con titulación de grado
   medio 2
Estudiantes universitarios 1
Estudiantes de enseñanza media. 2
Auxiliar de biblioteca 1
Electricistas 2
Guardianes 3
Chófer 1
Bedel 1

Como se ve, fueron hablantes que reunían, en su mayor parte, condiciones de tipo medio, tanto por la edad, como por la instrucción; aunque debemos señalar que la amplitud generacional (31-50 años) favorecía esta selección, por cuanto del grupo de los jóvenes, salvo un muchacho de 17 años, el resto de los informantes había cumplido los 21 [4].

---

[3] En ésta incluimos a los estudiantes de grado superior y que, por tanto, aún no han obtenido el título.
[4] Las encuestas y todos los datos pertinentes a nuestros colaboradores están depositados en el Departamento de Geografía Lingüística del C.S.I.C. (Madrid).

Habíamos grabado en España dos lecturas de un mismo texto [5]. Estaban hechas por un hombre y una mujer, ambos con máxima titulación académica, al parecer buenos lectores, sin aparente dialectalismo en su habla y representantes de una modalidad septentrional (distinción de *ll-y*, ninguna clase de aspiración, sin confusión de *s-z* o de *l-r*, pronunciación de las consonantes implosivas, vocalismo de tipo medio, etc.).

En Cuba grabamos el mismo texto, que leyeron dos personas del mismo grado de instrucción que las españolas y que, por tanto, reflejaban modalidades equiparables a las anteriores.

Nuestros informantes escuchaban las grabaciones de las dos mujeres (española y cubana) y les hacíamos unas pocas preguntas, siempre en el mismo orden; después repetíamos la experiencia con los dos hombres y sometíamos a la consideración el mismo cuestionario.

Una segunda parte de nuestro trabajo consistió en comprobar la reacción que producía el habla de dos lectores andaluces: una mujer del nordeste de Granada, de acusado vocalismo dialectal, pero en cuyo sistema hay *s* apical castellana y *jota* (por supuesto aspiraciones, yeísmo, pérdida de consonantes finales), y un hombre de Andújar (Jaén), que leyó con deliberada exageración sus propios rasgos dialectales *(s* coronal, aspirada, yeísmo, etc.). Ambos hablantes tienen la máxima graduación universitaria.

En los lugares pertinentes reproduciremos la transcripción fonética que hemos hecho de los seis textos para que se puedan comprobar fácilmente los motivos de las diversas reacciones.

El cuestionario constaba de las ocho preguntas siguientes:

1.   ¿De dónde es cada uno de los hablantes que ha escuchado?
2.   ¿Por qué rasgos conoce a la primera persona?
3.   ¿Y a la segunda?
4.   ¿Qué forma de hablar le parece mejor?
5.   ¿Por qué?
6.   ¿Cómo se llama la lengua de la primera persona?

---

[5] Sobre la utilización de la «cinta-estímulo», vid. Humberto López Morales, *Dialectología y sociolingüística. Temas puertorriqueños*, Madrid, 1979, pág. 148.

7. ¿Y la de la segunda?
8. ¿Por qué?

No es necesario decir que jamás interrogamos a lingüistas. Las respuestas, si están condicionadas, lo serán por un saber, digamos, colectivo (lo que han aprendido, oído o recuerdan), no por unos conocimientos técnicos.

IDENTIFICACIÓN DE LAS GRABACIONES

Ninguna mujer vaciló al identificar a la hablante peninsular; sin excepción dijeron que era española. Sin embargo, cinco de ellas no tuvieron la misma seguridad al escuchar el habla de su compatriota: una respondió «no sé»[6]; otra, en medio de vacilaciones, pensó que sería cubana (inf. 7); dos, que era *latina* (inf. 5 y 23)[7], y, por último, otra, que «latina, pero puede ser cubana» (inf. 8)[8].

En cuanto a los hombres no tuvieron ninguna vacilación con respecto a la española; en cuanto a la segunda lectora tampoco hubo notables discrepancias: unos dijeron que posiblemente era «cubana» (inf. 33, 34) y otro, que «latina, cubana» (inf. 37).

Tenemos, pues, que de los 38 cubanos que escucharon las grabaciones, ni uno solo vaciló en identificar a la hablante española y no incurrió en falsas identificaciones como ha ocurrido en otros sitios[9]; y lo curioso es que la inseguridad la produzca el habla de su propia compatriota, aunque, evidentemente, no hubiera ningún desbarro. También llama la atención, con respecto a lo que sabemos de otros sitios, que los hombres hayan tenido una conciencia más clara que las mujeres[10].

---

[6] Era Licenciada en Literatura, nacida en Santa Clara (provincia de Villa Clara), 37 años (Informante n.º 11 de nuestro inventario).

[7] Respectivamente: 28 años, prov. de Santiago, mecanógrafa; 55 años, prov. de La Habana, revisora de planes y estudios.

[8] 32 años, de Songolamaya (prov. Santiago), estudiante en una facultad popular.

[9] Por ejemplo, véase pág. 81.

[10] Vid. págs. 156-157.

La identificación del habla del hombre español fue hecha con certeza [11], salvo en los casos siguientes: una informante no supo de dónde podía ser [12]; otra afinó más: «latinoamericano, no cubano; del Río de la Plata, pero culto porque no habla exagerado» [13]; una pensó que «español, pero no lo creo» (inf. 7), y, por último, otra apostilló: «puede ser latino que marque la *ce*, pero puede ser español». Por lo que respecta al hombre cubano lo creyeron *latino* (inf. 5), pero «no mejicano, habla más chabacano» (inf. 23), nicaragüense (inf. 21) o venezolano (inf. 2).

Los hombres se distribuyeron los errores en cuanto a la identificación de los lectores: para uno el español era *argentino* [14] y para otro parecía cubano [15]; mientras que el cubano era nicaragüense [16] o, simplemente, latinoamericano [17].

El habla del español resultó más difícil de identificar que el de la española; cinco de nuestros informantes (una mujer con seguridad, dos con vacilaciones y dos hombres) no lo situaron en su ámbito geográfico, pero tampoco al hombre cubano, ya que seis hablantes no acertaron con la modalidad lingüística de su compatriota.

Frente a los comentarios que hemos hecho en pág. 176, ahora hemos de atenuar nuestras informaciones; en general, y es una generalidad muy grande, se identificaron bien los hablantes español y cubano, aunque el reconocimiento del primero no gozó de los aciertos absolutos que valieron para la mujer. Pero también hubo deslices al reconocer la propia modalidad cubana y, ahora sí, se produjeron algunos desbarros. En cuanto a los aciertos, los hombres parecieron más inspirados que las mujeres al identificar a su compatriota, aunque no parece que los números obtenidos permitan sustentar unos valores muy claros.

---

[11]   La informante 14 dijo que era «de distinta región que la española», pero no es cierto y ambas modalidades (mujer y hombre) son extraordinariamente afines.

[12]   Mecanógrafa de 28 años, nacida en Santiago de Cuba.

[13]   Licenciada en Literaturas Hispánicas, nacida en Cárdenas (prov. de Matanzas), 31 años (inf. 6).

[14]   Tiene 9.º grado, 45 años, santiaguero y es jefe de custodia del zoo local.

[15]   Sólo estudió 6.º grado, 62 años, santiaguero, trabaja haciendo cercas.

[16]   El mismo hablante descrito en la nota 8.

[17]   Alcanzó el 7.º grado, 49 años, habanero, bedel de biblioteca.

RASGOS QUE CARACTERIZAN A LA
MODALIDAD LINGÜÍSTICA ESPAÑOLA

En líneas generales respondieron igual a la lectura de los dos españoles; si hay discrepancias, se anotarán en el momento oportuno. Las peculiaridades que percibieron los oyentes cubanos afectaban a la entonación y a la fonética articulatoria, de modo que señalaron la *entonación* (inf. 6, 14, 18, 22), el *deje* (1, 2), el *acento* (3, 7, 8, 13, 19, 20, 23), el tempo *(despacio,* inf. 1; *pausado,* 1, 2, 4, 9, 19), la altura de los sonidos *(más grave,* inf. 9), la tensión («fuerza que habla», inf. 8; *énfasis,* inf. 11) y la claridad (inf. 1), ·«se le entiende mejor» (inf. 3).

En cuanto a la articulación, percibieron la *ll* (sólo la inf. 10 [18]), la *-n* alveolar (inf. 6 [19]), la *-r* (inf. 17 [20]) y la terminación de las palabras (inf. 12 [21]). Otros rasgos tuvieron más número de perceptores; así la *jota* fue identificada por los informantes 6, 11, 12, 14, 16 y 23; la *ese* [22], por los 6, 10, 11, 12, 13 [23], 15, 16, 22 y 23, y la *ceta,* por los inf. 2, 6, 8, 9-17, 19 y 22 [24].

Los hombres volvieron a repetir los enunciados del apartado anterior y las peculiaridades que encontraron afectaban a la *entonación* (27, 30, 32, 33, 37), al *deje* (25) o *acento* (28, 34, 36, 38), al *tempo lento* (inf. 24) o al *timbre* (inf. 31). Hubo, también,

---

[18]   Especialista en turismo, graduada en el Pedagógico Superior, habanera (35 años).

[19]   Naturalmente, no dijo *n* alveolar, sino la *n* última. (Licda. Literaturas Hispánicas, nacida en Cárdenas, prov. Matanzas, 31 años). No creemos en la *-n* velar cubana, salvo en posición final absoluta, por más que otra cosa suelan decir.

[20]   Técnica en cuadros de la cultura, de Camagüey, 45 años.

[21]   Lcda. en Historia, habanera (39 años).

[22]   Cuando decían que notaban la *ese,* evidentemente se fijaban en la pronunciación final o implosiva de la sibilante. Alguno de los informadores lo especificaron de este modo (11, 15).

[23]   Refiriéndose a la *s* implosiva, dijo textualmente: «Por el *seseo* tan acentuado». Ninguno de los dos lectores españoles sesean nunca.

[24]   Una maestra, habanera de 41 años, nos dijo: «Las famosas *zetas,* muy bonitas». Es la misma que explicó, con más entusiasmo que acierto, la apostilla transcrita en la nota anterior.

alguna respuesta muy amplia y, por tanto, ambigua: por la *expresión* (inf. 32), o es *más nítido* (inf. 34).

No se adujeron tantas diferencias como en el apartado precedente, pero se repitieron cosas ya sabidas: pronunciación de *-r* final (inf. 34), la «muy característica de la *jota*» (inf. 37), la pronunciación de la *ese* (25, 26, 29, 32 [25], 33 [26]), la *ceta* (27-30, 33, 37, 38) y «no se comen las letras» (inf. 34) [27].

En otros estudios de este tipo, se dan las mismas identificaciones que en este momento, pero muy restringidas en cuanto al número. Ahora los hombres han señalado menos rasgos que las mujeres, pero lo cierto es que hay una conciencia atenuada de que el español norteño posee unas caracterizaciones de entonación y pronunciación (hablar pausado, grave, claro); en cuanto a la articulación de los sonidos apareció una sola vez el reconocimiento de *ll*, de *-n* alveolar en final de palabra, un par de ellas la pronunciación de las consonantes finales y más veces (7 en total; 6 mujeres y un hombre) la *jota*, la *ese* implosiva (14 = 9 mujeres y 5 hombres) y la *ceta*, tan pertinazmente sentida en todas partes [28] (24 = 17 mujeres y 7 hombres).

RASGOS QUE CARACTERIZAN A LA
MODALIDAD LINGÜÍSTICA CUBANA

Las mujeres con las que llevamos a cabo la encuesta, identificaban la modalidad cubana del español por razones obvias («habla como nosotros», 3, 7, 18, 19) y por otras que especificaron como producidas por una entonación (8, 11, 13, 14), que puede ser más *llana* («menos matizada», inf. 6), por el tono alto (inf.

---

[25] Para este informante era *seseo* (vid. nota 6).
[26] Sujeto que creía que el hombre la pronunciaba más que la mujer.
[27] Este rasgo pertenece a la conciencia de todos los hablantes (españoles, americanos) de modalidad «sevillana». Para un aspecto de la difusión, vid. Joshua A. Fishman, «Attitudes and Beliefs about Spanish and English among Puerto Ricans», *Viewpoints. Bulletin of the School of Education*, Indiana University, XLVII, 1971, pág. 61.
[28] Cfr. pág. 193 y pág. 163.

14) o agudo (inf. 9) o por la rapidez de la elocución (1, 3, 4, 9, 10, 23). Según un par de sujetos, las voces cubanas son más claras (inf. 17, 21), lo que tal vez no hiciera referencia a ningún rasgo individual, sino a la facilidad de comprensión, hecho evidente para connacionales y que alguna vez hicieron decir que la mujer cubana «habla mejor» que la española (inf. 20).

En cuanto a los motivos de fonética articulatoria se señaló el carácter caduco de la *s* implosiva o final (6, 12, 13, 22) [29] o su total pérdida (inf. 15, 27), la neutralización de *l* = *r* (inf. 12), el debilitamiento de la -*l* (inf. 12), el *seseo* (2, 6, 10, 11, 13 [30], 14, 22), el *yeísmo* (inf. 10) y la aspiración en vez de *jota* (inf. 6, 11, 12, 14). También había que señalar rasgos que se adujeron de una manera más general: el lector cubano «une más las palabras» (inf. 4) o «no es fiel al pronunciar los sonidos» (inf. 11). En contrapartida, a una oficinista de Manzanillo (prov. Granma, Oriente) le pareció que su compatriota «pronunciaba correctamente la *ceta* y no noté ningún cambio de una letra por otra y no atrofia ni cambia las consonantes» (inf. 4), y para una recepcionista de Pedro Betancur (Matanzas), la pronunciación cubana «es más adaptada a la escritura» (inf. 19).

Como en el caso considerado en la pág. 179, las respuestas señalaron en la modalidad cubana particularidades de entonación (inf. 33), tonalidad (inf. 32), cadencia (inf. 32 [31]), o expresión (inf. 30, 33), aparte la consabida razón, que es la más poderosa: «habla como nosotros» (26-29, 31, 34, 35, 37), de donde se deduce que «se le comprende mejor» (inf. 29), habla de modo más natural (inf. 28) y más claro (inf. 25). Lógicamente, el hablar deprisa se adujo también ahora (inf. 24, 34).

---

[29] Rasgo que a una mujer de Santiago (55 años, auxiliar de personal) le decidió a decir que el lector cubano era oriental (región de Santiago), mientras que la misma pérdida de la -*s* hizo creer a una mecanógrafa de Santiago que era de La Habana o de Matanzas (inf. 3).

[30] «Porque nosotros pronunciamos poco la *ceta* y algo menos [que los españoles] las *eses*».

[31] Se trataba de un sociólogo de 47 años. Su respuesta fue: «Por la tonalidad y la cadencia del hablar; el cubano es más rígido; el español, más suave y cadencioso».

Los hombres señalaron en la modalidad cubana que habían escuchado el carácter débil de la -*r* final (inf. 33), la *s* caediza (inf. 33) y el *seseo* (27, 37, 38). Como peculiaridad general se habló de los «rasgos latinos» (inf. 36).

Del mismo modo que al caracterizar el habla de los españoles, se ha pensado en la entonación y en las propias afinidades; en cuanto a los rasgos de fonética articulatoria se han mencionado, como era lógico, los que se contraponían a la pronunciación española, haciendo hincapié en el seseo y en el carácter débil de las finales, especialmente la -*s*. Las mujeres dieron muestra de más atención o finura en sus observaciones que los hombres, cuyas apreciaciones no estuvieron muy matizadas.

A vueltas con notas más o menos justas, se señalaron verdaderos dislates, que más bien parecían obedecer a cierta verborrea que nada tenía que ver con lo que se había oído. Inevitable, también, es mezclar grafía con pronunciación, lo que unido al desconocimiento lógico de los problemas, enmarañaba las cosas sin aclarar nada.

MODALIDAD LINGÜÍSTICA PREFERIDA

Al escuchar las grabaciones, nuestros informantes seleccionaron. Elegían rasgos que les parecían dispares a los propios o reaccionaban ante los que eran disímiles. Implícitamente había una tácita toma de posición ante los hechos. Siendo de una misma lengua, eran distintos. La pregunta se formulaba de inmediato: ¿una de esas variedades es mejor que la otra? Y este es el punto que ahora vamos a considerar [32].

De las 23 mujeres consultadas, cinco consideraron las dos modalidades como equivalentes (inf. 1, 2, 6, 9, 18), cinco prefirieron la cubana (inf. 4, 5, 17, 19, 21) y trece, la española (inf. 3, 7, 8, 10, 11-16, 20, 22, 23) [33].

---

[32] Cfr. páginas 80-83, 158-160 y 225-228.

[33] Algún informante adujo doble opción, como el 2, que dijo que no difería el habla de las mujeres, pero luego se inclinó por la lectura del cubano, «por la voz, me suena mejor». La informante 5, que prefirió a la cubana, luego igualó su preferencia en los hombres.

Las razones que inclinaron a preferir la modalidad cubana fueron de identificación lingüística (4 [34], 5, 17 [35]), que la hacía parecer «más inteligible y clara» (inf. 19), mientras que el español peninsular le sonaba extranjero [36].

El abanico de posibilidades que hizo preferible la pronunciación de los españoles tenía carácter objetivo unas veces; subjetivo, otras. Si eliminamos las causas que pueden ser ajenas al carácter intrínseco de la lengua (el hombre español leía mejor, inf. 8, 20; la mujer española tenía más delicadeza, inf. 18), nos quedaremos con un ideal de corrección que se adujo por los informantes 3, 8, 11, 12, 14, 15 [37], 22 [38], 23 [39]. Este ideal se apoyaba en la entonación (inf. 7), en la mejor pronunciación (inf. 6, 9) y en la pronunciación de la s (inf. 3). Otras razones atañían al ideal de perfección que se supone implícito en el origen de la lengua, y así dijeron que el español peninsular era mejor por ser «más genuino castellano» (inf. 16) o «más fiel a España» (inf. 11). Las razones de otro tipo, que pudiéramos llamar afectivas, actuaron en otros varios casos. Así a una le parecía preferible esa modalidad «porque mi abuela era española y le gustaba su acento, pues aquí se habla cantando» (inf. 7), para otra no había preferencias, «es cuestión de norma», pero si se habla como los

[34] «Porque yo soy cubana y hablo como ella y es más correcta». Luego añadió que no atrofiaba ni cambiaba las consonantes.

[35] «Me llega más familiar al oído, pero la primera [grabación de la mujer española] es muy simpática». Con respecto al hombre dijo: «Me gusta más el cubano por adaptación al oído».

[36] Era una mujer bastante inculta, de Güira de Melena (Habana), tenía 54 años y trabajaba como limpiadora. Es la que creyó que el cubano era nicaragüense «porque habla como Daniel Ortega». Es de suponer que habría escuchado arengas o discursos del político, pues el lector —para un español— resultaba vibrante y tenso. Para la inf. 9, estudiante de una facultad obrera (preuniversitario de trabajadores), es un lector «muy exagerado».

[37] Según esta informante, el segundo lector tenía una forma «muy clara, porque es la nuestra, pero la de los españoles es la forma correcta»; el cubano «no pronunciaba tan bien» como el español.

[38] «Porque tiene su pronunciación exacta de la palabra o de la letra», «el primer hombre [el español] pronuncia las letras donde van correctas».

[39] Para esta informante, la lectura de la mujer española «es más clara y más castiza; mucho más agradable al oído que la segunda y de más nivel cultural».

españoles le dicen que «es fino» y antes se lo enseñaban «en la primaria, ahora no», pero a ella le «gustaría ser como la primera [lectora española]» (inf. 13), por último, la informante n.º 23, sin otras razones, confesaba que «el acento español es muy lindo; el que más me gusta es el asturiano» [40].

La validez de ambas pronunciaciones fue reconocida por los informantes 29, 32, 36 y 37, aunque éste prefiriera la pronunciación española porque tiene *ce* y es mejor para el dictado. Otro informante (el 25) pensaba que «el español era mejor en España y el cubano, en Cuba». Las preferencias por la modalidad isleña se justificaban por entenderse mejor (26, 30, 31, 36) o ser el propio idioma (inf. 28).

En cuanto al español peninsular, se estimaba que era mejor, sin aducir razones (inf. 24-26), o por su pronunciación (inf. 26), más correcta (inf. 37, 38), basada en un «mejor hábito y más preparación» (inf. 35) que la hace «más atractiva» (inf. 25); lingüísticamente, se reflejaba el hecho en «no comerse ninguna letra» (inf. 33, 34) y pronunciar la *s* (inf. 25). Tal modalidad se tiene por «mejor manera de hablar» (inf. 24) y «más desarrollada» (inf. 27).

Del total de 38 informantes, diez estimaban las dos formas como pariguales (un 26,3 por 100), otros diez se inclinaron en favor de la cubana (26,3 por 100) y 23, un 60,5 por 100, prefirieron la española [41]. Las razones de estas preferencias son las lógicas de adscripción terruñera (para Cuba) y un ideal lingüístico (para España) basado en razones históricas —que lo hacían más correcto (entonación, pronunciación)—, o simplemente afectivas.

REACCIÓN ANTE LAS MODALIDADES ANDALUZAS

Lógicamente, una variedad meridional del español por fuerza ha de suscitar más dudas que la norteña. Fonéticamente, mu-

---

[40] Era una limpiadora de 50 años, con instrucción primaria, y que tenía una pronunciación hondamente nasalizada.

[41] Ténganse en cuenta las repeticiones.

chos de sus rasgos evocarán a los propios o de otros países de América. Y así, junto a una identificación cierta, en otros casos manifestarán las esperadas vacilaciones según vamos a ver.

La mujer se identificó española por 9 de las 23 informantes [42] y una (la 14) precisó más: andaluza [43]. A partir de ahí cupo casi todo: cubana (inf. 7, 13), nicaragüense (3, 8, 20), centroamericana (inf. 16), venezolana (inf. 27), sudamericana (inf. 4, 15), de fuera de España (inf. 12).

Las identificaciones se basaban en alguna observación más o menos atinada. Así quienes la creyeron española hablan de su claridad y modo de hacer las pausas (inf. 1); simplemente por su manera de hablar (inf. 2, 9, 18, 19), a pesar de sus incorrecciones «al comerse los finales de las palabras y al no marcar las diferencias entre las palabras» (inf. 6). Algún informante recurre a la propia experiencia («debe ser española, pero de alguna región. Porque hablaba así mi suegra», inf. 12) o a una acertada apreciación de los hechos («tiene *jota* y *ce,* pero no se parece a la primera mujer que ha hablado; será de fuera de España, donde haya *ce,* pues no se parece a la primera» [44]).

En cuanto a otras apreciaciones, están basadas en experiencias vividas: «porque se come las *eses*» pensaron que pudiera ser cubana (inf. 7) y oriental, para más precisión (inf. 13); nicaragüense, «por su cosita en el hablar, un poco asentadita» (inf. 20); centroamericana, «por el deje» (inf. 16); venezolana, «por el tono y lo incorrecta» (inf. 27); sudamericana, «porque omite las *eses*» (inf. 15) y, en cuanto a las dudas, una de las informantes pensó que pudiera ser española («pero no se identifica; no es de España ni de Cuba», inf. 17), y otra: «me da la idea que no habla su idioma o que tiene muy poca cultura, por la forma de expresión, aspira u omite las *eses*» (inf. 23).

Al hombre andaluz se le creyó español [45], y aun andaluz (inf. 10, 14, 19), gallego (4, 22) o gitano (12, 23); cubano (7, con dudas

---

[42]   Las 1, 2, 5, 6, 9, 10, 18, 19 y 21.
[43]   Oficinista de Santiago de Cuba (42 años).
[44]   Oficinista de La Habana (39 años).
[45]   Informantes 1-3, 5, 6, 8, 16 y 17.

el 9), venezolano (con dudas el 18), argentino (inf. 15) o checo (inf. 20) [46]. Y quedan las dudas absolutas (13 y 21).

Razonadamente, estas motivaciones también estaban justificadas: la condición de español se apoyaba en la impresión que producía su pronunciación (inf. 8 [47]), aunque se notara defectuosa (inf. 1, 19) o distinta de cuantos españoles se habían oído a lo largo de las encuestas (inf. 3, 6 [48]) e incluso se cayera en el puro dislate al hacer la interpretación de los hechos [49]; el gitanismo está motivado por las películas españolas en que aparecen personajes de este tipo (inf. 12) [50]. Como se ha visto, algunos informantes lo creían cubano, como a la mujer andaluza, porque «no pronuncia bien y omite las *eses*» (inf. 7, 9), otros, argentino, por el acento (inf. 15), o, ante la exageración de los rasgos meridionales, creyeron «que no está hablando su idioma; me parece como checo» (inf. 20).

Los hombres, cuando trataron de identificar a la mujer andaluza, pensaron que era española [51], andaluza (inf. 27), cubana (inf. 24, 32, 35, 36), española o cubana (inf. 26), latina (inf. 34), sudamericana (inf. 37) o, simplemente, extranjera (inf. 29).

A las aclaraciones pedidas para que pudieran apoyar su juicio hubo vacilaciones (inf. 25) [52], pero se adujeron razones de

---

[46] Una mujer de muy poca cultura; asocia la extrañeza con los extranjeros que se ven. A nosotros, tres veces cuando menos, nos creyeron rusos, incluso gentes que hablaban con nosotros varias veces al día.

[47] «Por la terminación *-ao* [<*-ado*] y por las películas» (inf. 8); también la inf. 16 apoyó la identificación en su recuerdo de las películas; mientras que la 17 se basó en la forma de participio *(-ao)*.

[48] Para la inf. 6 era español, «por la *ce*, por la entonación y por la pronunciación, pero deformado totalmente. Se come los finales de las palabras».

[49] Por ejemplo, la inf. 4 lo creía español «por la forma de terminar las palabras, un gallego; las deja inconclusas». Si *gallego* fuera «originario de Galicia», la afirmación lingüística es absolutamente falsa; si, como es probable, *gallego* quiere decir 'español', según es bien sabido, la afirmación tampoco es más cierta. La inf. 22 dijo: «de Galicia, por la pronunciación».

[50] La inf. 13 no lo creía español, «aunque trata de serlo».

[51] Informantes 25, 28, 30, 31, 33, 38.

[52] Respondió así: «Esa mujer no es española, me parece argentina, aunque los argentinos tienen otra inclinación. Española, pero de otra provincia; no es argentina».

buen criterio: «es de España por la entonación, pero eliminó la *ese* y evita la *erre*» (inf. 33) o «española porque tiene *ce*» (inf. 38). La adscripción cubana no tuvo razones (inf. 24), fue incierta (inf. 26 [53], 35) o estuvo apoyada en seguras convicciones: «es cubana por su forma de hablar, que no lleva el acento español» (inf. 36), «omite las *eses* finales, suena a mestizo, persona de color, puede ser cubana o puertorriqueña» (inf. 32). Al informante que le pareció sudamericana (y añadió: uruguaya, colombiana, chilena) fue por la articulación de la *jota* (inf. 37 [54]), y el que la creyó extranjera juzgaba que «había aprendido el español en España, pero tiene serios problemas con la *ese*» [55].

Al jiennense lo tomaron por español [56], andaluz (inf. 25 y 32), gitano (inf. 29, 33, 34) o cubano (inf. 27), de acuerdo con unas razones que pueden tener fundamento (la entonación, inf. 30) u otras que pueden ser relativamente válidas [57] o establecer comparaciones justas [58].

Enfrentar una variedad innovadora del español peninsular (la andaluza) con otra del mismo tipo americana (la de Cuba) no presenta tan fáciles posibilidades de discriminación como al comparar una variante norteña con otra antillana. De ahí —y ahora— que a la mujer andaluza sólo la identificaran como española un 47 por ciento de los hablantes frente al 100 por ciento de aciertos con que se hizo la caracterización de la mujer septentrional. La explicación es fácil, pues aunque la modalidad andaluza que se presentó tenía *jota* y no aspiración, le faltaban todos esos rasgos *(ll / y, -s* de los plurales, conservación de las

---

[53] «La mujer por unas cosas me parece de España y por otras, de aquí».
[54] Hombre de 66 años e instrucción secundaria. Nacido en Holguín (Oriente).
[55] Licenciado en Historia, metodólogo, 41 años. Nacido en Mayarí (Oriente).
[56] Inf. 24, 30, 31, 35, 37, 38.
[57] El inf. 25 dijo que era andaluz porque no tenía *ese*, lo que es cierto, pero fueron razones que no le sirvieron al caracterizar a la mujer (vid. nota 53 de esta página); del mismo modo que no aclara gran cosa simplificar todo al tratamiento *-ado* y *-ao* (inf. 37), pues de ello tampoco podría inferirse que fuera catalán o gallego, como dijo.
[58] «Español, habla como los gallegos ['españoles'] o gitanos, como en una película de Antonio Gades» (inf. 29). Ya tendría difícil comprobación, que «si cantara un poquito más sería un gitano» (inf. 33).

consonantes finales) que habían caracterizado a la primera de nuestras grabaciones. Faltos de un asidero seguro para discriminar, se hacen evaluaciones que pueden ir muy lejos de la realidad, pero no podemos juzgar con criterios de lingüista. La cuestión con el andaluz suscita problemas harto paralelos: 18 informantes lo creyeron español, cifra virtualmente igual a la identificación de la mujer, pero hemos incluido bajo el concepto de *español* unas observaciones atinadas *(andaluz)* y otras descabelladas *(gallego)* [59]; y lo que más sorprende es que nada menos que cinco hablantes cubanos (un 13,5 por ciento [60]) pensaran que pudiera ser gitano, cosa nada fuera de razón, habida cuenta del texto que oyeron. En cuanto a comparar la percepción de esta pronunciación meridional con la norteña, bastaría con decir que al primer lector lo juzgó español un 86,4 por ciento de los informantes, mientras que al andaluz sólo un 51,3 por ciento (y eso que en esta cifra se incluyen todas las demás variedades que se adujeron). Basten los números como fría expresión de una realidad.

EL NOMBRE DE LA LENGUA

Al comparar dos modalidades (la española y la cubana) surgió una pregunta inmediata: ¿qué lengua habla la primera (o el primero)? ¿Y la segunda (o el segundo)? La respuesta no ofreció la menor duda: siempre respondieron que ambos grupos (mujeres, hombres) hablaban la misma [61]; entonces formulábamos, según era previsible, el ¿cómo se llama esa lengua? Las respuestas fueron las siguientes: español, 31 informantes (= 81,6 por ciento del total); castellano, 3 informantes (= 7,9 por ciento) [62];

---

[59] No entra aquí la posibilidad de *gallego = español* (vid. antes nota 49).

[60] En los cómputos referidos al andaluz sólo entran 37 de los 38 informantes a los que interrogamos. Una mujer (la que designamos con el n.º 11) estuvo enferma uno de los días de la encuesta y no pudimos presentarle las grabaciones dialectales.

[61] Cfr. «Lengua nacional y sociolingüística: las Constituciones de América», que figura en este volumen con el n.º X.

[62] Incluyo aquí la inf. 1, porque, según ella, «se dice más castellano».

castellano o español, 4 informantes (= 10,4 por ciento) [63]. Como hemos venido señalando [64], las preferencias por *español* son muchas más de lo que se pensaba y en caso como éste verdaderamente abrumadoras.

Las explicaciones de por qué se llama así la lengua —pregunta final del cuestionario— justificaban los resultados, o permitían alguna consideración que será la última que obtengamos antes de las conclusiones o de las comparaciones con otros ámbitos [65].

La respuesta de que vino, procede o nació en España constó en 22 informantes [66], pero habría que añadir —como en otros sitios— ciertas enseñanzas escolares, mejor o peor aprendidas, que no siempre iluminan las cosas [67]. Frente a ese casi 58 por ciento que tenían las cosas claras desde su perspectiva, poco cuentan los que no saben o los que piensan, por su saber escolar, en que «la lengua es de Castilla y nosotros tenemos influencia de Castilla» (inf. 13), o los que no dijeron nada a derechas, aunque fueran estudiantes universitarios (inf. 28). Queda una razón no lingüística ni histórica, pero emocionalmente válida y cierta: «porque es nuestro idioma» (inf. 2, 21, 35).

---

[63] Una mecanógrafa de 29 años (de Canijo, Santiago) dijo: «no hablo ni castellano ni español». Le preguntamos: «¿Y cubano?» No respondió. Cfr. págs. 77-78.

[64] La falta de referencia indicará que no se contestó a la pregunta.

[65] Cfr. págs. 77, 210-215.

[66] Los 3, 4, 6, 8, 10-12, 14-19, 23, 25-27, 29, 32-34 y 38.

[67] Así, una licenciada en literaturas hispánicas recordando medianamente la lección: «Quizás por la costumbre, que lo trajeron los españoles, pero debería llamarse castellano por su origen, pero no debe llamarse sino español» (inf. 6). La inf. 14 dice: «Se llama español porque surge de España, de Castilla»; la 16: «Primero se habló castellano, porque se habló en Castilla; luego, español»; la 19 había respondido que el nombre de la lengua es español y apostilló: «Castellano se llama por ser nativo de Castilla, y español, porque deriva de España». El inf. 27: «Porque fuimos colonizados por España, y castellano por su origen».

COMPARACIÓN DE CUBA CON OTROS PAÍSES

Si cotejamos los datos que acabamos de exponer con los que teníamos de otros países, obtendríamos alguna información complementaria, pero no por ello de menos interés. Veamos dos cuadros muy sencillos que —creemos— serán harto expresivos para nuestros comentarios.

En el cuadro 1.º se presentan los resultados obtenidos al investigar la preferencia por el español peninsular o por el local. He aquí los resultados:

PREFERENCIA [68]

	Variante española[69]	*Variante nacional*
Cuba	60,5	26,3
Puerto Rico	37,9	34,2
Rep. Dominicana	55	21,25
Guatemala	69	33

La preferencia por la modalidad española es notable, a pesar de que se trata de encuestas que difieren en el número de hablantes utilizados. Pero en Cuba y en Santo Domingo, donde se interrogó virtualmente al mismo número de informantes, la diferencia no resultó excesiva. La excepción de Guatemala tal vez se pueda explicar porque algunas de las personas interrogadas no eran monolingües de español, con lo que inclinarían sus preferencias a las gentes que hablaban de otra forma que ellos, porque —pudieron pensar—esa sería «mejor». El caso de Puerto Rico es distinto y parece tener motivaciones bastante claras: el inglés se opone al español, y hay que defender el propio patrimonio. Frente a todo y frente a todos, la identificación la hacen con su lengua, y, contra el inglés, no tienen otro apoyo que el de su propia identidad. Si hubiera un español mejor que el pro-

---

[68] Se expresa en tanto por ciento.
[69] En todos casos fueron grabaciones de los dos hablantes que se usaron, también, en Cuba.

pio, se estaría cayendo en el temor de una colonización de signo distinto, pero colonización. Esto, fácil de entender cuando hay fuerzas enfrentadas, carece de valor cuando la propia identidad está asegurada y la propiedad compartida no significa pérdida de fuerza. ¿Cuántas veces en España los hablantes nos dicen que hablan mal, fulero o basto, como hemos transcrito en mil ocasiones? Pero ¿las gentes que así se expresan temen que nadie les suplante su lengua? El dominicano o el cubano, ante su instrumento lingüístico, se encuentra tan seguro como el santanderino o el andaluz, pero el puertorriqueño, no. Unos pueden pensar que hay variedades mejores; otros temen que con ellas pueda desaparecer su propia identidad. Y es una cuestión que veremos confirmada con los temas que tratamos en el apartado siguiente: no son insolidarios por distinta que sea su formulación.

El nombre de la lengua también merece alguna consideración, desprendida —como es lógico— de los datos que cotejamos. Véase el cuadro 2.º, donde las cifras representan proporciones sobre 100:

PREFERENCIA

	Español	Castellano	Indiferente
Cuba	81,6	7,9	10,4
Puerto Rico	94	4	2
Rep. Dominicana	84,4	5	10,6
Guatemala	33,3	58,3	13,3

Se ve con claridad que el problema es distinto en las Antillas que en el continente. Las islas del Caribe se inclinan, abrumadoramente, por el *español* como nombre de su propia lengua. Razones de historia (con respecto a la Península, o con total independencia) son las que determinaron la preferencia. En Santo Domingo la situación llegó a las mismas conclusiones como un afianzamiento nacional frente al dominio haitiano. Y en Puerto Rico, ese aplastante 94 por ciento (en un importante conjunto de 150 informantes) indica cómo la identificación con el nombre de la lengua es una conciencia de pueblo frente a *inglés*. Véase cómo puede haber indiferentes ante la denominación *español/castellano* (esos equilibrados 10,4 por ciento de Cuba; 10,6 por ciento en Santo Domingo), mientras que en Puerto Rico, no; y 2 por ciento es muy poco significativo (o mucho, si se prefiere). Estas cifras ilustran numerosos problemas de lingüística, de historia conjunta y de historia separada, de voluntad de futuro. Merece la pena que las consideremos y que nos planteemos —como en tiempos de Bello— si la unidad sigue siendo conveniente.

RESUMEN Y COMENTARIOS

El enfrentar grabaciones de español peninsular (de cuño septentrional) con modalidades cubanas pensábamos que nos daría motivos para conocer la actitud del hablante ante una modalidad de su propia lengua. Es un hecho sabido en otras partes y que ahora merecería consideraciones especiales, porque Cuba perteneció más tiempo a la Corona de España que Guatemala o Santo Domingo (por citar países de los que tenemos información) y, al quebrarse esa dependencia, se convirtió en un país libre (lo que no le ocurrió a Puerto Rico). He aquí dos razones que podrían hacer pensar en que la postura del cubano ante su lengua podría tener originalidad. Ciertamente, la hipótesis se comprobó. Pero Cuba accedió a la independencia tras una cruel y larga guerra. Podríamos pensar que la circunstancia habría creado algún modo de resentimiento, y aquí nos equivocamos: de los muchos países de América en los que hemos trabajado, difícil encontrar uno como Cuba, en que su pasado español esté más arraigado. Circunstancias en las que se vive han hecho que ese sentido se haya acrecentado porque en él se encuentran razones para el propio ser actual. Eran necesarias estas palabras, pues ilustrarán no poco el sentido de las respuestas que transcribimos. Y esta es una primera afirmación: buscamos gentes que no fueran lingüistas para obtener contestaciones espontáneas o, cuando menos, con un fundamento social, y saber lo que esas personas piensan, lo que piensan los cubanos: se trate de una actitud colectiva, que se refleja en el individuo aislado, o de una enseñanza escolar, que a todos ha informado y que han convertido en creencia generalizada.

En primer lugar es sorprendente la claridad con que se identificó a los hablantes españoles. La lectura de un breve texto hecha por un hombre y por una mujer (insistimos, de modalidad septentrional) no ofreció dudas: un 100 por cien de los informantes dijeron que la lectora era española, y un 86,4 por ciento que lo era el lector. Realmente sorprende el grado de conocimiento, porque no basta con decir que son dos modalidades muy distintas de una misma lengua; pero ¿tanta gente, de tan varia cultura, de tan heterogénea curiosidad, sabría tanto en cualquier sitio del mundo hispánico, incluida la propia España? Es posible que baste con una explicación muy sencilla: la emigración peninsular a Cuba fue enorme en el siglo XIX y lo fue en el primer tercio del siglo XX , pero ¿no lo fue también a Puerto Rico? Y, por otra parte, al emigrar gentes oriundas de regiones no castellanas, ese pretendido castellano ¿no podría quedar contaminado y de difícil identificación? Pensemos en la enorme afluencia de canarios: los esforzados *isleños* de la diáspora, ¿no hablan de forma parecida a los cubanos? ¿No pudo este mismo motivo haber hecho dudar de la precisión a la que se llama *español?* Pensamos que algo tendría que ver que la lengua reciba un nombre y no otro y, recíprocamente, que la designación de la lengua (problema que los cubanos resolvieron más racionalmente, y por tanto mejor, que los españoles) [70] pudo influir en la caracterización de gentes muy heterogéneas; porque llamar *gallegos* a los españoles no es motivo de sonrojo, sino de meditación lingüística: esos gallegos, como los muchos catalano-hablantes de la emigración, en las nuevas patrias adoptivas acentuaron su hispanismo al aceptar la lengua de la mayoría. En las Antillas, no cabía duda: era el español.

Volvamos a nuestras págs. 176-177. Hubo algún error al identificar el habla del hombre español, como hubo errores al identificar la del cubano. Las modalidades lingüísticas de los dos españoles son absolutamente iguales (salvemos lo que cada uno

[70] Vid. artículo que incluyo con el número X.

tenga de personal): los lectores eran Elena y Manuel Alvar, de la misma ciudad, del mismo nivel cultural, etc. No deberían producir impresiones disímiles, pues —por otra parte— quienes escuchaban las grabaciones elogiaban la lectura, y, sin embargo, no todos coincidieron al localizar el habla del varón. Es lógico que la inseguridad en el acierto lleve al disparadero de los errores: las localizaciones que se proponían no eran otra cosa que resultado de una ignorancia o de un desconocimiento parcial de las cosas (aducirían el nombre del país pensando, acaso, en lo que habían acabado de oír en los medios de comunicación social o en el cine). Como, por otra parte, también hubo deslices al identificar al cubano, resulta que no es mucho el yerro de un 13,6 por ciento con referencia al español cuando fue un 15,78 por ciento el que atañe al cubano. La dualidad nos hace pensar en que esos informantes no tenían las ideas muy claras o, ¿por qué no reconocerlo?, que las mujeres identifican mejor los rasgos diferenciadores [71].

Vista la sagacidad con que se produjo la caracterización de los dos lectores españoles, es difícil creer que tanto acierto se deba a puro azar. Ciertamente, no. Dieron razones que pueden tener su mucho de subjetivo, pero eso no quiere decir que no sean ciertas. A un hablante ingenuo no se le puede pedir que trace curvas de entonación o que establezca tonemas (¿y a los lingüistas, sí?), pero su impresión auditiva es totalmente de fiar (y acertará): qué duda cabe que su competencia es grande en este sentido, y repetir hechos que por sabidos serían redundantes nos parece innecesario. Pero también descendieron esos informantes a caracterizar unos cuantos rasgos de fonética articulatoria, y descubrieron —también ahora— más de lo que suele aducirse: *ll / y*, *j / h*, *s / zeta*, *-n* alveolar, *-r* final, terminación de las palabras, «demolición» de la *ese* implosiva, neutralización *l = r* [72]. Cierto que no todos los rasgos fueron identificados por los 38 hablantes, pero lo que vino a llamar la atención fue la suerte de las implosivas y la distinción *s / zeta* [73]. El primero

---

[71]   Cfr. pág. 156-157 de este libro.
[72]   Cfr. págs. 162-164.
[73]   Cfr. págs. 162-163 y 218.

de estos rasgos, con especial referencia a la *s*, afecta a cierta rudimentaria distinción: el Oriente de la República la pierde; el Occidente la conserva. En cuanto al segundo, pasa por ser el rasgo universal con que distinguen a los españoles, con total olvido de otros, y formulando una generalización que tampoco es española. Pero, evidentemente, así es como se siente, y así lo hemos comprobado mil veces, incluso —lo hemos dicho ya— entre estudiantes hispanoamericanos de lingüística [74].

Para muchos, la modalidad cubana se distinguía por ser como un negativo: lo opuesto a los rasgos que se han señalado en la española [75]. Ahora sí, es digno de mención que, en general, y está muy extendido, la elocución cubana del varón se tenía por más rápida. No merece la pena comentar dislates; sí que, una vez más, las mujeres parecen ser informantes más atentos que los hombres, o poseen una agudeza superior para percibir los hechos que sometíamos a su consideración.

Como ha ocurrido en tantos y tantos sitios, el español peninsular es la variedad preferida por los hablantes: nada menos que un 60,5 por 100 se manifiestan en este sentido. Las razones también se han oído en otras partes: pronunciación, tensión articulatoria mantenida, conservación de -s implosiva final. Evidentemente hay su mucho de influencia escolar cuando hablan de ese «no comerse las letras», cuestión que tiene en Cuba su importancia [76]. En conferencias universitarias, en reuniones con locutores de radio y televisión, en conversaciones con periodistas, fue un caballo de batalla del que no nos dejaban apear; el problema tiene enorme trascendencia, porque la alfabetización (virtualmente total) y la llamada «batalla del noveno grado» hace que todos los cubanos posean un nivel cultural alto (y al adjetivar no hacemos más que señalar un hecho, todo lo relativo que pueda ser lo de *alto*, pero ahí está). Entonces, resultado de la instrucción es pronunciar correctamente, y tal es el *quid* de

---

[74]   Cfr. pág. 218.

[75]   Pasábamos en primer lugar la grabación española porque con ella empezábamos la cinta que habíamos preparado en España; de haber procedido de manera inversa, el español peninsular hubiera sido el negativo del antillano.

[76]   Cfr. págs. 162 y 219.

la cuestión: ¿Qué se tiene por correcto? De ahí, ¿cuál debe ser la norma culta? La cuestión se discute y trasciende (un hablante, especialista en turismo, nos contestó a la pregunta de *qué español era mejor*, que «eso era cuestión de norma»). Y aquí se entremezclan ideas generales, problemas concretos del español (peninsular o americano) y, acaso, rivalidades regionales (Oriente demoledor, Habana conservadora). En esta situación, para muchos hablantes, lo correcto es la conservación de las implosivas y, sobre todo, de la *ese*, con lo que lógicamente les parecerá mejor una pronunciación, digamos, «academicista», que en los casos discutidos pertenecía a la modalidad arcaizante del español [77]. Que el proceso de instrucción es importante para el porvenir de la lengua en Cuba es algo que asalta en el primer contacto: la formación de los plurales, la conjugación, la «norma académica» (hasta el punto que esa norma puede actuar en una modalidad lingüísticamente innovadora) es general en muchos niveles, y, al parecer, su difusión se hace por motivos estatales; los rasgos, digamos «dialectales», habrá que rastrearlos o dentro de poco habrán desaparecido. Hicimos encuestas en Artemisa y utilizamos el cuestionario del Atlas de Hispanoamérica [78]; pues bien: dos hombres de instrucción distinta (uno con tercer grado; otro con noveno) presentaban modalidades totalmente diferentes. Se trabaja por la normalización lingüística, que es tanto como un proceso de integración nacional y de solidaridad ante el hecho —fundamental— de la cultura [79].

Es la primera vez que hemos hecho la comparación de una modalidad meridional de España con otra de Hispanoamérica. Los resultados no han podido ser más ilustrativos. Porque si el cuño norteño hacía inconfundible el español de dos peninsulares, las otras dos modalidades andaluzas (relativamente discrepantes entre sí) suscitaban problemas muy distintos en cuanto a su identificación. Quedan una serie de observaciones que,

---

[77] Cfr. pág. 219.

[78] Manuel Alvar-Antonio Quilis, *Cuestionario del Atlas Lingüístico de Hispanoamérica*, Madrid, 1984.

[79] Cfr. Pedro Henríquez Ureña, «Raza y cultura hispánica», apud *Plenitud de América*, Buenos Aires, 1952, pág. 47, especialmente.

insistimos, acreditan coherencia entre quienes las escucharon. Los aciertos serán mayores o menores, pero hay registrados muchos aciertos e incluso apurada matización. Y esto es, también, conocimiento de lo español: sea por los medios de comunicación, por el cine, por lo que sea. Pero lo que no se puede negar es esa constancia de una presencia que conduce a una proporción muy notable de aciertos. Y pensemos en que las gentes consultadas fueron de todo tipo y que los mejores aciertos no solían estar entre los profesionales más próximos a nuestra especialidad. Probablemente porque estos no actuaban con ingenuidad y creían que las preguntas tenían una segunda intención (que no existía). Recordemos, por evocar una figura señera, aquellas complicaciones innecesarias que don Antonio Machado quería encontrar en el barroco.

Y queda la designación de la lengua. Muchos años han pasado desde que Amado Alonso publicó su hermosísimo libro [80]. Y mucho vamos acreciendo nuestros saberes. *Castellano* no es el término que ha impedido la difusión de *español*. Hay causas que hicieron desaparecer el término *castellano*. Ahí están Puerto Rico o Méjico. Pero ¿y Guatemala? ¿Cuántas sorpresas nos esperan todavía? En Cuba y Puerto Rico *español* arraigó por causas históricas, y no sería de poca monta la importancia igualatoria que tuvieron las sociedades criollas de Cuba y Puerto Rico para hacer que allí se impusiera *español* (lengua de todos los españoles, incluso de los que no la tenían como lengua materna) [81]. *Español*, lengua del estado, lengua de las Antillas que aún eran España, de los que no hablaban ese ideal llamado *castellano* (asturianos, canarios, vascos, gallegos, catalanes, mallorquines), y *español* se generalizó [82]. Y vino a ser afianzamiento de personalidad frente a *inglés*. Las cosas en Cuba pudieron seguir otros derroteros, pero han venido a llegar a los mismos fines. Sabemos cómo la constitución cubana de 1940 quiso nombrar la lengua de la nación, y está historiado el debate parlamentario en

---

[80] *Castellano, español, idioma nacional*, Buenos Aires, 1942.
[81] Cfr. págs. 211-213.
[82] *Ibídem*, pág. 215.

que ganó *español* a *castellano:* justamente aduciendo las autoridades que en España no fueron escuchadas en 1931, y no lo han sido después. Pero en Cuba se impuso el buen sentido. Tal vez no hubiera hecho falta más, pero un determinado nacionalismo, grande y generalizado, ha situado a los cubanos frente a otras intrusiones, y *español,* como en Méjico, como en Puerto Rico, es bandera de la propia libertad.

ALGO DE TEORÍA

De los comentarios anteriores podríamos deducir una clara consecuencia: la influencia que determinados comportamientos pueden tener sobre el lenguaje y cómo éste puede amparar a aquéllos [83]. Qué duda cabe que todas estas actitudes pertenecen a una conducta social mucho más amplia que la puramente lingüística, pero no cabe duda de que la lengua es —ahora también— espejo y portavoz de otros comportamientos. Mas aún, sin el lenguaje difícil sería que se manifestaran tales conductas, pues el lenguaje es instrumento de propaganda, tanto y más que la imagen; y es instrumento de identificación, como puedan serlo —y más aún— el paisaje o los deseos de libertad. Actitudes que se reflejan en el lenguaje, claro está, pero que si ese lenguaje no se manifestara de una manera muy precisa el resto de los comportamientos perderían su posibilidad de transmitirse. En el caso de Cuba no afectan estos problemas a la estructura total de la lengua —porque ninguna revolución cambia la estructura de una lengua—, pero sí al hecho de que el hablante se identifique cada vez más con lo que considera propio, como el paisaje, el color del cielo o el sabor de la fruta [84]. Está claro que las actitudes que comentamos no modificarán —de inmediato al menos— la naturaleza de la lengua que los cubanos

---

[83] *Vid.,* como referencia, pues sus preocupaciones vendrían a quedar marginales de lo que aquí tratamos, el trabajo de R. L. Cooper y J. A Fishman, «The Study of Language Attitudes», *International Journal of the Sociology of Language,* n.º 3, 1974, pág. 6.

[84] Véase el apasionado libro de M. de Certeau, D. Julia y J. Revel, *Une politique de la langue. La Révolution française et les patois,* París, 1975.

hablan, pero es cierto que esos mismos hombres han cerrado filas para salvaguardar su instrumento de comunicación, porque adulterarlo sería adulterarse; porque no se sienten amenazados por falacias de bilingüismo, porque su estirpe es ennoblecedora y no mendicante. Cuando a Alejo Carpentier le preguntaron cuál era el más grande escritor de la literatura cubana, contestó —desde su verdad—: Miguel de Cervantes. No sabríamos decir que esto no sea lingüística, porque la lengua es la herencia que, pro-indiviso, compartimos todos, y si esto ya nadie se molesta en discutirlo, ¿no tendremos que decir lo mismo de la literatura que se escribió, se escribe y se seguirá escribiendo con esa lengua? Y considerar a Cervantes el mayor escritor de la literatura cubana es asegurar los cimientos históricos de un orgullo, no abandonar el campo a las claudicaciones. No cabrá en ese caso sentido de inferioridad en la manifestación de la propia lengua, porque se creerá —como es de ley— que es la mejor que ese hombre puede poseer. Afianzamiento de personalidad, no humillación, es lo que encontramos en esas posturas que tuvieron los informantes de nuestra investigación. De ahí la nivelación y la mejora del instrumento lingüístico a la que nos hemos referido a lo largo de estas páginas [85]. No cabe el temor de la separación lingüística, sino la integración en una comunidad de países cuya fuerza está precisamente en su unión [86].

Actitud, pues, según el *Diccionario* académico, es «disposición de ánimo de algún modo manifestada». Creemos que no merece demasiadas precisiones; en nuestro caso sería «disposición del hablante para juzgar o valorar los hechos lingüísticos» [87]. Qué duda cabe que en ello se encierra una teoría de

---

[85] *Vid.* David M. Smith, «Language, Speech and Ideology: A Conceptual Framework», en Roger W. Shuy, Ralph W. Fasold, *Language Attitudes: Current Trends and Prospects*, Washington, D. C., págs. 97-112.

[86] Del desastre que es la desunión dijo doloridas palabras don Pedro Henríquez Ureña, «La Utopía de América», en los *Ensayos en busca de nuestra expresión*, Buenos Aires, 1952, pág. 24.

[87] Muy complicadas, e inciertas, son las definiciones que recogen Rebeca Agheyisi y Joshua A. Fishman en su «Language Attitudes Studies», *Anthropological Linguistics*, XV, págs. 137-140. *Cfr.* también Kristine Fitch, Robert Hopper, «If

comportamiento: implícitamente al juzgar o valorar se hace con respecto a algo, y quien afirma o quien duda está estableciendo el significado de unos valores, sean propios o ajenos. Y esto podrá ser —si se manifiesta en la colectividad— un hecho de sociología y no de psicología individual. Comparando estas reflexiones con los materiales que estamos usando podríamos decir que en Cuba no hay problemas de identidad, mientras que en Puerto Rico, sí [88]. E insistiendo en algo sabido, los intelectuales puertorriqueños son quienes crean la disconformidad, mientras que los cubanos sostienen, o crean, la fe de su pueblo. De ahí el valor de la observación de Fishman cuando notó la inseguridad lingüística puertorriqueña ante la agresiva seguridad cubana [89]. O, si se quiere, una determinante actitud lingüística lleva a la identificación nacional [90].

APÉNDICE:

TRANSCRIPCIÓN DE LOS TEXTOS EMPLEADOS

Creemos que una cuidadosa transcripción de los textos que han sido tan largamente comentados ayudará al lector a comprender muchas de las reacciones transcritas y de los comentarios que hemos hecho. Los numeramos según el orden en que los empleamos y junto a la cifra consta la persona que lo leyó. Las líneas son un fragmento de «La pintura española juzgada en el extranjero», de Ángel Ganivet; citamos por sus *Obras completas*, Tomo I, Madrid, Aguilar, 1951, pág. 1010.

1. Elena Alvar. Nacida en Zaragoza (España).
2. Dilian Lobo. Nacida en La Habana (Cuba).

You Speak Spanish the'll think You're a German: Attitudes toward Language Choice in Multilingual Environments», *Journal of Multilingual and Multicultural Development*, IV, 1983, pág. 115.

[88] Es la situación de inseguridad lingüística que tan brillantemente estudió Humberto López Morales (*op. cit.*, pág. 165).

[89] «Attitudes... among Puerto Ricans», cit. en la nota 27.

[90] *Cfr.* H. Giles, M. Hewstone, P. Ball, «Language Attitudes in Multilingual Settinges: Prologue with Priorities», *Journal of Multilingual and Multicultural Development*, IV, 1983, pág. 93.

3. Manuel Alvar. Nacido en Benicarló, pero su habla refleja la modalidad culta de Zaragoza (España).
4. Antonio Díaz Fariñas. Nacido en La Habana (Cuba).
5. María Pilar Nuño. Nacida en Huéscar (Granada).
6. José C. de Torres Martínez. Nacido en Andújar (Jaén).

La transcripción de las lecturas creemos que nos ahorran otro tipo de comentarios.

Lectora Elena Alvar.

béase | ađóņde nos ḷéba la mānía đembiár nwestros aŕtístas xǫ́benes | a ke se fórmēn ēn el estraŋxéro ‖fwéra đespáɳa se supóne ke nwéstro árte bále póko | kwáņdǫ_eņ tám póko lo tenémos | i si por akáso đeskúbren algún artísta | komo ƀeláθkeθ | nó kompréndeɳ ke séa espaɳól ‖ déņtro đespáɳa ƀémoş la kósa koɳ distíɳtos ǫ́xos | ēmbiámos a los aŕtístas al estraŋxéro | i kwaņdo ƀwélben eŝáđos a peŕđéŕ | o kwaɳdo ménos estraŋxériθáđos | i nos preséņtaɳ sus óbras | esperimēņtámos la mízma sensaθjón | ke la galína kę_á_ęmpoḷáđo | wébos đe pába. | i se esstráɳa | bjéɳdo salír los paƀipóḷǫs ‖‖ náđa más ' ŕidíkulo | kę_abla.ı đe pat.ıjotíşmo kwaɳdo se tráta đe árte | pero los artístas đébeɱ formársen su pátrja | nó por patrjotízmo | sino para ke la_ęđukaθjón | esté đę_akwérđo kon su tempéramēɳto ' i su karágte.ı ‖ sólo ún ómbre yá formáđo | pwéđe ŕesistí.ı ' aklimataθjónes | iđeáles | súθesíbas | i sakár probéŝo đe éḷas ‖ el míşmo ƀeláθkeθ | és un exémplo koŋkluyéɳte | el artísta permānéɳte | és en él | sjémpre | el aɳdalúθ | únā naturaléθa đotáđa koɱ fakuḷtádes | estraordinárjaş đe bisjón ‖‖

Lectora Dilian Lobo.

béase ađoņde nos yéba la mānía đembíar nwest.ıos artístas hóbenes a ke se fórmēn ēn el estrāɳhéro | fwéra đespáɳa se supóne ke nwest.ıo áŕte bále póko | kwaņdo és tám póko | kwaņdo eɳ tám póko lo tenémos | i si po.ı akáso deskúbren algún aŕtísta | komo ƀeláskes | nó kompréndeɳ ke séa espaɳól | deɳtro đespáɳa ƀémos la kósa koɳ distíɳtos óxos | ēmbiámos a los artístas al etranɦéro | i kwaɳdo ƀwélben eŝáđos a peŕđér | o kwaɳdo ménos etrāɳhērisádos | i nos preséɳtan sus óbras | esperimēɳtámos la mísma sensasjóɳ ke la gayína kę_a_ęmpoyáđo gwébos de pába | i sesstrá-

ņa bjéņdo salíɹ loʰ pábo | pábipóyos ||| náđa máˢ r̃iđíkulo kə̞ aḃlár de pa-
tɹjotísmo kwaņdo se tráta đe árte | pero los artístas đébeɱ formársen su
pátrja | nó por patrjotísmo | sino para ke la̯ ə̞đukasjón esté də̞ akwér̃do
kon su temperaméņto | i su karáᵉter | sólɔ únómbre yá formáđo pwéđe
r̃esistír aklimatasjónes iđeálesusesíbas | i sakár probéšo đe éyas | el mís-
mo beláskes | ? és ún ehémplo kōnkluyéņtə | el artísta permānénte |
és en él | sié:mpre | el aņdalús | únā naturaléṣa đotáđa koɱ fakuḷtáđes
| estraođinárjas đe bisjón |||

Lector Manuel Alvar.

béase | ađóņde nos l̯éba la mānía đembiár nwéstɹos aɹtístas xóbénes a ke
se fórmēn | ēn el estraŋxéro || fwéra despáņa | se supóne ke nwéstro árte
bále póko | kwaņdö̞ e̞ņ tám póko lo tenémos | i si por akáso đeskúbren
| algún aɹtísta komo beláθkeθ | nó kompréņdeņ ke séa espaņól || déņtro
despáņa bémoˢ las kósas koņ distíņtos óxos | ēmbiámos a los aɹtístas al
estraŋxéro | i kwaņdo bwélben eŝáđos a perdéɹ | o kwaņdo ménos
estɹaŋxériθáđos | i̯ nos preséņtan sus óbras | ə̞speriméņtámoᶻ la mísma
sensaθjóņ ke la galína ke̞ á̯ e̞mpoláđo gwébo̞ṣ de pába | i sestɹáņa bjéņdo
salíɹ los pabipólos || náđa má r̃iđíkulo ke̞ a̞blár đe patrjotísmo kwaņdo se
tráta đe árte | pero los artístas đébeɱ formársen su pátrja | nó por patrjo-
tíṣmo | sino pera ke le̞ ə̞đukaθjón esté đe̞ akwérđo kon su temperaméņto
i su karáᵉteɹ || sólún ómbre yá formáđo | pwéđe r̃esistír aklimataθjónes
| iđeále suθesíbas | i sakár probéšo đe élas | ə̞l mísmo beláθkeθ és ún
exémplo koŋkluyéņte || el artísta permānéņte | és | en él sjémpre | el
aņdalúθ | únā naturaléθa đotáđa | kom fakuḷtádes | eᵉstraorđinárjas de
bisjón |||

Lector Antonio Díaz Fariñas.

béase | ađóņdə noṣ žéba la mānía đembjár | nwéʰtɹos | ar̃ístɐs hóbenəs
| a ke se fórmɜn ɜn əl eʰtɹāŋɦéro | fwéra đeʰpáņa | se supóne ke nweʰ-
tɹo̞ árte bále póko | kwaņdo̞ ɜ̞ņ tám póko lo tenémos | i si pór | ? akáso
deʰkúbren | algún artísta | komo beláske | nó kompréndēņ ke séa ̞ɜʰpa-
ņól | deņtro deʰpáņa | bémo laʰ kósa koņ distíņtos óhos | ēmbiámos a
los aʰtíʰta al eʰtɹaɹⁿhéro̞ | i kwaņdo bwélben eŝáđoʰ a perdér | o kwaņdo
ménōh eʰtraŋheɹɪsáđos | i noʰ preséņtan sus obras | eʰperiméņtámo la
mīʰma sensasjóņ ke la gayína ke̞ ál empoyáđo | wéboʰ đe pába | i seʰtrá-
ņa bjéņdo salíɹ | loʰ pabipóyos || nađa máʰ r̃idíkúlɔ kə̞ a̞blár de patrotí-

mǫ | kwaṇdo se tráta đe ár̃tǝ | pero loh ar̃títạ đébeɱ formársen su pátrja | nó por patjotíʰmǫ | sinó para ke | lẹ ǝđukasjōⁿ | esté đe akwér̃đo kon su temperamēṇtǫ ị karáteᴶ | sólǫ ún ǫ́mbre | žá fǫrmáđǫ | pwéđe r̃esitír aklimatasjóneʰ iđeále susesíbaˢ | i saká proɓéšo đéyɐs || el mȋʰmo ɓeláʰ‑ kes | ēn ún ehémplǫ kǭŋkluyéṇtǝ | el artíʰta pemānéṇte | ? és | ? en él | sjémpre | el aṇdalús | únē naturalésa đotáđa koɱ fakuḷtáđẹh eʰtɹaodinárja đe bisjōⁿ |||

Lectora M.ª Pilar Nuño.

béase | adóṇdǝ no žéɓa la mānía đeēmbiár nwetro artíta xǫɓénę | a ke se fórmēn ēn el ǝʰtɹaŋxéro | fwéra đeʰpáṇa se supóne ke nwéʰtɹo áɹte ɓále póko | kwandǫ ǝṇ tam póko lo tenémoʰ | i si por akáso đeʰkúɓren algún artíˢta komó ɓeláʰkę | nó kompréṇdēŋ ke séa eʰpaṇól || déṇtro deʰpáṇa | bémo la kósa koṇ diʰtíntǫ ǫ́xǫ | embiámǫ a lo artíˢta ạl eʰtraŋxéro | i kwaṇdo ɓwélɓen ešáđo a perđér | o kwaṇdo mę́ṇǫ etraŋxerisáđǫ | i noʰ preséṇtan su óɓrą | eʰperimēṇtámo la mím:a sensaθjón ke la gayína kę ą́ ̣ ɐm‑ poyáđo gwéɓo đe páɓa | i seʰtɹáṇa ɓjéṇdo salí loʰ paɓipóyoʰ | náda má r̃iđíkulo kę ạblá ̣ đe patɹjotímmo kwaṇdo se tɹáta de ártǝ | pero lo artíʰtǝ đébeɱ formárse en su pátrja | nó por patrjotímmo | sino para ke la eđukaθjón | eʰté đǝ akwérđo kon su temperamēṇtǫ ị su karáᵠteɹ | sólǫ ụn ǫ́mbre yá fǫrmáđǫ pwéde r̃esiʰtír aklimataθjónę ịđeálę suθesíɓaʰ | i sakár proɓéšo đe éjąʰ | el mímo ɓeláʰkę | ę́ ún exémplo koŋkluyéṇte | el artíʰta permānéṇte | é en él | sjémpre | el aṇdalúθ | úna naturaléθa đotađa koɱ fakuḷtadęʰ eʰtɹaoɹdinárja de ɓiṣjóŋ |||

Lector José C. de Torres.

béase ađóṇde noʰ yéɓa la mānía đembiá nweʰtɹo artíʰta hǫ́ɓęnę ᶦ a ke se fóɹmēn en el eʰtɹaŋxéro | fwéra đeʰpáṇa se supóne ke nwéʰtro ár̃te ɓále póko | kwandǫ éʰ tám póko lo teṇémǫ | i si pǫ akáso đekúɓren algún ar̃‑ tíˢta | komo ɓeláʰkę | nó kompréṇdeŋ ke séa eʰpaṇó || déṇtɹo đeʰpáṇa ɓé‑ mo laʰ kósa koṇ diʰtíṇto óxo | embiámo a lo ar̃tíʰtal eʰtraŋxéro | i kwaṇ‑ do ɓwélɓen ešáǫ a perđę́ | o kwaṇdo mę́ṇǫ ǝtɹaŋxerisáǫ | i no preséṇtan su óɓra | eʰperimēṇtámǫ la míma sensasjóŋ | ke la gažína kę ą́ ̣ ęmpoyáǫ gwéɓoʰ đe páɓa | i seʰtɹáṇa ɓjéṇdo salí: loʰ paɓipóžo || náda má r̃iđíkulo ke aɓláᴶ de patrjotíᵇmo ı kwaṇdo se tɹáta đe ártǝ | pero lo artíʰta đébeɱ formársen su pátrja | nó pǫ patɹjotíʰmǫ | sino para ke la ǝđukasjóŋ eʰté đakwérđo kon su temperamēṇtǫ ị su karáᵇte || sólo ún ǫ́mbre yá fǫrmáǫ

| pwéde r̃esistí aklimatasjóne i̯d̃eálę̨ | susesíba | i saká probéśo d̃e éz̨ą |
er mím:o beláʰkę̨ ę́ ún exémplo koŋkruyéņte | el artíʰta permãnéņte és | en
él | sjémpre | el aņdalúʰ | úna naturalésa d̃otáda kõm fakuļtádes t̃ʃaoʃd̃i-
nárja d̃e bisjóⁿ |||

ANÁLISIS DE LA ENTONACIÓN

La entonación es un componente lingüístico que caracteriza poderosamente a los hablantes. Aquí presentamos una pequeña muestra de nuestros informantes. En lo fundamental, la entonación de Elena Alvar, aunque más expresiva, es igual que la del informante Manuel Alvar y también bastante similar a la de la informante M.ª Pilar Nuño. También los patrones melódicos del informante cubano que aquí mostramos son iguales a los de la informante cubana.

Comparando las entonaciones de nuestros hablantes Elena Alvar, J. C. Torres y Antonio Díaz observamos lo siguiente:

a) los movimientos del fundamental son menos acusados en J. C. Torres que en los otros dos lectores; J. C. Torres se caracteriza por una gran monotonía.

b) en la secuencia *Experimentamos la misma sensación*, el entonema (sílaba-*ación*) es ascendente en Elena Alvar, suspensivo en J. C. Torres y circunflejo en Antonio Díaz.

c) el entonema de la frase *que la gallina... huevos de pava* es diferente también en nuestros tres informantes: el de Elena Alvar es decididamente cóncavo y ascendente, con un final muy alto; el de J. C. Torres es similar, pero con un final no muy alto; por último el del lector cubano es totalmente distinto: su movimiento es acusadamente circunflejo, y, por ello, descendente. Un patrón semejante presenta el de *empollado*, que lo realiza como grupo fónico independiente, y que es, así mismo, totalmente diferente del de los españoles.

d) en la secuencia *nada más ridículo* el entonema (final de *ridículo)* es ascendente en Elena Alvar y J. C. Torres (este último sin pausa después de *ridículo);* sin embargo, en el lector cubano es descendente, como final de una entonación circunfleja que abarca toda la secuencia. Por otra parte, *nada* es tónica

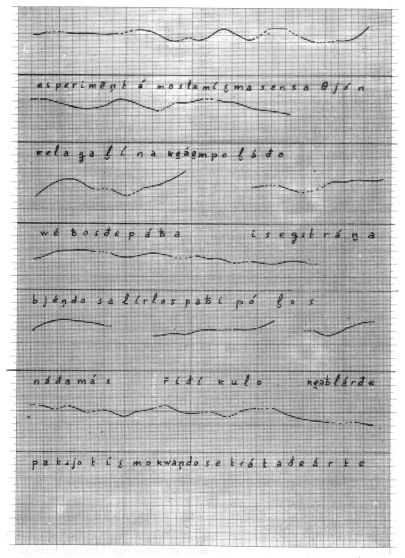

Lectora Elena Alvar.

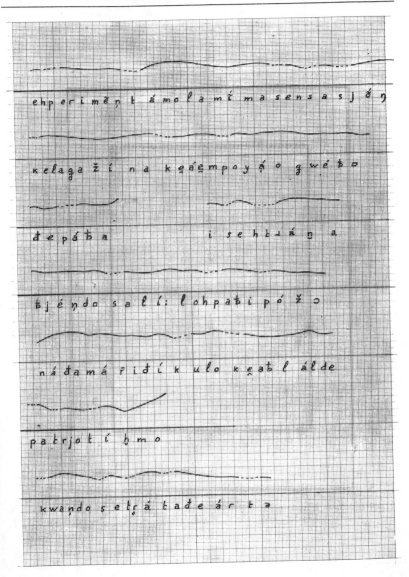

Lector José C. de Torres.

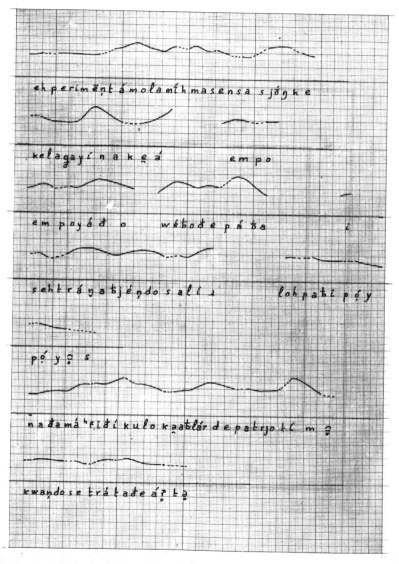

Lector Antonio Díaz Fariñas.

en los informantes españoles y átona en el cubano: ello se traduce en un comportamiento melódico muy diferente entre el antillano y los españoles.

e) el final de la oración *que hablar de patriotismo* presenta un comportamiento melódico análogo al anteriormente descrito: en J. C. Torres y Elena Alvar (que no hace pausa) es ascendente, mientras que en el lector cubano es descendente, formando parte de un marcado final circunflejo.

f) los finales de las frases ante pausa *(pavipollos* y *arte)* son descendentes en los tres informantes (hecho de lengua).

Como se deduce de lo anteriormente expuesto, el informante cubano se diferencia radicalmente, por la entonación, de los informantes españoles. Entre éstos, J. C. Torres se diferencia de Elena Alvar por su monotonía, su tempo más lento, sus grupos fónicos más largos, además de su marcada pronunciación.

VIII

ESPAÑOL E INGLÉS EN PUERTO RICO

A María Vaquero, en su Isla.

En 1979 llevé a cabo en Puerto Rico unas encuestas sobre actitudes lingüísticas. Eran paralelas a otras que hice en Méjico y Guatemala [1] y continuación de las que había publicado sobre problemas afines del español peninsular [2]. Una serie de circunstancias interrumpió mi trabajo cuando la Isla se encontró bajo la adversidad de los huracanes: cerrados los centros docentes y cortadas las comunicaciones, mis tareas quedaron inconclusas. Sin embargo, el espíritu científico de colegas y alumnos completó la colección de encuestas proyectadas y aun allegó otros muchos materiales. Conste a todos mi gratitud por la generosidad de su esfuerzo.

Con un breve cuestionario, que iré comentando a lo largo de estas páginas, quería comprobar la actitud de los puertorriqueños ante su lengua; de una parte, la denominación con que la designan y, de otra, la conciencia con que se encaran al problema de la presión norteamericana. En torno a estas cuestiones, otros motivos que actúan de contrapunto.

---

[1] Estas últimas figuran en el presente volumen.
[2] Véanse, anteriormente, págs. 13-36.

Virtualmente, se rellenaron cuestionarios en toda la Isla y, muy numerosos, en el área metropolitana (San Juan, Santurce, Río Piedras). A pesar de la distribución geográfica, informes de este tipo no van a ser discriminadores por cuanto se trata de un hecho que afecta a problemas estrictamente sociales y enraizados, muchas veces, en una conciencia nacional, que veremos hasta dónde condiciona las respuestas. Por eso me parece mejor señalar las características de estas gentes en los papeles que representan dentro de unas estructuras de grupo más amplias [3].

Las 150 encuestas se pueden ordenar así:

1. HOMBRES = 71

> *De cultura inferior:* Pescador 1, conserje 1, albañil 1, guardia 1, campesino 1, obreros 3 = *8*
>
> *De cultura media:* Técnicos (de electricidad, teléfonos, etc.) 7, delineante 1, fotógrafo 1, comerciantes 5, administrativos 7, agente de seguros 1, funcionario de correos 1, peluquero 1, músico 1 = *25*
>
> *De cultura superior:* Maestros, profesores, catedráticos 11, economista 1, bibliotecario 1, ingenieros 4, ejecutivo 1, médicos 6, estudiantes universitarios 14 = *38*

2. MUJERES = 79

> *De cultura inferior:* Conserje 1, amas de casa 22 [4] = *23*
>
> *De cultura media:* Enfermeras 3, secretarias (en sus diversas especialidades) 18, funcionaria de correos 1, técnicas (de laboratorio, nutrición, cosmetóloga) 3, comerciante 1, intérprete 1, peluquera 1 = *28*
>
> *De cultura superior:* Maestra, profesoras, etc. 10, ejecutivas 2, médicas 2, economista 1, estudiantes 13 = *28*

---

[3] Los cuestionarios están clasificados en el Departamento de Geografía Lingüística (C.S.I.C) de Madrid.

[4] Aunque pueden tener títulos de diversos grados de capacitación. Hacemos constar su no ejercicio profesional.

En cuanto a la edad [5], los HOMBRES se repartieron así:

Hasta 20 años = 3
Entre 21 y 30 = 24
Entre 31 y 45 = 20
Entre 46 y 60 = 13
Más de 60 = 3

Las MUJERES se distribuyeron de este modo:

Hasta 20 años = 6
Entre 21 y 30 = 25
Entre 31 y 45 = 26
Entre 46 y 60 = 14
Más de 60 = 5

Otras circunstancias (centro de estudios, conocimiento de inglés, etc.) se harán conocer oportunamente.

LA LENGUA PROPIA

No hubo ni una sola excepción en considerar el español como la lengua de Puerto Rico [6]. Queda claro que, con independencia de adhesiones políticas, de presiones, de pretendido bilingüismo, los 150 hablantes se manifestaron de manera concorde. Y esto es tanto más significativo por cuanto —veremos— hubo discrepancias en otras cosas. Pienso en Rafo, el trágico

---

[5] Algunos informantes (hombres y mujeres) no quisieron decir su edad; de ahí que los números no coincidan totalmente con los que hemos dado poco más arriba. También se respetó el anonimato que quisieron mantener algunos informantes.

[6] Cfr. Germán de Granda, *Transculturación e interferencia lingüística en el Puerto Rico contemporáneo (1898-1968)*. Citaré por la edición de Río Piedras, 1972, págs. 119-145. El libro motivó multitud de reacciones sentimentales desprovistas de cualquier tipo de objetividad; en las reseñas abundan los exabruptos y hasta las injurias, pero no se aducen razones objetivas. No obstante, hubo otras en defensa de la obra: cfr. Esteban Tollinchi Camacho (*El Mundo*, 3 de junio de 1969) y Manuel Ballesteros Gaibrois (*Thesaurus*, XXV, 1970, págs. 114-122), etc.

personaje de un intenso relato de Edwin Figueroa, que en la lengua encontraba su inalienable identidad:

> Ya los muchachos no quisieron ser nuestros hijos [...] No los entendemos, ni ellos nos entienden... Hablan otro idioma y piensan de otra manera [...] Y los nietos, no se diga, ni una palabra pueden decir en cristiano. Aquí por lo menos voy a trabajar al aire libre, en el campo, en mi propia tierra, con gentes que me hablan y las entiendo [7].

La lengua de todos, cultos e ignaros, hombres y mujeres, viejos y jóvenes es el español [8]. Ahora bien, cuál sea la designación afectiva que se dé a esa lengua es una cuestión que ha suscitado no pocos matices y ha hecho correr no poca tinta. Si nos fijáramos en la designación con que se conoce la lengua los datos hablan con elocuencia:

	Número	*Proporción*
Castellano	6	4 %
Español	141	94 %
Ambas denominaciones	3	2 %

Evidentemente, *español* es la nomenclatura generalizada. Ese ralo 4 % de *castellano* no significa mucho y aún debe ser atenuado [9]. Porque Puerto Rico permaneció unido a la corona de España durante todo el siglo XIX y ello hizo que participara de la misma suerte que la designación de la lengua tuvo en la Península. Porque *español* cobró arraigo en el siglo XVIII, y si no sustituyó a *castellano*, al menos se generalizó; Puerto Rico sufrió los avatares metropolitanos y su testimonio es ejemplar: *español* es el nombre de la lengua a la que afectivamente se siente enraizado cada uno de los hablantes, sin detrimento de su personalidad y sin menoscabo de su conciencia puertorriqueña. A esta expresión de coherencia posiblemente ha ayudado otro hecho de carácter político: el titulado «cambio de Soberanía»

---

[7] «Don Rafo y los caballos», en *Seis veces la muerte*, Río Piedras, 1978, página 20.
[8] Vid. Pedro A. Cebollero, *La política lingüístico-escolar de Puerto Rico*, San Juan, [s. a.], pág. 120.
[9] Informantes 15, 18, 22, 34, 95, 150.

vino a enfrentar la lengua propia con otra llamada inglés, que se manifestó con una enorme fuerza coactiva. Inglés, como en otras naciones alemán o francés o italiano, exigió un correlato amplio y generalizador, *español*, en vez del minoritario y restrictivo, *castellano*. Más aún, la gran afluencia de emigrantes en el siglo XIX procedió de regiones españolas no castellanas (Cataluña, Baleares, Aragón, Asturias) [10], con lo que *español* acentuaba su carácter integrador: lengua de todos —peninsulares o no—, e incluso de gentes cuyo román paladino no era castellano, sino catalán o gallego.

Que este *español* puede estar matizado con valoraciones terruñeras es evidente, y a ello volveré más adelante, pero ahora me basta con señalar que el informante 140, el más viejo de cuantos colaboraron en nuestras tareas (había nacido en Culebra, en 1895), sabía que la lengua también se llama *castellano* en otras partes, pero era preferible llamarle *español* o, en todo caso, *español de Puerto Rico*. Este hombre, que había estudiado hasta el octavo grado, se encontraba muy identificado con su lengua (apenas sabía inglés), la única en la que había estudiado, y en la que se realizaba desde su perspectiva insular *(de Puerto Rico)*.

Por el contrario, quienes prefirieron *castellano* presentaban una coherencia menor: una informante de Toa Alta [11] no tenía

---

[10]   Cfr. Estela Cifre de Loubriel, *La formación del pueblo puertorriqueño. La contribución de los catalanes, baleáricos y valencianos*, San Juan, Puerto Rico, 1975. La autora señala que «el primer puesto de la inmigración a la Isla lo ocupa la región mediterránea, que es la que va a marcar definitivamente —como más reciente— el módulo del puertorriqueño de hoy, sobre todo, desde el punto de vista étnico» (pág. 25). Pero creo que la afirmación no puede aceptarse así, a humo de pajas. Según esa obra, en el siglo XIX había 2.215 catalanes, 888 valencianos y 1.165 baleares, lo que hace un total de 4.268 personas. Doy las cifras globales de cada procedencia, teniendo en cuenta, también, las listas adicionales (vid. págs. 49, 57, 59 y 319-324, 481-485 y 403-407). La señora Cifre había realizado otros estudios anteriores al que ahora me ocupa: *Immigration to Puerto Rico during the Spanish Dominion of the Island*, Columbia University, N. Y., 1950, y *La inmigración a Puerto Rico durante el siglo XIX*, Río Piedras, 1962.

[11]   Ama de casa, 43 años, estudios hasta segundo grado de bachillerato (según la terminología española: Instituto = Escuela superior, ingl. *High School*). En los archivos aparece clasificada con el número 15.

razones para explicar la denominación; otra de Mayagüez [12], sabía que vino de Castilla: tanto más sorprendente porque, aun teniendo —sólo— escolaridad elemental, respondió con muchísima lucidez, con gran sentido lingüístico y con un consciente apasionamiento. En los otros hablantes las respuestas me parecieron menos espontáneas; unos manifestaban incoherencia por poseer —ya— sabiduría libresca: así el maestro [13] que era bachiller en Pedagogía dijo que la lengua era el *castellano* porque «viene de España y tiene un fondo histórico con Castilla»; es decir, verdades mal asimiladas y que producían unos resultados inconsecuentes. Para un estudiante de Santurce y un médico de Salinas, el nombre y su justificación parecen leídos (la lengua se llama *castellano*, pues «es el nombre original, porque viene de Castilla», inf. 22 y 150), lo mismo que para otro de la misma localidad («*castellano*, que es el que trajeron a América», inf. 34). Creo que el carácter erudito de esta terminología se comprueba con los informantes (35 y 97) que, siendo estudiantes universitarios, llamaban a su lengua *castellano* o *español* porque «su origen es de Castilla o de España» o «porque se origina en España» [¿Entonces qué sentido tiene *castellano*?] [14].

Es decir, *castellano* se muestra como término —en general— menos espontáneo, producto, no pocas veces, de sabiduría libresca, incluso mal asimilada, y, además, incoherente con lo que se expresa. Frente a esta pobreza, los partidarios de *español* tenían ideas justas de puro elementales: la lengua se llama así porque

1. Vino de España (inf. 2, 3, 5, 7, 17-21, 23-32, 37, 39, 40-45, 48, 50-52, 54, 56-67, 69-72, 77, 81, 85, 86, 90, 92-94, 96, 97, 100-104, 108, 114-116, 120, 124, 126, 127, 130, 131, 133-135, 137, 141, 142, 144, 147-149).

2. Es idioma universal de España (inf. 12).

3. La heredamos de los españoles (inf. 13, 38, 55, 68, 75, 78, 79, 83, 84, 105, 113, 118, 128, 129, 140, 145).

---

[12] También ama de casa, 68 años, con sólo instrucción elemental (informante n.º 95).

[13] De Santurce, 36 años.

[14] Los inf. 23 y 32 (estudiante y obrero, respectivamente) añadieron: «y del latín».

4. Fuimos colonizados por los españoles (inf. 2).
5. Porque los españoles le pusieron nombre (inf. 4, 9) [15].

O hubo motivos que no caben en la enumeración anterior:

6. Respuestas heterogéneas [16].
7. Ignoran el porqué (inf. 1, 8, 10, 15, 49, 80, 99, 136).

Además, diversos hablantes acertaron con unas dianas totalmente válidas cuando decían que su lengua era «español, porque castellano es más castizo» [17], «porque el castellano es más
puro; el español, más general» [18], «porque no es el castellano
castizo» [19], «es más puro el castellano» [20], «porque si lo hablá-
ramos como el castellano, lo llamaríamos así» [21], «porque es la
evolución del castellano» [22], «porque viene a formarse del castellano» [23], «castellano se limita a Castilla y español es más general» [24], «porque no habla como los castellanos» [25].

---

[15]   Claro que los inf. 36 (estudiante de Universidad) y 112 (contable) la llamaron *español* «porque viene de Castilla»; el 47, un contable·de 30 años, dijo:
«la cultura puertorriqueña la llama *español*, pero es *castellano*».
[16]   «Antiguamente se llamó *castellano;* luego le pusieron *español*» (inf. 6),
«porque somos puertorriqueños» (inf. 11), «porque todo el mundo la habla» (inf.
14), «porque es lo que hablo» (inf. 16), «la Real Academia le dio nombre» (inf.
73), «porque los españoles invadieron nuestra isla» (inf. 87), «porque viene de
raíz latina» (inf. 91), «porque es el lenguaje de uno» (inf. 98), «porque así me
enseñaron que se llamaba» (inf. 106, 111), «porque todo el mundo la llama así»
(inf. 117, 119), «como es de Cervantes, así le pusieron» (inf. 123), «porque nuestro
idioma se le define con ese nombre» (inf. 132).
[17]   Médico de Santurce (inf. 20).
[18]   Estudiante de Santurce (22 años) que apostilló: «el español es producto
del habla castiza del nuevo mundo» (inf. 33).
[19]   Secretaria de Santurce (inf. 45).
[20]   Médico de Bayamón (inf. 76).
[21]   Ama de casa, con 4.° año de instrucción, de Bayamón, 33 años (inf. 82);
economista, de San Juan, 27 años (inf. 143); profesora de Río Piedras, 26 años
(inf. 146).
[22]   Estudiante de Lares (inf. 88).
[23]   Añadió luego inexactitudes: «y de todas las formas derivadas del español
de América» (inf. 89. Doctor en Filosofía, de Mayagüez, ·41 años).
[24]   Inf. 107: Estudiante (mujer) de Cayey, (30 años).
[25]   Catedrática auxiliar (Yauco).

Es decir, *español* es la lengua de Puerto Rico porque, en amplia síntesis, procede de España. Pero quienes tenían conciencia de que existía el castellano llegaron a matizar con precisión: *español* es término más general y resulta evolución de otro anterior, *castellano;* éste se considera con carácter restrictivo por cuanto es más castizo o más puro. En resumen: *castellano* es la denominación restrictiva, localista y paradigmática de la lengua; *español*, el suprasistema abarcador de las modalidades regionales; por su amplitud, designa a la modalidad lingüística de Puerto Rico, discrepante de ese ideal lingüístico que se llama Castilla. Esto es lo que se desprende de unas respuestas obtenidas al enfrentarse con la lengua en un plano de validez general o, digamos, de cierta abstracción intelectual. Los resultados podrán ser otros cuando surja la comparación con las modalidades terruñeras, pero es lógico: en un planteamiento general cada uno se solidariza con la lengua que posee, y procura la objetividad, pero valorar la realización local de ese sistema es enfrentarse con hechos de lengua, y en ellos no valen las formulaciones universales, y se busca la identificación con esa realidad entrañable que es la del propio terruño. O con otras palabras que gustarían a muchos lingüistas: unidad en el plano de la lengua; variedad, en el del habla.

VALORACIÓN DE LA PROPIA HABLA

Alguna vez he tenido que hacer referencia a los juicios del hablante sobre su propia modalidad lingüística, pero —desde un principio— me interesó saber hasta qué punto había arraigado una conciencia de personalidad y cómo podía manifestarse. Para ello grabé un texto que yo mismo había escrito sobre Puerto Rico; pretendía que cada informante lo escuchara y emitiera un juicio de valor: aquella modalidad ¿era mejor o peor que la propia? Se trataba de un sistema con distinción de *s* y *ce*, de *elle* y *ye*, de *l* y *r* implosivas, con -*s* final, sin ningún tipo de aspirada; es decir, modalidad española de tipo muy conser-

vador y, al parecer, sin ningún marcado acento regional. Para
que hubiera una fácil caracterización, traté de que todos los rasgos de mi habla aparecieran con mucha frecuencia, pero rehu-
yendo cualquier amontonamiento artificial o la apariencia de
un trabalenguas que pretendiera superar dificultades. Lógicamente, hubo tres grupos de respuestas: quienes creyeron que
era mejor la modalidad grabada, quienes prefirieron la propia
o quienes sostenían la paridad de ambas. Pero todo ello necesita
otros comentarios.

Quiero hacer la salvedad de que mi texto, leído, podría presentar un carácter más cuidado y menos espontáneo que el de
una conversación informal; tal vez ello pudiera condicionar alguna valoración, pero también es cierto que a otras personas
yo les parecí un mal lector y estaban dispuestas a salir a una
especie de juicio de Dios para demostrar lo bien que eran capaces de leer [26]. El problema no era éste, sino el de caracterizar
unos rasgos, tal y como he dicho, tal y como eran sentidos. Que
surgieron mil valoraciones distintas, y de todo tipo, es evidente
y trato de valorarlas objetivamente: cada una de ellas, con su
xenofilia o con su xenofobia, con su orgullo local o su despego,
con su indiferencia o su apasionamiento, son otros tantos tipos
de actitud, hecho psicológico que repercute en la lengua y, no
olvidemos, una lengua es, o será, aquello que de ella hagan sus
usuarios. Y la irritación que a un hablante le producía oír hablar peninsular, así, grosso modo, podía ser un soporte de conciencia nacional que, en definitiva, ayudaba al arraigo del español. Creo que los informes recogidos permiten numerosos comentarios, que intentaré sistematizar. Pero, antes de pasar adelante, voy a anticipar unos resultados [27]:

---

[26]   Una maestra (40 años) de Ceiba, que solía discurrir con ciertos patrones
adquiridos.
[27]   En la tabulación sólo entran 140 encuestas; en las 141-150 no se dispuso
de la grabación.

Prefieren	Hombres	Mujeres	Totales	Proporción
La modalidad puertorriqueña [28].	27	25	52	37,1 %
La española [29]	19	29	48	34,2 %
Ambas tienen el mismo valor [30].	21	14	35	25 %

La variedad local del español era preferible por una serie de razones que iban desde la carencia de motivos (inf. 7, 44, 56, 80) hasta un ideal académico de corrección. Evidentemente, el subjetivismo juega un papel importante, y es lógico: cualquiera donde se encuentra más cómodo es dentro del propio sistema, ya que con él se realiza, se comunica o en él se identifica. Por eso es natural que muchos hablantes prefirieran su peculiaridad lingüística por ser la propia y la que para ellos era la más fácilmente comprensible [31]. Claro que dentro de este difuso subjetivismo surgían matices: unas veces la preferían para sentir el orgullo de la propia modalidad frente a las demás [32], otras para expresar la intimidad [33]. De ahí que aparecieran valoraciones evidentes: es más sencilla y fácil de pronunciar (inf. 28), «llega a más personas» [34], se comunica mejor (inf. 8 y 93), es más clara (inf. 47 y 84) y exacta (inf. 47). Dentro de estas observaciones cabría un conjunto de notas que consideran el habla que se utiliza como «menos afectada» (inf. 71), «más llana» (inf. 58) [35], «más práctica» (inf. 57).

---

[28] Informantes 1, 7, 8, 9, 11, 15-17, 23, 25, 28, 36, 39, 40, 42-44, 47, 56, 57, 59, 63, 65, 66, 68, 69, 70, 71, 78, 79, 80, 83-87, 90, 92, 93, 97, 100, 112, 121-123, 128, 130, 135, 137-140 = 52.

[29] Informantes 2, 4-6, 10, 14, 18, 19, 30-33, 38, 45, 46, 49, 60, 62, 64, 73, 74, 76, 77, 81, 91, 94, 96, 99, 101, 103-106, 108-111, 113-115, 117, 127, 129, 131-134 = 48.

[30] Informantes 3, 12, 13, 20-22, 24, 26, 27, 29, 34, 35, 37, 41, 52-55, 58, 61, 67, 72, 75, 88, 89, 95, 98, 102, 107, 116, 118-120, 124, 125 = 35.

[31] Informantes 1, 11, 15, 16, 25, 36, 43, 45, 65, 70, 78, 79, 83, 85, 86, 90, 97, 100, 112, 122, 128, 137, 138, 139.

[32] Un ama de casa (52 años) de Barceloneta.

[33] «Es la forma en que yo me he criado y es mejor porque yo la he adaptado más a mi personalidad» (obrero especializado, 40 años, de Orcavís).

[34] Y ser más «popular» (secretaria de 23 años de Santurce).

[35] «No tanto por la pronunciación, ya que ninguna pronunciación extranjera es mejor que la local» (fotógrafo de Río Piedras, 30 años).

Es decir, todo un conjunto de razones subjetivas han determinado la preferencia por la propia modalidad; todas giran en torno a un uso que la hace fácil de comprender y útil de manejar. Desde aquí no hay sino un paso hasta considerar las peculiaridades isleñas como más correctas [36] y de pronunciación mejor, según afirmaron rotundamente los informantes 9, 130 [37], 135. Evidentemente esto supone una toma de posición frente a la modalidad lingüística que se les sometía a valoración: entonces, el español de España (modalidad norteña) era repudiado por unos rasgos fonéticos: pronunciación de *ce* (inf. 17, 36, 66, 87), de *jota* (inf. 92) y por su tono «más ronco» (inf. 140), que pueden llevar a que «no se le entiende lo que dice» (inf. 39, 40). Por último, un joven estudiante preferiría su modalidad lingüística de acuerdo con razones puramente escolares: «a mí me entenderían mejor en más países, ya que España poseía muchos territorios que quedaron hablando más o menos como yo» (inf. 23). Por último, no habría que echar en saco roto la xenofilia de las mujeres frente a cierta xenofobia de los varones.

Tenemos, pues, un abanico de posibilidades, que pueden reducirse a una concisa síntesis. Un conjunto de puertorriqueños prefirieron su habla frente al español peninsular porque con ella se identificaban plenamente: era el vehículo de su propia personalidad y el instrumento de comunicación en los estrechos límites de la Isla; lógicamente esa modalidad era para ellos llana y clara, mientras que se distanciaban de unos rasgos fonéticos de los que no participaban *(zeta, jota)*. Que desde estos presupuestos llegaron a creer dogmáticamente en valoraciones de la corrección propia, no tiene nada de particular, aunque sea una cuestión que carece de interés para nosotros, pero hemos de comprender, si queremos ser objetivos, que una valoración sub-

---

[36] Una secretaria de Sabana Grande, bastante pedante (37 años), al preguntarle cuál de las dos modalidades era mejor, dijo: «La mía, decididamente; porque la mía tiene menos afectación y mejor vocabulario». Es la persona que dijo que el español, «como es de Cervantes, así le pusieron», y el inglés, porque «viene de Shakespeare». Un administrador de Yabucoa, con dos licenciaturas universitarias, escribió: «yo proyecto la voz más que él y mi articulación es más clara».

[37] «Porque domino mejor las letras».

jetiva de lo propio como bueno lleva a la pretensión objetivadora de establecer unos principios normativos, que se convierten en normas objetivas.

ACTITUD ANTE UNA MODALI-
DAD ARCAIZANTE DEL ESPAÑOL

Las razones que hacían preferible el español de España fueron de carácter muy heterogéneo. Unas eran fonéticas, otras ampliamente lingüísticas, otras estéticas, otras históricas. He aquí una amplia gama razonada con criterios diversos y de muy distinto valor, pero que sirven para ir conformando el propio criterio lingüístico del hablante. Lógicamente, no pretendo encontrar la coherencia con que debiera expresarse un profesor de historia del español, pero, es posible, en el conjunto podremos hallar razones de profundo sentido, como las que hemos encontrado en los hablantes que repudiaban la norma peninsular.

Para muchos de los informantes, la modalidad peninsular norteña es mejor, porque lo es su f o n é t i c a [38]. Y aun había especificaciones que justificaban un criterio, aunque quedaran bien ajenas a lo que ese hablante español ha aspirado en toda su vida: «es una voz clara, pausada, expresiva. Puede llegar a las masas con facilidad» [39], o, dentro de una valoración estrictamente lingüística [40], «porque no se come las letras ni las cambia» (inf. 133). Carácter fonético tiene, indudablemente, la claridad, por cuanto afecta a la intelección de los sonidos y así, para algunos informantes, mi habla era más clara [41] y precisa (inf. 19). Esta prioridad la daba la distinción entre *s* y *ce* (inf. 99, 109) y no percibían ningún otro rasgo; lo que lleva a pensar en una generalización muy extendida por América: el español de España se caracteriza por tener *ce*, y ahí acaba todo. Bien es verdad, que las cañas para otros fueron lanzas, pues reconocían

---

[38] Informantes 14, 30, 38, 45, 60, 62, 73, 82, 91, 94, 103, 110, 111, 127, 183.
[39] Informante 91, peluquero de Mayagüez (30 años), con tercer año de Universidad.
[40] Informantes 19, 38, 103, 113.
[41] Informantes 45, 49, 50, 96.

la superioridad del español peninsular «aunque tiene *ce*» (inf. 31). Por último, los rasgos fonéticos afectaron a veces a la «mejor entonación» (inf. 110) o a la sonoridad de la variante (inf. 101). Carácter más ampliamente l i n g ü í s t i c o tuvieron apreciaciones como las imprecisas de «habla perfecto» (inf. 129), «es más cuidada» (inf. 18), «tiene más vocabulario» (inf. 4 y 5), «es más correcto» (inf. 10, 108). Perfección y riqueza apuntan de inmediato a un ideal que no se posee y convierte la modalidad escuchada, pero ajena, en una teoría de valoraciones puramente subjetivas: se trata de un español «más bonito» (inf. 10, 84, 94), «más puro» (inf. 32, 46, 74, 76), «precioso y bello» (inf. 114). Entonces el hablante busca las causas que condicionan tales hechos y en las que justifica su propia situación. En una encuesta como la que aquí comento pudo hacerse la valoración de un hecho harto limitado (qué impresión producía la lectura grabada de una persona que podía no estar presente) y pudo intentarse, también, la justificación histórica de los hechos. La primera de estas apreciaciones contó con el resultado de una comparación inmediata; así, hubo puertorriqueños que vieron en el español escuchado unas condiciones que afectaban al hablante que «se expresaba mejor» y tenía «más cultura» [42].

En cuanto a las razones h i s t ó r i c a s apuntaban al hecho de que la lengua escuchada, por ser una modalidad peninsular, era «más castellano» (inf. 32) y, lógicamente, la prioridad será propicia a España por ser el solar de la lengua común [43]. Evidentemente, se trata de ideas de cuño académico hondamente arraigadas. Otras motivaciones, ahora sincrónicas, también están motivadas en fundamentos históricos: la presencia del inglés. Así, uno y otro hablante dirían que el español escuchado era «más refinado porque nosotros estamos en contacto con otro idioma» (inf. 64), que el español no tiene interferencias del inglés (inf. 32, 131) o que el habla puertorriqueña es «una mezcla» (6, 46) y está «contaminada» (inf. 76) [44].

---

[42] Informantes 5, 104, 105, 106, 111, 115, 117, 132.
[43] Informantes 30, 46, 77, 134.
[44] Dejo fuera algún razonamiento incoherente. Para un estudiante universi-

He aquí expuestas unas razones que pretenden explicar los hechos. Tal vez no hubieran sido las mismas si el elemento de la comparación hubiera sido andaluz, pero lo que busqué era enfrentar dos modalidades extremas de una misma lengua para conocer el funcionamiento de los resortes interiores del hablante: su reacción, ahora, tenía un carácter totalmente distinto de lo que nos habían dicho los puertorriqueños del apartado anterior. Hay una modalidad lingüística que se considera superior, y es el español, digamos, con carácter limitativo, castellano (= septentrional), y es mejor porque hubo unas causas históricas que lo justifican (el origen de la lengua) y otras actuales que operan en sentido negativo (presencia del inglés). Ese paradigma convertido en ideal lingüístico llevó a unas valoraciones estéticas en las que los adjetivos se desgranaban sin ninguna objetividad: *bonito, precioso, bello*. Y llevó también a unas preferencias escolares: nuestra informante n.º 49 dijo que en la escuela le decían que la lengua mejor era el *castellano*, y subrayó la respuesta, a pesar de que dijo hablar *español*.

Un último grupo lo constituyen aquellas respuestas que consideran del mismo valor a las dos modalidades enfrentadas. También ahora hay justificaciones para la postura, aunque estén amparadas muchas veces en sabiduría libresca, como la maestra de Aguadilla que distinguía claramente entre la objetividad y el sentimiento (inf. 3), el profesor de Vega Baja que las caracterizaba como «dos formas de hablar el español» (inf. 12) [45], la maestra de Corozal que veía en un plano la realidad abstracta y en otro la posibilidad de comunicarse a través de un instrumento usual y no artificioso (inf. 13) [46], o los que valoran la co-

---

tario (22 años) de Santurce, en principio, la forma mejor era la grabada, «pero, en la práctica, no».

[45] Con él podrían ir otros informantes: 21, 24, 26, 27, 29, 35, 37, 41, 52, 55, 67, 72 («allá en su país la forma de él hablar es la mejor y aquí la mía»), 75, 88, 89, 102, 107, 118, 119, 120 («es cuestión de acento»), 124.

[46] El inf. 58 (Oficial administrativo, 55 años, San Juan) reflejó con exactitud: «Él tiene las características del lugar donde nació [mejor, donde aprendió y practicó] y enuncia todas las letras. Si yo hablara aquí así, la gente se reiría».

rrección desde determinados niveles culturales (inf. 116) [47]. Fuera dejo informes que para poco cuentan [48].

Si en los dos primeros tipos de valoración que he considerado había no pocos elementos subjetivos, ahora no encontramos sino los que se sustentan en la objetividad. Y es lógico; el eclecticismo es un resultado del saber y del conocimiento de la relatividad. Nada —o casi nada— es un valor absoluto, y mucho menos en los hechos de lengua, habitualmente llenos de connotaciones que los matizan o los atemperan. Más o menos vamos sacando una información objetiva como resultado de una serie de subjetivismos y nuestro pensamiento se orienta claramente hacia pagos muy distintos de los nuestros; sobre los datos allegados por el abate Grégoire, Michel de Certeau y sus colaboradores pudieron montar un libro apasionante: *Une politique de la langue. La Révolution française et les patois* [49].

Al tentar la caracterización del español de Puerto Rico ha surgido una cuestión que pretendíamos alcanzar. Para algunos hablantes la presencia del inglés es perturbadora [50]. He aquí el tema de la segunda parte de este trabajo: la postura de unos hablantes de español frente a otra lengua que se les impone, y otra vez el destino de la lengua en la voluntad de quienes la tienen —y la reconocen universalmente— como instrumento de comunicación.

---

[47]   Una catedrática de Yauco respondió que el «criterio de corrección [no se había preguntado por él] es relativo. La norma es dada por el criterio de cada región» (inf. 125).

[48]   Una pedagoga de San Juan (40 años) nos apostilló: «es la lengua que proviene de España (genitivo) [sic]...» «lee un trozo literario y se hace difícil precisar su verdadera forma de hablar» (inf. 61).

[49]   Edit. Gallimard, París, 1975.

[50]   Los trabajos sobre la cuestión son numerosísimos; como referencias se pueden ver las que da Granda en las págs. 146-181 de su libro.

Estos 150 puertorriqueños tienen el español como lengua propia, pero necesitan del inglés [51]. De ahí una serie de cuestiones (preferencia, concepto de más valer, resultados de bilingüismo, etc.) que trataremos de encarar con los materiales de nuestras encuestas. Para ello asentemos un principio: ¿qué grado de conocimiento de inglés tienen esos hablantes de español? Según sus propios informes, 82 lo hablaban bien [52]; 37, un poco [53]; 11, muy poco [54], y 20, nada [55]. Evidentemente, no se puede juzgar con objetividad sino los extremos de la tabla: lo hablan bien un 53,3 % y no lo hablan nada un 13,3 %. La franja intermedia es más difícil de valorar, pues *poco, un poco* tienen carácter harto relativo, ¿quiere decir *bastante bien, sí? Muy poco* posiblemente inclina el platillo hacia *escasamente, nada,* pues de otro modo el adverbio hubiera sobrado. Con todo el margen de error que la incertidumbre apunta, pienso que *poco* puede ser un conocimiento pasable y *muy poco,* insuficiente [56]. Tendríamos, pues, que conocen el inglés con mayor o menor perfección un 78 % de los puertorriqueños interrogados y le es ajeno a un 22 %. Ahora bien, ¿a qué grupos pertenecen los que lo ignoran? De ese conjunto de 31 personas, 20 son mujeres [57] y 11, hombres [58], lo que vale como primera caracterización; lógicamente, las gen-

---

[51] Cfr. el capítulo III («Análisis de la necesidad social del inglés en Puerto Rico») del libro de A. Cebollero, ya citado.

[52] Informantes 1, 2, 6, 7, 8, 9, 12, 13, 17, 19, 20, 25-29, 36-43, 51-63, 65, 66, 68-73, 75, 76, 85-88, 91, 93-96, 101, 106, 107, 110, 113, 116, 120-122, 125, 127, 130-135, 137, 142, 143, 145, 147, 149, 150 = *80.*

[53] Informantes 3-5, 11, 18, 22-24, 31-35, 44-48, 67, 77, 78, 84, 90, 92, 97, 98, 100, 103, 108, 114, 123, 128, 138-141, 146 = *37.*

[54] Informantes 21, 30, 50, 64, 89, 105, 112, 124, 126, 136, 144 = *11.*

[55] Informantes 10, 14-16, 49, 74, 79-83, 104, 109, 111, 115, 117-119, 129, 148 = *20.*

[56] Lógicamente mis intentos son muy otros que los de la encuesta de Cebollero (*op. cit.,* págs. 95-98), aunque se puedan relacionar. Baste un ejemplo: según la investigación del educador puertorriqueño, casi un 75 % usaba el inglés de manera muy poco frecuente, lo que —a pesar de todo— significaba un conocimiento. Según las encuestas de actitudes lo saben —mejor o peor— un 78 %.

[57] Informantes 10, 14, 15, 16, 18, 32, 49, 50, 64, 74, 79, 80, 81, 82, 96, 109, 111, 117, 119, 129.

[58] Informantes 21, 30, 33, 74, 83, 89, 104, 115, 124, 144, 148.

tes de más arraigo tradicional serán las que necesitarán menos del inglés y serán las que tienen niveles más bajos de instrucción: once amas de casa [59], cinco estudiantes [60] y los demás pertenecían a profesiones menos representadas. En cuanto a la edad, no parece marcar una barrera muy precisa, pues, en efecto, entre los que sólo conocen español hay 15 personas que pasan de los 40 años [61], pero —también— otras tantas comprendidas entre los 20 y los 39 [62]; y, lo que es más de señalar, entre ellos, estudiantes universitarios [63].

Creo que resultan ilustrativos los informes allegados: el inglés es una segunda lengua que puede adquirirse tardía, o muy tardíamente: hay estudiantes que sin él acceden a la Universidad; gentes de todas las edades y de todas las profesiones (ingenieros, químicos, secretarias, maestras, etc.) lo ignoran, y un reducto especialmente significativo de resistencia es el de las amas de casa: casi un 50 % de los puertorriqueños de nuestras encuestas que no saben inglés pertenecen a ese grupo [64]. Evidentemente, la mayoría de las gentes que no se pueden expresar en esa lengua pertenecen a los niveles con menor instrucción (entre ellas estaba la única que carecía totalmente de ella), lo que vendría a confirmar aquella hermosa defensa del analfabetismo que escribió Pedro Salinas [65]: en los labios de gentes sin instrucción perdura el castellano más limpio de frenéticas incursiones [66].

---

[59] Informantes 10, 14, 15, 16, 50, 82, 111, 117, 119, 129, 136.

[60] Informantes 21, 32, 74, 124, 148.

[61] Informantes 10, 14-16, 50, 89, 102, 104, 105, 109, 111, 115, 117, 119, 129.

[62] Informantes 21, 30, 49, 64, 74, 79-83, 126, 131, 136, 144, 148.

[63] Las cifras finales no son idénticas a las anteriores porque algún informante ocultó su edad.

[64] Véanse los muy ponderados juicios de Cebollero, *op. cit.*, pág. 79.

[65] «Defensa del lenguaje», en *El Defensor*, Bogotá, 1948, pág. 262. Debe leerse el ensayo «Defensa, implícita, de los viejos analfabetos» (págs. 205-221).

[66] La historia de las cuestiones que aquí me ocupan son historiadas por Juan José Osuna, *A History of Education in Puerto Rico*, Río Piedras, 1949, págs. 341-418.

PREFERENCIAS LINGÜÍSTICAS

Archisabida es la pretensión norteamericana de hacer de Puerto Rico un país bilingüe [67]. Veremos hasta qué punto se ha conseguido, siempre desde el fondo de las encuestas que manejo. Pero ahora quiero comentar otras preguntas de mi cuestionario: a qué motivos se vincula *inglés* como lengua; en las escuelas, qué lengua se recomienda que hablen y si determinado tipo de escuela tiene que ver con este hecho [68].

Según la mayoría de los informantes, *inglés* es denominación tomada de un país de origen, Inglaterra; para otros, «viene de los anglosajones» [69]; algunos, por ser habla de los americanos [70], y, para un buen número, no se podía contestar a la pregunta [71]. Si comparamos estos datos con los que han aparecido al hablar de *español*, no deja de ser curioso que la ecuación planteada no se haya resuelto con facilidad en este caso: *español* procede de España, y hay motivos de incoherencia, como el de que la lengua pueda ser *castellano*, mientras que es mucho más fácil resolver la pregunta ¿por qué se llama inglés? Aquí, aun no habiendo ningún molesto intermediario (como *castellano* en el caso anterior), resulta que casi un 30 % de los hablantes no sabe

---

[67] Cfr. Eladio Rodríguez Otero, *Prólogo* al libro de Germán de Granda, pág. XVII, y págs. 146-157 de la obra. Debe leerse, también, el ponderado trabajo de Gloria Arjona, «Para una historia de la lucha por el vernáculo: la cuestión de la lengua en 1915 y otros» (*El Mundo*, 11 y 18 de septiembre de 1965). Desde una amplia perspectiva histórica y social se llega a estas cuestiones en el libro de Manuel Maldonado Denis, *Puerto Rico. Una interpretación histórico-social*, México, 1969 (capítulo VI, por ejemplo). En cuanto a problemas de tipo general, aunque formulados con el pensamiento puesto en Puerto Rico, vid. Samuel Gili Gaya, «El hombre bilingüe» (*Revista Instituto Cultura Puertorriqueña*, II, 1959, págs. 1-3).

[68] Vid. Eladio Rodríguez Otero, «La reforma lingüística: una obra inconclusa en el sistema escolar de Puerto Rico» (*Revista Inst. Cult. Puertorriqueña*, XVIII, 1975, págs. 30-33).

[69] Informantes 37, 61, 71, 75, 112, 135, 148.

[70] Idem 14, 24, 106, 115, 117.

[71] Idem 1, 9, 10, 11, 15-17, 27, 31, 33, 36, 40, 49, 55, 67, 79, 80, 82, 84, 87, 91, 98, 99, 104, 111, 118, 124, 129, 136, 149.

de dónde procede la denominación, mientras que sólo menos de un 10 % no respondió a una pregunta semejante referida a nuestra lengua. O con otras palabras, *español* es denominación arraigada, mientras que inglés se siente como un elemento ajeno para el que vale la pedantería mal asimilada («viene de los anglosajones») o la consideración de un mundo ajeno y no propio («porque es de Estados Unidos»).

Al enfrentarse dos lenguas —una, propia; impuesta, la otra—, nos encontramos con un nuevo problema de actitud lingüística. Quienes imponen una lengua tratan de convencer de las ventajas que se adquieren con su aprendizaje y, por tanto, la conveniencia de adquirirla. De este modo —y no hablemos de otros— se va minando la conciencia colectiva, lo mismo que se hizo a través de la religión o de las leyes: es decir, cualquier quiebra del *status* anterior significa facilitar el paso hacia un nuevo tipo de alienamiento y de absorción [72]. La propaganda será tanto más sutil cuanto menos directa se sienta, y mejores logros podrá obtener bajo apariencia de objetividades. Los informantes recurrían, habitualmente, a sus recuerdos cuando les preguntábamos «¿en la escuela les decían que fuera mejor el español o el inglés?» No se me oculta —y lo he dicho en otros lugares de este trabajo— que puede haber error en el recuerdo, vaguedad en las respuestas, voluntaria toma de posiciones. Sí, subjetivismo. Pero, en última instancia, sólo subjetivismo es lo que condicionará una actitud, tanto en el que se niega a aprender inglés como en el que acepta el señuelo de una mejora económica. Juegos que dramáticamente se individualizan o que individualmente se aceptan por fatales.

Una gran parte de los informantes no recuerda que nunca se planteara semejante cuestión [73]. Pero entre ese 44,6 % de personas que se inclinaron hacia la objetividad, hubo quien re-

[72] Un buen muestrario de motivos en Edwin Figueroa, *Seis veces la muerte*, colección de relatos a la que ya me he referido.

[73] Respuestas de los informantes 1, 2, 9, 11, 17, 18, 21, 22, 24, 25, 27, 28, 30, 31, 33, 35, 37, 41, 42, 45, 48, 52, 53, 55, 57, 60, 61, 63-65, 67, 71-73, 75-78, 80, 82, 84, 87, 88, 90, 91, 97, 100, 102, 103, 105-109, 121, 127, 132, 134, 136, 138-140, 145-149 = 67.

cordó que se les recomendaba la conveniencia de saber más de una lengua [74], las bellezas del español y los beneficios del inglés [75] o la utilidad de conocer inglés [76]. En estos brevísimos apuntes han aflorado cuestiones fundamentales: nadie negará la conveniencia de poseer otra lengua, pero esa libertad en Puerto Rico está condicionada; no se aprende *otra lengua*, sino *inglés*. Y baste una anécdota: trabajaba yo en la universidad de Puerto Rico y en su biblioteca no encontraba libros alemanes. ¿Por qué? No, no los compramos porque nadie los sabe leer. Por otra parte está ese solapado elogio («las bellezas del español») en un mundo al que hacen mover con el pragmatismo americano.(«los beneficios del inglés»). De esto a postular el bilingüismo hay un solo paso y, en efecto, ecos de los juicios de Clark, Brumbraugh, McCune, etc. [77] están en las recomendaciones que recordaban algunos informantes («es bueno ser bilingüe») [78]. Creo que es útil transcribir la información de nuestra colaboradora 86. Es una mujer de Ceiba (40 años), licenciada en Administración Comercial. Un profesor les decía: «Para ser gente ['persona con prestigio social'] hay que saber inglés, saber maquinilla ['escribir a máquina'] y saber guiar ['conducir automóviles']». Toda exégesis eludo, como diría Rubén Darío al Marqués de Bradomín.

---

[74] Informantes 63, 64, 94, 96, 112, 118, 129, 141.

[75] Informante 65.

[76] Idem 67, y, aunque no se manifestaran abiertamente, los informantes 102, 116, 131.

[77] Cfr. Delgado, *art. cit.*, pág. 179, y, sobre todo, el capítulo I del libro de Pedro A. Cebollero, *La política lingüístico-escolar de Puerto Rico*, San Juan, [s. a.]. En 1936, el presidente Roosevelt dirigió al comisionado José M. Gallardo una carta que es una descarnada obligación al deshispanismo insular (Domingo Marrero, «La carta de Ickes y el imperialismo pedagógico: el problema del idioma en Puerto Rico», *Mundo Libre* [Río Piedras], I, 1943, págs. 23-25). Los problemas lingüísticos de la educación puertorriqueña se estudian en los capítulos XVII-XIX de la obra de Juan José Osuna, *A History of Education in Puerto Rico*, 2.ª edic., Río Piedras, 1949.

[78] Los 61, 85, 116, 131, 142. La información que facilita Gladys Pagán, «La alfabetización en Puerto Rico», *El Simposio de San Juan*, 1974, págs. 94-95, es inexacta: un historiador no puede interpretar anacrónicamente la historia, ni ignorar lo que es obligado saber (por ejemplo, la condición cultural de los conquistadores y colonizadores, tan rigurosamente establecida por Ángel Rosenblat).

El inglés se recomendó como lengua mejor a 26 de nuestros informantes [79] (un 17,3 % del conjunto). Las razones para esta preferencia eran utilitarias [80], pero a ello he de volver; lo que sí quiero señalar es que la preferencia del inglés se manifestó en las escuelas públicas posiblemente como reflejo de una política dirigida, y en las de religiosas católicas [81], como consecuencia de unas preferencias sentidas por las clases más acomodadas.

En cuanto al español, fue lengua preferida por los maestros de 36 de nuestros informantes, aunque tal vez las cosas no estuvieran demasiado claras, al menos en el recuerdo de ciertos sujetos [82], o, bajo ciertas apariencias, quisieran manipularlas (se prefería «el español, pero que era bueno hablar inglés también», inf. 81 y otros).

Los resultados de la encuesta son precisos: 58,7 % de los informantes estudió en centros que enseñaban español, pero en los cuales no se hacía política lingüística; un 17,3 % en centros con preferencia hacia el inglés, y otro 24 % en centros con preferencia española. No hemos de cegarnos por las cifras: la unidad lingüística puede estar amenazada (veremos si con nuestros informes se puede observar en qué medida) y está amenazada por unos factores que son operativos: pragmatismo, clase social, política dirigida y, sobre todo, conveniencia de saber una segunda lengua que, lógicamente, sólo es el inglés. Después viene el bilingüismo, y más tarde el desplazamiento. Pero vamos a escuchar a nuestros propios informantes.

---

[79] Los 13, 16, 19, 29, 36, 38, 40, 43, 46, 47, 54, 56, 58, 59, 65, 86, 92, 93, 101, 113, 122, 125, 126, 130, 133, 137 = 26.

[80] Informantes 13, 16, 29, 36, 59, 113. Frente a este utilitarismo están las razones —y bien convincentes— de Cebollero sobre la incapacidad del inglés para resolver muchos problemas que se plantean o hay planteados (*op. cit.*, pág. 79).

[81] Informantes 38, 54, 66, 92, 93, 125, 137, 149, y en otros centros privados que no puedo identificar 11, 46, 97, 101, 122. Vid. Nilita Vientós, «Otra vez el bilingüismo» (*Rev. Inst. Cult. Puertorr.*, V, 1962, págs. 4-10), donde se muestra el triste espectáculo de algunas escuelas católicas.

[82] «En mis años se atendía más al español, pero se enseñaba más inglés» (inf. 4, de Moca, 70 años).

CONCIENCIA DE LOS HABLANTES

Ese conjunto de 150 hablantes manifestó muy claramente sus preferencias idiomáticas: hemos visto que todos, sin excepción, reconocieron como propia su lengua española (págs. 210-215). Ahora, al plantearles su preferencia por el *español* o por el *inglés* volvieron a reafirmarse con una serie de razones. Numéricamente, significaron muy poco las personas que prefirieron inglés. Sólo cinco informantes (un 3,3 %) se inclinaron hacia ese platillo de la balanza con razones puramente caprichosas [83], con tópicos lingüísticos, falsos desde la propia lingüística [84], o con motivos utilitarios de dudosa comprobación y, por supuesto, directamente no comprobados [85]. Pienso que esto significa muy poco; la propia endeblez de los argumentos no merece la pena que la refutemos. Nos basta la información que dan unos materiales y que, objetivamente, transmito; después podremos hacer comentarios con más amplitud, cuando tengamos la visión total de los hechos. Sí quiero señalar que, si 26 informantes dijeron que el inglés, en sus escuelas, era considerado como lengua mejor, poco resultado tuvieron las enseñanzas en el momento en que hubo que descender a la realidad: porque sólo dos (47 y 59) se mantuvieron firmes en el adoctrinamiento, bien es verdad que otros tres fueron ganados de un campo muy poco neutral, según los informes que ellos mismos han facilitado [86].

---

[83] «Me gusta más» (inf. 47).

[84] Un hablante de español dice que el inglés «es más fácil» (inf. 82), otros porque «con menos palabras dice más» (inf. 4, 59 y 73), «es menos complicado en cuanto a los verbos» (inf. 59).

[85] «Se habla en más sitios; la mayoría de las cosas que están traducidas se traducen al inglés; en el extranjero es mucho más fácil encontrar personas que hablen inglés» (inf. 65, estudiante femenino de Río Piedras, 22 años). Al defender la vitalidad del español, le vibró la cuerda patriótica (vid. pág. 242).

[86] El supervisor en el Correo (San Juan, 51 años, enseñanza secundaria, inf. 59) tenía unas ideas claras: «Había que aprender inglés porque era la lengua que hablaban en casi todo el mundo, en los negocios; [porque] hay cosas que se dicen mejor en inglés, va más al grano». El pobre se lamentaba de que en Puerto Rico, «¡tenemos tanta gente que no saben inglés y lo único que pueden hablar es español!».

Sí, ha arraigado la conveniencia de conocer las dos lenguas, que no es lo mismo que ser bilingües. En defensa de esta postura, hay razones que no merecen mayor consideración, pues no sé la necesidad de un ama de casa de Yauco por «conocer los productos extranjeros» (inf. 136). Mas hay otras, poco difundidas, pero con evidente validez: por «ser colonia de Estados Unidos», y poseer inglés es la manera de no quedar «rezagado» (inf. 32), porque se pueden entender con los norteamericanos de la Isla (inf. 83, 105, 108), para tener una comunicación más amplia (inf. 4, 116, 132, 134, 144), para poder vivir en otro país (inf. 5) o porque, quizás, en el futuro se hable más inglés (inf. 30). Evidentemente, casi todos estos datos no quieren decir sino una cosa: imposición económica y cultural de Estados Unidos. Algo que se ve como razonable y aun necesario desde la perspectiva de gentes que se sienten aisladas y sometidas a una intensísima presión. Pero si estos informes tuvieron su mucho de esporádicos, hubo otros que, con o sin razones, abogaron por la necesidad de utilizar ambas lenguas [87], porque una —el español— sirve para la vida afectiva, mientras que otra —el inglés— es preferible para la profesional [88] o para obtener un buen puesto de trabajo [89]. Treinta y cuatro de los informantes (un 22,6 % del total) preferían poseer las dos lenguas, aunque en realidad ellos no las tuvieran: creo que la fisura contra el español se ha producido en este punto, no en los que creían preferible hablar inglés; el camino de la erosión se nos hace patente: primero se recomienda, objetivamente, la conveniencia de saber dos lenguas (hecho incontrovertible), pero la segunda tiene que ser el inglés (acto impositivo por cuanto no se permite otra opción), en un tercer paso se aboga por el bilingüismo (situación paritaria que atenta contra el español) y, por último, la lengua tradicional es sustituida por la intrusa en razón de ventajas laborales. Nuestros informantes nos han facilitado da-

---

[87]   Informantes 1, 4, 21, 25, 30, 32, 44, 55, 57, 67, 70, 71, 75, 76, 82, 83, 87, 88, 91, 118, 133, 135.
[88]   Informantes 54, 55.
[89]   Id. 67.

tos sobre todos estos procesos y los resultados ya se perciben: un 22,6 % de los puertorriqueños preguntados creen en la conveniencia de saber las dos lenguas y, en la conciencia idiomática de otro 3,3 %, el inglés ha reemplazado al español. Este es el camino de la crisis: fracasado el ataque frontal de los años 1899 y siguientes [90], ahora se produce un lento, pero continuado, desgaste. Su resultado no se puede prever a un plazo fijo, ni siquiera se puede augurar cuál será el fin, pues dependerá también de cómo sepan defenderse los partidarios del español.

Quienes prefieren la lengua patrimonial la ven como algo inalienablemente propio, y así una mayoría aplastante de partidarios la defendían por ser la suya propia, la lengua de su país [91] o, afianzando su personalidad nacional, «por ser puertorriqueña» [92]. De manera coherente con todo ello, otros hablantes decían preferirla por ser la lengua que entienden [93], la que poseen con fluencia (inf. 90), la que sirve para expresarse y defenderse mejor (inf. 95), la que consideran más fácil [94] o la que usan más (inf. 43). Después, enhilando con esta sarta de coherencias, nos dirían que es la lengua con que disfrutan más (inf. 69), la más bella [95], la que presenta mayores ventajas lingüísticas [96]... Las

---

[90] El general Victor S. Clark creía que en Puerto Rico se hablaba un *patois* casi ininteligible para los españoles; por eso pensó tarea fácil desarraigar el español para introducir el inglés: vid. Gladys Pagán de Soto, «La alfabetización en Puerto Rico», *El Simposio de San Juan*, 1974, pág. 88. En este punto es de imprescindible consulta el libro de Aida Negrón de Montilla *La americanización en Puerto Rico y el sistema de instrucción pública, 1900/1930*, Universidad de Puerto Rico, 1977.

[91] Informantes 3, 6-10, 18, 20, 24, 27, 31, 33, 34, 36, 38-42, 45, 46, 48-50, 53, 58, 60-64, 66, 67, 72, 76, 77, 79, 81, 85, 86, 88, 93-95, 97-99, 103, 104, 106-108, 110, 113-115, 117, 120-122, 126, 128, 129, 137, 140-144, 146-149. Y aún habría que añadir quienes dijeron que por ser «el vernáculo» (inf. 2, 12, 29, 35, 37, 125, 130), «autóctono» (id. 19).

[92] Id. 6, 8, 22, 26, 58, 96.

[93] Id. 15-17, 76, 92, 100, 109, 124.

[94] Id. 14, 28, 34, 50, 51, 55, 56, 74, 80, 139.

[95] Y aún añadiría: «tiene más vocabulario, más variedad, es más rica» (inf. 89).

[96] «Es mucho más rico en el léxico, mejor expresión» (inf. 112), «es más ri-

cosas están claras: quienes prefieren el español lo hacen por
ser su propia lengua y expresión de afianzamiento de personalidad; a esos hablantes —es natural— les sirve de vehículo expre-
sivo por las razones que quedan expuestas. Las otras razones
sirven para todos: son las mismas que defendieron los partidarios del inglés y que defenderían los del coreano o del bantú.
Porque comparar dos lenguas distintas es tanto como establecer una dialéctica en la que cada contendiente se encasilla en
su propia torre, sin esperanza de establecer contacto con el ad-
versario. En nuestro caso se han manejado los tópicos al uso,
que acaban no diciendo nada, pero satisfacen a cada argumen-
tista. Hay que buscar razones en las que el subjetivismo se com-
prometa con unos argumentos mejores que el de «porque sí»,
y entonces veríamos como hay unos principios noblemente nacionales que cobran coherencia en muchos de estos espíritus
hasta convertirse en bandera política. Una doctora en Medicina,
cuando se le preguntó «¿qué es preferible hablar, inglés o español?», respondió —ella, que era partidaria de los dos idiomas—:
«Con esta pregunta hay que tener cuidado [...] la realidad política de nuestro pueblo puede manifestarse en la contestación; yo
soy apolítica» (inf. 71). Y este es el quid, la preferencia supone
—muchas veces— estadidad o independencia, y tras la lengua
va el porvenir todo de un pueblo[97]. De ahí que hubiera respuestas polémicas (preferimos el español «porque no soy americana» inf. 111, o porque «somos latinos» inf. 127)[98] o contestaciones matizadas con las más nobles experiencias: en ella está
mi forma de ver el mundo (inf. 3, 88), es la forma de expre-
sarme (inf. 68), reflejo del alma de nuestro pueblo[99]; es

---

ca en matices, vocabulario, sabor» (inf. 123), o alguna vagarosa: «tiene calidades
de descripción más amplias» (inf. 33). Otro informante, el 148, estimaba, sin razones, que «es mejor que el inglés».

[97]   Una catedrática (46 años, inf. 141): «Los políticos que abogan por la estadidad defienden —hipócrita o sinceramente— el español».

[98]   «Porque las raíces culturales nuestras son españolas, no norteamericanas»
(inf. 145).

[99]   «Me gusta más la flexibilidad que tiene el español en su sintaxis, que refleja el carácter de nuestro pueblo» (inf. 101).

la lengua de nuestra cultura (inf. 13, 131, 141) [100] y de nuestros
sentimientos [101]; «es la forma de conservar la identidad» (inf.
142). Dramático rosario de motivos que nos lleva a otros siglos
y a otras latitudes: en 1790, Henri-Baptiste Grégoire elaboró un
proyecto para destruir los dialectos; en un libro lleno de interés, no hace mucho, Certeau, Julia y Revel estudiaron el contenido de las respuestas obtenidas por la Revolución [102]; al leer
las mías, pienso en un desconocido corresponsal del Languedoc
que, ante la amenaza de perder su lengua, decía: «il faut détrui-
re le soleil, le fraîcheur des nuits, le genre d'aliments, la qualité
des eaux, l'homme tout entier» [103].
La batalla ha comenzado. El puertorriqueño se contempla,
contempla el mundo que le asedia, las razones contra las que
—tal vez— no conoce nuevas armas que los demás esgrimen.
Y entonces entona la más íntima de las confesiones: «nosotros,
por más inglés que se traiga, siempre sentiremos en español»
(inf. 4), «pero no puedo negar que el español sigue siendo mi
lengua» (inf. 61). De una u otra forma eso es lo que han dicho
98 de los 150 informantes, frente a ese 3,3 % de réprobos o ese
31,4 % de tibios. Si es que, éstos, en el fondo, no pensaban lo
mismo que los primeros.

VENTAJAS DEL INGLÉS

En una sociedad pragmática o, si se quiere, consumista, sólo
el modelo norteamericano —único, por lo demás, conocido— es
considerado como válido. Por tanto, el inglés será visto como
la lengua con la que obtener medios materiales, lo que afecta

---

[100] Lo que llevó a absurdas afirmaciones: «el español es bueno [mejor que
el inglés] para la poesía» (inf. 130).
[101] «Lo que siento profundamente, lo digo en español» (inf. 4), «prefiero el
español para expresar mis sentimientos y emociones. Me gusta pelear en español
y del amor, ni hablar» (inf. 71), «Mis sentimientos están basados en un idioma
que aprendí en la cuna» (inf. 102), «el español es la mejor lengua para el amor»
(inf. 126).
[102] *Une politique de la langue* (1975), ya citada en la pág. 222.
[103] Apud Sever Pop, *La dialectologie*, Gembloux [1951], t. I, pág. 9.

—lógicamente— a una estimación negativa, o, cuando menos, no positiva del español. Para muchos, muchísimos, de estos hablantes su lengua patrimonial es capaz de expresar tanto cuanto se quiere, pero también en muchos de ellos se cuartea la seguridad, bien que sin demasiadas razones [104] o con unos cuantos lugares comunes. Los primeros enumeraron nueve palabras que les parecían no tener correspondencia válida en español: aunque ninguna de ellas resulte insustituible [105] y, sin ellas, no creo que se hundiera ninguna lengua. Para otros, la tecnología [106], el comercio [107], las técnicas profesionales [108] se expresan mejor en inglés. Y hasta la «música en inglés es más expresiva» (inf. 124), si es que con ello se quiso decir lo que se dijo [109]. Igual que hemos visto anteriormente (pág. 229), el español ha dejado de considerarse como una estructura monolítica: 55 hablantes (un 36,6 % del total) hacen concesiones, en muchos casos sin menor asomo de razones (lo que demuestra convicción) y en otros con otro tipo de seguridades, pues, si bien es cierto que esa ventaja puede existir, no se piensa que en Puerto Rico toda la técnica es norteamericana y mal se pueden asomar a otro vocabulario que el que les impone esa «situación colonial» de la que hablan algunos informantes (vid. pág. 230) [110]. Por otra parte, el trabajo rentable sólo se consigue hablando inglés, y a unas razones más o menos hipotéticas se une ésta bien concreta y experimentada [111].

---

[104] Informantes 2, 4, 9, 23, 24, 28, 32, 37, 38, 39, 45, 50, 56, 64, 65, 75, 76, 82, 88, 90, 93, 94, 97, 99, 106, 107, 109, 113, 114, 131, 133, 134, 137.

[105] Fueron *zipper* (inf. 32), *sandwich, parking* (38), *sexy* (39), *cloth, poster* (97), *laundry, closet* (109), *OK* (103).

[106] Informantes 12, 17, 19, 20, 25, 30, 41, 54, 55, 57, 67, 68, 71, 73, 86, 102, 141. «La mayoría de los libros técnicos que llegan son en inglés» (inf. 41).

[107] Id. 13, 27, 85, 86.

[108] Inf. 29. Para el médico de Salinas (29 años), «el castellano es más rico en cuanto a posibilidades de expresión, pero el inglés, al ser menos preciso, puede transmitir mejor unidades de informática».

[109] El inf. 146 consideraba que «el inglés es más internacional; se usa en más países que el español» (Profesora y secretaria bilingüe, 26 años).

[110] Y aceptada por autores de muy diversas tendencias.

[111] Informantes 11, 26, 43, 115, 130, 132. El último nos dijo: «cualquier tra-

Contra estas ventajas, reales o pretendidas, del inglés, los tradicionalistas dicen —también sin razones— que hay cosas que se dicen mejor en español —probablemente porque las ignoran en inglés [112]—, con lo que la falta de razones asiste a unos y otros partidarios, aunque el inglés, con ese nimbo de prestigio con que lo mira mucha gente, ha roto la seguridad total que debieran tener en su propia lengua los hablantes de español. Muchos de esos informantes no dominan, o dominan mal, el inglés, pero a su intimidad ha llegado la certeza de algún tipo de excelencias que se obtienen con esa lengua. Y el español va quedando como lengua para andar por casa, lo que nos sitúa ante otro problema: ¿mantiene, el español, todas sus posiciones o no?

Es verdad que para muchas de estas gentes hay préstamos léxicos y a través de ellos ven un cielo de negros nubarrones. No creo que las cosas se puedan plantear así. La totalidad de los hablantes consideran el español como su lengua propia, pero otro 15,3 % lo cree insuficiente para algunos aspectos (también ahora léxicos) aunque no renuncie a él. He aquí la gravedad de la cuestión: entre gentes que no renuncian a su lengua hay preferencias por ciertos caracteres de otra. La aquiescencia se ha conseguido, aparentemente, sin torcer voluntades (salvo en el caso de los puestos de trabajo), con el solo arraigo de una superioridad técnica o comercial. Pero tras ella van otras cosas y, sobre todo, la convicción de creer que no hay otra técnica ni otro comercio que aquellos que pueden expresarse en inglés. Como en el caso de la segunda lengua, la elección no es libre, sino que sólo se permite una opción condicionada. Y esa única realidad posible se ha marcado a fuego. ¿Cómo desarraigarla, si tras ella están las comparaciones —falaces— con Santo Domingo, o, si no se acepta la estadidad, el establecimiento de las cartillas de racionamiento? [113].

---

bajo está dominado por el idioma inglés: las solicitudes de empleo son en inglés; los ejecutivos, algunos son americanos».

[112] Informantes 14, 15, 28, 48, 51, 56, 57, 66, 67, 75, 76, 78-80, 82, 88-90, 93, 94, 99, 101, 107, 119, 121, 123, 133, 134, 139, 148.

[113] Eran argumentos que se exponían en la campaña electoral de agosto de 1979: el burdo montaje en televisión se hacía exhibiendo unas libretas cubanas.

¿SE PIERDE EL ESPAÑOL?

Lógicamente, de todo lo anterior se deriva una obligada hipótesis: algunas gentes —pocas— prefieren el inglés, otras lo necesitan porque se les impone, otras lo creen conveniente, las más piensan que cubre campos a los que el español no alcanza; luego, ¿la lengua patrimonial está amenazada? O dramatizando la pregunta: ¿se pierde el español? [114].
Un informante dijo que sí, y razonó su respuesta [115]; sus motivos pueden servirnos de punto de partida. Para él, una serie de razones atentan contra nuestra lengua; son las que transcribo, sin modificar el ordenamiento que él nos hizo:

1. Influencia política.
2. El retorno de los puertorriqueños desde Estados Unidos a la Isla, tras haber vivido un ambiente norteamericano.
3. Servicio militar.
4. Escuelas privadas.
5. Bilingüismo exigido como «requisito de trabajo».
6. Aprendizaje de técnicas en Estados Unidos.
7. Influencia de la cultura de Norteamérica.

Este hombre que vio tantas cosas, y con tanta claridad, nos decía: «un profesional que no sepa inglés es medio profesional».
Partamos de la hipótesis de trabajo que se formula en los siete puntos anteriores y añadamos los nuevos perfiles que se vayan apuntando con las otras respuestas. Un hablante utilizó el sintagma de «situación colonial» (inf. 22), otro de «la conciencia de colonizados, que piensan que es mejor todo lo que viene de allí» (inf. 19), otro dejaba entrever un complejo de inferioridad (inf. 136). Estos motivos precipitarían «si pasáramos a ser un estado de Estados Unidos» [116].

---

[114] Cfr. el trabajo, bastante impresionista, de Emilio Delgado, *El destino de la lengua española en Puerto Rico*, Nueva York, 1941.
[115] Fue el informante 55.
[116] Palabras textuales de un informante, que se repiten, *mutatis mutandis*, en otros (17, 56, 77, 137), y que son el caballo de batalla en torno al que se comba-

Las ideas expresadas en el punto 2 fueron compartidas por otros informantes: muchos puertorriqueños van a Estados Unidos (inf. 130) y vuelven con su lengua deformada (inf. 122). Es la historia dramática que tanto cuenta en la literatura y es un factor que no debe olvidarse cada vez que intentemos valorar justamente el bilingüismo (pág. 226).

El servicio militar no lo ha aducido ningún otro de nuestros informantes, por más que sea factor importante y desintegrador de la identidad nacional.

En la pág. 228 hemos hablado ya de escuelas religiosas en las que el inglés goza de situación de privilegio. Nuestro informante parece separar la enseñanza pública, como bastión de defensa del español, frente a la privada, donde se busca la futura promoción del alumnado.

El bilingüismo del que se habla en el punto 5 es un elemento decisivo: hemos podido señalar los pasos de su génesis (pág. 225) y ahora volvemos con nuevos informes. Pero los problemas de bilingüismo exigen unos contactos que acaban con la interferencia de lenguas. En Puerto Rico todo está simplificado: el inglés cuenta con el prestigio de ser la lengua de la nación conquistadora, con el que da el inmenso poderío de Estados Unidos, con la capacidad económica. Frente a ello, el puertorriqueño ofrece su arraigo, y aun esto puede ser factor negativo: porque militares, administradores, técnicos, industriales, etc. de Estados Unidos cumplen con la misión de cualquier organización colonial: residen un tiempo y, luego, marchan; poco es lo que han adquirido de una tierra a la que han impuesto todo (leyes, organización, dependencia, imagen prestigiosa), pero cada oleada de nuevos administradores trae idénticas concepciones que la anterior, y, por supuesto, sus mismos hábitos lingüísticos que inciden sobre los mismos hechos, como la gota que labra la oquedad. Respuestas heterogéneas no son sino aspectos de un mismo hecho,

te, y al que ya nos hemos referido: la preferencia por el inglés significa estadidad. Vid. Eladio Rodríguez Otero, en su *Prólogo* al libro de Germán de Granda, págs. XVI-XVII. Reece B. Bothwell, en un libro no carente de apreciaciones dudosas, da una buena información de estas cuestiones (*Trasfondo constitucional de Puerto Rico. Primera parte, 1887-1914*, Universidad de Puerto Rico, 1971).

llámese *mezcla cultural* [117], *interferencia del inglés* [118], que da lugar a multitud de *préstamos léxicos* [119], *presión norteamericana en todas las formas de vida* [120], porque se habla «*indospanglish*» [121]. Todo aboca a una situación de bilingüismo, de la que recibimos valiosos informes; para unos bilingüismo significa no saber ninguna lengua [122], para otros incorrección idiomática [123]. Matices de una misma situación, que parece llamada a abocar a resultados conflictivos: el bilingüismo no es ninguna solución razonable. Con él una de las dos lenguas, fatalmente, se deteriorará y se reducirá a unos términos de afectividad empobrecida. Así podrá subsistir, o ni siquiera tanto. Por el bilingüismo no postulan los patriotas, sino la potencia colonial, lo que no deja de tener su valor —también— para la lingüística [124].

He aquí unos considerandos que se refuerzan o consolidan con otros de *prestigio* [125], que generan el gusto por las cosas nuevas [126]; con otros *académicos* [127] y de *cultura de masas* [128]; con otros negativos sobre el conocimiento de la propia lengua (descuido en el aprendizaje [129], mala enseñanza del

---

[117] Informantes 5, 35, 118.

[118] Idem 101. Cfr. Walt Wolfram, *Sociolinguistic Aspects of Assimilation: Puerto Rican English in New York City*, Arlington, Virginia, 1974, donde hay inexactitudes con respecto al español. El libro mereció un extenso comentario de John J. Attinasi, «Varieties of English / Spanish Language Contact in New York», *The Bilingual Review. La Revista Bilingüe*, [Nueva York], II, 1975, págs. 296-311.

[119] Informantes 7, 43, 45, 60, 66, 97, 127.

[120] Informantes 19, 31, 35, 39, 41, 42, 51, 54, 62, 67, 72, 75, 81, 93, 122, 131-133.

[121] Idem 7.

[122] Idem 36 (estudiante de 22 años, Santurce), 96 (ama de casa, 45 años, Cabo Rojo).

[123] Idem 63 (director de oficina, 57 años, San Juan).

[124] Cfr. Eladio Rodríguez Otero, *Prólogo* ya citado, págs. XVII-XX.

[125] El informante 38 habló de la «importancia del inglés en el mundo».

[126] El «modernismo» de que habló el inf. 2. Una secretaria de Río Piedras (20 años) decía sensatamente: «Hay mucha pedantería. Todos los rótulos son inglés. Ahora todo es inglés». Otro informante (el 150) hablaría del «snobismo».

[127] «Los libros de texto en la Universidad están en inglés» (inf. 87).

[128] Informante 97.

[129] Idem 43, 149. De las deficiencias del sistema educacional se hizo cargo

español [130], indiferencia de los puertorriqueños [131]); con otros positivos para el inglés [132].

Bien es verdad que los hubo optimistas y creyeron que era el inglés la lengua perdedora [133], y los hubo pesimistas metafísicos que pensaban que se perdían las dos lenguas por el descuido en que se las tenía (inf. 94).

Cuarenta y tres de los 150 informantes (un 28,6 %) creía que el español se perdía. Algunos, que se perdía mucho. Si nos atenemos a la frialdad de los datos transcritos, tal vez pudiéramos pensar en unos resultados aterradores; algo así como un próximo *finis hispanae linguae* en Puerto Rico. Pero quisiera ser más optimista: los informantes creían en la verdad de lo que decían; más aún, pienso que es cierto lo que decían. Pero su verdad no es la que nosotros podemos exigir: ¿en qué se basaban?, ¿cuál era el motivo de su desencanto? Sencillamente, una presión real y cierta sobre toda suerte de gentes y sobre la vida toda; muchos anglicismos que, en ocasiones, desfiguran la fisonomía del léxico. Pero pienso que todo esto tiene su parte cierta y su parte anecdótica (que no quiere decir falsa), y hemos convertido en categoría muchos motivos ocasionales [134]. Creo que la verdad es muy simple y fácil de comprobar: ¿cuál es la lengua de los puer-

---

Ángel G. Quintero en el libro *Educación y cambio social en Puerto Rico. Una época crítica*, 2.ª edic., Universidad de Puerto Rico, 1974, cap. I.

[130] Idem, 1, 33, 85, 94, 118. Cfr. J. A. González-González, «Defendiendo nuestra lengua. Carta del Departamento de Humanidades» [al colegio de Agricultura y Artes Liberales de Mayagüez, 4. II. 1958], en *Prensa* de P. R., 1959, n.º 12.

[131] «Los estudiantes no están yendo a la escuela; [tienen] la brutalidad y la vagancia de estudiar» (inf. 49).

[132] «Lo enseñan más que el español» (informantes 115, 122), «se le está dando la importancia que debe tener el inglés; está pasando lo que creo que debe pasar» (inf. 30).

[133] Porque su enseñanza «en la escuela es muy pobre» (inf. 2), «se enseña peor que antes» (11).

[134] Aparte de todo lo que se ha dicho, pienso en un informante que hilaba muy fino; se trata de un mecánico de equipo industrial con «grado asociado» (24 años) y estudios en una Academia Adventista. Para él, el español no se pierde «en su totalidad; en escala de 1-10, un 3 %», y respondió de manera muy escueta a las causas de tal pérdida: «industria, adelanto técnico y anyway [sic] inglés es idioma internacional» (inf. 73).

torriqueños? ¿Su fonética se ha modificado? ¿Ha dejado de ser hispánica su morfosintaxis? Para todo esto hemos ido encontrando respuestas o las vamos a encontrar. Pero abramos un portillo a la esperanza.

DEFENSA DEL ESPAÑOL

Hay unas razones que ayudan a sostener el español, aunque sea por su carácter pasivo: son muchos los que lo hablan (inf. 59) y pocos los que saben inglés (inf. 84), porque sigue siendo la lengua de comunicación diaria (inf. 18) y es «nuestro idioma» [135]. Motivos todos estos que por sí mismos no son una activa defensa del español, pero que si fueran universalmente válidos qué duda cabe que se convertirían en un reducto inexpugnable. Pero hay que pensar —y lo hemos visto— que otras gentes gustan de las novedades, por necesidad o por xenofilia. Y el español debe enfrentarse a situaciones mucho menos paradisíacas que la de poseer lo propio sin competencias; como en la fábula, hay zorras que codician las uvas, y el guardián debe salir del chozo para espantarlas. Entonces, informantes con sensibilidad para diversos problemas pensarían en razones patrióticas, lingüísticas, didácticas o políticas. He aquí un amplio abanico al que podemos referir otros motivos secundarios, como vamos a ver.

Las razones p a t r i ó t i c a s revisten caracteres muy variados [136]; unas veces son de legítimo amor a la tierra propia; otras, de amparo en comunidades muy amplias, unidas por mil rasgos que la historia ha ido anudando; otras, de puro chauvinismo. Una maestra de Corozal se confesaba: «nuestra lengua,

---

[135] Informantes 25, 27, 28, 32, 59, 79, 80, 92, 107, 108, 116, 146 (con otros matices), 147, 148. Recomiendo la lectura de un trabajo que vale para éste y otros muchos aspectos de los que aquí trato: Margot Arce de Vázquez, «El español en Puerto Rico» (*Revista de Estudios Hispánicos*, I, 1971, págs. 127-133).

[136] Algún escritor puertorriqueño ha culpado a «la falta de patriotismo» el «descenso de la cultura hispana en el país», amén de otras diversas causas (Emilio Delgado, «El destino de la lengua española en Puerto Rico», *Rev. Guatemala*, I, 1946, pág. 178). Contra esto habla el fracaso de la enseñanza en inglés, reconocido por el Comisionado Miller en 1916 (Cebollero, pág. 109).

mientras haya quienes piensen y sientan como yo, no se perderá
nunca» (inf. 13); o un músico de Yauco: «siempre hablaremos
español, a pesar de la influencia que venga» (inf. 124) [137]. El patriotismo se sustenta en teorías de fidelidades, por eso son emo-
cionantes los textos que he transcrito, o los que copio ahora:
«si en ochenta años de colonia no se ha perdido, [el español]
ya no se pierde» (inf. 121), «porque llevamos ochenta años de
dominación americana y no se ha perdido» (inf. 20), etc. Fidelidades éstas que responden a una creencia en la que se mezclan
deseos y testimonios, pero que en su valor intrínseco encuentran ayuda en la fe («nuestra juventud no va a permitir que se
pierda [el español]», inf. 32) y amparo en los hechos cumplidos
(«nosotros hemos creado una literatura en español y, a través
de esta creación, se mantiene el idioma», inf. 65) [138]. Estas respuestas eran de gentes muy heterogéneas: una maestra (44 años),
un oficinista (24 años), un bibliotecario con licenciatura, un médico, un obrero (40 años), un estudiante (22 años). Creo que como testimonio pueden reflejar un estado de cierta conciencia
insular, la que ha cobrado —o no ha perdido— el propio sentido
de su pueblo. Cierto que no todos los puertorriqueños la poseen
en igual grado, ¿pero es imposible adquirirla? Un alumno de
Río Piedras me decía: «Un novelista o un poeta puertorriqueño
escribe para tres millones de personas». La respuesta era fácil:
García Márquez no escribe para los lectores de Barranquilla,
sino para un tornavoz de trescientos millones de hablantes. Por
eso tenía otra parte de razón el ama de casa de Arecibo que
fundaba su esperanza en la multitud de pueblos hispánicos (inf.
10) [139]. Cierto que por estos caminos se podía llegar —y se
llegó— a justificaciones chauvinistas que de nada sirven, como

---

[137] Más o menos dijeron lo mismo los informantes 48 y 145. Con casi idénticas palabras acaba Ernesto Juan Fonfrías su apasionada *Razón del idioma español en Puerto Rico*, San Juan, 1966.

[138] Conviene no ofuscarse: el informante 150 pensaba que el español es lengua «para la poesía». Algo de menos valor que el pragmatismo de un médico
que piensa que el inglés «puede transmitir más B.I.T.'s» ['unidades de informática'].

[139] Más o menos es lo que pensaba un estudiante de Medicina de Cayey (inf.
148).

aquel profesor, con doctorado y todo, para quien «nuestros anglicismos hasta lo enriquecen [al español]» (inf. 12) [140]. No creo que las cosas se puedan aceptar así, a bulto: *tunar tamboras, rentar tuxedos* o *turnar en el biuti parlor* no son —en ninguna parte— un pedigree de limpia ejecutoria [141].

Otro grupo nada desdeñable ponía su confianza en la vitalidad de la propia lengua. Los anglicismos son —sí— un mal [142], pero los préstamos léxicos no son fatales (inf. 89, 144), pues se adaptan a la fonética y morfología del español (inf. 115), con lo que —es deducción nuestra— desaparece su carácter intruso; tal vez eso quisieran decir también quienes pensaban en la transformación de la lengua, no en su pérdida [143]: transformación, modificación. Las razones lingüísticas eran válidas: «el ordenamiento de las palabras en la expresión es de carácter español» (inf. 29), «las estructuras sintácticas del español son más o menos iguales a las normas del español general; no cabe duda de que existe influencia del inglés, pero no tan grave como generalmente se cree» (inf. 61). Vamos aclarando muchas cosas y creo que también se ilustra lo que hemos visto en el capítulo anterior: los temores están en aquello que es más fácilmente visible

---

[140] Y así creyeron también los informantes 71, 102, 135, 144. Del 135 son las palabras que siguen: «el puertorriqueño lo que ha hecho es enriquecer el español y su mentalidad. Hay nuevas expresiones de nuevos conceptos» (doctor con dos licenciaturas, en salud y economía, 51 años; Yabucoa).

[141] Un informante (el 8) llegó a negar que hicieran «uso de anglicismos para expresarse». A pesar de su carácter tantas veces anecdótico, valen para esta ocasión los muchos ejemplos que aduce Rafael González Tirado, *Confrontación del inglés y el español en Puerto Rico*, Santo Domingo (República Dominicana), 1973. De mismo año es el libro de Paulino Pérez Sala, *Interferencia del inglés en el español hablado en Puerto Rico* (Hato Rey, 1973). Pueden tenerse en cuenta otros trabajos: Washington Lloréns, «Antología del barbarismo en Puerto Rico», *Alma Latina*, San Juan de Puerto Rico, 11. IX. 1954; *Prensa*, San Juan P. R., 1955, n.º 1; «Lengua y barbarie», *Isla*, San Juan de Puerto Rico, nov. 1970; Isabel Huyre Freiría, «Anglicismos en el vocabulario culto de San Juan: cuatro campos léxicos», *Anuario de Letras*, XII, 1974, págs. 117-139.

[142] Informantes 57, 70, 71, 89, 90, 125, 126.

[143] Idem 88, 142, o el se *postea* del inf. 86 (inglés *posting* 'trasladar de un libro de contabilidad a otro'). Alguno era menos melindroso y no atenuaba sus razones: «se prostituye por influencia norteamericana» (inf. 91).

—en el léxico—, y el léxico pasa a ser una categoría de base,
cuando es la menos significativa: los fundamentos de una lengua están en su morfosintaxis, o en su fonética; el vocabulario
es más cambiante y menos definidor, ahí están el rumano, el
albanés o el vasco. Y no hemos de caer en los más negros pesi-
mismos: el vocabulario alielígena del español de Puerto Rico
no es ningún motivo de confianza, sólo hace ochenta años que
la isla fue desgajada del mundo hispánico, cada día las amarras
pierden fuerza y podrá llegar un momento en que el proís no
tenga cabos que anudar [144]. Antes que ese día llegue hay otras
razones que conviene no olvidar: la influencia del inglés es un
hecho general en el mundo de hoy [145]; contra ella está, en la Isla, la enseñanza que, mayoritariamente, se imparte en español
(inf. 18), el fomento que ha de hacerse de la propia lengua (inf.
74), la p o l í t i c a que con sus conflictos hace surgir «una afirmación de los valores hispánicos» [146]... Machado diría «no todo
se ha perdido», y quisiéramos contar con el Rubén de la esperanza [147].

Las cifras nos han dado unas valoraciones numéricas: 28,6 %
de los puertorriqueños creen que el español se pierde; ahora,
un 12,6 % de los encuestados [148] piensa que nada hay que temer. Resulta curioso que las tres posibilidades (añádanse los
que postulan la coexistencia) tienen unas proporciones harto pa-
recidas. Son unos informes de gentes diversas por su edad, por
su instrucción, por su capacidad de objetivar los hechos o por
su apasionamiento, que todo cuenta. En esta especie de consenso democrático (un hombre, un voto) no podemos decir que to-

---

[144] «Tienen que pasar muchas generaciones para borrarse» (inf. 113).
[145] Informante 76. La afirmación es cierta, pero en pocos sitios actúa tan
masiva, activa y ordenadamente como en Puerto Rico.
[146] Informante 120 (Catedrático, doctor en educación, 58 años; Las Piedras),
también el 148 (Estudiante de Medicina, 28 años; Cayey).
[147] Otros informes de nada sirven: cada día hay más personas que hablan
español (inf. 16 y 23), se habla más español en Estados Unidos, que inglés en
Puerto Rico (inf. 105).
[148] Han sido diecinueve (8, 16, 23, 29, 57, 61, 70, 71, 80, 89, 90, 105, 113,
115, 120, 125, 126, 144, 148), cuyas respuestas he comentado.

das las razones expuestas valen lo mismo, ni podemos pedir que cada uno de esos informantes hable como un profesional de la lingüística: creo que ya es bastante obtener unos informes probablemente sinceros. Basta con que los sujetos que hemos tenido nos hayan querido decir su verdad. Entonces nuestra tarea ha sido la de ir separando trigo de paja, y aun de granzones; actuar objetivamente y querer que los resultados puedan servir. En esta especie de combate inglés contra español, tal vez las palabras no hayan dicho lo que con su forma se manifiesta; creo, al menos, que al decir «el español se pierde» no eran exactos los informantes; sus datos, me parece que lo han explicado claramente, formulaban otro enunciado: «el español padece la influencia del inglés» o «el español está combatido por el inglés». Que hubo un pequeño grupo que formuló algo así como el «delenda est hispanica lingua», es verdad, pero ese grupo no significa mucho; más aún, tal vez formularan una hipótesis o un deseo, no una realidad, por cuanto ninguno de esos informantes dejó de reconocer el español como su propia lengua.

A GUISA DE COMENTARIO ÚLTIMO

A lo largo de estas páginas he querido acercarme a unos problemas del español en Puerto Rico; tal vez, a las cuestiones previas que afectan a la conciencia colectiva a través de su lengua [149]. Se trata, sí, de la situación del español y de su futuro, pero mal podremos enfrentarnos con estos hechos si no conocemos la postura de quienes los condicionan y los hacen. Ha corrido mucha tinta sobre los problemas que, en la Isla, afectan al contacto lingüístico, pero faltaba encararnos con lo que yo he pretendido hacer.

Este conjunto de gentes a las que he considerado son, sin ninguna excepción, hablantes de español y no aceptan ninguna

---

[149] Pueden verse —aunque consideran el problema desde una perspectiva limitada—, los trabajos incluidos en *The National Question*, número monográfico de la revista *The Rican*, II, 1974.

otra lengua como propia. El 30 de junio de 1965 los puertorriqueños ganaron en la Corte Suprema de Estados Unidos un elemental derecho humano: que se les reconociera como propiedad suya el español —la sola lengua— en que todos ellos se comunicaban [150]. En octubre de 1977, rechazaron un programa educativo porque estaba condicionado a que la enseñanza se hiciera en inglés. He aquí una primera afirmación que formulan mis encuestas: la lengua nacional de Puerto Rico es el español. Se me dirá que he llegado a lo que es evidente. Verdad. Pero esa evidencia se ha querido oscurecer, y ahora nos sirve como punto de partida para todas las demás especulaciones [151].

Frente a otras parcelas del Mundo Hispánico, y es una pretendida evidencia que deberá ser aclarada, el nombre de la lengua es *español*. Y es español porque la Isla fue territorio español hasta 1899, año en el que el término abarcador tenía total arraigo (frente al alternante de *castellano*) en la conciencia de quienes hablaban la lengua común, pero que no eran castellanos; y es español (como en Méjico) porque se establece una clara correlación con inglés, o francés, o alemán, o italiano; posturas, ambas, bien hispánicas: una de continuidad en la historia [152]; la otra como sustento de personalidad nacional fomentada por los emigrantes españoles (no castellanos) del siglo XIX. Cuantos utilizaron *castellano* lo hicieron de manera numéricamente muy escasa e incoherente desde unas consideraciones que

---

[150] Granda, pág. 157. Cfr. Cebollero, págs. 112, 118 y Nilita Vientós, «Al defender su lengua vernácula Puerto Rico lucha por su independencia» (*La Gaceta*, Fondo de Cultura Económica, México, octubre 1965).

[151] Los ataques no cesan: en el VII Congreso Internacional de Hispanistas (Venecia, 25-30 de agosto, 1980) se presentaron proyectos de reforma cultural que atentan contra el español.

[152] Pienso que el 'dólar' se llama *peso;* el 'quarter', *peseta;* el 'dime', *sencillo;* la moneda de cinco centavos, *vellón,* y el centavo, *perra.* La generalización del último término es posterior a 1860, cuando se acuñan las monedas que conmemoran la guerra hispano-marroquí de 1859-60: el león que con su zarpa sostenía el escudo de España fue, humorísticamente, considerado como un «perro». Otros arcaísmos son preciosos: las fastidiosas máquinas de pasatiempo se llaman *velloneras,* porque se alimentan con las monedas que equivalen a nuestro antiguo 'real de vellón'.

se desprenden de sus propias respuestas. Porque *castellano* es, como tantas y tantas veces, un término empequeñecedor (habla de los castellanos) o un ideal lingüístico (modalidad paradigmática) que no se posee. Como he dicho (pág. 216): español es un hecho de lengua; castellano, de habla.

Dueño de su lengua, el puertorriqueño adopta una postura cuando actúan estímulos extraños. Su habla es, evidentemente, una modalidad de raíz sevillana. Es lógico que la reacción sea más perceptible cuando escuche una variante de tipo arcaizante. Es decir, no andaluza, no canaria, no hispanoamericana. Ante ese español septentrional, con su *ce*, con su *elle*, con su *jota*, con su *ese* implosiva, nuestros informantes preferían su propia modalidad por unas justificables razones subjetivas en las que entraba toda suerte de valores terruñeros, mientras que estos mismos hablantes repudiaban la modalidad peninsular sin casi ninguna otra razón que la de pronunciar la *ceta*. He aquí otro motivo de conciencia lingüística: para muchos de nuestros puertorriqueños, la oposición *ese / ce* viene a ser el rasgo distintivo que separa las realizaciones de las dos orillas, mientras que la *elle*, la *jota*, la *s* implosiva, la distinción *l / r*, la forma de los plurales, el orden de los sintagmas, etc., no les decía nada, o no lo percibían. Posiblemente es un motivo tópico y no sólo de Puerto Rico: cuántos y cuántos estudiantes hispanoamericanos, y de lingüística, creen que lo propio del español peninsular es el «ceceo», y nunca habían oído hablar de esa realidad que es la distinción.

La adhesión a la propia modalidad es razonable, pero no se trata de un fenómeno universal. Otras gentes creían mejor la variedad conservadora del español por una serie de razones lingüísticas (a pesar de su *ce*) que tienen el denominador común de la corrección y por otras razones de tipo histórico, que no podríamos aceptar sin discriminación.

Tenemos, pues, dos hechos que se repiten en todos los sitios: una justificación local y otra ideal. La primera es el resultado de la vida sobre la tierra con todas las connotaciones que ello implica; la segunda, consecuencia de unas pretensiones objetivas que, en ocasiones, han buscado su apoyo en la historia. Volvemos a otro punto ya considerado: realización del acto individual que es el habla, considerado en lo que tiene de habitual; frente a él, unas enseñanzas escolares que han venido a coincidir con la otra modalidad enfrentada [153]. Siempre es lo mismo: valoración y hasta ultravaloración de lo propio y xenofobia; inseguridad en la realización personal y xenofilia. Y, en medio, quienes creen que tan válida es una variante como otra, siempre y cuando sirvan para la mutua comprensión de los hablantes.

Hasta aquí tendríamos una parte del problema, el de la actitud de los puertorriqueños, hablantes de español, ante dos modalidades de su propio idioma. Pero al terminar el siglo xɪx las cosas cobraron un brutal sesgo: la intrusión de una nueva lengua como consecuencia del desastre español. Ahora no hay que pensar en dos variedades dentro de una coherente unidad, sino en el enfrentamiento de dos lenguas: la tradicional (con la secuela de su derrota) y la impuesta (con la petulancia de la victoria). Ochenta años después tenemos cierta perspectiva para valorar lo que ha pasado; no sé si para intuir el futuro.

Hemos utilizado un conjunto de hablantes, muchos, que reaccionan a nuestras preguntas como les dicta su saber personal. Saber que puede estar equivocado, que puede responder a enseñanzas ajenas, que puede haberse producido por Dios sabe qué motivos individuales. Pero todo esto es personal; lo válido es la manifestación de tales hechos como actitudes de conciencia. O, si se prefiere, cómo reaccionaron esos numerosos puertorriqueños cuando se les formularon ciertas preguntas y las razones que tuvieron para justificar su decisión. Pero, a través de cada singularidad, vamos entreviendo el comportamiento de una conciencia colectiva. Lo que uno cree —cierto o no, justificado o no, documentado o no— es lo que se convierte en el móvil de su acción. Si un puertorriqueño cree que se enseña poco inglés y que debiera enseñarse más, cuando vote una hipotética reforma educacional lo hará de acuerdo con su creencia: los datos objetivos no le servirán —sean cuales sean— sino de acicate

---

[153] Cfr. División de Investigaciones Pedagógicas del Consejo Superior de Enseñanza, *Estudio del Sistema educativo* (3 vols), [1968].

para su decisión de que haya más inglés. Si un estudiante dice que los libros están en inglés (y son sólo los que él estudia) no aceptará que están en español, porque pensará que ése es un problema de otras especialidades y, en última instancia, hay millones de estudiantes en todo el mundo cuyos manuales no están en inglés. De todo ello podemos obtener muchísimos ejemplos en cuanto ya he dicho; bástenos esta confirmación para que nuestro discurso siga una línea razonable. El hecho cierto es que el inglés no se puede silenciar. Está ahí, agresivo, dispuesto al asalto, atento a los desencantos. Yo no digo que esto sea bueno o malo. Es así. Y qué duda cabe que al Gobierno Federal le convendría que el español no existiera, como que no existieran los indios, ni los negros. Pero ¿sólo al Gobierno Federal? Un hablante decía: si nos convertimos en estado de la Unión, seguiremos la suerte de California, de Tejas, de Nuevo Méjico [154]. Y no hay motivos para pensar lo contrario: la historia se repite siempre. El inglés amenaza: unas veces por la acción directa y otras por la quinta columna de los conversos. Entonces los hablantes de español deben conocer la situación real si es que quieren salvaguardar su lengua, pues de otro modo sucumbirán ante una fuerza a la que sólo podrán oponer la emoción de sus nostalgias.

Hoy el inglés cuenta, y, hace cien años, no. Cuenta porque hay gentes que lo hablan; lo hablan como segunda lengua, impuesta, y, muchas veces, tardíamente adquirida. No podemos decir que sean bilingües esas gentes, porque para ellas el inglés no es una lengua del hogar, de la tierra o del amor; es una lengua técnica, de negocios o de necesidad para el trabajo [155]. Creo

---

[154] Son casi las mismas palabras de Muñoz Morales en 1921 (*El status político de Puerto Rico*, San Juan, 1921, pág. 62, cit. por Maldonado Denis, *op. cit.*, pág. 128). Cfr. Granda, *op. cit.*, págs. 33, 35 (nota 28). Hay una larga transcripción de imposiciones en numerosos Estados de la Unión en el artículo de Eliezer Narváez, «La estadidad y la lengua», *Poder Estudiantil*, Universidad de Puerto Rico, 13-26 de abril de 1977, págs. 10-11.

[155] Todos estos tópicos de hoy ya los había señalado Pedro Salinas en un ensayo hace muchos años, pero el gran poeta veía más los factores positivos que los negativos en el aprendizaje, impuesto, del inglés (cfr. «Puerto Rico y la lengua inglesa», en *El Defensor*, ya citado, págs. 249-252). Por su parte, Mervyn

que así no se hace de Puerto Rico un país bilingüe; ¿cuántos José de Diego, Julia Burgos, Enrique Laguerre o Luis Rafael Sánchez escriben sus poemas o sus relatos en inglés? El español sigue siendo la lengua nacional por más que muchos puertorriqueños (un 78 % de nuestros informantes) se puedan expresar mejor o peor en inglés. Pero se ha producido un hecho que no puede silenciarse: al aprender esa nueva lengua, la gente compara. Es una situación especial la que la lengua tiene; hay hechos que al hombre le vienen desde fuera: el sistema de impuestos, la situación legal, la obligatoriedad de ciertas normas de conducta. Uno podrá pagar, regirse por un tipo de derecho, leer las señales de tráfico en vez de interpretar símbolos, mas difícilmente comprometerá en ello su propio destino individual. Pero si se le enfrentan conductas morales o formas de religiosidad o hábitos lingüísticos, su situación no será la misma; por cuanto se le dan opciones (no para liquidar impuestos o circular por la derecha) se le permite el ejercicio de su libertad. Esto es cierto, pero hay quien ejerce la libertad en una escueta desnudez y otros tienen la suya (la muestran, intentan practicarla, la dan como buena) con la coacción estatal, la agresividad de la opulencia o el interés de la adhesión. Son dos libertades bastante distintas. Socavar la religión, desintegrar las tradiciones patrimoniales, envilecer la lengua, son otros tantos caminos que llevan a la anexión. Vuelvo a repetir: no juzgo si bueno o malo, aquí y ahora, conductas que llevan a la enajenación [156]. Y no ol-

---

C. Alleyne habla de «una situación de bilingüismo por lo menos incipiente», que deberá matizarse muy mucho («Lingüística y enseñanza de idiomas en el Caribe», en *El Simposio de San Juan de Puerto Rico. Junio de 1971. Actas, informes y comunicaciones*, Estado libre Asociado de Puerto Rico, Departamento de Instrucción Pública, 1974, pág. 17), según advirtió Esteban Tollinchi en su apasionado y, por desgracia, cierto «Ad insensatos: la falacia del bilingüismo» (*Rev. de Ciencias Sociales*, U. P. R., XI, 1967, págs. 183-203). Antonio Colorado escribió taxativamente: «No somos bilingües como pueblo [...] Muchos hablamos inglés, pero no hablamos *desde* el inglés» («Palabras al Primer Congreso de Lexicografía Hispano-Americana», *Isla*, 1970, números 4-5, pág. 16).

[156] Vid. datos sobre la emigración a Estados Unidos, en Granda, págs. 42-43. No trata de problemas lingüísticos, pero llega a idénticas conclusiones de las que se indican en el texto, Eugenio Fernández Méndez, *Historia cultural de Puerto Rico, 1493-1968*, San Juan de Puerto Rico, 1980, especialmente las págs. 340-342.

videmos que son gentes forzadas a una situación de la que no
pueden salir: ¿dirían lo mismo si la potencia colonial se llamara
Francia, Alemania o Rusia? Pensemos que estas gentes no pueden tener otra relación que con Estados Unidos.

Entonces, encontramos puertorriqueños que no han oído que
les dijeran que una lengua es mejor que otra, lo que debe ser
cierto, pero —sin embargo— sí, y muchos, a quienes les reco-
mendaron aprender otra lengua, hecho objetivo inobjetable, pero —libertad condicionada— esa segunda lengua sólo es el inglés [157]. Si relacionamos estos datos, relativamente neutros, con
quienes tienen conciencia de haber padecido una imposición idiomática, tendremos que la presencia del inglés no es pasiva, sino
políticamente activa, por cuanto «para ser gente» es imprescindible el inglés; y con el inglés se medra, se obtienen puestos
de trabajo, se alcanza un *status* social que de otro modo no se
alcanza [158]. Resulta entonces que, en el ejercicio de su libertad,
quienes no saben la segunda lengua sienten cerca el fantasma
de la marginación.

Puerto Rico ha caído —lógicamente más que cualquier otro
país— bajo la abrumadora presión de Estados Unidos: prestigio, riqueza, poder, todo acompaña a la gran nación. Lo que a
Estados Unidos pertenece está nimbado por la aureola de la admiración, cuanto más en una pequeña Isla, donde los millones
de dólares se vierten como del saco rebosante de un risueño
Santa Claus. Basta con decir que las características del gran
país (y en nuestro caso la lengua) son mejores que cualesquiera
otras, para que los beneficiarios así lo crean: la técnica, el co-

---

[157] Debe señalarse que en 1948 se restableció la enseñanza del español en
las escuelas públicas y se suprimió la del inglés (Granda, pág. 55).

[158] Cfr. Rodríguez Otero, pág. XVII. Y, sobre todo, ténganse en cuenta las
razones pragmáticas que aduce Granda, págs. 54-55. En 1967, Esteban Tollinchi
escribió: «A pesar de que los organismos educativos del país hayan vuelto a im-
plantar el español como lengua de enseñanza, a pesar de que se hayan aumenta-
do los esfuerzos para fomentar lo auténticamente puertorriqueño y por afirmar
el carácter hispano de nuestro pueblo [...], no se puede ocultar que esos esfuerzos
poco a poco se han tornado mayormente defensivos. La influencia del inglés en
Puerto Rico y el peligro de una transformación lingüística nunca han sido mayores» (art. cit. en la nota 155, pág. 183).

mercio son mejores, y, por supuesto, en inglés las cosas se dicen con pocas palabras y se expresan mejor que en español. Pero ¿quién puede combatir con espectros? [159]. La afirmación pasa por verdad inconcusa y será difícil desarraigarla. Tras todo esto hay una sombra falaz y engañosa: se llama política [160]; no me importa cuál, pero tras cada una de esas lenguas se agazapan unos intereses políticos que enmascaran la verdad y aun llevan, con razones válidas, a que las gentes decidan contra su conciencia para evitar males mayores [161]. Estamos en otro peldaño. El inglés no es sólo una presencia, sino una presencia activa, amparada por una potencia colonial (lo dijo algún informante), con unos medios de captación infinitos, con una constante capacidad de erosión [162]. Muchos puertorriqueños ven la sombra gigantesca y se abruman: el español se pierde. Y desgranan el rosario de sus cuitas: influencia política, emigración y retorno, servicio militar, escuelas privadas, técnica, bilingüismo, conciencia de pueblo colonizado, complejo de inferioridad... Como resultado: mezcla cultural, interferencia lingüística, dilución de la conciencia nacional. Hay verdad en todo ello, pero todo ello no es la Verdad [163]. Cuando estas gentes te-

---

[159] En una agencia de viajes de Río Piedras presenté mi pasaje: *Ida y vuelta*. Lo tacharon: *Redondo*. No, señorita, no es *redondo*. Sí, *round trip*. A pesar de mi razonamiento lingüístico, no logré convencer: «es que en inglés tiene menos letras». Perdí: nueve contra diez. ¿Y si hubiera pedido *ida* y no *one way*?

[160] Vid. los comentarios de Manuel Maldonado Denis al libro de Granda (*Noticias culturales*, Instituto Caro y Cuervo, Bogotá, n.º 170, 1975, págs. 17-18) y otra serie de glosas, aparte de las que he aducido en los lugares oportunos, de José Joaquín Montes (id., n.º 91, 1968, págs. 9-10) y de Arnoldo Palacios (id., n.º 92, 1968, págs. 21-23).

[161] Es el resultado de esa «escisión de la identidad» del puertorriqueño (cfr. Ángel G. Quintero, *Educación y cambio social en Puerto Rico. Una época crítica*, Río Piedras, 1974, pág. 169. Lástima que esa obra no se haga cargo de los problemas educacionales en una u otra lengua —sino de manera muy esporádica (p. e., en la pág. 186).

[162] Creer lo contrario, por respetables que sean sus valedores, ni es científico, ni es verdad; buena constancia quedó de ello en alguna carta de Juan Ramón Jiménez. Más razonable resulta ser lo que dice María Teresa Babín de Vicente en «Alrededor del lenguaje de Puerto Rico» (*Asomante*, II, 1946, págs. 82-90).

[163] Pienso en unas palabras de Cebollero: «Puerto Rico nunca ha sido y probablemente nunca será un país bilingüe. Tiene un idioma vernáculo que basta

nían que justificar sus trenos, sólo encontraban motivos léxicos, y, por encontrarlos, creían que su lengua podía morir. Pero había otros puertorriqueños que levantaban la antorcha de su verdad: el español es la lengua de la Isla, muchos puertorriqueños no hablan otra, ochenta años como colonia no han conseguido desarraigarla, ni los anglicismos cuentan: otra parte de verdad, si no la exageramos. Lo cierto es que el español se enfrenta al inglés y que lo válido hasta 1900 hoy es inoperante. Pensar que una lengua se borra por razones mercantiles o por imposiciones políticas es llegar a unos callejones sin salida[164]. Joaquín Costa decía que el mundo es algo más que una factoría donde se compra y se vende, y vamos encontrando respuestas a su afirmación. Pero el mundo, hoy, es también una factoría donde se compra y se vende. También las conciencias se compran y se venden. Pero lo que mis encuestas han venido a mostrar es que Puerto Rico tiene una clara conciencia lingüística, que esa conciencia lingüística se expresa en español y que el español es la lengua de la comunicación, de la afectividad y de la literatura. Que el inglés amaga por doquier y que la conciencia puede relajarse, ¿cómo sino esas gentes que prefieren la lengua impuesta?[165]. Pero que la pérdida vaticinada por los agoreros no tiene sustentos objetivos: valoran —y son de valorar— los anglicismos, pero el vocabulario es la parte más inestable de una lengua, la que en todas partes se muestra más proclive a la veleidad. Si tantos y tantos fueran esos anglicismos, el español de Puerto Rico podría resultar ininteligible por más que su estruc-

---

para realizar todas las funciones correspondientes al lenguaje de un país [...] La política bilingüe de la escuela pública constituye por lo tanto una situación arbitraria y artificial para la cual no hay justificación en la estructura social del pueblo ni en la naturaleza de su cultura» (pág. 121).

[164] Ténganse en cuenta los datos que da Cebollero (págs. 80-83): en 1897, el comercio de Puerto Rico con Estados Unidos significaba el 19,5 % del total; en 1899, el 37,15; en 1940, el 96 %. En ese 1940, Puerto Rico figuraba en duodécimo lugar entre los países importadores de Estados Unidos y en el octavo en cuanto al volumen económico de esas importaciones.

[165] Cfr. Quintero, *op. cit.*, pág. 117. En el artículo de E. Tollinchi, ya citado (pág. 184), se añaden las causas políticas que también han salido a mi paso.

tura gramatical fuera hispánica [166]. Pero ¿tal es el caso? Y quedan —¡cuántos y cuántos!— esos puertorriqueños que no sólo se identifican en su lengua, sino que la sienten como criatura que merece desvelos, y no sólo amor [167].

Hemos visto qué opiniones tenían sobre su lengua, y sobre problemas que atañen a su lengua, unas gentes entre las que no figuraba ningún lingüista, cuando más algún maestro de español. No podemos exigir que cada uno de los hablantes fuera autor de una teoría original y coherente. Las pretensiones eran muy otras: saber la actitud individual para, del conjunto, inferir la conducta colectiva. Mis medios habrán sido limitados —ya lo he dicho—, pero no escasos; ciento cincuenta encuestas permiten formar un juicio, el que aquí he ofrecido. Mi pretensión ha sido constituir un conjunto organizado con los *disiecta membra* que se me han ofrecido, pero no he querido valorar individualmente, ni silenciar. He dado siempre todos los informes que poseía, de este modo cualquier lector podrá conocer la relevancia de la cuestión en el conjunto donde la inserto; incluso cuando se trataba de perfilar o completar un matiz, he consignado la fuente de mi dato; como todas estas comprobaciones van en

---

[166] Aduciré un trabajo, con su no poco de anecdótico —pero pienso que en las anécdotas sustentan muchas gentes el mundo de sus creencias—: Graciany Miranda Archilla, «La torre de Babel: breves consideraciones acerca del inglés y su fracaso en Puerto Rico» (*Alma Latina*, 14 de junio de 1941, págs. 4-5 y 59). *Fracaso* no es aquí una realidad presente, sino un deseo. Por eso están llenas de ponderaciones las palabras que Salvador Tió dedicó al asunto: la oposición no es a la enseñanza del inglés, sino *en* inglés, expresa sus temores por la intrusión de anglicismos semánticos y apostilla: «Es ajeno a nosotros el concepto de raza en sentido biológico: nuestro sentido de raza nos lo da la lengua» («Discurso de clausura del Congreso de lexicografía», *El Mundo*, 25-XII-1969).

[167] Pero no hay que caer en falaces esperanzas; otros espíritus señalan el carácter colonial de una situación servida por el mimetismo de las clases poderosas (Tollinchi, pág. 185; multitud de otros problemas se estudian a lo largo de este excelente trabajo). Cesáreo Rosa Nieves hace indicaciones parejas en «El español de Puerto Rico en Nueva York» (*BAACPR*, V, 1969, págs. 519-529), aunque el tono del trabajo y las conclusiones son más bien de tipo sentimental. Muchas de estas cuestiones se pueden ver —incluidas las lingüísticas— en el desazonante libro de Maldonado Denis, ya citado; por ejemplo, págs. 200, 218, entre otras muchas.

nota, creo que el lector podrá obviar por sí mismo el enojo de
su lectura, si no le interesa la sarta de números que añado.

Un día en el cementerio del viejo San Juan buscaba la tumba
de Pedro Salinas. Cielo y mar se fundían en un horizonte con-
templado. En el cielo limpio flameaban banderas: unas con las
menudas estrellas de la Unión; otras, con la grande de Puerto
Rico. Cada uno de aquellos mástiles se apoyaba en la sepultura
con un nombre; casi siempre, un nombre español. Para el cementerio del viejo San Juan parecía formulada la pregunta de
Isaías: «¿consultará a los muertos por los vivos?» [168]. Los muertos seguían combatiendo con banderas enfrentadas. Y hoy las
contemplamos, izadas también, en estas páginas que quieren ser
objetivamente científicas. Quieren ser, y lo son. Porque aquí no
se ha venido a hacer declaraciones personales, sino a interpretar lo que han dado unos datos recogidos objetivamente. Y esos
datos no han sufrido ni la más leve manipulación. Son unas cuartillas verdaderas. Lo que puede no ser verdadero es el acierto
de la interpretación, pero tales son los gajes del oficio.

---

[168]   Isaías, VIII, 19.

IX

LA INFLUENCIA DEL INGLÉS EN LA REPÚBLICA DOMINICANA: VALORACIÓN DE UNA ENCUESTA ORAL

Se viene repitiendo que el inglés es ese espectro que, en todas partes, amaga sobre el español, lo mismo que sobre todas las demás lenguas. Hace poco pude estudiar cuáles eran los procesos de captación que se podían apreciar en una parcela del mundo hispánico especialmente agredida [1]. Ahora puedo ofrecer unos datos sobre otra isla antillana, ligada por estrechos lazos con Puerto Rico, y cuyas gentes emigran con mucha frecuencia, y en proporciones muy altas, a Nueva York [2]. Cualquier viajero que desde la 5.ª Avenida se haya dirigido a *The Cloister*, antes de llegar al museo habrá tenido que cruzar un largo barrio dominicano, donde las gentes, los anuncios, las muestras de los comercios, hablan en español.

---

[1] Trabajo anterior (n.º VIII) de este mismo volumen.

[2] V. Garrison-C. I. Weiss, «Dominican Family Networks and U. S. Immigration Policy: A Case Studi», *Internat. Migration Review*, XII, 1979, págs. 264-283; P. Pessar, «The Role of Households in Intern. Migration: The Case of the US-Bound Migrants from the D. R.», *ib.*, XVI, 1982, págs. 343-364); A. Ugalde-F. Bean-G. Cardenas, «Int. Migration from the D. R.: Findings from a National Survey» (*Ib.*, VIII, 1979, págs. 235-245).

En 1982 trabajé en la Isla y preparé un cuestionario con el que recogí materiales sociolingüísticos que acabo de publicar [3]. Puse entonces entre mis preguntas una última que podría servirme para conocer una cuestión que completara los informes que tenía de Puerto Rico. Son los datos que figuran a continuación y que procuraré comentar. No voy a detenerme en describir la encuesta, por cuanto ya lo he hecho; sólo indicaré que utilicé 40 informantes (22 hombres, 18 mujeres) de todos los niveles socioculturales y procedentes de toda la geografía de la Isla.

Ya es notable que 20 personas (un 50 % del total) no respondieran a la pregunta, testimonio de que el problema no era sentido como tal. Y el hecho de que esas personas pertenecieran a los niveles más bajos de instrucción indica que todo queda limitado a unos ámbitos hoy por hoy muy constreñidos y, al parecer, poco activos. Porque, abundando en ello, una secretaria de 36 años dijo que la influencia sólo se ejercía sobre gentes de clase media y, dentro de ella, en las actividades culturales y recreativas; y, reforzando este juicio, un universitario de muy alto rango (41 años, de Salcedo) dijo que «hay influencia, pero no grande; el peligro está en los sectores que no saben defenderse». Así, pues, no extraña que gentes de cultura muy diversa —un portero (52 años, nacido en San Pedro de Macorís), un encargado de limpieza (26, Arroyo Hondo, Santiago de los Caballeros), un técnico de información (28, Santiago), una secretaria (24, Tenares, Salcedo) y una directora de un departamento universitario de Historia (34, Moca)— negaran que la influencia exista.

Vamos a ver en qué se apoyan quienes dicen que el inglés deteriora el español. La sorpresa, si lo es, está en repetir los mismos tópicos que hemos escuchado en todas partes, y, curiosamente, apoyados en las mismas trivialidades [4]. Porque poco es decir que las películas influyen (informantes 18 y 37), que se traduce mal (18), o que «quedan algunas palabras sueltas co-

---

[3] Véanse las págs. 152-207 de este mismo libro.
[4] Cfr. págs. 208-254.

mo *O.K., hallo, bye-bye*» (32), «ciertas palabras, pero más cada día» (33) o, como decía una estudiante de medicina de 20 años: «a nivel cultural hay mucha influencia del inglés, sobre todo por la música». Ninguna de estas razones son motivo de preocupación mayor. Cuando se preguntaba cuántas eran esas muchas palabras inglesas que usan los dominicanos, resulta que un estudiante de pedagogía (21 años) sólo dijo tres, y una estudiante, muy lista, de medicina se fijó en razones culturales (la música), pero no lingüísticas. En unos planteamientos generales se percibe la conciencia de ese influjo, pero no existe ninguna clase de precisiones; todo queda difuso, o, cuando más, reducido al plano léxico y con una escasísima representación de tales anglicismos.

Sin embargo, las vías de penetración del inglés fueron señaladas con cierta precisión. Dos personas (las que en mis encuestas figuran con los números 30 y 37) hablaron de los «muchos emigrantes que hay en Nueva York». Cierto que el hecho puede ser importante: quien vuelve de la inmensa urbe trae el prestigio de la aventura sufrida; tal vez, del dinero adquirido; también, la suficiencia del emigrante que debe justificar su marcha (y muchas veces su regreso). Pero, ¿no será un influjo pasajero? ¿Tan grande va a ser el poder de quien regresa que pueda modificar la estabilidad de los que quedaron? En todas partes hemos oído cuestiones como ésta, ¿y qué ha quedado en España de los cientos de miles de nuestros obreros que emigraron a Francia o a Alemania? Una anécdota efímera, y nada más. Porque si esas gentes que han ido a Nueva York no regresan a la República, mal influirán sobre ella, y, si se quedan, tarde o temprano serán absorbidas por el inglés. Por eso me pareció razonable la limitación de una secretaria bilingüe (es decir, hablante y escribiente de inglés): «sólo en la capital». Quienes han vivido en Nueva York rara vez se deciden a volver a las minas o al pegujal. Restricción también ahora en el pretendido influjo.

Otras razones de más peso pueden ser las que —también las oímos en otros sitios— daba un hombre de 30 años: «sabiendo inglés se tiene más trabajo y mejor empleo» (16), y, como apostillaba un empleado de la limpieza que lo había experimentado

en su propia carne: «uno se defiende mejor» (14) [5]. Ahora bien,
esas mejoras se obtienen en áreas en las que el inglés se va
haciendo imprescindible y en regiones económicamente vinculadas a Estados Unidos: el comercio (informante 39) o el turismo
(«si no se sabe inglés no es bastante», inf. 34, secretaria de 20
años). Son motivos razonables, que en cualquier sitio actúan,
lo mismo que los aducidos por estudiantes de muy diversas actividades, cuando dijeron que el inglés influía en la medicina
y en la economía, en los medios de comunicación social y en
los mercados (19, 20, 31). Es cierto, pero los libros y las prácti-
cas se estudian y se hacen (o se quieren estudiar y hacer) bajo
las enormes posibilidades que permiten los Estados Unidos, o
por la vinculación a los sistemas de comunicación o de mercado
que a la gran nación se vinculan. Pero esto ¿es un lamento que
se oye sólo en la República Dominicana?

He pasado revista a unos informes que allegué para un problema que en todas partes amenaza y cuya sombra, en todos
sitios, aparece como una aterradora presencia. No defiendo el
anglicismo, sino que lo atajo siempre que puedo y con la medida de mis desmedradas fuerzas. Pero ni los trenos ni las congo-
jas sirven para remediar la cosa. Hace muchos años Unamuno,
con su exabrupto, hizo felices a muchos españoles; otros senti-
rían vergüenza. «¡Que inventen ellos!». Sí, inventaron, y aquí
están las consecuencias que afectan a tirios y troyanos. Américo
Castro, más ecuánime, más científico, señaló que contra el gali-
cismo no cabría otra acción que la de superar, técnica y culturalmente, a los franceses [6]. Si así no se hace, fatalmente nos
llenaremos de galicismos (y ahora de anglicismos). Pero la lengua no morirá. Otra cosa —y lo ha señalado algún informante—
es la ignorancia y la desidia; a ellas sí que debemos combatir
con todos los medios a nuestro alcance.

Un estudiante de contabilidad de 25 años no tenía demasiada
preocupación: «el inglés no es peligroso, porque se conoce mal»

[5] *Ibidem*, pág. 22.
[6] «Los galicismos», en *Lengua, enseñanza y literatura*, Madrid, 1924, págs.
102-139.

(inf. 9), lo que estaba concorde con lo que decía aquel hombre de 26 años: «sí, se estudia mucho, pero no sé en qué influye» (inf. 14), o aquella Licenciada en Contabilidad, de 38 años, que estaba convencida de la presencia del inglés, pero no sabía dónde (inf. 23). Pienso, si no estaremos ante un problema semejante al que Pedro Salinas señaló en *El Defensor:* mientras haya analfabetos, el español no desaparecerá de Puerto Rico [7]. O, adaptando la cuestión a nuestra exposición actual: mientras se sepa mal el inglés, poco dañará al español de Santo Domingo. Y no parece justo echar en saco roto a aquella asistenta social de Moca que, con sus 18 años, confiaba en algo más que en la acción de los hombres: «en Puerto Rico sí que influye el inglés, pero aquí no, gracias a Dios» (inf. 28).

Como en tantos sitios, los trabajos están por hacer. También la República Dominicana tiene un tajo —grande— abierto y pocos operarios. La influencia del inglés sobre el español hablado en la Isla tendrá que estudiarse —como en todas partes— analizando niveles de lengua y de sociedad, verificando la permeabilidad que muestran ciertos ámbitos lingüísticos u otros sociales, estableciendo índices de frecuencia y comparando con lo que ya se sabe en otros sitios. Mi pretensión de hoy es de muy distinto, y modesto, carácter. Al analizar unos problemas de actitudes lingüísticas, añadí una pregunta que es válida en todas partes y que en este caso podía servirme para completar el cuadro que trataba de enmarcar con otras cuestiones. El resultado ha sido, digamos, consolador. A pesar de la enorme influencia de Estados Unidos en la economía del Caribe, el español de Santo Domingo no está afectado por el inglés. Pienso que la mitad de mis informantes no sabían nada de tal asunto, lo que quiere decir que no les interesaba ni poco ni mucho, lisamente, no existía. Otros que aceptaban el influjo no supieron en qué consistía, y otros, que quisieron dar el testimonio de esa presencia, se limitaron a dar tres palabras muy poco significativas, y dos de ellas no circunscritas a la República, sino extendidas por in-

---

[7] «Defensa, implícita, de los viejos analfabetos», en *El Defensor,* Bogotá, 1948, págs. 205-221.

mensas parcelas del mundo hispánico. A la vista de ello, pienso que en la República Dominicana no se hace sino repetir lo que —en todas partes también— se dice sin mayor conocimiento de causa: el inglés amaga y la presa es fácil. No lo creo. La influencia está en gentes de cierta cultura y de edad juvenil. Y esto no es distinto de lo que ocurre en Alemania, en Francia o en España. Y se mezcla con otros hechos culturales (la música, el cine, el mascar chicle o seguir determinadas modas en el atuendo) también atestiguados en todas partes. Porque el peligro, si existe, está en estas gentes, no «en los sectores que no saben defenderse». Quienes no se defienden son los ganados por una vida hedonista y económicamente fácil, no los proletarios que no tienen acceso a esos pretendidos paraísos. La agresión, y la captación, no empieza y se asienta en los campesinos o en los mineros, sino en los hijos de padres acomodados, y desde ellos se propaga el riesgo.

Otro problema es que el inglés haga falta para el comercio o el turismo. Esto no afecta a la lengua: durante años y años, miles y miles de personas han sabido otra u otras lenguas, pero no por ello ha peligrado la propia. Y, por supuesto, no he experimentado en Santo Domingo lo que sí experimenté en Puerto Rico: el hotel que se negaba a cursar telegramas en español. Y no creo que por ello nuestra lengua vaya a desaparecer de Puerto Rico. Son cuestiones anecdóticas, y pienso que no mucho más. (¿Qué diríamos de los anuncios que se oyen o se leen en cualquier aeropuerto español? Y ahí no hay negación, sino degradación, que es mucho peor). Tampoco encuentro gravedad en que los estudiantes de economía o de medicina sientan el influjo: está localizado, y precisamente en técnicas y ciencias en las que el desarrollo de los trabajos y publicaciones norteamericanos hace que todos —y no sólo los dominicanos— tengamos que depender de ellos. De nuevo, ni más ni menos, como en todas partes.

Queda, por último, la influencia traída por los emigrantes, para mí ocasional y geográficamente limitada, y queda, no sé si es consuelo, lo mal que se sabe el inglés.

Hay, sí, por hacer un trabajo muy grande. Estas cuartillas han sido escritas sobre unos datos objetivos, recogidos de gentes heterogéneas en su edad, en su saber, en su procedencia. Los resultados son, quiero creer, de interés. Precisamente porque nada me guió hacia una u otra preferencia, y porque las gentes —desde su circunstancia humana— dijeron lo que creían, si es que algo creían.

X

LENGUA NACIONAL Y SOCIOLINGÜÍSTICA: LAS CONSTITUCIONES DE AMÉRICA

INTRODUCCIÓN

América es un intrincado laberinto en el que mil circunstancias históricas, políticas, sociales hacen que los problemas europeos adquieran inusitadas connotaciones. Dar una vuelta más a los torniquetes de la estratigrafía social, de la distribución de las naciones indígenas [1], del mestizaje o de la integración no es lo que pretendo en este momento. Que todos estos problemas repercuten sobre la lingüística es evidente, y más de una vez he tratado de ello; pero lo que quisiera ver ahora no es una cuestión particular, puesto que aún necesitamos muchas monografías para tentar la síntesis abrazadora, sino considerar unos cuantos problemas en su total amplitud, precisamente porque nunca se han enfrentado desde mi perspectiva actual. Confío que desde la altura de la atalaya se podrá alumbrar la sombra de las precisiones concretas y el cotejo con motivos de toda América nos permitirá ver con mayor claridad.

Pretendo analizar todas las Constituciones de todos los pueblos de América en cuanto tocan problemas lingüísticos. Evi-

---

[1] Empleo el término en la acepción tradicional: 'conjunto de personas de un mismo origen étnico y que generalmente hablan un mismo idioma y tienen una tradición común'.

dentemente, un planteamiento semejante atañe de inmediato a los hechos sociales; no lo olvidemos: las Constituciones se llaman «políticas», esto es, afectan al 'arte, doctrina u opinión referente al gobierno del Estado'. Hecho social. La unión de lingüística y política va a ser la andadura sociolingüística por la que vamos a discurrir.

Utilizaré fundamentalmente los materiales que se acopiaron en una espléndida colección, *Las constituciones hispanoamericanas*, que dirigió el Prof. Fraga Iribarne. A donde este conjunto de textos no llegue, buscaré en otras fuentes o en actualizaciones posteriores. En algún caso excepcional no he podido disponer de todas las constituciones de un país, y limito mi análisis a lo que puedo hacer con los medios que tengo a mi alcance.

Para no repetir consigno aquí la descripción bibliográfica de cada obra y, alfabéticamente, el nombre de los países, que será mi referencia abreviada de ahora en adelante [2].

ARGENTINA. Faustino J. Legón y Samuel W. Medrano, *Las constituciones de la República Argentina*, Madrid, 1953 [3].

BOLIVIA. Ciro Félix Trigo, *Las constituciones de Bolivia*, Madrid, 1958. (En 1964, el Presidente René Barrientos declaró vigente la Constitución de 1945 con las reformas de 1947 y las adiciones de 1961).

CENTRO-AMÉRICA. Ricardo Gallardo, *Las constituciones de la República Federal de Centro-América* (2 tomos), Madrid, 1958.

COLOMBIA. Diego Uribe Vargas, *Las Constituciones de Colombia* (2 tomos), Madrid, 1977. Para la legislación posterior utilizo la obra de José Gnecco Mozo, *Constitución política de Colombia*, Bogotá, 1973.

COSTA RICA. Hernán G. Peralta, *Las constituciones de Costa Rica*, Madrid, 1962.

CUBA. Andrés María Lazcano y Mazón, *Las constituciones de Cuba*, Madrid, 1952.

CHILE. Raúl Torres Vielma, *Historia de la Constitución de 1823*, Santiago de Chile, 1959; *Repertorio de Legislación y Jurisprudencia*

---

[2] En su momento citaré las constituciones posteriores a la compilación que enumero, siempre y cuando, lógicamente, sean útiles a mi objeto.

[3] No afecta a nuestras cuestiones la Constitución de 1961 (empleo la edición con notas de Gabriel Bernard, Buenos Aires, 1961). Véase Ariosto D. González, *Las primeras fórmulas constitucionales en los países del Plata (1810-1814)*, Montevideo, 1962.

chilenas, Edit. Jurídica de Chile, s. a. [Constitución de 1925; también en *Constitución de la República de Chile*, Imprenta Universo, 1954]; Mario Bernaschina G., *La Constitución chilena*, Santiago de Chile, 1953; Enrique Evans de la Cuadra, *Relación de la Constitución política de la República de Chile*, Santiago de Chile, 1970 [Constitución de 1970].

ECUADOR. Ramiro Borja y Borja, *Las constituciones del Ecuador*, Madrid, 1951.

GUATEMALA. Luis Mariñas Otero, *Las constituciones de Guatemala*, Madrid, 1958; *Constitución* del 15 de setiembre de 1965, anotada por Roberto Azurdia Alfaro.

HONDURAS. Luis Mariñas Otero, *Las constituciones de Honduras*, Madrid, 1962.

MÉJICO. Margarita de la Villa de Helguera, *Constituciones vigentes de la República Mexicana* (2 tomos), México, 1962.

NICARAGUA. Emilio Álvarez Lejarza, *Las constituciones de Nicaragua*, Madrid, 1958.

PANAMÁ. Víctor F. Goytia, *Las constituciones de Panamá*, Madrid, 1954.

PARAGUAY. Juan Carlos Mendonça, *Constitución de la República del Paraguay y sus antecedentes*, Asunción, 1967.

PERÚ. José Pareja Paz-Soldán, *Las Constituciones del Perú*, Madrid, 1954.

PUERTO RICO. Manuel Fraga Iribarne, *Las Constituciones de Puerto Rico*, Madrid, 1953.

REPÚBLICA DOMINICANA. *Constitución política y reformas constitucionales, 1844-1942*, Edición del Gobierno Dominicano, 1944; *Constitución de la República Dominicana*, Santo Domingo, D. N., 1966.

SALVADOR. Ricardo Gallardo, *Las constituciones de El Salvador* (2 tomos), Madrid, 1961.

URUGUAY. Héctor Gros Espiell, *Las constituciones del Uruguay*, Madrid, 1956 [4].

VENEZUELA. Luis Mariñas Otero, *Las constituciones de Venezuela*, Madrid, 1965.

Además, utilizaré obras que afectan a países de lengua distinta del español, o que caen fuera del ámbito geográfico de América:

---

[4] Cfr. José Salgado, *La Constitución uruguaya de 1934*, Montevideo, 1936. La Constitución de 1966 nada añade a los conceptos que en este trabajo nos interesan (cfr. Alejandro Rovisa, *La Constitución uruguaya de 1966*, Montevideo, 1967).

BRASIL. T[hemístocles] B[randão] Cavalcanti, *Las constituciones de los Estados Unidos del Brasil*, Madrid, 1958 [5].
ESTADOS UNIDOS. *The Constitution of the United States of America. Analysis and Interpretation*, U. S. Government Printing Office, Washington, 1973 [6].
FILIPINAS. *Constitution of the Philippines*, Manila, 1950.
HAITÍ. Luis Mariñas Otero, *Las constituciones de Haití*, Madrid, 1968 [7].

Se me podrá objetar, si la complejidad de las cuestiones que voy a tratar caben en los escasos artículos que cada constitución dedica, caso de hacerlo, a los problemas lingüísticos. Quiero anticipar algo importante: son tantas y tantas las constituciones de América, que podemos trazar un desarrollo diacrónico de cien temas heterogéneos; verlos surgir, desaparecer, reaflo-

---

[5] He utilizado, además, Paulo Sarasate, *A Constituição do Brasil ao alcance de todos*, Río de Janeiro, 1968; Osny Duarte Pereira, *A Constituição Federal e suas modificações incorporadas ao texto*, Río de Janeiro, 1966; del mismo, *A Constituição do Brasil (1967)*, Río de Janeiro, 1967 (t. II); Paulino Jacques, *A Constituição do Brasil explicada. Promulgada en 24 de Janeiro de 1967*, Río de Janeiro, [1967].
[6] He visto algunos comentaristas como Robert L. Schuyler, *The Constitution of the United States. An Historical Survey of Its Formation*, New York, 1928; Edward Dumbauld, *The Constitution of the United States*, Oklahoma, 1964. Emplearé, sobre todo, Milton R. Konvitz, *Bill of Rights Reader. Leading Constitutional Cases* (5.ª edic.), Itaca-Londres, 1973. (Citaré Konvitz.)
[7] No hay nada que valga a nuestro objeto en Surinam y Antillas holandesas; cfr. Albert L. Gastmann, *The Politics of Surinam an the Netherlands Antilles*, Río Piedras (Puerto Rico), 1968, págs. 147-168. Los problemas de Canadá se formulan de manera que ahora sólo nos interesan muy marginalmente; de todos modos, para los temas lingüísticos dentro de la constitución se puede consultar J-G. Bourinot, *A Manual of the Constitutional History of Canada from the aerliest Period to 1901*, Toronto, 1901, págs. 36, 133; Lionel Groulx, *La Confédération canadienne. Ses origines*, Montreal, 1918, págs. 152-153; por último, deben tenerse en cuenta las páginas 81 y 105 de Bernard Bissonnette en su *Essai sur la Constitution du Canada*, Montreal, 1963; el capítulo XII («Le pacte entre les nationalités») del libro de R. Arès, *Dossier sur le pacte fédératif de 1867. La Confédération: pacte ou loi*, Montreal, 1967, págs. 225-243), y las páginas 189-190 de E. Russell Hopkins, *Confederation at the Crossroads*, Toronto-Montreal, 1968. J. E. C. Munro publicó *The Constitution of Canada*, Cambridge, 1889, y William Rendwick Riddell su *The Constitution of Canada in his History and Practical Working*, Oxford, 1917.

rar y repetir una y otra vez el ciclo. Creo que muchas cosas
se van a poder estudiar; más aún, países que, tal vez, hubiéra-
mos creído sin dificultades, trenzan y destrenzan el bordado de
Penélope para regalarnos con un verdadero tapiz de posibilidades. Los juristas lo saben bien y en su amparo caminamos:

> La accion de recopilar y de comentar los textos de las constitucio-
> nes políticas de una o varias naciones de Hispanoamérica siempre
> ha constituido un problema espinoso para los autores que se han de-
> dicado a esta ardua tarea, pues más tiempo tardan éstos en concluir
> su obra que los legisladores de esos países en modificarlas, en en-
> mendarlas, o, como sucede muy a menudo, abrogar los textos que
> ayer, no más, estaban en vigor y se consideraban como sacrosantos [8].

Todas estas dificultades nos han obligado a salvarlas, siste-
matizarlas y discutirlas. Si las Constituciones políticas son
—según se ha dicho— «los espejos donde mejor se refleja el ner-
vio y el alma de un nación», vamos a encararnos con cuestiones
en las que dramáticamente se enfrenta el ser y el destino de
los pueblos de América, y las vamos a mirar en el alinde donde
se proyectan las aspiraciones colectivas.

LA INDEPENDENCIA DE HISPANOAMÉ-
RICA Y EL TRATAMIENTO DE «DON»

A raíz de la Independencia, las naciones americanas fueron
adoptando posturas más o menos radicalizadas con respecto a
lo que había sido la situación anterior; sin embargo, los problemas lingüísticos sólo transcienden por caminos indirectos. Hubo países que mantuvieron durante años la legislación española [9]; en otros, las Cortes de Cádiz tuvieron enorme transcendencia [10]; en muchos, por último, fue la Constitución de los Estados Unidos quien vino a marcar su impronta [11]. Que la tenden-

---

[8]   Gallardo, Centro-América, I, pág. 3.
[9]   *Ibidem*, pág. 4; Guatemala, pág. 24 y, sobre todo, las 43-44.
[10] Centro-América, pág. 4; Salvador, I, pág. 499, *passim*.
[11] Cfr. Centro-América, págs. XX y 309; Ecuador, págs. XXXV y XXXVIII;
Guatemala, pág. 67; Estados Unidos, I, pág. VIII, etc.

cia liberal o el ejemplo del Norte significaran no poco para los pueblos de América parece lógico y necesario. Sin embargo, permítaseme un botón de muestra que justifica la primera de mis afirmaciones:

Hasta 1880 en que se promulgaron los códices hondureños estuvo en vigor el viejo cuerpo legal español, apenas modificado. Las Siete Partidas regían la vida civil y las «Ordenanzas de Bilbao», anacrónicas en España, la vida mercantil [12].

Sin embargo, y también parece lógico, hubo una pretensión de ruptura con la antigua Metrópoli, aunque los esperados beneficios quedaran muchas veces —según veremos— en pretextos para especulaciones teóricas. Es curioso ver cómo los poetas podían decir a Alvarado «tú nos diste patria, leyes, costumbres, ritos» [13] y, sin embargo, los legisladores descendían a cuestiones como las que preocupaban a la Asamblea Nacional Constituyente de la República Federal de Centro-América. En un lejano 23 de julio de 1823 se consideraba «que los tratamientos y títulos de distinción son ajenos a un sistema de igualdad legal», pero no podía por menos que reconocerse «que los funcionarios y ciudadanos no deben tener otro título que el que sea propio de las funciones que ejercen, ni más distintivo que el que merezcan por sus virtudes cívicas» [14]. De ideas tales salieron tantos y tantos títulos sociales que iban a proyectar su existencia sobre la lingüística, una vez que se abolió «la distinción del *Don*» [15]. He aquí un primer motivo que afecta a los problemas que tratamos de considerar.

Angel Rosenblat ha señalado cómo el «disputado privilegio» de usar el *don* había sufrido infinitas peripecias, hasta la Real Cédula de «gracias al sacar» (1795) en que por mil reales de

---

[12] Mariñas, Honduras, pág. 7. Añadamos que el Código Mercantil de El Salvador (1855) es un calco del español (1829), y el Penal está inspirado en el de 1848 (Salvador, I, pág. 568).

[13] César Brañas, «Tonatiuh», apud Centro-América, pág. 5.

[14] Centro-América, Decreto de 1823, pág. 679.

[15] *Ibidem*, § 3. Cierta relación con estos hechos tiene el art. 13, § 15, de República Dominicana (1879) : «No se dará otro tratamiento oficial a los empleados que el de ciudadano y usted».

vellón se podía comprar; y así aún duraban las cosas en Lima por 1818 [16]; después, en Cuba se podía adquirir por los negros que hubieran prestado «relevantes servicios». En España, a pesar de la generalización del uso [17], *don* sigue siendo una marca distintiva, que no se envileció [18]. Acaso haya que ver en esto una diferencia entre españoles y americanos: para aquellos *don* implica, sí, tratamiento de distinción social y, además, es signo de familiaridad respetuosa: sobre el *don* se asienta un principio de estratigrafía cultural o económica. Y con él basta. En América, como querían los legisladores de Centro-América, los «ciudadanos no deben tener otro título que el que sea propio de las funciones que ejercen», y así proliferó toda una inacabable teoría de *licenciados, doctores, arquitectos, ingenieros*, que, incluso en la conversación más informal, nos abruman a los llanos españoles. Bien es verdad, que las cañas se tornaron lanzas, si es que ya no lo eran desde antes; esa mezcla de aparente igualación y de negación del privilegio vemos que tiene insospechadas realizaciones. Amado Alonso, a quien siempre nos hemos de referir si hablamos del español de América, escribió hace medio siglo:

> Es seguro que el uso democratizado de *don, doña* es muy tardío, posterior en todas partes a las luchas por la independencia nacional

---

[16] Cfr. Santos Rodulfo Cortés, *El régimen de «las gracias al sacar» en Venezuela durante el período hispánico* (2 vols.), Caracas, 1978; Ángel Rosenblat, *Lengua y cultura de Hispanoamérica*, Caracas, 1962, págs. 21-22. Vid., también, Charles E. Kany, *American-Spanish Syntax*, Chicago, 1945, pág. 425; Humberto Toscano, *El español en el Ecuador*, Madrid, 1953, pág. 216. Para Guatemala, precisamente, sírvanos un texto literario actual:
—¡Naide es profeta en su tierra, pero vos, prieto, aunque te vayás a la China nunca serás mister!
—¡Mister...ioso, no pero seré don, donde quiera que esté parado!
—¡Donde puyan con caña serás don!
—¿Don?... ¿De dón...de, si es indio mi compañero —interrumpió un tercero. (M. A. Asturias, *Los ojos de los enterrados*, Buenos Aires, Edit. Losada, 1960, pág. 13).
[17] En las Islas Canarias, aparte el uso común del español peninsular, el *don* se concede también a hombres de edad, con independencia de su condición social.
[18] *Problemas de dialectología Hispanoamericana*, Buenos Aires, 1930, pág. 117. El autor explica el avance de *don* como repulsa de *ño, ña* (⟨señor, -a), «excesivamente desvalorados».

y a la implantación de sistemas democráticos de gobierno, con la cual está estrechamente relacionado [19].

En conexión con las palabras de Angel Rosenblat, recién aducidas, habría que añadir los informes antillanos que Henríquez Ureña dio a Amado Alonso: en Cuba, los negros, al obtener la libertad, alcanzaron también los títulos de los demás ciudadanos, y emplearon el *don*, que les estaba vedado; de ahí que las clases altas abandonaran ese título de tratamiento; en Santo Domingo, por 1850, el uso de *don* no connotaba ningún privilegio, y se generalizó como en España (a gentes de cierto decoro económico y mayores de treinta años). Hubo sitios en los que *don* nunca dejó de usarse; en otros, se perdió cuando las clases más pobres se dieron cuenta que los ricos habían dejado de emplearlo; en los más, *don* se está generalizando como fórmula cortes [20].

Poseemos algunos estudios importantes sobre el motivo de estas líneas. La heterogeneidad de las fechas, por más que sean todas de muy entrado el siglo xx, tal vez exija nuevas precisiones, pero —al menos en lo que tenemos documentado— *doña* ha llegado a ser sinónimo de 'india adulta casada' en Ecuador [21]; *don, doña*, en el campo argentino, es sinónimo de *señor, -a*, pero *doña* en Buenos Aires se emplea «sólo para gente de humilde condición, sin llegar a la clase media, aunque se usó en la clase alta hasta principios de siglo» [22]. *Don* ha persistido entre todas las clases, aunque cede frente a *señor*, en Méjico y

---

[19]   *Ibidem*, págs. 118-119.

[20]   *Ibidem*, pág. 121. No deja de ser curioso el empleo de *don* con los apellidos y, por supuesto, de acuerdo con fórmulas de urbanidad: lo tengo documentado entre gentes de cultura en Cuba, Puerto Rico, Santo Domingo, Colombia, Brasil. También hay testimonios de la utilización de *don* + apellido, siquiera no sea en estilo elevado, en Méjico, Ecuador, tal vez Colombia, Argentina. En Antioquia (Colombia) no hay noticia de este tratamiento; sin embargo, sí para dirigirse a un desconocido: «Buenos días, *don*» (Luis Flórez, «Algunas fórmulas de tratamiento en el español del departamento de Antioquia», *Thesaurus*, X, 1954, págs. 83 y 86).

[21]   Kany, *op. cit.*, págs. 425, 427; Toscano, *op. cit.*, págs. 216-217.

[22]   Frida Weber, «Fórmulas de tratamiento en la lengua de Buenos Aires», (*RFH*, III, 1941, pág. 133).

Colombia [23]; *don* parece título de clases pudientes o prestigio-
sas en Uruguay [24], Perú [25], Ecuador, Colombia, Venezuela, Costa Rica, Panamá [26]; *don, doña* se refiere a personas de edad
(Oaxaca y Jalisco, Méjico) [27]o a quienes son considerados con
«alto grado de respeto» (Guanajuato y Santo Domingo) [28], como
podría ser el tratamiento de yernos y nueras hacia su suegra,
a las gentes de gran prestigio intelectual [29], etc.
Este complejo panorama no obedece a motivos generales, sino que, partiendo de una situación sociológica, la multitud de

[23] Kany, págs. 426 y 429. Bien es verdad que las afirmaciones de este investigador hay que matizarlas: «*Don* es vocativo popular [...] se usa mucho en el
tratamiento familiar entre hombres de cualquier clase social, seguido del nombre de pila» (Flórez, *art. cit.*, pág. 83).

[24] *Don* Zoilo pasa a ser el *viejo* Zoilo, pues «cuando uno se güelve pobre,
hasta el apelativo lo borran» (Florencio Sánchez, cit. por Kany, pág. 427). Otros muchos testimonios que da este autor no arrojan ninguna luz sobre el alcance social
del tratamiento, porque los contextos que aduce son totalmente insuficientes.
Además, mezcla todas las fórmulas sin ninguna discriminación.

[25] «Tan pronto como una distinguida señora viene a menos y baja de su rango, los grotescos *Dones* y *Doñas* que quedan descritos se apresuran a apearle
el tratamiento y a llamarla *ña* Fulana» (Arona, cit. por Kany, pág. 427, y por
Javier Sologuren, «Fórmulas de tratamiento en el Perú», *NRFH*, VIII, 1954, página 259).

[26] Kany, págs. 428-429. En Panamá, «*don* is used occasionally when the person addressed is of a social level somewhat higher than that of the speaker»
(Stanley L. Robe, *The Spanish of rural Panama*, Berkeley-Los Angeles, 1960, pág.
124, § 103). Vid. Aura Gómez, *Lenguaje coloquial venezolano*, Caracas, 1969, pág. 65.

[27] Beatriz Garza Cuarón, *Caracterización fonética y léxica del habla de la
ciudad de Oaxaca*, México, 1967, pág. 108, § 12.11; Daniel N. Cárdenas, *El español
de Jalisco*, Madrid, 1967, pág. 112.

[28] Peter Boyd-Bowman, *El habla de Guanajuato*, México, 1960, pág. 137,
§ 109 e. En Santo Domingo *don, doña* es tratamiento que se da a desconocidos
y, lo que acerca el uso al mejicano, por los sirvientes a los amos (Elercia Jorge
Morel, *Estudio lingüístico de Santo Domingo. Aportación a la geografía lingüística del Caribe e Hispano-América*, Santo Domingo, 1974, pág. 106); no obstante,
en la isla antillana «el *don* se ha democratizado. A grandes, ricos y pobres se
le [sic] llama *don* en señal de respeto» (*Ibidem*, pág. 107, § 11). De las otras Antillas no tengo datos: Humberto López Morales, al concluir su trabajo *El español
de Cuba: situación bibliográfica*, escribe: «[en] morfosintaxis los comentarios finales huelgan, puesto que en realidad todo está por hacer» (Nueva York, 1971,
pág. 162).

[29] Aura Gómez de Ivashevsky, «Las fórmulas de tratamiento», en *Lenguaje
coloquial venezolano*, Caracas, 1969, págs. 65-67.

normas regionales forzaron los resultados que conocemos hoy.
Porque, en efecto, las constituciones de todos los países de Hispanoamérica procuran ajustarse al principio de igualdad de todos los ciudadanos y eliminan preeminencias, mayorazgos, vinculaciones, etc. que significaran cualquier situación de prestigio o que, hereditariamente, se pudieran transmitir, pero sólo
en la Federación de Centro-América se produjo la supresión constitucional del *don*. Las cosas caminaron en cada sitio por sus
propios pasos; se mantuvo el tratamiento a la española, se generalizó y vino a envilecerse, se restringió a ciertos niveles sociales (título académico, edad o cualquier otro tipo de respeto), se
condicionó a nuevas ordenaciones político-sociales como en la
Argentina de Rosas [30], etc. El *don*, que en España ya no era privilegio de sangre, sino de las obras, fue buscado afanosamente
por las gentes de menor prestigio, y desapareció. Sin embargo,
la situación española fue nuevamente admitida e incluso se extendió en algunos países. Pero no pudo con la caterva de *doctores, licenciados, maestros, ingenieros, arquitectos*, con que se había complicado el uso bastante simple del *don*. Y *doctor* es
—tantas veces— cualquier cosa menos *doctor*, o *licenciado* no es
licenciado, o *don*... La democratización extinguió, pero, en contrapartida, también generalizó y, al extenderse, los mismos democratizadores se diferenciaron dejando este título para negros
e indios.

NACIONALIDAD Y CIUDADANÍA

Si, como acabamos de ver, un cambio social afectó a un hecho lingüístico bien concreto, otros hechos sociales suscitaron
problemas lingüísticos, aunque a éstos tengamos que buscarlos
en formulaciones no expresas.

De una u otra forma, nacional es cualquier persona nacida
en el territorio del Estado (o que cumple unos determinados
requisitos), pero no todos los que poseen la nacionalidad son
ciudadanos. Y en esta valoración surgen ya, de nuevo, los pro-

---

[30] Weber, *art. cit.*, pág. 134.

blemas lingüísticos. Porque para ser ciudadano es necesario «saber leer y escribir». Esta condición, en principio, encerraba un anhelo puramente utópico: se confiaba que con el cambio se llegaría a una situación paradisíaca de igualdad, de libertad y de cultura. Por eso los prohombres que redactaron la constitución argentina de 1826 suspendieron a los analfabetos los derechos de ciudadanía hasta 1841 [31]; en Colombia ocurrió otro tanto en 1821 [32] y en Bolivia en 1826 [33]; en Costa Rica en 1848 [34]; en Nicaragua, con la Constitución de 1842 [35]; en Venezuela, con la de 1819 [36]. El carácter irrealizable de esos plazos no tiene nada que ver con unos postulados iniciales: los legisladores creían que en 1830 todos los venezolanos tendrían instrucción elemental; los bolivianos, en 1836; los chilenos y colombianos, en 1840; los argentinos, en 1841; los costarricenses, en 1853; los nicaragüenses, en 1858... Sin embargo, la dura realidad hizo olvidar los sueños. Las constituciones venezolanas van descendiendo a la realidad: la de 1830 dice que «esta condición [la de haber alcanzado la alfabetización] no será obligatoria hasta el tiempo que designe la ley» [37]; la de 1857, hasta 1880 [38]: en medio siglo se habían rebajado los presupuestos iniciales y los resultados habían descorazonado al legislador; cuando entra en vigor la Constitución de 1874, para ser ciudadano ya no se exige saber

---

[31] Sección II, art. 6, pág. 360.

[32] Título III, sección I, art. 15, 3.º. De idéntica manera se pronunció la Constitución de 1830. La chilena de 1823 fijó el tope, como la colombiana, en 1840.

[33] Título III, cap. 2.º, art. 14: «Para ser ciudadano es necesario [...] saber leer y escribir, bien que esta calidad sólo se exigirá desde el año de 1836».

[34] La llamada Constitución «reformada» (Tít. II, art. 9) sólo exigía la condición a partir de 1853.

[35] El cap. III, art. 8.º determina saber leer y escribir para obtener la condición de ciudadano, «pero esta cualidad sólo se exigirá del año 1858 en adelante».

[36] Para ser ciudadano activo se necesita «saber leer y escribir, pero esta condición no tendrá lugar hasta el año 1830» (Tít. III, art. 4.º, § 3.º). La Constitución de Cúcuta (30 de agosto de 1821) retrasaba la fecha hasta 1840 (Tít. III, art. 15; Venezuela, pág. 200).

[37] Tít. V. art. 14, pág. 225.

[38] Tít. IV, art. 3.º. También para 1880 debían saber leer y escribir los dominicanos si querían acceder a la ciudadanía (Reforma de 1865, Tít. III, sección 1.ª, art. 9); la reforma de 1886 retrasó la fecha a 1890 (Tít. III, art. 9.º, § 3), pero luego se olvidaron tales condicionamientos.

leer y escribir [39], y así van desgranándose una sarta de cuerpos doctrinales que olvidan los postulados irrealizables: en 1881, en 1891, en 1893, en 1901, y en otros diez cuerpos legales, hasta que en 1949, para ejercer sus derechos cívicos, se exige a los venezolanos el saber leer y escribir [40]. En Colombia las cosas fueron paralelas: los próceres de 1821 y 1830 creían que la alfabetización se habría alcanzado en 1840; los de 1832 retrasaron el supuesto hasta 1850 [41]; los de 1843 atenuaban más: «esta cualidad [saber leer y escribir] sólo se exigirá en los que desde primero de enero de mil ochocientos cincuenta en adelante cumplan la edad de veintiún años» [42]. Así se llega a la constitución novogranadina de 1853; se abandona la lucha y los legisladores claudican: «Son ciudadanos los varones granadinos que sean o hayan sido casados, o que sean mayores de veintiún años» [43]. De instrucción nada, y la situación pasa, sin modificar, a las Constituciones de la Confederación granadina (Constitución de 1858), de los Estados Unidos de Colombia (1863) y la República de Colombia (1886), a los Actos legislativos n.º 1 (5 de agosto de 1936 y 16 de febrero de 1945) y a la Constitución de 1974 [44]. Otra vez el desajuste entre la utopía inicial y la realidad histórica; y otra vez el abandono de un ideal difícilmente alcanzable.

Otros países fueron más realistas: se desentendieron de la cuestión (Centro-América [45], Costa Rica [46], Cuba [47], Guatemala [48],

---

[39] Tít. IV.

[40] En Bolivia, las Constituciones de 1826 (Tít. IV, cap. 2.º, art. 24) y de 1839 (sección III, art. 12) sólo conferían el «derecho de sufragio en las elecciones» a los ciudadanos que supieran leer y escribir; después las cosas se fueron modificando: bastaba con la alfabetización o, en su defecto, con tener una propiedad inmueble cualquiera, o una renta anual de doscientos pesos (1861, sección I, art. 13), u otros requisitos que las leyes establecieron (1871, 1878, 1880, 1938, 1945).

[41] Tít. II, art. 8.º, § 2.º (pág. 791).

[42] Tít. II, art. 9.º, § 3.º (pág. 832).

[43] Cap. I, art. 3.º (pág. 868).

[44] Tít. II, art. 14 (pág. 1243).

[45] La Constitución de 1824 se limita a decir que son ciudadanos los «mayores de 18 años» (Tít. II, sección 2.ª, art. 14).

[46] En 1841, 1844, 1847, etc.

[47] Así en la Constitución de 1902 (Tít. IV, art. 38) y en la Ley Constitucional de 1934 (art. 39).

[48] Nada se habla en las Bases Constitucionales de 1823, en las Constitucio-

Honduras [49], Méjico [50], Nicaragua [51], Panamá, Paraguay [52], República Dominicana [53], Uruguay [54]), o exigieron la alfabetización (Ecuador [55], Panamá [56], Perú [57], El Salvador [58]). Chile, que en 1925 exigía saber leer y escribir, en 1970 se incorporó a los países que ya no mencionaban la cuestión [58a].

Fuera de Hispanoamérica las cosas se plantean de un modo utópico: en Brasil, «não podem alistarse eleitores [...] os analfabetos» [59]; en Filipinas, la Constitución de 1950 dice taxativamente: «suffrage may be exercised by male citiziens of the Philippines [...] who are twenty-one years of age or over and are

---

nes de 1825, en las Reformas de 1835, en la Ley Constitutiva de 1837, en el Decreto n.º 76 de 1839, en el Acta Constitutiva de 1851. Y sólo a partir de 1885 empieza a aparecer el inciso de «saber leer y escribir» (art. 8.º).

[49] Constituciones de 1825, 1831, 1839.

[50] La Constitución de 1917 se limita a decir que para ser ciudadano basta con «haber cumplido 18 años, siendo casados, o 21, si no lo son» (Cap. IV, art. 34). En las Constituciones estatales, la apostilla sólo cuenta para ser electo munícipe o alcalde (Coahuila, Tít. I, cap. VII, art. 129; Querétaro, Tít. VII, art. 143; San Luis Potosí, Cap. XV, art. 78).

[51] Constituciones de 1823 a 1938, año en que se concede la ciudadanía a los nicaragüenses de «dieciocho años que tengan algún grado literario» (Cap. III, art. 18, pág. 425).

[52] Nada hay en la Constitución llamada de don Carlos Antonio López (1844), ni en la de 1870 (Cap. III, art. 38) y 1940 (art. 39), ni en los Proyectos de Constitución de los Partidos Colorado, Revolucionario Febrerista, Liberal y Liberal Radical (1967), ni en la Constitución de este mismo año.

[53] A partir de la Revisión de 1872; en la Constitución de 1966, basta con haber cumplido 18 años (Título IV, sección III, art. 12).

[54] Desde 1830 a 1952.

[55] Desde 1830 hasta 1946.

[56] Constitución de 1904, Plan de Reforma del Dr. Morote (1934), etc.

[57] Constitución de 1823 (Cap. IV, art. 17, § 3, pág. 442).

[58] Constituciones de 1841 (Tít. 2, cap. 5, pág. 316), 1864 (Tít. 3, art. 7), 1871, 1872, 1880. En 1883 la Constitución modificó algo su redacción, pues vino a conceder la ciudadanía a los menores de veintiún años que tenían «título literario» (Tít. VI, art. 43); la Constitución frustrada de 1885 se desentendió completamente de la cuestión (Tít. V, art. 47), lo mismo que las de 1886, 1936, 1945 y 1950.

[58a] 1925 (Cap. II, art. 7); 1970 (Cap. II, art. 7).

[59] Constitución de 1891 (Tít. IV, seção I, art. 70, § 2) y así también en la de 1937 (art. 117 *a*) y en la de 1946 (Tít. IV, cap. I, art. 132). Añadamos la *Constituição da República Federativa de Brasil* (1969), cap. II, art. 197, § 3.º *a*.

able to read and write» [60]. En Haití las cosas tuvieron complejidad mayor en función de los hechos históricos: la Constitución de 1801 afectaba a la «colonia de Santo Domingo», que comprendía toda la isla Española; por eso la legislación se vinculaba a los principios dictados por la metrópoli: no se podía esperar ninguna determinación que no estuviera estrechamente vinculada con ella, y en tal sentido nada tiene de extraño que cuanto afectara a la ciudadanía se redujera a decir que «todos sus habitantes nacen, viven y mueren libres y franceses» [61]. En 1805 el Emperador Jacques Dessalines promulga una Constitución, verdadera joya de barroquismo y abstracción [62], de buenos propósitos y crueldad [63], de paternalismo y despotismo [64]; algo que — desde nuestra perspectiva de hoy— nos hace pensar en el Carpentier de *El siglo de las luces.* Pero tras mucho dar vueltas al malacate de haitianos y ciudadanos, al libertador y vengador Dessalines se le olvidó definir qué era un haitiano y qué era un ciudadano. Tras ésta vino otra Constitución, la de 1806 (en vigor en el Sur), no tan retórica, pero no menos empedrada de buenos propósitos y no menos olvidadiza: tampoco aparecen las definiciones que nos interesan, ni en la de 1807 (en

---

[60] Art. V, sec. 1 (pág. 8).

[61] Tít. II, art. 3 (pág. 109).

[62] Me permito copiar sendas perlas de estos dos motivos: «En presencia del Ser Supremo, ante quien los mortales son iguales, y que ha repartido tantas especies de criaturas diferentes sobre la faz del globo, sin otro fin que manifestar su gloria y su potencia por la diversidad de sus obras; frente a la naturaleza entera, de la que por tanto tiempo tan injustamente hemos sido considerados como hijos ignorados» (*Preámbulo*, pág. 121) y «Nadie es digno de ser haitiano, si no es un buen padre, buen hijo, buen esposo y, sobre todo, buen soldado» (Artículo 9.º).

[63] Valgan otras dos muestras: «Los ciudadanos haitianos son como hermanos en su Patria» (Art. 3), «La condición de ciudadano haitiano se pierde por el exilio [...] el primer caso [el del exilio] lleva aparejada la pena de muerte y la confiscación de bienes» (Art. 7.º).

[64] Otro par de testimonios: «Todas las distinciones de color deben necesariamente cesar entre los hijos de una misma familia cuyo padre es el Jefe del Estado» (Art. 13), «El Emperador dicta, sella y promulga las leyes; nombra y destituye a su arbitrio, etc.» (Art. 30), y así mil otros testimonios.

vigor en el Norte)[65], ni en la de 1836. Sólo en 1843 se definió
quiénes eran haitianos[66] y quiénes ciudadanos[67], pero en este
caso nada se decide acerca del grado de instrucción[68], como
tampoco en las Constituciones de 1849, 1867, 1874[69] y así hasta 1964.

La Constitución de los Estados Unidos (1787) no afecta para
nada a nuestro interés actual; sin embargo, en alguna de las
«Enmiendas» se hace referencia a los hechos concretos que han
influido en los demás países de América. En 1875 se determinó
que «el establecimiento de una prueba de alfabetismo para ejercer el sufragio constituye el ejercicio por el Estado de un poder
legítimo en él y no sujeto a la supresión de los tribunales
federales»[70].

Acabamos de exponer cómo las Constituciones de América
se encuentran dentro de un amplio proceso de igualación democrática que no es exclusivo de los países del Nuevo Mundo. Fuerzas nacidas de la Revolución Francesa están actuando para crear
un nuevo concepto de sociedad y, para alcanzarlo, pugnan la
utopía y el realismo: bastaría con leer la política lingüística que
se desprende de las encuestas de Grégoire para tener conciencia
clara de ello; los modernos intérpretes llegan a la conclusión,
que de aquellas especulaciones se desprende que «tous les hommes sont des hommes»[71]. Pero para que todos los hombres al-
cancen unos límites más altos que el simple de ser hombre es

---

[65] La Constitución real de 1811, otra joya de estilo, no se ocupó —lógicamente— sino de lo que atañía a Henri Christophe, convertido en monarca.
[66] Tít. II, sec. I, art. 6.º y 7.º.
[67] Tít. II, sec. II, art. 21: basta con tener 21 años.
[68] La Constitución de 1846 resultó más ambigua (Tít. II, sec. I, art. 5.º, y
sec. II, art. 13).
[69] La Constitución de 1935 ni siquiera para ser presidente de la República
o Secretario de Estado exige saber leer y escribir (Título VI, art. 23, § 3.º); las
reformas de 1939 tampoco lo piden para los cargos de diputado o senador (art. 16).
[70] Se trata de una interpretación de la «Enmienda XV» (*Constitution*, págs.
33 y 1541-1550); copio la traducción de la Edit. Kraft, *La Constitución de los
Estados Unidos*, Buenos Aires, 1949, t. II, pág. 48.
[71] Michel de Certeau, Dominique Julia, Jacques Revel, *Une politique de la
langue. La Révolution Française et les patois*, París, 1975, pág. 152 y sigs.

preciso dotarlos de instrucción: por muy paradisíacos que sean los ideales, por muy igualitario que sea el propósito del legislador, por mucho que todos los hombres sean hombres, hay un límite establecido: es el de los niveles culturales. Unos países de América tienen conciencia del problema y exigen la alfabetización; otros, cierran los ojos y ocultan, como el avestruz, la cabeza bajo el ala, como si el problema no existiera; ¿pero es que acaso ha desaparecido? Ser hombre no es sólo caminar como bípedo implume, es tener los mismos derechos que los demás porque hay capacidad para exigirlo y ejercicio consciente de responsabilidad. Cuando la «Enmienda» de 1875 dice que el Gobierno federal de Estados Unidos no necesita intervenir en cuestiones estatales, reconoce un primer derecho de cualquier organización responsable de la convivencia colectiva: estar alfabetizado es una exigencia mínima para tener derechos de ciudadano, esto es, deberes de ser hombre totalmente responsable. Y esto nos lleva a enlazar los problemas iniciales de este apartado con las exigencias de un lingüista de hoy:

> Capire le parole, sapere scrivere e far di conto [72] sono capacità vitali che ci investono nella nostra dimensione individuale, ma saprattutto ci investono nella vita sociale. Proprio per questo [...] deve essere obiettivo dei democratici quello di dare «la lingua ai poveri». Questo è il grosso compito che abbiamo davanti [73].

Si no se posee esa cultura mínima, pero imprescindible, el hombre está en la misma situación que el siervo medieval: la nación moderna se basa en la igualdad de derechos y obligaciones de todos sus componentes; porque si esas Constituciones de América han exigido muchas veces que, para votar, el hombre no debe depender de otro (p. e., como criado) y debe tener bienes (para ser independiente), no menos cierto es que la liber-

---

[72] Obsérvese que casi del mismo modo se pronuncia la Constitución de Guatemala: «en las [escuelas primarias] se enseñará a leer, y escribir, y contar, los elementos de la moral y los principios de la Constitución» (1825, Tít. III, art. 249, pág. 329).

[73] Tullio De Mauro, «Linguaggio, scuola e stratificazione sociale nell'Italia contemporanea», en *Scuola e linguaggio*, Roma, 1979, pág. 85.

tad sólo se alcanza con la responsabilidad que da el conocimiento: decir que todo hombre es ciudadano con solo haber cumplido 21 años es poner en su mano un derecho que no sabe usar, sino que va a emplear conforme a los dictados de los nuevos señores feudales. Sí, todos los hombres han de ser iguales, pero para serlo no basta con una utópica —e irrealizable— declaración de principios. Más aún, la igualdad se proyecta a través de la lengua, y la Constitución brasileña de 1967 dictamina que no pueden ser electores «os que no saibam exprimir-se na língua nacional» [74].

LA EDUCACIÓN PARA TODOS

Para que la utopía deje de serlo, es necesario que la igualdad sea, pues, real. He aquí un punto en el que están conformes todas las Constituciones de América. Cuando Bolivia (1851) y otros muchos países de América declaran la libertad de enseñanza [75] (en este instante interesa menos saber si es bajo la vigilancia del Gobierno) [76], o que las instituciones oficiales deben crear y dirigir «establecimientos de instrucción primaria» [77], es-

---

[74] Cap. II, art. 142, § 2.º *b*. Como es bien sabido, en Estados Unidos la nacionalización exige un examen que acredite conocimientos de inglés. Vid. Reinhard Bendix, «The Extension of Citizenship to the Lower Classes», en el libro editado por él mismo *State and Society*, Univ. of California Press, 1973, páginas 233-257.

[75] Art. 12, y la aseveración se repite otras veces.

[76] Centro-América (1898, Tít. III, art. 37; 1921, Tít. III, cap. IV, art. 35), Colombia (1858, Cap. V. art. 56, § 7.º; 1863, Cap. I, sec. III, art. 2 § 11); Costa Rica (1949, Tít. VI, art. 74), Ecuador (1884, Tít. IV, art. 34. etc.), Guatemala (1825, Tít. XIII, art. 249; 1921, Tít, IV, art. 35, etc.), Honduras (1924, Tít. IV, art. 26), Méjico (1917, Cap. I, art. 3. En el estado de Guanajuato, los profesores no necesitan título, I, art. 3.º), Nicaragua (1893, Tít. V, art. 50; 1911, Cap. IV, art. 7.º, etc.), Panamá (1946, Sec. VI, art. 79), Paraguay (1940, Art. 20), El Salvador (1880, Tít. III, art. 38; 1883, Tít. III, art. 30, etc.), Uruguay (1934, Sec. II, cap. II, art. 59; 1942, Sec. II, Cap. II, art. 59), Venezuela (1864, Tít. III, art. 14 § 12, etc.), Brasil (1934, Tít. V, cap. II, art. 150), Haití (1807, Tít. VIII, art. 34; 1860, Tít. II, sec. III, art. 29, etc.).

[77] Bolivia (1871, Sec. X, art. 9; 1880, Sec. XVI, art. 126), Guatemala (1825, Tít. XIII, art. 249).

tamos en camino de alcanzar otro de los postulados que van a incidir sobre la lengua: que la instrucción primaria [78] (al menos la estatal) y, a veces, la secundaria [79], sea gratuita y obligatoria, en función del derecho «de recibir instrucción» inherente a cualquier persona [80]. Lógicamente, estos planteamientos afectan tanto a la creación de escuelas como a las condiciones en que el profesorado puede vivir. No debo hablar aquí sobre la libertad de cátedra o las enseñanzas universitarias, sino sólo de lo que afecta a la primera enseñanza, por su vinculación a situaciones especiales, de las que he dado o daré cuenta en su momento (alfabetización de indígenas, derecho al voto, etc.), y por su significado dentro de unos planteamientos muy generales. Resulta, entonces, que casi todos los gobiernos se van a dedicar a hacer declaraciones muy solemnes en cuanto concierne al valor de la enseñanza [81], y veremos si los resultados se corresponden con las inflamadas palabras. Siguiendo el orden alfabético que me he impuesto en este trabajo, la Constitución boliviana de 1938 dice que

---

[78] Centro-América (1898, Tít. III, art. 37; 1921, Tít. IV, art. 35), Colombia (1936, Art. 14; 1974, Art. 41), Costa Rica (1971, Tít. IV, art. 6.º; 1917, Cap. I, art. 9, etc.), Cuba (1902, Tít. IV, art. 31; 1935, Art. 32, etc.), Chile (1925, Cap. III, art. 7), Ecuador (1878, Tít. II, art. 17, § 12; 1884, Tít. IV, art. 34, etc.), Guatemala (1921, Tít. IV, art. 35; 1935, Art. 18, etc.), Honduras (1924, Tít. IV, art. 56), Méjico (1917, Cap. I, art. 3, §§ VI, VII), Nicaragua (1893, Tít. V, art. 50: 1905, Tít. V, art. 39, etc.), Panamá (1934, Art. 133; 1941, Art. 56, etc.), Paraguay (1870, Primera parte, cap. I, art. 8.º; 1940, Art. 10, etc.), Perú (1834, Tít. 10, art. 171; 1839, Art. 174, etc.), Puerto Rico (1952, Art. II, sección 5.ª), República Dominicana (1844, Tít. III, art. 29), El Salvador (1871, Tí. XIX, art. 125; 1880, Tít. III, art. 38), Venezuela (1864, Tít. III, art. 14, § 12; 1901, Tí. III, art. 12, etc.), Brasil (1934, Tít. V, cap. II, art. 150; 1937, art. 133, pág. 517), Haití (1860, Tít. II, Sec. III, art. 29; 1874, Tít. III, cap. I, art. 33, etc.).

[79] En Bolivia, desde 1938 (Sección XVIII, art. 154); en Puerto Rico, desde 1952 (Art. II, sección 5.ª), Venezuela (1947, Cap V, art. 58), Haití (1935, Tít. II, art. 11).

[80] Bolivia (1938, Sec. II, art. 6.º; 1945, Sec. II, art. 6.º), Venezuela (1947, Cap. V, art. 5). En Colombia (1886), la enseñanza primaria será gratuita y no [sic] obligatoria (Tít. III, art. 41).

[81] Sin retórica se pronuncian las Constituciones de la Argentina (1949, Cap. III, art. 37) y Chile (1925, Cap. III, art. 10, § 1) y República Dominicana (1966, Art. 16).

La educación es la más alta función del Estado. La enseñanza pública se organizará según el sistema de la escuela única. La obligación de asistencia escolar es general desde los 7 hasta los 14 años [82].

El Estado fomentará la cultura del pueblo [83] (habrá algún país, como Costa Rica, que proclamará el orgullo de tener «más maestros que soldados»); se considera necesario «formar leyes generales para los establecimientos de educación o instrucción pública» [84] y la supervisión de la enseñanza por parte del Estado [85]. A veces —fruto del tiempo— se protegen ciertas disciplinas, como las matemáticas [86], ideal cartesiano que recuerda las pretensiones del abate Grégoire cuando —para destruir a los dialectos— postulaba la impresión de opúsculos de meteorología o volúmenes de física elemental [87]. De una u otra manera,

---

[82] Sección XVIII, art. 154, pág. 449; así se pronunciará en 1945.

[83] Bolivia (Sección XVIII, art. 164; también en 1945), Costa Rica (1884, Tít. IX, art. 180; también en 1847, etc.), Chile (1825, Cap. IX, art. 105, § 2, como responsabilidad comunal), Ecuador (1921, Sec. II, art. 55; 1835, Sec. V, art. 43, § 8, etc.), Guatemala (1954, Cap. VII, art. 2; 1956, Tít. III, cap. IV, art. 95), Honduras (1957, Tít. V, cap. III, art. 135), Nicaragua (1848, Cap. XXX, art. 95; 1958, Cap. XIII, art. 42, n.º 25, § 5.º, etc.), Paraguay (1940, Art. 10.º y los proyectos de diversos partidos en 1967), Perú (1879, Art. 4.º, pág. 739; 1920, Tít. IV, art. 53), Venezuela (1961, Tít. III, Cap. IV, art. 83), Brasil (1934, Tít. I, art. 10, § VI), Haití (1807, Tít. VIII, art. 34).

[84] Ecuador (1861, Tít. V, sec. V, art. 39), Colombia (1886, Tít. XI, art. 120, § 15).

[85] Colombia (1886, Tít. XI, art. 120, § 15; 1974, Tít. III, art. 41), Ecuador (1906, Tít. IX, sec. II, art. 14), Guatemala (1956, Tít. VI, art. 168, § 23), Honduras (1957, Tít. V, cap. III, art. 142), Méjico (1917, Cap. I, art. 3, § II, y, en relación con esto, diversos aspectos de la cuestión en muchos Estados: Aguacalientes, Chiapas, Chihuahua, Durango, Guanajuato, Michoacán), Nicaragua (1886, Tít. VI, cap. II, art. 81; 1838, Cap. VII, sec. VI, art. 109, etc.), Paraguay (1844, Art. 7.º), El Salvador (1871, Tít. XIX, art. 125; 1880, Tít. III, art. 38), Haití (1874, Tít. II, sec. III, art. 34; 1879, Tít. I, art. 30, etc.). Para Estados Unidos, Vid. Arval A. Morris, *The Constitution and American Education*, St. Paul, Minn., 1974, págs. 114-120.

[86] «Su primer deber [de la institución pública] será generalizar la enseñanza primaria y difundir los conocimientos de las ciencias matemáticas» (Nicaragua, 1848, Cap. XXX, art. 95).

[87] Sever Pop, *La Dialectologie. Aperçu historique et méthodes d'enquêtes linguistiques*, Gembloux, 1950, t. I, pág. 12.

casi sin excepción, todos los gobiernos se han enfrentado con los mismos problemas y han tratado de darles solución. En tales casos hay que descender de las grandilocuencias olímpicas [88] a la pobre realidad cotidiana, y la pobre realidad afecta al presupuesto nacional, a los docentes y a la lucha contra el analfabetismo. Por eso Colombia, en la no lejana fecha de 1974, destinaba «no menos del 10 por 100 de su presupuesto general de gastos en educación pública» [89]; Costa Rica, un 30 % en 1960 [90]; Ecuador, un 20 % en 1945 [91]; Brasil, un 20 % en 1934 [92] o, más allá de los límites que me he impuesto, Guatemala un 2 % a su Universidad Nacional de San Carlos en 1956 y en 1965 [93].

Otros países se preocupan por la situación de sus maestros; este interés está compartido por naciones como Brasil o Haití. Cierto que parece pesar sobre las mentes que legislan aquel viejo dicho de «pasar más hambre que un maestro de escuela», o el no menos cruel de «si tienes ciencia y no tienes blanca, vete a Salamanca; si tienes blanca y no sabes nada, vete a Granada; si tienes blanca y no tienes miedo, vete a Toledo» [94]. Pa-

---

[88] Este humo para nefelibatas duró más de lo debido; en la Constitución de marzo de 1945, los legisladores guatemaltecos aún podían escribir: «Es función cardinal de la educación conservar y acrecentar la cultura universal, promover el mejoramiento étnico e incrementar el patrimonio espiritual de la nación» (Tít. III, cap. II, sec. 4.ª, art. 80).

[89] Tít. III, art. 41, aunque la decisión venía de 1934 (vid. t. II, pág. 1249) y fue confirmada por el artículo 11 del plebiscito del 1.º de diciembre de 1957 (Gnecco, pág. 41).

[90] Según M. Fraga, prólogo a las *Constituciones de Costa Rica*, pág. XIV.

[91] Tít. X, art. 125.

[92] Tít. V, cap. II, art. 156.

[93] Tít. IV, cap. IV, art. 102, pág. 796; Título III, cap. II, art. 99; concepto que precisaba las palabras de 1945, según las cuales «la Universidad de San Carlos, de Guatemala, es autónoma [...] El Estado [...] consignará anualmente en el presupuesto la partida destinada al sostenimiento de la Universidad». En Perú las cosas se enuncian de manera semejante; Luis Muñoz analizó tales problemas, pero sus notas no resultan útiles a nuestro interés actual (*La constitución política del Perú comentada*, Lima, 1956, págs. 184-189).

[94] Luis Martínez Kleiser, *Refranero general ideológico español*, Madrid, 1978, pág. 707, número 61.717.

ra remedio de males, y los primeros son los del propio pedago-
go, las legislaciones americanas determinarán la estabilidad de
los cargos docentes [95], el decoro de las gratificaciones [96] o la
exención de impuestos [97], lo que si no resolvió gran cosa, manifestó —cuando menos— las buenas intenciones con que se em-
pedraba algún camino y no, precisamente, de rosas [98].

Todo esto (necesidad de la educación, fomento y vigilancia
de su desarrollo, generosidad de los presupuestos nacionales,
decoro del docente) tenía como primera finalidad la del desarraigo del analfabetismo. Cuestión ésta que se vino a enmarañar
con los problemas del indigenismo y que creó multitud de intentos para integrar en la vida nacional a miles de gentes que habían quedado marginadas. La instrucción de los trabajadores [99]
y, sobre todo, la educación de adultos [100] y la lucha contra el
analfabetismo asoman una y otra vez a los principios constitucionales [101], por más que debo dejar para luego el complejo pro-

---

[95]   Bolivia (1945, Sección 18, art. 44), Venezuela (1961, Tít. III, cap. IV, art.
81), Brasil (1946, Tít. VI, cap. II, art. 168, § VI). Para Estados Unidos, vid. Robert
R. Hamilton-Paul R. Mort, *The Law and Public Education with Cases*, Brooklyn,
1959, pags. 357-505.

[96]   «El maestro tiene derecho a los goces y privilegios que fije la ley. Principalmente a un sueldo que, atendiendo su importante misión, lo dignifique social,
económica y culturalmente» (Honduras, 1957, Tít. V, cap. III, art. 140); «El Estado garantiza a los profesionales de la enseñanza un régimen de trabajo y un
nivel de vida acordes con su elevada misión» (Venezuela, 1947, Cap. V, art. 57;
1961, Tít. III, cap. IV, art. 81). En Haití las cosas quedaron un tanto vagas; había
que esperar una ley especial (1807, Tít. VIII, art. 35), y luego se olvidaron de ella.

[97]   «Nenhum impôsto gravará diretamente a proffissão de escritor, jornalis-
ta ou *professor*» (Brasil, 1934, Tít. III, art. 113, § 36), artículo que puede comple-
tarse con éste: «Cabe a União, aos Estados e aos Municipios [...] prestar assistên-
cia ao trabalhador intelectual» (ib., Tít. V, cap. II, art. 148).

[98]   Para Estados Unidos, vid. Arval A. Morris, *The Constitution and American Education*, St. Paul, Minn., 1974, págs. 759-766.

[99]   Costa Rica (1949, Tít. V, art. 67, pág. 611).

[100]   Costa Rica (1949, Tít. VII, art. 83), Méjico (Sonora, Cap. III, sec. III, artículo 91).

[101]   Costa Rica (1949, Tít. VII, art. 83), Guatemala («Se declaran de utilidad
social: la campaña de alfabetización nacional [...]», 1945, Tít. III, art. 82). La Constitución del Estado mejicano de Oaxaca dice textualmente: «Son obligaciones de
los habitantes del Estado [...] cooperar en la campaña de alfabetización» (Título
II, art. 22).

blema de las comunidades indígenas. Y esto vendrá a crear una nueva cuestión al confundirse —o, al menos, al no discriminarse— la diferencia que hay entre castellanización y alfabetización. Porque el gran lastre de las masas analfabetas lo crean las comunidades indígenas, aunque no siempre, pero sí casi siempre: pensemos en Costa Rica, donde eran blancos el 97,6 % de sus habitantes y, sin embargo, todavía en 1927 era necesario saber leer y escribir para poder ejercer los derechos de la ciudadanía [102].

Todos los principios se han sentido, pero basta ojear las fechas de tanta protesta para ver cuán recientes son las preocupaciones. Y queda por considerar qué se ha podido conseguir con tan buenas intenciones. Porque moverse en el plano de la abstracción apenas sirve de nada cuando las doctrinas no pueden realizarse. Reinhard Bendix hace pocos años podía escribir:

> The right to an elementary education is similar to the «right to combine». As long as masses of the population are deprived of elementary education, acces to educational facilities appears as a precondition without which all other rights under the law remain of no avail to the uneducated. To provide the rudiments of education to the illiterate appears as an act of liberation [103].

Los bienes de la cultura son, pues, imprescindibles para alcanzar cualquier otro derecho y son, en sí mismos, un acto de liberación. Estamos en un camino cierto, pero esos niveles deseados exigen planificación, puesta en marcha, aceptación o captación, todo un programa muy difícil de poder cumplir; pero, sin enfrentarlo, todo queda en declamaciones más dignas del olvido que de cualquier otra cosa. Y el hombre que no sabe sus derechos y que no es libre para ejercerlos se queda en una triste condición en la que los derechos civiles serán para él como la inesperada limosna que le viene a la mano, los derechos políticos le están vedados y los derechos sociales no los logra, porque

---

. [102] La Constitución de 1917 decía taxativamente: «A partir del 1.º de enero de 1927, para ser ciudadano costarricense se necesitará [...] saber leer y escribir» (Cap. III, art. 46).

[103] «The Extension of Citizenship to the Lower Classes», en el libro, dirigido por él mismo, *State and Society*, Berkeley-Los Angeles, 1973, pág. 243.

difícilmente alcanza ese mínimo de economía que le permita vivir con la dignidad que el hombre debe exigir. Si todo esto se estanca en preciosidades como la que voy a transcribir, para nada servirá el haber pensado en los problemas; pero aún quedará la duda acerca de la sinceridad con que se habla. Ejemplifiquemos con hechos que nos darán pie para algo más que comentarios estilísticos: el *Plan de Tegucigalpa* (24.XII.1953) del coronel Carlos Castillo Armas permite aprender cosas como estas [104]:

> Y es de imperiosa necesidad llevar el alfabeto hasta el corazón de la montaña; enseñar a leer y escribir a las grandes mayorías; instruirlas siquiera en los rudimentos de la aritmética, de la higiene, del civismo y de la moral, y, por encima de todo, que aprendan a amar a Guatemala con conciencia plena de la nacionalidad.
>
> Destiérrese del campo educacional el liderismo, la farsa, la alcahuetería, el interés mercantilista, la política de campanario y cuanto implique lastre en el vuelo ascensional de la instrucción. Insúflesele espíritu vocacional, desinterés, abnegación y, en una palabra, eficiencia, para que todas las almas reciban el beso de Minerva.
>
> No es de menor importancia que la nutrición, el vestuario y la vivienda la alfabetización. Cada analfabeto adulto es una bofetada a la nacionalidad y un índice acusador del propósito malsano o de la incuria punible del Estado y de la sociedad [...]
>
> Por lo tanto, la campaña de alfabetización debe considerarse de urgente necesidad nacional y llevarse a término con energía, perseverancia y propósito definido de servir a la Patria, y para que no quede inconclusa o malograda debe facilitarse los medios para que los alfabetizados tengan libre acceso a las oportunidades de continuar en contacto con las letras; pues ¡cuántos hay que aprenden a leer y a escribir para pronto olvidar lo aprendido por falta de contactos apropiados!

---

[104] *Guatemala*, págs. 710-711. Para completar esta ojeada, vid. *A Survey of the Educational System of the Philippine Islands*, del Board of Educational Survey, Manila, 1925, aunque su interés se limita a la imposición del inglés; más moderno es el dramático estudio de Belén S. Argüelles, «El estado presente de la enseñanza y aprendizaje del idioma español en Filipinas», *Presente y futuro de la lengua española*, Madrid, 1963, t. I, págs. 281-295, especialmente. En el mismo libro hay una buena exposición de Guillermo Verdín, *Problemas del castellano en Filipinas*, págs. 297-362.

Evidentemente, se ha confundido alfabetización con castellanización, y más aún si tenemos en cuenta unas líneas inmediatamente anteriores a las que he copiado; pero no es ésto lo que interesa aquí, sino la prolijidad con que se usa la palabra: sobra casi todo y aun se mezclan elementos que son, simplemente, motivos de propaganda. Tanta palabra no es sino expresión de algo que va a convertirse en instrumento de poder: el beso de Minerva hace siglos que dejó de ser milagroso, la Patria es una palabra vacía cuando se usa interesadamente —lo que se pretende no necesita de solemnidad, sino de eficacia. Y basta contemplar unas descarnadas cifras para que la única responsabilidad posible sea la de ponerse a laborar con olvido de aburridas ampulosidades [105].

La instrucción venía a estar emparejada con un determinado bienestar social, con lo que las clases dominantes eran las únicas que tenían acceso al sufragio electoral y, por ende, a la vida política del país. Lingüísticamente, nos interesan los problemas de lengua y sociedad vistos en la relación entre ciudadanía y cultura, pero la imagen quedaría incompleta si no adujera, al menos de paso, el *status* económico para acceder al voto. Vuelvo a referirme a Bendix: la sociedad sólo asegura los derechos civiles a quienes tienen propiedades o rentas con las que pagar impuestos [106], con lo que el utópico principio de la igualdad se quebranta una vez más; de este modo el analfabeto o el mal dotado de medios de fortuna no puede asociarse, ni defender colectivamente sus intereses (individualmente no es capaz), con lo que la desigualdad se ha consumado; más aún si, como ocurría en muchos países de Europa, al trabajador se le negaba

---

[105] La situación es desconsoladora, pero, según De Mauro, un 33,2 % de la población italiana era analfabeta o semianalfabeta en 1971 (*Linguaggio, scuola e stratificazione sociale nell'Italia contemporanea*, op. cit., pág. 84).

[106] Repetir cuántas veces consta este principio en las Constituciones de América sería algo como el cuento de nunca acabar. Voy a aducir unas poquísimas referencias (a la condición de ciudadano o a la de dignatario) para que sirvan de amparo a mi afirmación: Argentina (1826, Sección II, artículo 6.º), Bolivia (1826, Tít.. III, cap. 2.º, art. 14), Centro América (1835, Tít. IV, sección I, art. 80), Colombia (1821, Tít. III, sec. VII, art. 95, 4.º), Honduras (1848, Cap. III, art. 7), etc.

en tal caso el derecho de unirse *(right to combine)* [107]. La perspectiva americana se limita entonces a la consideración social del indio, de la que me ocuparé de inmediato. Pero es necesario completar esta ojeada examinando otro factor importante en la culturación de las masas indígenas: la Iglesia.

CATOLICISMO Y LIBERTAD DE CULTOS

En un libro capital escrito por un científico de la más limpia ejecutoria, me refiero a Ángel Rosenblat (nacido en Wengrow, Polonia, y hablante de iddish en su infancia [108]), uno de los más grandes filólogos que escriben en español [109], dijo:

> Más profundamente aún que la lengua conquistadora se ha impuesto la religión del conquistador. La cristianización del continente, la llamada «conquista espiritual», ha sido casi absoluta, y sólo las tribus inaccesibles de la selva conservan intacto su mundo de creencias [110]. El indio ha adoptado el cristianismo con un fervor religioso que es raro observar entre los europeos [...] los dioses indios han muerto [111].

Esto, unido a los vínculos espirituales que existían con la antigua metrópoli, hizo que las Constituciones aceptaran, en principio, como única religión la católica, pues así figuraba en las proclamas del Libertador [112]. No merece la pena ir desgranando referencias idénticas [113]; sí decir que había una tolerancia

---

[107] A Bassic Civil Right : The Right of Association and Combination (Bendix, *op. cit.*, pág. 238).

[108] Véanse datos autobiográficos que cito en el artículo de la nota siguiente.

[109] Manuel Alvar, «Ángel Rosenblat», en *Boletín de Filología Española*, X, 1970, págs. 3-9.

[110] Y, añadiría por mi cuenta, con mucha erosión. Me permito una referencia bibliográfica: *Leticia. Estudios lingüísticos sobre la Amazonia colombiana*, Bogotá, 1977, págs. 223 (§ 12.2.2), 361 (§ V), etc.

[111] *La población indígena y el mestizaje en América*, Buenos Aires, 1954, t. I, págs. 32-33.

[112] Cfr. Colombia (1828), Tít. VI, art. 25.

[113] Esta situación en las Constituciones se da en Argentina (desde 1815 hasta 1949), Bolivia (desde 1820 hasta 1871; en 1945 se garantizan otros cultos y tal fue la situación en 1947), Colombia (desde 1821), Costa Rica (desde el Pacto Social de 1821 hasta la Constitución de 1859), Chile (desde 1823; me faltan datos

para los emigrantes [114], algunos propósitos vagos y bastante vacíos de sentido [115], aceptación de libertad o tolerancia religiosa dentro de la unidad o mayoría católica [116], etc. Otros países establecen la libertad religiosa desde un principio, ya sea porque alcanzaron la independencia cuando la unidad de creencias había hecho crisis [117], o porque el nuevo dueño usó de la religión como elemento de desintegración nacional [118].

hasta 1825), Ecuador (desde 1830 hasta 1897), Guatemala (desde 1823 hasta 1825 y desde 1837 a 1839), Honduras (desde 1825 hasta 1880), Nicaragua (desde 1823 hasta 1858 y, luego, en las «nonnatas» de 1911, 1913), Perú (desde 1821 hasta 1879), República Dominicana (desde 1844 hasta 1879, cuando menos), El Salvador (desde 1824 a 1864), Uruguay (desde 1930 hasta 1918), Venezuela (desde 1811 hasta 1857), Haití (desde 1801 a 1805, de 1806 a 1843).

[114] La Constitución boliviana de 1871 dice: «Se prohíbe el ejercicio público de cualquier otro culto [que no sea el católico], excepto en las colonias que se formen en lo sucesivo» (Sección 1.ª, art. 2.º, pág. 343). En 1880, sin embargo: «El Estado reconoce y sostiene la religión católica, apostólica, romana, permitiendo el ejercicio público de cualquier otro culto» (sección I, art. 2.º, pág. 390).

[115] La Constitución de Centro-América (1835) habla de libertad religiosa: «mas los Estados cuidarán de la actual religión de los pueblos» (Tít. I, sección 1.ª, art. 11, pág. 741).

[116] «La religión Católica, Apostólica, Romana es la de la nación: Los poderes públicos la protegerán y harán que sea respetada, como esencial elemento del orden social. Se entiende que la Iglesia Católica no es ni será oficial, y conservará su independencia» (Tít. III, art. 38) y, seguidamente: «La educación pública será organizada y dirigida en concordancia con la Religión Católica» (art. 41). Cfr. Costa Rica (1869 hasta 1949), Honduras (desde 1839), Panamá (desde 1934), Paraguay (desde 1870 hasta 1967), Perú (desde 1920), República Dominicana (desde 1875 hubo tolerancia), El Salvador (desde 1871 hasta 1883). En Haití, la Constitución de 1807 reconoce como oficial la religión católica, pero tolera «no públicamente» el ejercicio de las demás (Tít. VII, art. 30); sin embargo, a pesar de los muchísimos años de libertad religiosa, la Constitución de 1950, cuyo cuño es bastante conservador, reconoce la libertad de culto, pero concede «situación especial» a la católica por ser la más profesada (Tít. II, cap. II, art. 20).

[117] Tal es el caso de Cuba con la *Constitución provisional de Santiago de Cuba* o (anoto para meditación) *de Leonard Wood* (1898); y desde la Constitución de 1900, que, además, separa la Iglesia del Estado (Tít. IV, art. 20). Añadamos idéntica situación para Panamá, aunque aquí no se estableció de manera tajante (1934, Art. 11, pág. 531). En Estados Unidos se plantearon cuestiones entre la libertad individual y ciertos tipos de restricción establecidos por la Iglesia Católica; se puede ver la cuestión, muy objetivamente tratada, en Arval A. Morris, *The Constitution and American Education*, St. Paul, Minn., 1974, págs. 924-426.

[118] Tal es el caso de Puerto Rico: *La Ley Foraker* (1.º de mayo de 1900), en su sección 8.ª, deroga y anula el celibato sacerdotal —y ya es atribuirse derechos—

La libertad religiosa se estableció en la Constitución de Estados Unidos (1787) de una manera contundente (Artículo VI) [119], y una _Enmienda_ posterior (1789) fue tajante: «No habrá religión oficial» [120]. He aquí un antecedente claro de lo que sería la situación hispanoamericana. Otra vía procedió de Francia: no en vano la Constitución de Haití ya la había admitido en 1805. De ahí, y de las constituciones españolas, todos los anhelos convergían en la libertad religiosa que se estableció en los siguientes años:

> 1835, en Confederación de Centro-América
> 1861, en Colombia
> 1864, en Venezuela
> 1871, en Guatemala
> 1875, en República Dominicana
> 1880, en Honduras
> 1885, en El Salvador
> 1893, en Nicaragua
> 1917, en Méjico [121]

«por razón de los votos que pudiera haber emitido»; si tal poder se manifiesta en lo que para cualquiera tiene de derecho divino (si no se cree en él, sobra Mr. Foraker), no extraña ya la sección 35 de la misma ley: «ante el Tribunal Supremo de los Estados Unidos [todas las actuaciones] deberán realizarse en idioma inglés» (Puerto Rico, págs. 295 y 325, respectivamente). No en vano el Comandante en Jefe del ejército norteamericano, olvidándose de la demagogia y cursilería de su proclama del día 28.VII.1898, escribió paternalmente en la circular de 24 horas después: «Siendo el poder del ocupante militar absoluto y supremo, y operando de manera inmediata sobre las condiciones políticas de los habitantes», etc. (ib., pág. 271).

[119] «No religious Test shall ever be required as a Qualification to any Office or Public Trust under the United States» (_Constitution_, pág. 18).

[120] _Constitution_, pág. 912; § I, pág. 43. Para esto, véase el cap. III «Separation of Church and State» de la obra de R. Hamilton y P. Mort, _The Law and Public Education_, Brooklyn, 1959. En las págs. 25-82 se trata no sólo de tales cuestiones, sino también de los problemas educacionales de que luego me ocupo. El problema de la enseñanza lingüística en las escuelas vino a unirse, en Estados Unidos, con otros políticos: por ejemplo, la prohibición de enseñar alemán tras la primera Guerra Mundial; de este modo se resentían especialmente las escuelas luteranas. El caso llegó a la Corte Suprema, que negó la supresión (Konvitz, págs. 90-94).

[121] Aunque lógicamente tal debe ser la situación de los Estados federados, algunos remachan en el clavo (por ej., Nuevo León).

1918, en Uruguay

1931, en Perú (Anteproyecto de Villará)

La enseñanza laica en los centros oficiales data de 1893 (Nicaragua), 1898 (Centro-América), 1906 (Ecuador, Honduras), 1935 (Guatemala), 1939 (El Salvador) y 1967 (Paraguay). Cuadro que se completa en la legislación de Guatemala de 1871, cuando «se prohibe el establecimiento de congregaciones conventuales y de toda especie de instituciones o asociaciones monásticas» [122], política que se sigue en Honduras (1924 [123] y 1936 [124]), por razones que pueden extenderse a lo que en otros propósitos ya se ha dicho [125], y, lógicamente, en Méjico (1917) en un momento de total secularización [126].

Situación distinta es la del Brasil: desde 1824, se reconoció como religión la católica, aunque se toleraron las demás religiones [127]; pero ya en 1891 se admitió la libertad de cultos, el carácter civil de los cementerios y la enseñanza laica en los establecimientos públicos [128]; sin embargo, en 1934, se llegaba a esta sabia disposición:

O ensino religioso será de frequência facultativa e ministrado de acôrdo com os princípios da confissão religiosa do aluno [...] constituirá matéria dos horários nas escolas públicas primárias, secundárias, profissionais e normais [129].

[122] Tít. II, art. 25, pág. 427.
[123] «Son prohibidas las vinculaciones, y toda institución en favor de establecimientos religiosos» (Tít. IV, art. 61).
[124] «Se prohíbe el establecimiento de toda clase de asociaciones monásticas» (Tít. III, cap. III, art. 61).
[125] La influencia de Guatemala sobre Honduras se ha señalado en el cuerpo legal de 1957, por ser el «más próximo geográficamente y que ambos países tienen grandes vinculaciones históricas, políticas y económicas» (Luis Mariñas Otero, *Honduras*, pág. 41).
[126] «La Ley [...] no permite el establecimiento de órdenes monásticas, cualquiera sea la denominación u objeto con que pretenda erigirse» (Cap. I, art. 5). Cfr. Jorge Carpizo, *La Constitución mexicana de 1917*, México, 1969, páginas 97-108.
[127] Tít. I, art. 5, pág. 268.
[128] Tít. IV, sec. II, art. 72, §§ 3, 5 y 6.
[129] Tít. V, cap. II, art. 193. En 1937, «O ensino religioso poderá ser contem-

Todo esto se aduce porque de algún modo incide sobre los hechos de lengua: la Iglesia tuvo una política evangelizadora distinta de la Corona y prefirió el empleo de las lenguas indígenas; luego la doctrina hizo crisis y se impuso la castellanización oficial [130]. Sin embargo, de una u otra forma, los clérigos habían sido instructores y, sin quererlo, habían abierto las puertas a la civilización occidental [131]. Su importancia social no decayó, y vinieron una serie de medidas, que establecidas desde arriba, no arraigaron entre las clases populares, que mantuvieron la fe adquirida y, por supuesto, conservaron el sentido de prestigio hacia la lengua que hablan los «padres» [132]. El hecho cierto es bien sabido: si en unos sitios los misioneros pudieron incorporarse a la vida indígena, en otros fue —y sigue siendo— imposible, y la evangelización cuenta con la lengua de los españoles. Desde el momento en que se estableció la oficialidad del castellano, la Iglesia coadyuvó, con la lengua de cultura, a la proyección de unas ideas nacionalistas que pugnaban con las viejas estructuras tribales [133]. El hecho cierto es que en la vieja Europa, durante centurias, fueron los religiosos quienes educaron; con las ideas liberales, el Gobierno trató de coger sus riendas para ejercer el poder y, a través de él, crear ideas como las de ciudadanía y Estado [134]; América sufre los avatares de Europa, como mundo occidental que es, y viene la separación, la ruptura e incluso la persecución; pero 300 o 400 años no se borran con el plumazo de los legisladores si, además, el nuevo espíritu

---

plado como matéria do curso ordinário das escolas primárias, normais e secundárias» (Art. 133; cfr. 1946, Tít. VI, cap. II, art. 168, § V).

[130] Para todo esto, vid. «Bilingüismo e integración en Hispanoamérica», que figura como número II en este volumen.

[131] Todo esto se sabe de una u otra forma, pero, creo, tendrá nueva luz cuando se publiquen los legajos sobre la cátedra de chibcha (Santa Fe de Bogotá) que tiene transcritos Elena Alvar.

[132] La situación sigue hoy, según he señalado en la nota 110.

[133] Vid. la referencia de la nota anterior y otros lugares del mismo libro (§§ 11.3, 11.4, 12.3). Más aún, en 1976 terminaba el acuerdo que entregó la Amazonia colombiana a docentes eclesiásticos; el temor que existía por entonces era el posible vacío educativo que pudiera producirse (§ 25.3.1).

[134] Bendix, *op. cit.*, pág. 246.

ha entrado en las almas, y la Iglesia sigue educando [135]: en las regiones inhóspitas con sus misiones; en las urbes, con sus escuelas. Situación que tiene que ver con muchas cosas y que, por supuesto, incide directa e indirectamente sobre los problemas lingüísticos que estamos rastreando en las Constituciones de todos los pueblos de América.

CUESTIONES LINGÜÍSTICAS ANTES DE
ESTABLECERSE LA LENGUA OFICIAL

La Constitución de Estados Unidos, la primera de América, no se planteó el problema de su lengua nacional, por más que existieran recelos nacionalistas que llevaron —ya en las luchas de la Independencia— al intento de reemplazar el inglés por el hebreo o el griego [136]. Sin embargo, los *Principios generales de interpretación* son de un valor precioso en estos momentos. Así, es fundamental la *Consideración general sobre el significado de las palabras utilizadas* (1900): «las palabras deben tomarse en su sentido natural y obvio» [137], ya que la interpretación de la Constitución de los Estados Unidos se encuentra necesariamente influenciada por el hecho de que sus disposiciones están redactadas en el lenguaje del derecho común inglés, «y deben ser leídas a la luz de su historia» [138]. Naturalmente, nada que tenga que ver con los indios, que para nada contaron, según veremos, y nada con los Estados en los que la lengua fuera francés o, luego, español, salvo en el caso específico de Puerto Rico, al que tendré que referirme.

---

[135] Cfr. José Gnecco Mozo, *Constitución política de Colombia*, Bogotá, 1973, notas de las págs. 41 y 47-48; y Luis Carlos Sáchica, *Constitucionalismo colombiano*, Bogotá, 1962, págs. 328-329.

[136] Amado Alonso, *Castellano, español, idioma nacional. Historia espiritual de tres nombres*, 2.ª edic., Buenos Aires, 1943, pág. 143.

[137] I, pág. 69.

[138] I, pág. 70.

Cuando el Poder Legislativo (1832, etc.) necesita aclarar conceptos, especifica con absoluta coherencia cuáles son los principios por los que se rige [139]. Así el art. VI, 2:

> Un tratado es un acuerdo solemne entre naciones. Las palabras *tratado* y *nación*, sin embargo, son p a l a b r a s   d e   n u e s t r o   p r o p i o   i d i o m a [140].

La política de los *Derechos de las personas* dio lugar a la *Enmienda 5* de la Constitución (actos de 1926 y 1927), de tal forma que durante la dominación en Filipinas se consideró inconstitucional una ley que prohibía a «los comerciantes chinos llevar su contabilidad en chino», y ello porque les privaba de libertad y bienes [141]; sin embargo, un año después, se ordenó «el cumplimiento de una ley de Hawai, que prohibía el mantenimiento de escuelas de idiomas extranjeros salvo permiso escrito y pago de una cuota basada en la asistencia» [142].

Como se ve son cosas diferentes: una afecta a los derechos de las personas; otra, al derecho público. Sin embargo, la situación en Puerto Rico tenía muy claras precisiones: la ley Foraker decía tajantemente que todas las «actuaciones ante el Tribunal Supremo de los Estados Unidos deberán realizarse en   i d i o m a   i n g l é s» [143]. Es harto sabido el empeño americano por imponer el inglés en Puerto Rico; por ello exigió que el comisionado residente supiera leer y escribir inglés [144], que el Gobernador fuera ciudadano de Estados Unidos y supiera leer y escribir en la lengua nacional [145], y el Presidente retuvo hasta 1948 el nom-

---

[139]   John Brigham estudió la lengua de la Constitución en su libro *Constitutional Language*, Westport, 1978. Véanse especialmente los capítulos I, II, IV y V.

[140]   I, pág. 643. (La separación es mía). Cuando se plantea el problema de la enseñanza de otras lenguas, que la instrucción se de en inglés «is not questioned» (Konvitz, pág. 93).

[141]   II, pág. 62.

[142]   1927, *ibidem*.

[143]   Sección 35 (Puerto Rico, pág. 325).

[144]   Ib., Sección 39.

[145]   *Ley Orgánica* del 2 de marzo de 1917, o *Ley Jones*, Artículo 12 (Puerto Rico, pág. 356; vid., también, pág. 401).

bramiento de Comisionado de Educación, que lo hacía directamente. Resumiendo mucho una situación que sería larga de describir, baste señalar que el 28 de agosto de 1898 el general en jefe norteamericano emitía una proclama, cuya solemnidad es propia de la ocasión: «En la causa de la libertad, de la justicia y de la humanidad, sus fuerzas militares [EE. UU.] han venido a ocupar la isla de Puerto Rico» [146]; veinticuatro horas después a los jefes de sus unidades les hacía saber que «el poder del ocupante militar» es «absoluto y supremo» [147]; el Dr. Victor S. Clark, comisionado del gobierno norteamericano (1899), manifestaba el más grosero desprecio por la lengua de los puertorriqueños, y las políticas de Brumbraugh (1900-1905), Falkner (1905-1906) y Miller (1916-1934) fueron caprichosas hasta tal extremo, que «los primeros maestros de inglés fueron simplemente ex-soldados del ejército invasor. Ninguno de ellos sabía español y algunos sabían poco inglés» [148]. Las conclusiones a las que Clark pretendía llegar eran un sarcasmo: con tales docentes se iba a mejorar la economía, iba a brotar la democracia y se iba a comprender la cultura yanqui; Falkner, a partir de 1905, eliminó el español de todos los grados de educación, de modo que en 1912 había impuesto el inglés en el 98 % de las escuelas. Los resultados fueron —según el testimonio norteamericano— catastróficos y «se volvió a la realidad», aunque en 1946 aún podían vetarse leyes puertorriqueñas que pretendían hacer del español el único idioma de la enseñanza [149], y, en 1977, se condicionaba la ayuda educacional a que la enseñanza fuera en inglés.

Cerremos el excurso. La declaración constitucional de una lengua nacional se hace muy tardíamente. Es problema que no interesa, porque no se siente; y aun hay naciones hoy que con su fuerte personalidad y sus preocupaciones indigenistas todavía no han formulado constitucionalmente cuál es su lengua na-

---

[146] Puerto Rico, pág. 269.
[147] Ib., pág. 271.
[148] Trabajos de Osuna, Cebollero, etc., citados por Fraga en Puerto Rico, pág. 69, nota.
[149] Puerto Rico, pág. 69.

cional (Argentina, Méjico, Colombia). Pero antes de pasar adelante, detengámonos un momento en Haití y Brasil: en ambos países el problema —idéntico en el fondo— es distinto en su manifestación. En definitiva, y una vez más, son resultados de la historia.

Haití posee una primera Constitución de 1801; en ella se dice:

> Santo Domingo en toda su extensión, así como Samana, La Tortuga, Gonâve, Cayemitas Ille-à-Vaches, Saona y otras islas adyacentes, constituyen el territorio de una sola Colonia, que forma parte del Imperio Francés, pero que se rige por leyes especiales [150].

Pero ya, en el artículo 77, y último de la Constitución, «el General en Jefe Toussaint Louverture queda encargado de remitir la presente Constitución al Gobierno francés para su sanción; sin embargo, ante la ausencia de leyes, la urgencia de salir de este estado de peligro, la necesidad de restablecer prontamente los cultivos [...], el General en Jefe queda autorizado, en nombre del bien público, a ponerla en ejecución en toda la extensión de la Colonia». Desde el 8 de julio, en que se promulga el texto en la ciudad del Cap, hasta la respuesta de Napoleón (27 Brumario del año X) media poco tiempo: el Emperador de los franceses dice aceptar unas cosas, pero rechaza otras «contrarias a la dignidad y la soberanía del pueblo francés» [151], y organiza «una gran expedición mandada por su cuñado Leclerc», que en los primeros días de 1802 desembarca en La Española; Louverture, detenido en mayo y enviado a Francia, moría el 17 de marzo de 1803. Con este acto, se ha dicho, «los franceses, sin saberlo, habían roto de manera irrevocable cualquier futura colaboración política, social y económica entre los dos países» [152].

Las constituciones se van a seguir efímeramente: la del Emperador Jacques Dessalines (1805), las del sur y Norte (1806), la Real de 1811, las de 1816, 1843, 1846, pero ya en la de 1849 se dice:

---

[150] Título I, artículo 1.º.
[151] Mariñas, *Haití*, pág. 17.
[152] *Ibidem*, pág. 19.

El empleo de las lenguas de uso en Haití es libre y sólo podrá ser regulado por la ley en lo relativo a los actos de la autoridad pública y asuntos judiciales [153].

Después, de una u otra forma, se irán repitiendo los preceptos relacionados con éste: 1867 [154], 1874 [155], 1879 [156], 1889 [157], hasta el silencio de 1918, 1932, que conducirá al reconocimiento del francés como lengua oficial (1935). Después vendrá la consideración del «crèole», pero esto entra en uno de los capítulos siguientes. Creo que se han aclarado las cosas: durante años y años (1801-1849) las Constituciones haitianas silenciaban cualquier cuestión que pudiera atañer al problema de la lengua; después se empleó esa vaga fórmula de «las lenguas de uso en Haití», que son, evidentemente, francés y «crèole». Sólo en 1935 entran en consideración unos factores muy concretos a los que he de volver.

Decía antes que la situación brasileña era semejante a la de Haití, pero que se manifestaba de forma distinta. En efecto, en Brasil se trataba de afianzar la personalidad nacional a través de la lengua, pero esa lengua se llamaba portugués. Esto impone a los legisladores brasileños una pugna entre los sentimientos nacionalistas y una realidad lingüística [158] que, en nuestros propios días, afectará incluso a técnicos de reconocida solvencia [159]. La Constitución de 1934 hace una referencia concreta a la lengua del país: entre las obligaciones de la Unión está la de mantener la libertad de enseñanza, pero, en los establecimien-

---

[153] Título II, art. 40. También en 1867 (Tít. II, art. 35).

[154] «Las ciudades principales contarán además con escuelas superiores o secundarias, donde se enseñarán Ciencias, Letras y Bellas Artes. Las lenguas de uso en el país se enseñarán en dichas escuelas» (Tít. I, sección III, art. 29). En la Constitución de 1874 desaparece la apostilla lingüística (Tít. II, sección III, art. 34); pero reaparece en la de 1879 (Tít. I, art. 30).

[155] Tít. II, sección III, art. 39.

[156] Tít. I, art. 36.

[157] Tít. II, cap. III, art. 30.

[158] Vid. A. Alonso, *Castellano, español*, ya cit., págs. 151-154.

[159] Cfr. «Hacia los conceptos de lengua, dialecto y hablas» (*Nueva Revista de Filología Hispánica*, XV, 1961, págs. 52-53; ahora en *La lengua como libertad*, Madrid, 1982, págs. 56-65).

tos particulares, deberá ser impartida «no idioma pátrio, salvo
o de línguas extrangeiras» [160]. Del mismo modo, la Constitución
de 1946 dice tajantemente: «O ensino primário é obrigatorio e
só será dado na língua nacional» [161]. Brasil —otro país más en
una larga serie— recoge tardíamente los problemas lingüísticos [162] y, cuando lo hace, evita encararlos en su propia realidad
lingüística: los diluye en vaguedades que de evidentes acaban
por no decir nada. Haití prescinde de nomenclaturas, recurre
al anonimato lingüístico, reconoce el francés y, luego, lo atenúa.
Brasil sigue, por idénticos motivos, los dos primeros caminos
y ahí se detiene. En Filipinas, antes de llegar a una solución
definitiva, y también con resultados bien recientes, se plantea
el problema en estos términos:

> The Congress shall take steps toward the development and adop-
> tion of a common national language based on one of the existing na-
> tive languages. Until otherwise provided by law, English and Spanish
> continue as official languages [163].

En dos leyes de la República de Filipinas la denominación
de la lengua es _castellano_ [164], mientras que en otras es _espa-_

---

[160] Título V, cap. II, art. 150, § d. En Panamá (1946) se determinó: «En ningún establecimiento privado de educación se impartirá enseñanza en idioma extranjero sin permiso del Ministerio de Educación Nacional, concedido por califi-
cados motivos de interés público» (sección sexta, art. 81).

[161] Título VI, cap. II, art. 168, § I. Poco variaron las cosas en 1969: «o ensino primário sòmente será ministrado na língua nacional» (Tít. IV, art. 176, § 3.º, II).

[162] Por supuesto es una cuestión que no figura entre los pormenorizados
comentarios de Aristides A. Milton, _A Constituição do Brasil. Noticia Histórica,
texto e commentario_, 2.ª edic., Río de Janeiro, 1898. Pero aparece en motivos
marginales de la Constitución de 1967; por ejemplo, se habla de poseer la «língua
nacional» para ser elector (cap. II, art. 142, § 3.º _b_) y en el artículo 35 de las
disposiciones transitorias se determina que «o Goberno nomeará comissão de
professóres, escritores e jornalistas, que opine sôbre a denominação do idioma
nacional».

[163] Constitución de 1950, Art. XIV, sec. 3.

[164] Leyes de Sotto (26 de febrero de 1949) y de Cuenco (22 de junio de 1957).
Tomo estos y los datos de la nota siguiente de Belén S. Argüelles, «El estado
presente de la enseñanza y aprendizaje del idioma español en Filipinas», _Presente
y futuro de la lengua española_, Madrid, 1963, t. I, págs. 291-296.

ñol [165]. Tras este largo periplo llegamos a los pueblos «de la América que tiene sangre indígena, / que aún reza a Jesucristo y aún habla en español» [166]. En esos pueblos los problemas de nomenclatura lingüística sólo tardíamente se reflejan en sus Constituciones: herencia, al fin y al cabo, de esa triple enseñanza española, francesa y norteamericana. La primera vez que se habla de lengua nacional en cada uno de esos países queda reflejada en la enumeración siguiente [167]:

Argentina	Nunca	Méjico	Nunca
Bolivia	Nunca	Nicaragua	1939
Centro-América	Nunca	Panamá	1941
Colombia	Nunca	Paraguay	1940
Costa Rica	Nunca	Perú	1931[168]
Cuba	1935	Puerto Rico	[169]
Chile	Nunca	República Dominicana	Nunca
Ecuador	1929	El Salvador	1950
Guatemala	1945	Uruguay	Nunca
Honduras	1957	Venezuela	1953

Si en el año 1929 aparece por vez primera en Hispanoamérica la denominación de la lengua nacional, hemos de inferir que el hecho viene motivado por el sentimiento de perfeccionar en todos sus extremos los cuerpos legales: desde un principio se establece cuáles son los límites de la nación, quiénes son los naturales de ella, quiénes sus ciudadanos, cuál su forma de go-

---

[165] Ley Magalona (5 de junio de 1952), Orden Departamental núm. 4 S 1949 (en ella se corrige el término *castellano* por el de *español*), Ejecución de la Ley de la República, núm. 1881 [Ley Cuenco] (Orden Departamental, Bo 6 S, 12 de julio de 1957), en la Orden Departamental núm. 6 S (3 de agosto de 1959) mediante la que se creaba la *División de Español y Cultura*.

[166] Son los archiconocidos versos de Rubén Darío en su «Oda a Roosevelt», incluidos en los *Cantos de vida y esperanza* (1905), edic. Menéndez Plancarte-Oliver Delmás, Madrid, 1968, pág. 640.

[167] Si no hay indicación en contrario, las fechas se refieren a las compilaciones de las págs. 263-264.

[168] En el llamado *Anteproyecto de Villarán* se opone *castellano* a lenguas indígenas (1931).

[169] Vid. el trabajo n.º VIII de este libro.

bierno y las mil circunstancias que establece un régimen de derecho. Lógicamente, el último precepto que se formula es el que afecta al propio instrumento en que se redactan las leyes, porque está ahí formulado de manera inequívoca en cada una de las palabras que se escriben. Sin embargo, y siendo ésta una razón incontrovertible, muchas Constituciones establecen fórmulas legales y lemas heráldicos que se formulan, precisamente, en una lengua que por ese solo motivo es ya nacional y oficial, aunque no conste ningún artículo específico que a ella se refiera. Así los juramentos redactados en español por las Constituciones de la Argentina [170], Bolivia [171], Colombia [172], Costa Rica [173], Chile [174], Ecuador [175], Honduras [176], Méjico [177], Nicaragua [178], Perú [179] y, en francés, por la de Haití [180].

Tenemos, pues, que la conciencia de la propia lengua nacional sólo cobra sentido en época tardía. Cada país se encuentra inserto en su propia realidad y la lengua le es tan suya como el paisaje, los monumentos o cualesquiera otros bienes culturales. Dentro de este ámbito no se pensó en dar situación legal a lo que es innegablemente propio, y sólo en una aspiración al

---

[170] *Constitución de las Provincias Unidas de Sudamérica* (22-IV-1813), Sección III, art. LIX, y antes en el *Estatuto Provisional dado por la Junta de Observación* (5-V-1815), Sección III, cap. I, art. IX; en la *Constitución de la Confederación Argentina* (9-V-1853), Sección 2.ª [sic], cap. 1.º, art. 77, *passim*.
[171] Constitución de 1826 (págs. 187-188), 1868 (Sección V, art. 29), etc.
[172] 1821 (Título IV, sección I, art. 54), 1830 (Tít. VI, sec. II, art. 46), etc.
[173] Por ejemplo, 1917 (Cap. I, art. 11), 1949 (Tít. XVI, art. 194).
[174] Vid. Fernando Campos Harriet, *Historia constitucional de Chile*, 5.ª edic., Santiago, 1977.
[175] 1845 (Tít. VII, sec. I, art. 68), 1851 (Cap. XI, art. 55), etc.
[176] 1957 (Tít. XIII, art. 321).
[177] Baja California (Tít. IX, art. 109), Estado de Méjico (Tít. II, sec. IV, art. 70), Nuevo León (Tít. IV, art. 71), San Luis Potosí (Tít. I, cap. X, art. 47), Zacatecas (Tít. X, art. 126).
[178] 1842 (Cap. IV, art. 22).
[179] Constitución de Perú-Bolivia (Tacna, 1.º-V-1837, artículo XXXIV), *Estatuto Provisorio*, Perú, 1855 (pág. 656), etc.
[180] Me refiero a multitud de ocasiones en las págs. 112, 139, 140, 161, 171, 198, 224, 405, 414, etc., y al lema del escudo «L'Union fait la Force», de la Constitución de 1918 (pág. 414).

perfeccionamiento jurídico se habla de la «propiedad» llamada lengua: incluso entonces algunos países ni se preocupan en declararlo. La lengua está ahí, propia e inarrebatable, no como las bellezas naturales, que se pueden destruir, ni como los bienes artísticos, que se pueden robar. Si Estados Unidos, constitucionalmente, no declaró cuál fuera su propia lengua, en cambio sí se amparó en ella para perfilar su propia entidad legal; si Argentina, Méjico o Colombia, por ejemplo, no la reconocían oficialmente, no por eso la dejan en desamparo o carecen de sensibilidad a los problemas lingüísticos que deben arrostrar. ¿Acaso no es sorprendente que en España no se definiera la lengua nacional hasta 1931? (Y con una problemática que continúa hoy, y cuyas inconsecuencias deliberadamente eludo) [181]. No, la lengua es un bien propio, íntimo e inalienable que no se nos puede arrebatar sino con la vida, mientras que otras posesiones —incluso culturales— pueden ser codiciadas por manos mercenarias. De ahí, por eso, las Constituciones se preocuparán por la conservación de los bienes heredados, y más raramente de los lingüísticos. Se comprende que Guatemala (1945) promulgue que

> Toda la riqueza artística, histórica y religiosa del país, sea quien fuere su dueño, es parte del tesoro cultural de la nación y está bajo la salvaguarda y protección del Estado. Se prohíbe su exportación y podrá impedirse su enajenación o transformación cuando así lo exigiere el interés patrio [...] El Estado debe proteger también los lugares y monumentos notables por su belleza natural o reconocido valor artístico o histórico (art. 86).

O que Honduras manifieste taxativamente:

> Constituyen el tesoro cultural de la Nación [...] las ruinas de antiguas poblaciones y los objetos arqueológicos, los cuales son inalienables e imprescriptibles [182].

---

[181] Vid. Fernando González Ollé, «El establecimiento del castellano como lengua oficial» (*Boletín de la Real Academia Española*, LXV, 1978, págs. 231-280).

[182] Constitución de 1936, Título VIII, cap. I, art. 157. De modo semejante, la Constitución salvadoreña de 1939 dice: «La riqueza artística, histórica y arqueológica del país forma parte integrante del tesoro cultural de la Nación; estará bajo la salvaguarda del Estado y sujeta a las leyes especiales para su conser-

Posiblemente se adelantó Brasil (Constitución de 1934) a todas las naciones de Iberoamérica al establecer entre las competencias de la Unión y de los Estados las de proteger las bellezas naturales, los monumentos de valor histórico y artístico y al impedir la evasión de las obras de arte [183].

Sin embargo, ha habido países que han considerado la lengua como riqueza susceptible de conservación y capaz de mejoramiento: se nos plantea así un nuevo problema que se enlaza con el que paso a examinar.

LENGUA NACIONAL Y LENGUA OFICIAL

La propia nomenclatura legal resulta ambigua —o tal vez aclaradora. Muchas veces se utilizaban ambos términos sin tener en cuenta su propio significado. Recurrir a los significados de ambas voces tal vez no sea inoportuno. Para el *Diccionario* académico (1970) *nacional* es, de manera clara, lo 'perteneciente o relativo a una nación', mientras que *oficial* 'que es de oficio, o sea que tiene autenticidad y emana de la autoridad derivada del Estado, y no particular o privado'. Creo que habría que perfeccionar la explicación teniendo en cuenta los usos referidos a una lengua; la definición del *DRAE* sigue siendo válida en cuanto se refiere a su «autenticidad y emana de la autoridad derivada del Estado», pero en tal caso están también las lenguas llamadas cooficiales. Por tanto, lengua oficial sería la que un Estado tiene como propia para la publicación de todos sus instrumentos legales y, en determinados países, la que de entre todas las lenguas nacionales sirve como instrumento de comunicación para los ciudadanos que hablan diversidad de lenguas regionales. Según esto, nacionales son todas las lenguas que se hablan en los territorios de un país, pero oficial sólo es una, la que sirve como vehículo comunicativo a todos los connacionales, con independencia de cuál sea la lengua vernácula que hablen.

---

vación» (Tít. V, art. 52). Y así también en 1950 (Tít. XI, cap. III, art. 204) y 1957 (Tít. V, cap. III, art. 140). Los mismos principios se recogen en la Constitución dominicana de 1966 (Título XII, art. 101).

[183] Título I, art. 10, § III.

Ya he tenido ocasión de referirme a ciertos matices nacionalistas con los que se trata de salvar en algún caso la nomenclatura de su lengua. Países, los de América, cuyas lenguas —inglés,
francés, portugués, español— han sido importadas y donde se
teme que sus habitantes no sean suficientemente libres, si, además de la independencia política, no muestran una pretendida
independencia lingüística. El planteamiento del problema sobre
estas bases no es correcto, según demostró Amado Alonso, y
por ello no quiero insistir. Sí me parece útil señalar qué se entiende en América por lengua nacional y qué por lengua oficial.

El sintagma «el *idioma oficial* de la República» figura en las
Constituciones de Cuba [184], Guatemala [185], Honduras [186], Nicaragua [187], Panamá [188], Salvador [189] y Venezuela [190]; en Estados Unidos —ya sabemos— no hay ninguna formulación expresa, aun-
que reiteradamente sólo se acepte el inglés; en Brasil —también
lo hemos visto— se pasa por la cuestión como sobre ascuas,
y en Haití se habla de lengua oficial desde 1935 [191] y, lógicamente, el título corresponde —sólo— al francés. Evidentemente,
la oficialidad lleva emparejada una protección oficial donde se
especifica que «el Gobierno está obligado a velar por su conservación y enseñanza» [del castellano, considerado como lengua
oficial] [192], o en Haití, donde la formulación no admite asomo
de duda: «Le français est la langue officielle. Son emploi est
obligatoire dans les services publiques» [193].

---

[184] *Proyecto de reforma* de 1935 (Tít. I, art. 7.º), Constitución de 1940 (Tít.
I, art. 6.º). No hay referencia a la norma en la Constitución de 1976 (J. de Esteban, *Constituciones españolas y extranjeras*, t. II, págs. 466-497).
[185] 1945 (Tít. I, art. 4.º); *Plan de Tegucigalpa* (Guatemala, 1935: Tít. I, art. 5.º).
[186] 1957 (Tít. I, art. 14).
[187] 1939 (Título preliminar, art. 7.º), 1948 (ib., art. 5.º), etc.
[188] 1941 (art. 10, pág. 64). Aunque la Constitución de 1946 (Sección II, art.
7.º) se desentiende del asunto para decir, a solas: «es el idioma de la República».
[189] 1950 (Tít. 7, art. 10).
[190] 1961 (Tít. I, cap. I, art. 6.º).
[191] Título II, art. 12.
[192] 1950 (Título I, art. 10).
[193] Así desde 1935 (Título II, art. 12), etc. Se ha hablado del *crèole* como
posible lengua *standard* de Haití; cfr. Albert Valdman, «Standardización del crio-

Vemos, pues, que las cosas están claras lingüística y jurídicamente en muchos sitios, pero, en otros, la conciencia de la inexactitud de llamar sólo nacional a la lengua oficial ha motivado precisiones. Así, en Ecuador la Constitución de 1929 reconocía el español «como idioma nacional» [194], pero en 1945 se establecía:

> El castellano es el idioma oficial de la República. Se reconocen el quechua y demás lenguas aborígenes como elementos de la cultura nacional [195].

Las cosas están claras: lo que se consideró *idioma nacional* queda amparado en el nuevo concepto de *oficial*, por cuanto las lenguas indígenas son elementos de *cultura nacional*. Cuando en 1946 se vuelva a la oficialidad, se reconocerá la del castellano, porque, aun silenciando a las demás lenguas, ya no se podrán considerar ajenas a la idea de nacional [196].

Mayor complejidad tienen las cosas en Paraguay. En 1967, se elaboraron diversos proyectos de Constitución, uno por cada partido político: el llamado Colorado habla de idiomas nacionales con referencia al español y al guaraní [197]; el Revolucionario Febrerista no reconoce más oficialidad que la del castellano [198], lo mismo que el Partido Liberal Radical [199], pero, cuando sobre estos proyectos se elabora la Constitución del mismo año, se habla de dos idiomas nacionales (español y guaraní), pero uno solo oficial (español).

Los hechos han aclarado los postulados que formulábamos al iniciar este capítulo: hay que distinguir nacional de oficial;

---

llo en Haití», en *El Simposio de San Juan, Puerto Rico, junio 1971. Actas, informes y comunicaciones*, [1974], págs. 34-41; en el mismo libro puede verse otro estudio de interés: Gilles-R. Lefebvre, «Les diglossies françaises dans la Caraïbe», páginas 50-67.

[194] Título I, art. 6.º
[195] Título I, art. 5.º
[196] Título I, art. 7.º
[197] Artículo 5.º, pág. 90.
[198] Parte I, art. 12, pág. 134.
[199] Parte I, cap. I, art. 6, pág. 242.

el primer concepto afecta a todos los idiomas de una nación, mientras que el segundo es un concepto mucho más restrictivo, por cuanto sólo privilegia a una de todas las lenguas nacionales.

Más de una vez me he referido al apasionante libro de Amado Alonso, *Castellano, español, idioma nacional*. Pero quisiera enfocar el problema desde una situación totalmente distinta: cómo designan las Constituciones de América a la lengua oficial de cada país. Hay aquí una postura que no es sólo afectiva, nacionalista, arcaizante o como queramos llamarla; se trata, ni más ni menos, de saber qué denominación ha cobrado arraigo en las naciones de Hispanoamérica y, como elemento de contraste, cómo reaccionan ante un problema afín los pueblos que no hablan español. Porque ese frío concepto jurídico de «oficialidad» lleva implícitos otros de objetividad, de superación de posturas polémicas, de visiones más comprensivas y, por qué no, de arraigo total de asuntos que han quedado superados bajo una determinada fórmula, sea la tradicional, sea la innovadora. Es decir, lo que un día fue —fundamentalmente— un principio movido por disposiciones sentimentales, es hoy un motivo de lingüística social, de sociolingüística o —más ampliamente— de relación entre sociedad y cultura, más allá del simple elemento psicológico. Merece la pena ver qué nombre da la Constitución de cada Estado a la lengua oficial.

En 1929, el estado ecuatoriano hablaba del *español* como idioma nacional [200], pero en 1945 se concedía oficialidad al *castellano* [201] y *castellano* seguía siendo en 1946. No sé qué motivos obligaron a cambiar la nomenclatura; me aventuro a pensar si no sería la Constitución de la segunda República española [202] que, con su inexacta terminología, llevaría a adaptar a la reali-

---

[200] Título I, art. 6.º.
[201] Título I, art. 5.º.
[202] Fernando González Ollé, art. cit. en la nota 181.

dad española unos planteamientos que habían sido justamente formulados en Ecuador. Volveré despacio sobre la cuestión cuando hablemos de Cuba.

Castellano es la denominación de la lengua no sólo en Ecuador, sino en otros países. En Panamá, la llamada «constitución espuria» inspirada por Arnulfo Arias, consideraba el *castellano* como idioma oficial, y el Estado se comprometía a «velar por su pureza, conservación y enseñanza en todo el país» [203], artículo éste que Alfaro y Moscote —que rectifican casi todos— lo consideraban «plausible» (pág. 611) [204]. En Paraguay, los Partidos Revolucionario Febrerista y Liberal Radical hablaron de *castellano* [205], mientras que el Partido de la Asociación Nacional Republicana o Partido Colorado postulaba por *español*. Por lo demás, *castellano* es terminología usada en las Constituciones de El Salvador [206] y Venezuela [207].

Resulta sorprendente la virtualidad actual que tiene una palabra que gozó de enorme prestigio y que, indudablemente, continúa teniéndolo [208]. El hecho cierto es que, en Colombia, *español*, a pesar del *castellano* de sus gramáticos del siglo pasado, es término que va ganando en difusión [209] y que aparecía una

---

[203] 1941, artículo 10, pág. 604.

[204] En 1946, la terminología adoptó *español*.

[205] Primera parte, art. 12; Primera parte, cap. I, art. 6.º, respectivamente.

[206] 1950 (Tít. I, art. 10).

[207] 1961 (Tít. I, art. 6.º). No sé si podrá estar condicionado el hecho por el aluvión de emigrantes canarios establecidos en el país (cfr. «Actitud del hablante y sociolingüística», en este volumen, págs. 13-36).

[208] Vid. «Hablar pura Castilla», en mi *Variedad y unidad del español*, Madrid, 1969, págs. 175-192. De *hablar en castía* 'castellano' me ocupo en un reciente estudio: «Español, castellano, lenguas indígenas. (Actitudes lingüísticas en la Guatemala sudoccidental)», págs. 74-92 de este libro. El sintagma, muy popular —y antiguo—, no tiene acceso a ninguna Constitución. Es lógico: los cuerpos legales se redactan en una lengua muy culta.

[209] Vid. Luis Flórez, «Sobre pronunciación y enseñanza del castellano o español en Colombia», *Boletín de la Academia Colombiana*, XXIX, 1979, págs. 250-257. Me parece muy significativo que la ley del 14 de marzo de 1979, en su enunciado, diga: «se restablece la defensa del idioma *español*», y, en el art. I, «Los documentos de actuación oficial, y todo nombre, enseña, aviso de negocio, profesión o industria, y de artes, modas, al alcance común, se dirán y escribirán en *lengua española*» (*Boletín de la Academia Colombiana*, XXIX, 1979, pag. 140).

y otra vez en los antiguos textos legales. Así, en la viejísima *Constitución de la República de Tunja* (9-XII-1811) se hablaba de que «en la capital habrá una Universidad, en que se enseñe la gramática *española*» [210], y en la *Constitución de la República de Colombia* (4-VIII-1886) se hace una precisa referencia a los «países de *lengua española*» [211]; los países de Centro-América (Guatemala, Honduras, Nicaragua) y Panamá también prefieren *español*. Porque, en efecto, desde 1945 en la Constitución guatemalteca se puede leer: «el idioma oficial de la República es el *español*» [212], y una redacción idéntica o muy semejante tienen las Constituciones de Honduras [213], Nicaragua [214] y Panamá [214]. En Paraguay, y a pesar de las denominaciones que se usaron en los *Anteproyectos* constitucionales de 1967, al *Proyecto* de la Convención nacional constituyente (1967) sólo llegó *español:*

> Los idiomas nacionales de la República son el *español* y el guaraní. Será de uso oficial el *español* [215].

Consideración aparte, bien que por motivos diferentes, merecen Puerto Rico y Cuba. Vinculada la primera de estas islas a la Constitución de Estados Unidos, poco cabría decir si no fuera por la firme voluntad de los puertorriqueños, tenaces en mantener su propia lengua. A vueltas de mil avatares, alguno de ellos ya enunciado, Pedro A. Cebollero, en *La política lingüística escolar en Puerto Rico*, escribe:

> El *español* debe reconocerse como el vernáculo, el idioma del hogar, de la religión, de las «cosas íntimas y queridas», el idioma de la comunicación social y de la producción literaria y el vehículo de instrucción en la escuela elemental y en la mayor parte de las asignaturas de la escuela secundaria. Conjuntamente con el inglés, y duran-

---

[210] Cap. VI, sección VI, art. 2 (pág. 413).

[211] Título III, art. 35.

[212] Título I, art. 4; y de *español* habla el *Plan de Tegucigalpa*, de 1935 (página 710). Además: 1956 (Tít. I, art. 5).

[213] Título I, art. 14.

[214] 1948 (Título preliminar, art. 5); 1950 (ib., art. 7).

[215] Sección II, art. 7.º.

te muchos años en mayor grado que el inglés, el español será el idioma del comercio y de la Administración pública [216].

Cierto que, a pesar de ello, las autoridades norteamericanas han querido hacer de Puerto Rico un país bilingüe e implícitamente —sin respeto a la verdad— lo consideran como tal: bastaría con leer la *Resolución de la Convención Constituyente* del 4 de febrero de 1952 [217].

Notable, y motivo de admiración, es el caso de Cuba. El *Proyecto* de reforma de la ley constitucional dice: «El idioma oficial de la República es el *castellano*» [218], pero la Constitución de 1940 modifica el enunciado: «El idioma oficial de la República es el *español*» [219]. Sabemos qué motivaciones existieron, y en parte ya han sido historiadas: el artículo 6.º de la Constitución de 1940 se discutió en la Asamblea «con vivos debates sobre si debía consignarse *español* o *castellano*» [220]. Para Jorge Mañach, *castellano*, en España, era denominación regionalista y centralista; señaló, además, que en las «instituciones docentes y académicas la palabra *castellano* tiende a ser sustituida por el adjetivo *español* [...] Castilla ha dejado de ser un factor cultural predominante para ser simplemente un factor histórico, y la palabra *castellano* es un vestigio arqueológico dentro de la lengua». El convencional Aurelio Álvarez, promotor del debate, defendió *castellano* frente a *español*, aunque sus razones carecían de fuerza y, desde la perspectiva cubana, de sentido. Cuando quiso aducir un argumento supremo recurrió al artículo cuarto de la Consti-

---

[216]   San Juan, 2.ª edic., 1945, pág. 122. Vid. «Español e inglés en Puerto Rico», en este volumen, donde trato cuestiones que abrevian mi exposición actual.

[217]   Páginas 531-532. Es sintomático a este respecto que no se haga la menor referencia a la lengua en la voluminosa obra de George D. Braden (y otros), *The Constitution of the State of Texas: An Annotated and Comparative Analysis*, [s. l. ni a. ¿1978?]. En las págs. 547-549 se ocupa de la educación de los negros, pero no de la instrucción a otros ciudadanos.

[218]   Título I, art. 7 (pág. 776).

[219]   Título I, art. 6 (pág. 848).

[220]   Sigo para todo esto el prólogo de Lazcano al volumen de las *Constituciones de Cuba*, págs. 156-162.

tución republicana («El *castellano* es el idioma oficial»), con lo que perdió sus fuerzas persuasivas; el delegado Dr. Pelayo Cuervo Navarro dijo textualmente: «Este problema fue hondamente discutido [en las Cortes republicanas] y por el concepto *español* se decidieron Ortega y Gasset, Miguel de Unamuno y la propia Academia Española, entendiendo que el vocablo *castellano* era algo separatista y que el idioma era el *español*». Por si fuera poco, el Dr. Juan Marinello adujo otras razones —no todas válidas— en apoyo de *español*, con lo que vino a resultar que los argumentos de las Cortes republicanas para emplear *castellano* fueron las que valieron para que en Cuba triunfara *español*.

Nos hemos apartado mucho de lo que habitualmente sabíamos, y decíamos, acerca de las preferencias americanas en las designaciones de nuestra lengua. En las Constituciones estudiadas, *español* viene a ser el término dominante, cuando se trata de dar nomenclaturas. Las razones que enumeró Amado Alonso parece que han dejado de ser operativas o, a lo menos, exclusivamente funcionales. Hay alternancias en uno u otro sentido, pero *español* sigue siendo término dominante en el conjunto. Y hay algún caso —bien notable, por cierto— en que la incoherencia española dio pie a que en Cuba modificaran lo que consideraron inexacto.

LA CUESTIÓN DE LAS LENGUAS INDÍGENAS

Los planteamientos de la oficialidad suscitan, de inmediato, la situación de las otras lenguas de cada nación. Lógicamente esto no afecta a las otras lenguas importadas, nunca tenidas en cuenta, ni siquiera en países que fomentaron la inmigración [221]. Así,

---

[221] La Constitución argentina de 1853 se limita a decir: «El Gobierno federal fomentará la inmigración europea, y no podrá restringir, limitar ni gravar con impuesto alguno la entrada en el territorio argentino de los extranjeros que traigan por objeto labrar la tierra, mejorar las industrias e introducir y enseñar las ciencias y las artes» (Parte I, cap. único, art. 25). Y así del mismo modo, en 1860 (pág. 442) y 1949 (pág. 472). La Constitución paraguaya del 18 de noviembre de 1870 también se hizo cargo de la cuestión, bien que con menos precisiones que la argentina: «El Gobierno fomentará la inmigración americana y europea» (Primera parte, cap. I, art. 6).

pues, todo queda reducido al enfrentamiento de español y lenguas indígenas, pero —lógicamente— hasta la formulación puramente lingüística han sido necesarios una serie de pasos que significaron el reconocimiento de una dualidad social; sin embargo, la exposición de los problemas se manifiesta muy entreverada. Por eso aduciré, en primer lugar, los temas lingüísticos, pues los puramente sociales tienen que relacionarse con ellos (procesos de integración a través de la lengua), y podré enlazar el *status* indígena con la situación de los negros. Voy a proceder, pues, con este orden.

Las Constituciones del Ecuador presentan los siguientes motivos que ahora interesan:

> El castellano es el idioma oficial de la República. Se reconocen el quechua y demás lenguas aborígenes como elementos de la cultura nacional [222].

> En las escuelas establecidas en las zonas de predominante población india se usará, además del castellano, el quechua o la lengua aborigen respectiva [223].

En Guatemala disponemos de textos distintos, pero ahora me voy a fijar sólo en el *Plan de Tegucigalpa* (24-XII-1953), que tiene estas líneas:

> El español es el idioma oficial de la República, pero, de hecho, apenas si un 60 por 100 de los guatemaltecos lo habla y lo entiende; y en cuanto a escribirlo... los indígenas, con raras excepciones, para comunicarse entre sí prefieren el uso del dialecto aborigen, aun cuando no les sea desconocido el español. Pero los más de ellos lo desconocen en absoluto, circunstancia que dificulta alfabetizarlos amén por la natural desconfianza hacia el ladino (pág. 710) [224].

En Perú, donde tantos y tantos problemas se han intentado resolver, la Constitución del 12 de julio de 1979 llega a una serie de soluciones que se formulan en los siguientes artículos:

---

[222] 1945 (Título I, art. 5).
[223] *Ibidem* (Título XIII, sección III, art. 143, pág. 609).
[224] *Ladino*, en Guatemala, es el mestizo que, además, sólo habla español. Cfr. otros valores en Francisco I. Santamaría, *Diccionario General de Americanismos*, Méjico, 1942, t. II, s. v.

35. El Estado promueve el estudio y conocimiento de las lenguas aborígenes. Garantiza el derecho de las comunidades quechua, aymara y demás comunidades nativas a recibir educación primaria también en su propio idioma o lengua.

83. El castellano es el idioma oficial de la República. También son de uso oficial el quechua y el aymara en las zonas y la forma que la ley establece. Las demás lenguas aborígenes integran así mismo el patrimonio cultural de la Nación.

Los enunciados quedan claros, y responden a lo que exige la política —y la ciencia— de hoy: respeto a los grupos raciales, educación en lengua nativa en un nivel primario, oficialidad —en toda la superficie del Estado— de la única lengua vehicular, cooficialidad regional de otras dos, procurando no llegar a la guetización lingüística del país, que impediría al Perú seguir siendo Perú; además «erradicación del analfabetismo» como tarea principal del Estado, motivo que tendrá que ver, y no poco, con el de la incorporación de las masas indígenas. Y, como trasfondo, un principio integrador y no destructor: Perú es, hoy, una realidad que no puede prescindir de otras realidades que lo han formado; por eso, en el *Preámbulo* de la Constitución, los legisladores evocan el pasado autóctono, «la fusión cultural y humana cumplida durante el virreinato», la gesta de los libertadores de América y «el largo combate del pueblo para alcanzar un régimen de libertad y justicia».

En Paraguay se tentaron diversos proyectos de Constitución (1967), que cristalizaron en un texto definitivo del mismo año. El Partido Colorado, al hablar de la cultura, hacía velar al Estado «por la protección y conservación de la lengua guaraní» [225]; el partido Revolucionario Febrerista se pronunciaba por el reconocimiento de la lengua guaraní «como idioma nativo y como expresión del acervo cultural paraguayo» [226]; el Partido Liberal Radical «reconoce el uso del guaraní como elemento en la cultu-

---

[225] Artículo 73 (pág. 100). En unas modificaciones que propuso, el Estado debía velar «por la protección y conservación de la lengua guaraní» (pág. 295).

[226] Artículo 12 (pág. 134). El artículo 10 de sus modificaciones, nada modificó (pág. 305).

ra nacional en cuanto convenga a la convivencia y a la integración nacional»[227]. Por lo que respecta al *Proyecto de la Comisión redactora de la Convención nacional Constituyente* (1967), determina que el Estado «protegerá la lengua guaraní y procurará su evolución y perfeccionamiento»[228]; y así pasaron las cosas a la Constitución del 25 de agosto de 1967.

Poco es, pues, lo que las Constituciones hablan sobre las lenguas indígenas, y eso poco más bien parece trivial o utópico, pero, a pesar de los pesares, matizado de conceptos de menor valor. Porque es trivial decir que las lenguas indígenas son elementos de cultura nacional, como se dice en Ecuador o Paraguay, y aun eso «en cuanto convenga a la convivencia y a la integración nacional»; es decir, el Partido Revolucionario Febrerista de Paraguay lo que pretendía era mantener una situación que, en definitiva, debería desindianizar al indio y sigue siendo trivial designar al guaraní como «idioma nativo» (Paraguay). Porque es utópico pretender la protección y conservación de una lengua, si no se arbitran los medios para hacerlo; irreal es decir que el Estado procurará la «evolución y perfeccionamiento» de una lengua, ¿cómo?; y es concepto de menor valor llamar *dialectos* a las lenguas aborígenes, tal y como ocurre en muchos sitios de América[229]. Queda, pues, ese aislado testimonio del Ecuador donde se dice claramente que —en las zonas de predominante población indígena— además del castellano se usará la lengua aborigen.

Se ve de manera nítida que cuanto concierne a las lenguas indígenas viene a quedar bastante lejos de la realidad. Es un problema que se siente, pero que resulta enojoso y, además, no se ve con claridad. Porque raro es el país donde al hablar de *alfabetización* no quieran decir *castellanización*, con lo que todo queda aún más entenebrecido[230]. Es un asunto sobre el que se

---

[227] Parte I, cap. I, art. 8.
[228] Cap. V, art. 92 (pág. 337).
[229] M. Alvar, *Leticia. Estudios lingüísticos sobre la Amazonia colombiana*, Bogotá, 1977, págs. 241-242.
[230] Vid. mi «Bilingüismo e integración en Hispanoamérica», que incluyo en estas mismas páginas. Creo que no otro es el espíritu de la Constitución

ha escrito no poco, pero que interesa en este momento por cuanto las Constituciones son cuerpos legales de obligado cumplimiento. Pero si no se han visto bien los problemas, ¿qué es lo que se va a cumplir? Rara es la nación de Hispanoamérica que no tenga conciencia de los hechos, pero rara, también, la que acierta a solucionarlos.

Ambiguo resulta decir que «el Estado fomentará la educación del campesino, mediante núcleos escolares indígenas que tengan carácter integral abarcando los aspectos económico, social y pedagógico»[231]. ¿Esos «núcleos escolares indígenas» enseñarán en lengua aborigen? ¿Economía, sociología, pedagogía? No de otro modo se pronuncia la Constitución de Centro-América (1921) cuando aspira a que «los Estados deben proveer de enseñanza a los indios, para que adquieran una amplia instrucción primaria, industrial y agrícola»[232], pues lo que parece desprenderse de todo ello es que los indios deben instruirse hacia el español[233]. Tampoco parece distinta la pretensión de los Estados mejicanos de Chiapas[234] y Guerrero[235], por cuanto sus postulados afectan a núcleos habitados exclusivamente por indios[236], ni es más claro el proyecto del Partido Colorado del Pa-

---

guatemalteca de 1954 (art. 99), cuando considera «de urgencia nacional la campaña de alfabetización, orientada hacia la *educación fundamental del pueblo*» (el subrayado es mío).

[231] Bolivia (1938; Sección XIX, art. 167, pág. 450).

[232] Título VIII, art. 168 (pág. 849). El precepto figura en las Constituciones de Guatemala (pág. 536).

[233] No distintas serían declaraciones tan vagas como la de que «Guatemala es una nación [...] organizada para garantizar [...] el desenvolvimiento integral de la cultura» (1956; título I, art. 1.º).

[234] Son facultades y deberes del Gobernador «vigilar por la difusión de la instrucción primaria elemental, especialmente en los pueblos, rancherías y haciendas» (Cap. I, art. 48).

[235] «Se establecerán escuelas en todas las ciudades, pueblos, haciendas, cuadrillas y rancherías, según lo vayan permitiendo las circunstancias del Erario» (Tít. VII, art. 94).

[236] Añadamos la Constitución de Guanajuato, cuyo espíritu me parece afín a lo que he transcrito: «[El Estado] concederá preferente atención a difundir los conocimientos impartidos en las escuelas primarias, procurando que en todos los poblados de más de doscientos habitantes exista una escuela elemental» (Tít. VII, art. 98).

raguay que, tras decir que los idiomas nacionales de la República son el español y el guaraní, apostilla: «La enseñanza primaria es obligatoria [...] El estado sostendrá las necesarias escuelas públicas gratuitas para impartirla» [¿en qué lengua?] [237], lo cual queda mucho más claro en el Proyecto del Partido Liberal («el Estado adoptará las medidas necesarias para la efectiva integración del indígena en la vida nacional» [238]), por más que se deba prestar «preferente y constante atención a la lucha contra el analfabetismo» [239]. Creo que el *Plan de Tegucigalpa*, de Carlos Castillo Armas, vio las cosas con total claridad:

> b) *Analfabetismo:* «La oscuridad en que mantiénese aproximadamente el 90 por 100 de su población. Múltiples causas concurren de analfabetismo. Primeramente el número abrumador de indígenas» [240].

Y tal era, también, la situación denunciada en el *Anteproyecto de Constitución de la Comisión Villarán* (7-VIII-1931):

> La llamada instrucción primaria elemental apenas llena el objeto de combatir el analfabetismo y de enseñar mal el castellano a las poblaciones indígenas [241].

Las Constituciones no arrojan demasiada luz para resolver los problemas de enfrentamiento lingüístico y todos los resultados que de esa situación se desprenden: del mismo modo que los idiomas nativos se quedaban, como mucho, en un simple y vago reconocimiento, cuando se trata de incorporar en una estructura nacional los diversos integrantes del caleidoscopio resulta que se confunde alfabetización con castellanización, porque —en definitiva— el lastre que vienen arrastrando todos estos países es una falta de integración de los grupos indígenas, precisamente porque no saben español. Y con independencia de

---

[237]   Artículo 72 (pág. 99).
[238]   Título I, cap. 1.º, art. 15.
[239]   Ibidem, art. 55 (pág. 180).
[240]   Guatemala (1953, pág. 709).
[241]   Perú, pág. 1004.

su importancia numérica [242] o de la utopía irrealizable: los principios de libertad e igualdad que adornan casi todas las Constituciones de América «bien pronto se revelaron como absolutamente ineficaces para contrarrestar la corriente negativa que significaba el desposeimiento y una depauperación evidente del indígena» [243].

PROBLEMAS EN TORNO A LOS INDIOS

Suele citarse un aforismo del gran antropólogo Antonio Caso: la raza en Hispanoamérica no es un *factor*, sino el *factotum* de la evolución social. Ahora bien, tratemos de caracterizar qué es lo que entendemos por *indio*. Rosenblat, en el libro al que ya me he referido, establece una conclusión muy veraz: «En ninguna parte tiene la designación un valor étnico riguroso: más que un tipo racial, *indio* designa por lo común una forma de vida o de cultura» [244]; frente a este concepto, en Estados Unidos «es el miembro de la tribu, el que vive en las *reservas* [...] aunque no tenga a veces ni 1/64 de sangre indígena» [245]. De estos conceptos se derivan planteamientos totalmente distintos ante los mismos hechos: en Norteamérica los indios no fueron considerados como elementos integrantes de la sociedad nacional. Así la Constitución de 1787 excluía de la población «a los indios no contribuyentes» [246] que, además, eran tenidos al margen de los ciudadanos, según se puede leer en algún que otro texto del

---

[242] En Bolivia, millón y medio de almas emplea normalmente el español, y dos y medio, lenguas aborígenes (Fraga, pág. XIV, con bibliografía).

[243] Centro-América, pág. 23. Vid. la pág. 21 del mismo volumen, en la que el investigador Ricardo Gallardo apunta, con precisión, esa igualdad: indio = analfabetismo.

[244] Rosenblat, *La población indígena y el mestizaje*, I, pág. 17; Alfonso Caso, «Definición del indio y lo indio», *América Indígena*, VIII, 1948, pág. 239; Ricardo Gallardo, Centro-América, págs. 22 y 24.

[245] Hay toda una colección (33 volúmenes) dedicada a *Constitution and Laws of the American Indias Tribes*, Wilmington, Delaware, comenzada a publicar en 1878 y reimpresa en 1973-1975.

[246] «Excluding Indians not taxed» (Article I, section 2. 3). Cfr. Dumbauld, pág. 111.

mismo cuerpo legal: «El Congreso tendrá poder [...] para reglar el comercio de las naciones extranjeras y entre los diversos Estados, y con las tribus indias» [247]; más aún, el Poder legislativo [248] reguló el comercio con las tribus indias para aclarar lo que iba quedando anticuado en la legislación, y entonces se determina que

> La cláusula no establece una base para la elección de un sistema de derecho criminal para los indios que viven en sus reservas, sin referencia a su relación con ninguna clase de comercio. *Su relación con los Estados Unidos es semejante a la del menor con respecto a su guardián* (Trad. esp., pág. 239. El subrayado es mío).

El mismo Poder establecería (art. VI, § 2) el carácter diferencial que tendrían las agrupaciones indígenas, dando a la palabra nación un valor semejante al que tuvo en la antigua legislación española:

> Un tratado es un acuerdo solemne entre naciones. Las palabras *tratado* y *nación*, sin embargo, son palabras de nuestro propio idioma y han sido aplicadas a las tribus indias como comunidades políticas diferenciadas (I, pág. 64).

---

[247] Art. I, sec. 2.ª (I, pág. 21, de la traducción española). *La Enmienda* XIV de la Sección 2.ª aún insistirá: «Los representantes serán prorrateados entre los diversos Estados de acuerdo a sus respectivos números de habitantes [...] excluyendo a los indios no contribuyentes» (ib., I, pág. 50).

[248] La situación en Canadá no fue muy propicia para los indios hasta finales del siglo XIX: basta pasar la vista por el capítulo XVIII de los textos de 1876, atenuados en 1879 (cfr. J. F. Dubreuil, *The Reference Book, being a detailed index of the Statutes affecting the province of Québec*, Montreal, 1879, págs. 112-114). La situación es muy otra en la actualidad: cfr. Noel Lyon-Ronald G. Atkey, *Canadian Constitutional Law in a Modern Perspective*, Toronto, 1970, pág. 1331 *b*. En 1950, la cuestión no consta en los comentaristas: vid. Paul Gérin-Lajoie, *Constitutional Amendment in Canada*, Toronto, 1950.
En Alaska, todavía en 1927, las escuelas tenían sus limitaciones: «Schools for white children and children of mixed blood who lead a civilized life in the Territory are under the general supervision of a Territorial Board of Education» (George W. Spicer, *The Constitutional Status and Government of Alaska*, Baltimore, 1927, pág, 99). Para el establecimiento de las escuelas públicas era necesaria una «petition of no less than eight persons of adult age who are citizens of the United States» en distritos que no «contain less than ten resident white children between the ages of six and seventeen years» (ib., pág. 100).

Todo ello llevó a la sutileza de la *Enmienda* 15 (1884), según la cual

un indio tribal, no siendo ciudadano de los Estados Unidos [...], no fue privado de ninguno de los derechos garantizados [...] por negársele una oportunidad de registrarse como votante calificado (II, pág. 482) [249].

Salvo en Venezuela, donde parecen verse algunos ecos del norte («no se computarán en la base de la población los indígenas no reducidos» [250]), la situación en Hispanoamérica fue siempre distinta. En las Cortes de Cádiz (12-VIII-1812), don José Joaquín Olmedo, diputado por Guayaquil, abogó en favor de la ciudadanía de los indígenas, derecho que les confirió un decreto peruano de 1821, y la legislación guatemalteca de 1823 [251]. Por eso no extraña que, en el lejano 14 de diciembre de 1839, el Decreto n.º 76 del país centroamericano se hiciera cargo de una realidad de la que aún no ha renunciado:

Hallándose la generalidad de los indígenas [incapaces de defender sus derechos], las leyes deben protegerlos a fin de que se mejore su educación; de evitar que sean defraudados [...]; y que no sean molestados en aquellos usos y habilidades aprendidos de sus mayores, y que no sean contrarios a las buenas costumbres (sección 2.ª, art. 3.º).

Toda la legislación moderna tiende en Hispanoamérica a proteger al indio, con independencia de su condición como tal. Creo que mucho de lo que he comentado sobre la alfabetización como necesidad nacional no es otra cosa que la angustia de terminar con una marginación, incorporando a los indígenas a la vida nacional, y, creo también, que la desaparición de todas esas cláu-

---

[249] 1925 (Título V, art. 58).
[250] Vid. la *Legislación indigenista del Perú*, Lima, 1940, pág. 8, y Gallardo, Centro-América, pág. 24 y nota 28.
[251] Título III, cap. II, sección 4.ª, art. 83. Un desarrollo de lo que aquí se dice podría ser el artículo 109 (Tít. III, cap. IV), de la Constitución de Guatemala: «Las artes e industrias populares, típicas de la nación, gozarán de protección especial por parte del Estado, con el fin de preservar su autenticidad y promover mayores facilidades para su producción y distribución».

sulas restrictivas de la ciudadanía a las gentes que saben leer
y escribir están basadas en los mismos principios de incorporación e igualación, más allá de los matices de la piel.
Precisamente el reconocimiento de la existencia del indio es
considerarlo dueño de sus tierras e integrarlo en una sociedad
fuertemente diferenciada. Largo rosario de protestas y preceptos constituyen los tales reconocimientos. Así, en la Constitución de Guatemala de 1945:

> Se declara de utilidad e interés nacionales el desarrollo de una
> política integral para el mejoramiento económico, social y cultural
> de los grupos indígenas. A este efecto pueden dictarse leyes, regla-
> mentos y disposiciones especiales para los grupos indígenas, contem-
> plando sus necesidades, condiciones, prácticas, usos y costumbres [252].

Y, poco después (en 1954), entre las funciones del Presidente
de la República estaban las de «crear y mantener las instituciones y dependencias necesarias para organizar y desarrollar la
campaña encaminada a resolver de manera efectiva y práctica
los problemas indígenas» [253]. Sin embargo, fue Perú quien se
anticipó a los demás países en tener conciencia de estas necesidades: ya en 1920 reconoció a las comunidades indígenas y decidió declarar por ley los derechos que las amparaban: protección
y leyes especiales que deberían atender al desarrollo y cultura
de las razas indígenas; de tal modo que el *Anteproyecto* de Villarán (1931), al dedicar todo un capítulo a «Las municipalidades»,
está pensando en estas comunidades con una precisión no exenta de rigor lingüístico:

> La Constitución reconoce la autoridad de los envarados [254] y de-
> más funcionarios indígenas elegidos en la forma que acostumbran

---

[252] Título VI, cap. I, art. 168, § 24. Nótese que el párrafo inmediatamente
anterior señalaba entre esas funciones la de «organizar e intensificar la campaña
alfabetizadora».

[253] Título IV, artículo 58. En 1933 se insistió en la «existencia legal y personalidad jurídica de las comunidades indígenas» (Título XI, art. 207) y en las
leyes de todo tipo que deben proteger «las peculiares condiciones» que los indígenas exigen (ib., art. 212).

[254] La voz procede de *vara*, 'atributo de dignidad y autoridad'; cfr. *vara alta*. *Envarado* no figura en los diccionarios habituales.

las poblaciones campesinas. Ejercerán funciones municipales en los ayllus [255] y serán amigables componedores en la forma consuetudinaria [256].

Una y otra vez se ha dicho que la legislación de la Colonia, favorable al indio, dejó muchas veces de cumplirse [257] y, otras tantas, los científicos y políticos de América han dicho que la condición de los indios empeoró con la Independencia; en la segunda mitad del siglo XIX, los yucatecos eran vendidos como esclavos; en el largo mandato de Porfirio Díaz (1876-1911), «los indios yaquis de Sonora fueron reducidos a esclavitud y vendidos al precio de 65 dólares por cabeza», los charrúas uruguayos fueron exterminados en 1832, de los otomacos venezolanos «hoy no queda [...] ni el recuerdo», etc. [258]. Pero en el siglo XX mucho cambiaron las cosas: de los principios más o menos teóricos sobre la igualdad personal, se pasó al reconocimiento de la posesión de la tierra [259], que en Iberoamérica se convierte en una de las misiones fundamentales de cualquier gobierno; bástennos unos cuantos testimonios: en Venezuela (1874) la Constitución podía decir que «los territorios despoblados que se desti-

---

[255] En 1560, fray Domingo de Santo Tomás imprimió en Válladolid su *Lexicon o vocabulario de la lengua general del Perú*, donde *ayllo* es 'linaje', generación o familia' (f. 107 v); después, en la Ciudad de los Reyes (1608), el P. Diego González Holguín daba a la luz pública su *Vocabulario de la lengua general de todo el Perú llamada lengua quichua o del inca*; en él, *ayllu* es 'parcialidad, genealogía, linaje o parentesco, o casta'. En lo moderno, aun conservándose tales valores, también se dan a la voz el de 'clan, unidad fundamental del pueblo incaico formada por el conjunto de descendientes de un antepasado común, real o imaginario' (Perrou-Chouvenc, *Diccionario castellano-kechwa, kechwa-castellano*, Lima, [1970], s. v.). En el *Vocabulario y phrasis en la lengua general del Perú, llamada quichua* (1580, etc.), *ayllu* ya era 'tribu, genealogía, casa, familia'.

[256] Capítulo XV, art. 169. En el Título X, capítulo I, art. 10, se determina entregar a esas comunidades «los títulos de propiedad que soliciten». La situación colonial de ese reconocimiento se puede ver en Vélez, *op. cit.*, pág. 264.

[257] Rosenblat, *Población*, pág. 47; Gallardo, América-Central, pág. 22.

[258] Rosenblat, págs. 47-52; Gallardo, Centro-América, pág. 61; Lejarza, Nicaragua, pág. 18.

[259] Vid. Félix S. Cohen, *Handbook of Federal Indian Law*, Washington, 1911, págs. 42 y sigs.

nen a colonias y los ocupados por tribus indígenas podrán ser separados de las provincias a que pertenecen [...] y regidos por leyes especiales» [260]; pero, ya en 1938, Bolivia reconocía y garantizaba la «existencia legal de las comunidades indígenas» a las que daría una legislación «apropiada» [261]. En Brasil (1946), «será respeitada aos silvícolas a posse das terras onde se achem permanentemente localizados, com a condição de não a transferirem» [262], y, en 1967, se atenuó mucho el precepto: «É assegurado aos silvícolas a posse permanente das terras que habitam e reconhecido o seu direito ao usufruto exclusivo dos recursos naturais e de tôdas as utilidades nelas existentes» [263].

El camino ha sido largo: el legislador atiende a un ideal que la realidad se empeña en negar. Condición humana difícil de cargar en una u otra cuenta y —desgraciadamente— cumplida por todos. Demasiadas veces se trata de utopías irrealizables y, por irrealizables, más reiteradamente seguidas; por eso suenan con ponderación las palabras de Antonio Larrazábal, que en 1812 quería dar a Centro-América unos frutos duraderos y no agostadizos:

> La heterogeneidad de la raza de que se compone la población del Estado es un punto que merece llamar también vuestra alta mirada, porque la absoluta igualdad que entre una y otra se ha querido establecer refluye en perjuicio de la bienandanza social. La raza indígena, más atrasada en todo que la otra, posee exclusivamente hábitos, preocupaciones y usos tan envejecidos, que sólo el tiempo y la civilización pueden ir modificando: desterrarlos de golpe pudiera ser origen de disturbios, choques y contiendas, y por lo mismo la prudencia aconseja que para el régimen de los indígenas haya instituciones excepcionales adecuadas a sus costumbres y carácter. Se necesitan

---

[260] Título 1.º, art. 4.

[261] Sección XIX, artículos 165 y 166. Obsérvese: la sección se llama «Del campesinado» y en el artículo 166 se habla de «legislación indígena y agraria», lo que hace pensar en la igualación de indígenas y proletariado rural.

[262] Título IX , art. 216 (pág. 724). Para una situación histórica, vid. Joaquín Pires Machado Portella, *Constituição política do Imperio do Brasil, confrontada con outras constituições*, Río de Janeiro, 1876, nota 29 al *Acto Adicional* de 1834.

[263] Título V, art. 187. El artículo está en función del 4.º de la misma Constitución: «Incluem-se entre os bens da União [...] as terras ocupadas pelos silvícolas».

también instituciones especiales para las poblaciones que se forman en las fronteras y en los puertos, pues compuestas en su mayor parte de extranjeros de distintas naciones, no es posible gobernarlas con las mismas reglas que se gobiernan los nicaragüenses (Nicaragua, página 100).

Sin embargo, y a pesar de tantas y tantas protestas, los resultados habían sido escasos: todavía en 1954 se declaraba «de interés público el fomento de una cultura integral para promover el desarrollo de la cultura y el mejoramiento económico y social de los grupos indígenas» [264], señal de que la marginación seguía y golpeaba con su injusticia. Pensar que en las guerras de Independencia los indios sólo reconocían al rey de España [265] o que defendían la nueva situación, que habían sido espectadores de unos hechos que no les afectaban o que ellos los propiciaron [266], no es decir gran cosa: acaso alguna frase con mayor o menor fortuna («en América los españoles lo hicieron todo, inclusive la independencia») o, tal vez, el firme propósito de rectificar las injusticias. Lo cierto es que América necesita incorporar a los indígenas a la vida nacional; una situación de miseria, de incultura, de aislamiento es un lujo que hoy no se pueden permitir las naciones modernas; se ha hablado de la colaboración del indio, y esa colaboración es lo que se ha buscado en muchas de las legislaciones hasta aquí consideradas [267]. No será demasiado especular si pensamos que tras la Revolución Francesa las cosas cambiaron mucho; cuando se leen el *Diario de Sesiones* de las Cortes de Cádiz y las fervientes oraciones de don Antonio Larrazábal, comisionado de Guatemala [268], en defensa de los indios y de su autonomía, se estaban asentando los cimientos de un nuevo orden: devolución de los ejidos a

---

[264] Guatemala (Capítulo IV, art. 110).

[265] Tal era el caso de las comunidades indígenas guatemaltecas en 1829 (Guatemala, pág. 15).

[266] Gallardo, Centro-América, págs. 60-65. Véase la rica información de Rosenblat, *Población*, págs. 43-47.

[267] Cfr. *Seminario sobre problemas indígenas de Centroamérica*, San Salvador, 1955, págs. 4 y sigs.

[268] Citadas por Gallardo, Centro-América, págs. 122-128.

los indígenas para su disfrute en propiedad y solución de los
problemas de la tierra [269]; es decir, algo que constantemente
—hemos visto— sigue afectando a las comunidades nacionales
y que, desde Cádiz, pasó a los Libertadores [270]: San Martín
(1821) prohibió llamar a los aborígenes «indios o naturales», pues
«son hijos y ciudadanos del Perú, y con el nombre de peruanos
deben ser reconocidos»; Bolívar (1825), en el Cuzco, quiso hacer
cumplir la devolución de tierras a los indígenas [271], etc. Pero el
caminar de la historia es muy lento: hemos seguido unos procesos que aún no han terminado de cumplirse [272]; van asociados
a luchas de justicia social y de equidad civil; nos importan como hombres y nos interesan como lingüistas. Tras la evolución
social la lengua se modifica: *indio* resultó ser peyorativo y hubo
que romper esa barrera que, por la semántica, había servido
para discriminar [273]; hubo que meditar sobre el pesado lastre
del analfabetismo y las soluciones fueron lingüísticas; hubo que
intentar el acercamiento entre los grupos sociales y la lingüística volvió a asomar. Sírvannos estas pocas palabras como justificación de haber incluido las motivaciones sociales en unos contextos que se pensaron lingüísticos [274].

[269] Se pueden leer las intervenciones del patricio en Centro-América, t. II,
págs. 496-950.

[270] No son de mi incumbencia en este punto otras muchísimas cuestiones
que se plantearon en 1812, y que manifiestan la claridad con que ya se sentían
los problemas de integración, mercantiles, económicos, culturales, etc.

[271] Apud Rosenblat, t. I, pág. 45.

[272] El problema en Filipinas revistió otros caracteres; la documentación se
recoge en Dean C. Worcester, *Slavery and Peonage in the Philippine Islands*,
Manila, 1913.

[273] Cfr. Alfonso Caso, «Definición del indio y lo indio», *América Indígena*,
VIII, 1948, pág. 239; *Legislación Indigenista del Perú*, Lima, 1948; A. García, *Legislación Indigenista de Colombia*, México, 1952; A. Lipschutz, *La noción o definición del indio en la reciente legislación protectora de las Américas*, París, 1952,
etc. En Brasil se emplea el término silvícola («incorporação dos silvícolas à co-
munhão nacional», Art. 5.º, XV *r*, de la Constitución de 1966, y en otros sitios).

[274] La Constitución guatemalteca de 1965 manifiesta unos claros deseos de
superar diferencias, pero si éstas se lograran el indio habría desaparecido como
tal: «El Estado fomentará una política que tienda al mejoramiento socio-económico
de los grupos indígenas para *su integración a la cultura nacional*» (Título III,
Cap. II, art. 110).

LOS NEGROS Y EL PROBLEMA DE LA ESCLAVITUD

El equilibrio racial de América no sólo se perturbó con la presencia de gentes europeas, sino por la de africanos que trajeron los blancos para las explotaciones mineras y agrícolas, toda vez que la población indígena había disminuido de manera alarmante [275]. Así como los indios eran —teóricamente, al menos— hombres libres, los negros en un principio fueron esclavos, aunque pudieron manumitirse y liberarse [276]; a ellos hay que referir la libertad que en las Constituciones hispanoamericanas se les reconoce. Pero, antes de llegar a ello, es necesario situar la cuestión en un plano más general.

En los Estados Unidos la esclavitud no fue abolida hasta 1865-70 (Enmiendas XIII-XV) tras la guerra de Secesión [277]. Antes se habían discutido muchas consideraciones legales, y la exigencia de devolver los indios fugitivos a sus amos demuestra que los negros «y sus descendientes no estaban comprendidos dentro del término *ciudadano* usado por la constitución» (1857); en ello abunda el mismo dictamen del poder legislativo cuando distingue entre *inmigración* e *introducción*, términos que afectan a la raza africana para designar, respectivamente, a la libertad (si un negro libre llegaba, era inmigrante) o esclavitud (si llegaba como esclavo, era introducido y debía pagarse por él el derecho de importación) [278]. Todavía en 1873 y en 1906 se podía discutir sobre el significado de *servidumbre* y el de *esclavitud*; aquélla, con un sentido más amplio, trataba de «prohibir todo resabio y condiciones de la esclavitud africana», pero la Enmienda número XIII (1865) declaraba nulo cualquier tipo de

---

[275]   Rosenblat, *op. cit.*, t. I, págs. 109-116.
[276]   Rosenblat, *op. cit.*, t. II, págs. 145 y 155. Cfr. *La traite negrière du XVe au XIXe siècle*, Unesco, París, 1979; Enriqueta Vila, *Hispanoamérica y el comercio de los esclavos*, Sevilla, 1977; Nicolás del Castillo, *Esclavos negros en Cartagena y sus aportes léxicos*, Bogotá, 1982.
[277]   Lincoln, apoyándose en los poderes que le daba el estado de guerra, declaró abolida la esclavitud en 1863 (*Constitution*, pág. 1289).
[278]   Sección 9, § 1. Vid. las aportaciones históricas de Dumbauld, *op. cit.*, págs. 185-190. Las sutilezas lingüísticas no escasean; recuérdese la fórmula de Luisiana: «separate but equal» (Konvitz, pág. 523).

esclavitud «desarrollada mediante el peonaje mejicano o el sistema chino del trabajo de coolíes» [279]. Cuando en 1881 se dictamina la *Enmienda* XIV (completada en 1888), su finalidad era conceder los derechos de ciudadanía a las gentes de color [280]. Si esto, como el trato a los indios, implicaba unos principios de discriminación racial, abolida en 1865-70, y había sido establecida la igualdad, legalmente, en 1881, también es cierto que en otros sitios existió racismo contra los blancos. Así en Haití [281], donde, una y otra vez, nos enfrentaremos con textos como los que ya figuran en la Constitución de 1805:

Art. 12. Ningún blanco, cualquiera que sea su nacionalidad, podrá poner los pies en este territorio a título de amo o propietario, y no podrá, en el futuro, adquirir en el mismo propiedad alguna [282]. Art. 14. Todas las distinciones de color deben necesariamente cesar entre los miembros de una misma familia cuyo padre es el Jefe del Estado; los haitianos sólo serán conocidos en adelante bajo la denominación genérica de negros.

---

[279] *Enmienda* XIII, t. II, pág. 178 de la trad. española. Cfr. *Constitution*, págs. 1293-1295. Cfr. Elmer C. Sandmeyer, *The Anti-Chinese Movement in California. With a Foreword and a Supplementary Bibliography by Roger Daniels*, Illinois Univ. Press, 1973. (La primera edición es de 1939).

[280] *Ibidem*, pág. 196. En 1917 se abolió la segregación (Konvitz, pág. 527) y en 1971 el establecimiento de pruebas para dar trabajo a los negros (*ib.*, pág. 544), etc. La historia del problema y sus diversos aspectos se pueden ver en un libro clásico *(The Constitution. A Pro-Slavery Compact),* preparado por «The Anti-Slavery Examiner». (La primera edición es de 1844). Manejo la que llevó a cabo la Negro University Press, Nueva York, 1969. Más reciente es el libro de Eugene H. Berwanger, *The Frontier against Slavery: Western Anti-Negro Prejudice and the Slavery Extension Controversy*, Champaign, Ill., 1967. La misma editorial de la Universidad de Illinois publicó (1972) otro libro que puede tenerse en cuenta en este momento: Pete Daniel, *The Shadow of Slavery: Peonage in the South, 1901-60*.

[281] Naturalmente, no en la Constitución de 1801, que al negar legalidad a la esclavitud establece que todos los habitantes «nacen, viven y mueren libres y franceses» (Título II, art. 3). A partir de ella, la esclavitud queda abolida para siempre.

[282] También en 1806 (Título I, art. 27), 1816 (Título I, art. 38), 1843 (Tít. II, sec. II, art. 8), 1846 (Tít. II, sec. I, art. 6° y 7°), 1849 (Tít. II, sec. I, art. 7), 1867 (Tít. II, sec. I, art. 5.°), etc. En 1888 llegó a establecerse que «la haitiana que haya perdido su condición por el hecho de su matrimonio con extranjero no podrá ser propietaria ni adquirir inmuebles en Haití bajo ningún título» (Tít. II, cap. I, art. 3.°, § 5).

Era explicable la reacción «frente a la naturaleza entera, de la que por tanto tiempo y tan injustamente hemos sido considerados como hijos ignorados» [283]; de ahí que fueran considerados haitianos «todo africano, indoamericano y sus descendientes nacidos en Colonias o Países extranjeros» [284], o se viera como haitiano de origen a «todo individuo de raza negra cuyo padre sea también haitiano por nacimiento» [...] o «todo individuo de raza negra no reconocido por su padre, cuya madre sea haitiana de nacimiento» [285].

Entre estas situaciones extremas —Estados Unidos, Haití— Iberoamérica ofrece, desde su propia Independencia, una situación mucho más humana y racional. Como principio, es abolida la esclavitud [286]; los esclavos que pisan territorio de las Repúblicas quedan —por ello mismo— liberados y no pueden obtener el título de ciudadanos, o lo pierden si lo poseen, los hombres que practiquen el odioso comercio [287]. Claro que el proceso redentor tuvo diversos grados y escalas [288], cuyo condicionamiento está referido al acto mismo de la Independencia. Tal es el caso de Cuba. Si bien en el Proyecto de Constitución de 1811 por Joaquín Infante se establecían diferencias muy precisas, de-

[283] 1805, «Preámbulo».

[284] 1816 (Título III, art. 44), y en 1843 (Tít. II, sección I, art. 7.°), 1849 (Tít. II, sec. I, art. 5.°), 1867 (Tít. II, sec. I, art. 4.°), etc. La legislación se liberalizó en 1888, pero un año después se determina que es haitiano «todo individuo nacido en Haití de padre extranjero o de madre extranjera y no reconocido por su padre, siempre que descienda de la raza africana» (Tít. II, cap. I, art. 3.°, § 3). En 1918 desaparecieron las cortapisas y se concedió el derecho de propiedad inmobiliaria a los extranjeros residentes en la nación (Tít. II, sec. I, art. 5.°).

[285] 1946, 1957 y 1964 (Tít. II, cap. I, art. 4.°).

[286] La situación no era en todas partes la misma: al eliminarse la esclavitud en Centro-América no había más de 1000 esclavos (vid., además, las Cortes de Madrid de 1821, en el documento n.° 15 de la compilación Centro-América, pág. 469). Cfr. Alberto A. García Menéndez, *La abolición de la esclavitud en las Antillas Españolas (Cuba y Puerto Rico)*, Hato Rey, Puerto Rico, 1975.

[287] En Guatemala, desde las Bases Constitucionales de 1821; en Paraguay, desde la Constitución de don Carlos Antonio López (1844); en Chile, desde 1823 (y las prescripciones llegan hasta 1970).

[288] En Centro-América los dueños de esclavos fueron indemnizados, aunque no por los niños menores de 12 años (*Decreto sobre la abolición de la esclavitud*, 1824, t. II, art. 5.°, § 1.°, pág. 692), ni por los mayores de 50 (*ib.*, Art. 5.°, § 3.°).

saparecieron totalmente en la Constitución de 1900. Resulta de
interés ver cómo en la Isla se daban circunstancias bien pareci-
das a las de Caracas [289], y que —como arqueología— se pueda
traer a cuenta en este momento que blancos y gentes de color
tenían iglesias distintas en Puerto Príncipe, Bayamo y Santiago
de Cuba (art. 37), siempre y cuando se entendieran por blancos
a indios, mestizos y a todos «aquellos que descendiendo siempre de blanco por línea paterna, ni interrumpiéndose por la materna el orden progresivo de color, ni interviniendo esclavitud,
se hallen ya en la cuarta generación» [290]. Los resultados de las
mezclas tuvieron una nomenclatura variadísima y deslizante en
toda América, pero creo preferible interrumpir esta exposición
con enojosísimas explicaciones de las que trato muy por extenso
en un libro (*Las cartas coloniales*) de pronta aparición. Casi un
siglo después Cuba tuvo su primera Constitución (1900); en ella
concedió la nacionalidad a «los africanos que hayan sido esclavos en Cuba, [a] los emancipados comprendidos en el artículo
13 del Tratado de 28 de junio de 1835, celebrado entre España
e Inglaterra» [291].

También las cosas fueron distintas en Panamá: el destino de
la República de América Central estuvo signado por aquellos
miles y miles de hombres que vinieron a construir el Canal, o,
lo que es lo mismo, que determinaron la propia existencia de

---

[289] Rosenblat, *Población*, t. II, pág. 77: en Caracas «a la Catedral concurrían
preferentemente los blancos; a la Iglesia de la Candelaria, los isleños, de Canarias; a Altagracia, los *pardos* (todos los que no eran de raza pura); y a la ermita
de San Mauricio, los negros» (el testimonio es de Humboldt, 1825). Cfr. Ermila
Troconis de Veracoechea, *Documentos para el estudio de los esclavos negros en
Venezuela*, Caracas, 1969.

[290] Las cosas no resultan muy claras y se tiene que explicar el modo: «hijo
de blanco y negra libre, *mulato*; hijo de blanco y mulata libre, *cuarterón*; hijo
de blanco y cuarterona libre, *quinterón*; hijo de blanco y quinterona libre, blanco. En la clase *parda* se comprenderán desde mulato inclusive ascendiendo
hasta quinterón exclusive; en la *morena*, desde mulato exclusive retrogradando
hasta negro» (art. 89, pág. 1016).

[291] Título II, art. 5, § 5.º. Así se mantuvo en la Constitución de 1934. Por
1817, de una población de 680.000 habitantes, 250.000 eran negros esclavos y
115.000, libertos; hacia 1930, los negros eran el 25 % de la población y los mulatos el 50 %; el otro 25 % eran blancos puros.

Panamá como Estado [292]. De ahí que los principios de nacionalidad tuvieran que ser distintos que en otras partes: el país se había desgajado de Colombia en 1903 [293], emigrantes de 91 naciones habían llegado a la llamada de la obra gigantesca, hizo falta absorber a todas estas gentes cuya misión se había cumplido en 1913, pero que no podían o no querían regresar a su patria de origen... Los legisladores panameños tuvieron que hacer frente a situaciones anómalas y conflictivas y se decidió arbitrar diversos procedimientos: resultó entonces que sólo la lengua era el factor aglutinante. Los panameños por nacimiento fueron «los nacidos bajo la jurisdicción de la República, cualquiera que sea la nacionalidad de sus padres, siempre que ninguno de estos sea de inmigración prohibida» [294]. Y he aquí que la ordenación social viene a vincularse a la lengua, por cuanto la legislación estima que son de *inmigración prohibida* los individuos de «raza negra cuyo *idioma originario no sea el castellano*» (art. 23) y, lógicamente, de cualesquiera otras razas (amarilla, hindúes, de Asia Menor, africanas del norte) que no hablan español. Lo cierto es que lo de las razas no está determinado con exactitud, por cuanto se intenta reducir los grupos étnicos a las principales naciones de origen; sólo una cosa se impone con evidencia: la Torre de Babel que iba a resultar de aquel amasijo de gentes tuvo que organizarse para que el caos no fuera la única fuerza vital. Y la lengua fue el principio que se buscó para establecer el orden: por eso se aceptaron las ampliaciones que no estuvieran subordinadas al principio de la unidad lingüística [295]. Panamá, apenas al día siguiente de su nacimien-

---

[292] Como es archisabido, presiones extranjeras llevaron a la separación de la provincia de Panamá del estado colombiano; así pudieron comenzar las obras del Canal.

[293] En Colombia, se dictó en 1851 una ley aboliendo la esclavitud, pero constitucionalmente sólo consta a partir de 1853 (cfr. Eduardo Fernández Botero, *Las Constituciones colombianas comparadas*, Medellín, 1964, t. I, pág. 199).

[294] *Estatuto de Constitución* (1941) o «Constitución espuria», inspirada por Anulfo Arias (Sección V, art. 12, § a).

[295] Ibidem, § b. Se consideran panameños de nacimiento: «Los nacidos bajo la jurisdicción de la República, aunque uno de los padres fuere de inmigración prohibida, siempre que el otro sea panameño por nacimiento. Esta disposición

to, tenía que manifestar su propio sentimiento nacional; más aún, hacerlo sentir a gentes que moraban en su tierra pero que no se identificaban con ella por nada de lo que los sociólogos llaman hábitos o mores (religión, costumbres, psicología, etc.); mas a pesar de que podían adquirirse o no ser diferenciadores (raza, religión, tradiciones, etc.), era imprescindible un instrumento que abriera la comunicación y salvara a esos miles de hombres de la marginación, y el Estado, cuya obligación suprema es la de integrar dentro de la idea de Nación, no pudo renunciar al instrumento que une a los hombres más que nada, y se asió a la lengua como principio ineludible para lograr la integración nacional. Por eso la Constitución de 1946 eliminará ya los artículos correspondientes a los negros y formulará otros más amplios: se siente la necesidad de integrar a grupos e individuos «que, nacidos en territorio de la República, no se encuentran, sin embargo, vinculados a la misma» [296]. ¿Pero esa vinculación no significa que, más de treinta años después, las gentes establecidas y nacidas en Panamá poseían ya la lengua nacional? Creo que esto se desprende con claridad de unos comentarios de Víctor F. Goytia:

> América y España forman ahora comunidades políticas independientes, a pesar de poseer idénticas características de nación, porque el Estado, a través del dinamismo de sus órganos de poder, rompió la unidad política sin menoscabo de la tipicidad nacional hispánica que perdura en las costumbres, en el idioma, en la religión y en los vínculos de sangre [297].

---

no se aplicará cuando el padre que fuere de inmigración prohibida pertenezca a la raza negra cuyo idioma originario no sea el castellano» (pág. 612). Resulta notable que características tan propias y fundamentales no se tengan en cuenta al comparar las Constituciones de Panamá y Chile (Rodrigo Grimaldo Carlos, *La nacionalidad en la Constitución panameña de 1946. Estudio crítico y comparado con el Derecho chileno*, Universidad de Chile, 1950).

[296] Sección IV, art. 12 (pág. 691).

[297] Panamá, pág. 511. Una cuestión paralela se produjo en Trinidad, cuando en 1945 se introdujo el sufragio universal (Hewan Craig, *The Legislative Council of Trinidad and Tobago*, Londres, [s. a.], pág. 5).

LOS MESTIZOS

Corolario ineludible de los capítulos anteriores es el cruce de razas [298]. No voy a ocuparme de los problemas sociológicos, que están fuera de mis pretensiones actuales; sí de su aparición en la legislación americana, como complemento de cuanto acabo de comentar.

Ya en las Cortes de Cádiz se oyó la voz del centroamericano Antonio Larrazábal para que se suprimieran de la legislación *castas* o *ladinos* [299], que no eran otra cosa que producto del mestizaje. Sus palabras —humanísimas y lógicas— fueron aprobadas por unanimidad [300]; más aún, en las Cortes de Madrid de 1821 se extiende el derecho de ciudadanía a los mulatos, entendiendo por tales a mulatos y mestizos, por más que el legislador no anduviera muy riguroso —o no le conviniera andar— con sutilezas lingüísticas [301]:

> Sabiéndose de notoriedad que en los tres siglos corridos desde el descubrimiento de las Américas no se ha hecho el comercio de negros del África en Nueva España, y especialmente en Guatemala, en donde se conocen muy pocos esclavos, y que la distancia que se hace de la casta de mulatos [...] reputándose de hecho como originarios de África, no siendo más que una mezcla de blancos europeos españoles con indios, que las leyes conocen por mestizos y que en lo general de los más pueblos llaman mulatos por no vestir ni calzar como los demás blancos, ni haber obtenido empleos y destinos públicos por la decadencia de las familias de los mismos blancos y de indios que salen de la clase de tales, pido a las Cortes que para evitar arbitrarie-

---

[298] Vid. Rosenblat, *Población*, II, págs. 151-155. Interesa especialmente el capítulo VI de Marivyn Helen Bacigalupo, *A Changing Perspective: Attitudes Toward Creole Society in New Spain (1521-1610)*, Londres, 1981.

[299] Centro-América, t. II, págs. 946-950 (Sesión del 6 de agosto de 1811).

[300] Gallardo, Centro-América, págs. 122-126. Véase el documento n.º 14, leído por Larrazábal en la sesión del 6 de agosto de 1811 (especialmente las págs. 947-948 de la obra de Gallardo).

[301] *Mulato* es el hijo de blanco y negro, y *mestizo*, el de blanco e indio. Cfr. Salvador (I, pág. 255).

dades [...] en lo sucesivo no se prive del derecho de ciudadanos españoles a la clase de los llamados mulatos [302].

Porque, en efecto, las razas se cruzaron dando una increíble terminología para designar a cada uno de los resultados [303], pero se procuró mantener fuera del concepto de ciudadanos a los negros, por lo que se llevaba a la confusión de mestizo y mulato para que no pudieran gozar de tales prerrogativas los descendientes de africanos y, por ende, en el tumulto de aguas revueltas, los mestizos [304]. De cara a la lingüística hay algo que nos interesa: en Guatemala, hoy, llaman *ladinos* a los mestizos (blanco e india o viceversa) que no hablan sino español, y estos ladinos poseen un notable desarrollo artesanal y una técnica superior en los cultivos [305]; en El Salvador, la lengua fue motivo fundamental de unificación nacional: en 1807 en el país había montañeses, vizcaínos, gallegos y catalanes, pero «el idioma castellano era el únicamente usado en toda la provincia en esa época, aun en los pueblos indios [cuanto más en los de mestizos], a excepción de algunos de estos que en sus reuniones particulares se sirven del lenguaje mejicano o del tlaxcalteca» [306].

CONCLUSIONES

He tratado de exponer una serie de realidades socio-lingüísticas que se condicionan mutuamente. Nada sale de la nada, y todos estos informes tienen que ver —social y lingüísticamente— con la Historia. La andadura libre de los pueblos de América no lo es tanto que no descubramos conexiones y

---

[302] *Diario de las Sesiones* (1821), Madrid, 1871-1873, t. II, pág. 1629.
[303] Vid. antes, nota 290 y mi libro inédito *Las cartas coloniales*, que aparecerá en 1986 en el Instituto de Cooperación Iberoamericana.
[304] Cfr. *El Editoral Constitucional*, de Guatemala, en los albores mismos de la Independencia (cit. por Mariñas, Guatemala, pág. 16, nota 24).
[305] En El Salvador (1807), «gracias al trabajo ejecutado por los ladinos se practicaban las artes y oficios, y, aunque con cierto retraso, surtían el mercado de productos de primera necesidad» (I, pág. 256).
[306] Gallardo, El Salvador, t. I, pág. 259.

dependencias [307]; pero si es cierto que la Historia se hereda
siempre, no lo es menos que los hombres pueden condicionarla
en la medida de sus limitadas posibilidades. Y he aquí un primer problema con el que nos hemos enfrentado: resulta sorprendente que algo con apariencia de tan poco relieve como las fórmulas de tratamiento y, en particular, la supresión del uso de
don llegue nada menos que a formularse con carácter precepti-
vo en algunas Constituciones. Pero no hay problemas pequeños:
tras esas tres letras había todo un mundo que vibraba, llamé-
moslo anhelos de igualdad, deseos de superación, reacción nacionalista. Lo que ocurre es que las cosas no se reducen al de-
signio de un legislador, sino que caen en un estanque inmenso
llamado sociedad. Allí es imposible prever si la piedra va a descender pausadamente hasta el fondo o va a encrespar la superficie de las aguas, y esto ha venido a ocurrir ahora: ni quienes
perdieron la preeminencia, ni quienes pretendieron alcanzarla
quedaron impasibles. La fórmula de tratamiento se convirtió en
bienes *nullius,* se desdeñó por aplebeyada, se sustituyó por una
cohorte de nuevos títulos, se mantuvo encastillada en sus viejos
prestigios. Cada naciente sociedad heredó lo que la Colonia fue
en aquellas parcelas restringidas y, lo que no se tuvo como previsible, tras un tumultuoso desasosiego, las aguas empezaron
a tranquilizarse y el pobre *don* volvió a «enderezar al fin su
paso» hacia los manaderos de donde había salido. Y es que, tras
la ruptura, también los espíritus se serenaron, aunque en un
problema minúsculo había otro social muy grande y, sin querer,
al pretender la libertad se había venido a cumplir otra discriminación. Porque *don* no era sólo un privilegio, era —y es—, más
aún, un reconocimiento social no de sangre, no económico, sino
de cultura, de dignidad por el servicio a la colectividad. Y lo
que en España siguió siendo, en América se tuvo que inven-

[307] Cfr., por ejemplo, Ernesto de la Torre Villar, *La constitución de Apat-
zingán y los creadores del Estado Mexicano,* México, 1964, pág. 83; Bernardo Canal Feijóo, *Constitución y Revelación. Juan Bautista Alberdi,* México, 1955, pág.
553; Fernando Campos Harriet, *Historia constitucional de Chile,* 5.ª edic., Santiago, 1977, cap. III de la 1.ª parte; VII y VIII de la 2.ª.

tar, y el *doctor* o el *licenciado* acabaron por no ser otra cosa
que fórmulas que indicaron el servilismo de quienes adulan a
los que no llegaron ni a doctores ni a licenciados.
Porque la Independencia no fue una varita mágica que dio
con su solo amago igualdad y libertad. La utopía estuvo en creer
que, proclamándolo, todos los hombres eran iguales, sí, ante una
ley cargada de idealismos; desiguales, ante una sociedad que
deshaciendo unos privilegios mantenía otros tipos de desigualdad. El gran soñador Simón Bolívar cayó en la añagaza y redac-
tó la *Constitución Vitalicia* o, en su honor, llamada *Bolivariana*,
que en su versión primitiva decía que para ser elector cualquier
hombre «debe saber escribir sus votaciones, firmar su nombre
y leer leyes [...] Ha de profesar una ciencia o un arte que le
asegure un alimento honesto» [308]. Esto era tan hermoso que
—virtualmente— todas las Constituciones lo aceptaron. Pero ¿y
los fueros de la realidad? Escribir y leer, ¿qué lengua? ¿Cómo
ganar —así, sin más— un alimento honesto con una ciencia y
arte? Resulta que se había marginado a millones de americanos
con esas sencillas y hermosas palabras. Se empezaron a matizar: se posponían las fechas en que la instrucción debía poseer-
se, se retrasaban —las fechas— uno y otro día y, al final, hubo
que olvidarlas [309]. Otra vez el problema lingüístico había inci-
dido en el social: el hombre estaba ahí, vivo, actuante, pero no
todos podían comunicarse porque no poseían el instrumento que
es la lengua, y sin él no se adquiere la ciencia ni demasiadas
artes. Lo que empezó con una fórmula de tratamiento quería
conducir a la igualdad legal, pero las propias leyes olvidaron
que había millones de seres que no habían podido ser iguales,
que no lo eran, que tardarían decenios y decenios en llegar a
serlo. Y esto no por culpa de nadie, sino que la sociedad que
había nacido seguía siendo una sociedad occidental, y había que
empezar por dar el primer paso, precisamente el de la igualdad.

---

[308]   Bolivia, pág. XXVII.
[309]   Un matiz especial establece la Constitución brasileña de 1969: no tienen
derecho al voto «os que não saibam exprimir-se na língua nacional» (Cap. II,
art. 147, § 3 b).

Pero igualdad quiere decir que cualquier hombre que sirve a los intereses colectivos debe ser ciudadano porque trabaja para que la sociedad se logre. Eliminarlo por no saber leer y escribir es otra forma de explotación, aunque se pensara —otra vez la utopía— que la libertad sólo se logra en la cultura elemental. Entonces se ve como exigencia mínima para ser ciudadano la alfabetización [310]. La Historia ha hecho volver los ojos hacia la tierra donde posamos nuestras plantas: para ser iguales todos tenemos que disponer —cuando menos— de las bases de esa igualdad. Surge una nueva cuestión: la necesidad de crear la educación para todos.

Los problemas se van ensartando: la sociolingüística no es un par de montones de cerezas (las de la sociedad y las de la lengua) mutuamente insolidarios. Sino que el conjunto único donde arrastrar de un fruto significa tirar, también, de muchas unidades que están juntas en la cesta. Al tocar un problema de lengua, toda la sociedad se ha resentido, y, recíprocamente, al modificarse la sociedad, la lengua ha tenido que ir adaptándose a la nueva realidad. Para lograr los fines igualitarios hay que disponer —dirían los cuerdos de hoy— de «igualdad de oportunidades», y esas oportunidades sólo las da la cultura que, fatalmente, se tiene que adquirir a través de una lengua [311]. Enton-

---

[310] En la Constitución de Centro-América (1921) figura el escolio de saber leer y escribir, pero —sabia y descorazonadamente— se dice: «Cada Estado deberá fijar el plazo que esta condición sea requisito indispensable en las elecciones de sus autoridades» (Título III, cap. III, art. 27).

[311] Más de una vez me he referido a la voz de Larrazábal que se escuchó en las Cortes de Cádiz; no está de más escuchar la vehemencia de su tono: «Sólo una medida esperan éstas todavía para completar su satisfacción y ventura y que la sabiduría de las Cortes se apresurará también a tomar para que nada nos quede que admirar ni apetecer en sus grandes resoluciones; hablo del plan general de instrucción pública, que en éste y aquel hemisferio se espera ansiosamente con la mayor impaciencia. La religión, las formas de las costumbres, el amor a la Patria y cuantas virtudes tiene el hombre y de que se es susceptible por su educación, todas piden que se realice sin el menor retardo. La América, como más necesitada de este auxilio, lo reclama con aquel anhelo que pueden inspirarle los íntimos y vehementes deseos por su felicidad y por llegar a poseer todas las ciencias y artes que florecen en Europa y la han hecho superior hasta ahora a los demás países del universo» (Cortes, *Actas de las sesiones de la legislatura de 1874*, Madrid, 1876, cit. en Centro-América, pág. 945).

ces se obliga a una instrucción cuando menos elemental: vienen en ese momento las declaraciones solemnes, que son política, no lingüística, creo que tampoco son sociedad. Los prohombres suben al podium de los gorgoritos y empiezan sus declamaciones. No demasiadas veces descienden a la realidad precisa: la educación no se improvisa, hacen falta maestros, es necesario una inversión que no es rentable hoy, pero que lo será mañana. Y pocos países convierten los buenos propósitos en dignidad para el profesor y en dotaciones para los centros [312]. Y un buen día se descubren cifras aterradoras: en Perú el 60 % (1940), o el 75 % (1942) o el 35 % (1952) de la población total del país es analfabeta [313]; en Puerto Rico el 28 %; en El Salvador el 65 %, o un 51,56 % de los niños de 10 a 14 años (1950) [314], etc.

Surge, sí, la necesidad de escolarización, la libertad de enseñanza [315], el reconocimiento de ciudadanía a quienes aportan sus talentos científicos o literarios, incluso la contratación temporal de profesores universitarios [316], etc. Pero junto a las preocupaciones de los Estados, está la labor de la Iglesia, protegida unas veces, tolerada las más, perseguida algunas, cuestión que se incardina con las de la libertad religiosa, la enseñanza laica, el legítimo derecho de enseñar. Motivos de muy largas discusiones, pero que me afectan sólo en cuanto puedan inferir sobre la lingüística: no se olvide que todo ello tiene que ver con la evangelización en lenguas nativas o en español, de donde la redacción de catecismos, gramáticas y diccionarios que son un timbre de gloria de muchísimos institutos religiosos [317]; en otras

---

[312]   En Nicaragua (*Proyecto de Constitución*, 1848, art. 96), se dice: «Del erario se suministrarán fondos para aumentar los de instrucción pública, y con este fin podrán decretarse contribuciones generales o locales». En El Salvador (1950): «La alfabetización es de interés social. Contribuirían a ella todos los habitantes del país en la forma que determine la ley» (Título XI, cap. III, art. 200).

[313]   Las deficiencias de los censos hacen muy variadas e imprecisas las evaluaciones.

[314]   Por 1930 había municipios con un 80 % de analfabetos (El Salvador, página 740).

[315]   Para Estados Unidos, cfr. Morris, págs. 225-263 y 313-330.

[316]   Brasil (1934; Título V, cap. II, art. 158, § 1.º).

[317]   Baste un botón de muestra: Leandro Tormo, «Método de aprendizaje de

ocasiones, a través de la lengua nacional, los clérigos ayudaron a crear sentimientos nacionales entre gentes marginadas y que, por tanto, no poseían ni la idea de nación ni, mucho menos, la de Estado.

Pero no es éste el momento de detenernos más en ello. Quiero retomar el cabo suelto que quedó al abrir el paréntesis anterior: el número de analfabetos está siempre en relación con la proporción de indígenas en cada país; por tanto, es necesaria la integración de esos grupos para que sus componentes puedan ser ciudadanos de pleno derecho [318]. Esto suscita unas inmediatas consideraciones: el analfabetismo depende en gran manera de la pertenencia cultural del hombre. Los blancos y mestizos dominan el español, mientras hay grandes masas de indios que no lo poseen. Verdad ésta de una sencillez meridiana, y que, sin embargo, no fue sentida hasta muy tarde. Bolívar, que tan presentes tenía todos los problemas de América, que pensó en la cultura para todos, que quiso liberar al indio, no se dio cuenta que todo aquello era —en esencia— un problema lingüístico. Tan no lo vio que, al establecer el Poder Moral de la República, determina entre las obligaciones de la Cámara «publicar en *nuestro idioma* las obras extranjeras más propias para ilustrar la nación» [319]. Los problemas subyacentes tendrían que aflorar pronto. Surgieron al querer perfeccionar el propio articulado de las Constituciones; brotaron entonces consideraciones como la lengua del Estado y, en función de ella, qué es *lengua nacional* y qué es *lengua oficial*. Ambos conceptos quedaron muy bien especificados, porque oficial es sólo aquella lengua que reconoce el Estado como propia de sus instrumentos legales (y todo el mundo conexo), mientras que nacional lo es cualquiera de las lenguas que se hablan en la superficie de un Estado nacional. Por eso se habla en algunas Constituciones de la obliga-

---

lenguas empleado por los franciscanos en Japón y Filipinas (ss. XVI- XVII)», *Archivo Ibero-Americano*, XXXVIII, 1978, págs. 377-405.

[318] Cfr. Joan Rubin-Björn H. Jernudd, edit., *Can Language Be Planed? Sociolinguistic Theory and Practice for Developing Nations*, Hawaii, 1971.

[319] Venezuela, Sección III, art. 3.º, pág. 193. El Poder Moral de la República es otra —entre mil— utopía que hoy carece totalmente de sentido.

toriedad de usar la lengua oficial, aunque se admita el uso de otras lenguas con idénticas atribuciones, pero dentro de jurisdicciones geográficas limitadas y, por supuesto, únicamente en algunos instrumentos legales. Más de una Constitución insiste también en lo que sigue: las lenguas no oficiales son elementos de la cultura nacional, como lo son otras muchas clases de bienes. De ahí que el quechua tenga cooficialidad en determinadas áreas del Perú, pero no es la lengua de todo el territorio nacional; o el guaraní sea considerado nacional, junto al español, pero sólo a éste se le reconozca la oficialidad. De otra parte, el reconocimiento que las lenguas indígenas exigen supone una alfabetización que elimine el desprecio hacia cualquier modalidad, su valoración dentro del acervo cultural de la nación y su protección mediante programas de conservación y defensa; pero nos movemos muchas veces dentro de la pura utopía: *alfabetización* no es sino *castellanización*, *campesino* es sinónimo de *indio*, *incultura* se equipara a *indigenismo*. De cualquier manera, el descenso a la realidad conduce a la hispanización de los nativos como instrumento para lograr su incorporación a la organización estatal y como posibilidad de disfrutar de las ventajas y protección que facilita el Estado. No obstante, los países de Hispanoamérica tuvieron desde fechas muy lejanas la preocupación de no marginar a nadie y de no considerar a los indios como menores colocados bajo la tutela de blancos y mestizos: las Cortes de Cádiz fueron testimonio de lo avanzado de estas doctrinas, y los cuerpos legales posteriores han tratado de incorporar a estas gentes en un plano de igualdad con los demás ciudadanos [320]. Evidentemente, hay desajustes, pero es también evidente la voluntad que rige esta política en todas partes: reconocer la propiedad de la tierra a las comunidades que las poseyeron es todo un símbolo [321].

Lógicamente el problema no se hubiera visto en toda su complejidad si los negros no existieran en nuestras propias preocu-

---

[320] Situación paralela a la que se ha señalado en Estados Unidos entre las minorías que no tienen el inglés como primera lengua (Morris, págs. 716-717).

[321] De 1814 es una *Memoria sobre la repartición y venta de tierras a los indios* (el texto en Centro-América, t. II, págs. 944-945).

paciones. Y también en esto la legislación de Hispanoamérica se adelantó a la de los demás pueblos: los matices en Estados Unidos fueron complicados y, muchas veces, casuísticos, hasta que se adoptó una política noblemente integradora; pero desde sus mismos orígenes —y casi sin excepción— los pueblos hispanohablantes abolieron la esclavitud y no cayeron, como Haití, en un racismo de signo contrario. Incluso el singular planteamiento que tuvieron las cosas en Panamá, como resultado de causas histórico-sociales bien conocidas, no tuvo otro fin que el de la integración, e integración a través del español como lengua del Estado. En el lejano 1821 don José Mariano Méndez decía que en Centro-América se «hablan diversos idiomas de mexicano, quiché, sutugil, mam, pocomam, poconchí, chorti, sinca y otros; pero *la lengua general de casi todos ellos es el castellano*» [322].

Problemas de otro tipo plantea la denominación de la lengua. Verdad es que la nomenclatura referida a los indígenas indica términos marcados y, habitualmente, con cierta degradación: son idiomas o dialectos. Lengua es, únicamente, la oficial, pero su propia designación vacila entre *castellano* y *español*, por cuanto *(lengua de) Castilla* —sintagma aún vivo— no accede a ninguna Constitución. Resulta entonces que *español* va ganando terreno en las designaciones oficiales, a costa de *castellano*, y aún puede darse la paradoja: el erróneo planteamiento de la República Española hizo que Cuba viniera a remediar las cosas sustituyendo el *castellano* de 1935 por el *español* de 1940.

Hemos llegado a nuestro final. Movimientos de todo tipo nos han permitido asomarnos a ese complejísimo mundo que liga la lengua a la sociedad y hace que ésta —ineluctablemente— se apoye en aquélla. La lengua ha sido testimonio de opresión y de imperialismo: lo que a finales del siglo xv era una realidad histórica, por más que la humanidad se lastime, en el siglo xx sigue siendo instrumento de intervención y de extorsión de las

---

[322] Apud Gallardo, *Centro-América*, pág. 34. Para muchas cuestiones de las que aquí se aluden, vid. Félix Fernández-Shaw, *Panamá y sus relaciones centroamericanas*, Madrid, 1964.

conciencias. Más aún, no sólo las ideas nacionalistas perturban la situación, sino la fragmentación partidista. Un técnico de la teoría constitucional ha escrito con referencia a su propio país, Bolivia:

> En el último lustro [imprime en 1958], con ingredientes nacionalistas, indigenistas y totalitarios, se ha hecho de la propaganda política un instrumento estatal que ha convertido al Gobierno en una gigantesca agencia de aquélla, anulando toda crítica y creando un estado de sonambulismo público en el que se destruye lo esencialmente humano, que es la libertad, y su corolario necesario, la democracia [323].

Pero no hemos de creer que la transculturación sólo ha dado factores negativos; América Central, por ejemplo, cuando llegaron los españoles «era un hacinamiento de caciques, tribus y algunos señoríos divididos por odios raciales» [324], y algo parecido tendrá que decirse de Méjico; las ciudades bolivianas de hoy «proceden de la época española» [325]; la propia conciencia nacional se apoya en títulos coloniales en fechas tan recientes como el año de 1957 [326], etc. Esto ha hecho que —entre discordias y divisiones— hubiera un sentido de integración fuertemente marcado, incluso en áreas geográficas que se muestran divididas en un auténtico rompecabezas [327], o que alguna Constitución ecuatoriana sancione los deseos de colaboración «especialmente con los Estados Iberoamericanos, a los que el país está unido por vínculos de solidaridad e interdependencia, nacidos de la identidad de origen y de cultura» [328].

---

[323] Bolivia, pág. 59.

[324] Francisco Mata Gavidia, *Historia moderna de El Salvador*, San Salvador, 1918, pág. 135. Cfr., también, Nicaragua, pág. 22.

[325] Fraga, Bolivia, pág. XVII, con bibliografía.

[326] Cfr.: «El territorio de la República de Centro-América es el mismo que antes comprendía el antiguo reino de Guatemala, a excepción de la provincia de Chiapas» (Costa Rica, 1824, Tít. I, sección 2.ª, art. 5.º). «Pertenecen a Honduras [...] las islas y cabos en el Golfo de Fonseca, cuyos derechos están respaldados con títulos expedidos durante el Régimen Colonial Español» (Honduras, 1957, Tít. I, art. 6.º). Las fronteras de Haití y la República Dominicana son las del Tratado de Aranjuez (1777).

[327] Para Centro-América, cfr. Gallardo, pág. 13.

[328] 1946. Título I, artículo 6.º.

Que la lengua jugó siempre un papel primordial, es archisabido. El emperador Agustín de Iturbide, al redactar el *Plan de Iguala* que conduciría a la anexión de Guatemala [329], escribió melifluamente la cobertura de sus sentimientos:

> Ved la cadena dulcísima que nos une; añadid los otros lazos de la amistad, la dependencia de interés, la educación e *idioma* y la conformidad de sentimientos [330].

Un historiador moderno, en una de las regiones lingüísticamente más complejas, dice: «Se admite siempre que Centroamérica es una [...] por su *idioma*» [331]. Lógicamente la verdad se ampara —sólo— en la unidad que da el español, no en el mosaico mil veces roto de las lenguas indígenas [332].

He aquí cómo la lengua une elementos sociales y la sociedad busca su más firme sostén en la lengua. El primitivo planteamiento de unos principios muy sencillos se ha enrevesado con mil problemas heterogéneos, y heterogéneos porque lengua y sociedad son dos mundos distintos, aunque mutuamente se condicionen. Y, como tantas veces, lengua y sociedad sólo han cobrado sentido en esa otra realidad harto diferente que es la Historia.

---

[329] La unión tuvo lugar el 5 de enero de 1822, pero los dos países volvieron a separarse en 1823-1824. El Decreto de Independencia de Méjico es del 1.º de julio de 1823, pero sólo se llevó a efecto en el año siguiente (Guatemala, pág. 57).

[330] Está fechado el 24 de febrero de 1821.

[331] Gallardo, Centro-América, pág. 13.

[332] Goytia pudo escribir: «La nación española imprimió aquí su sello con mayor fuerza que en la Península, donde las diferencias regionales y lingüísticas podrían sugerir la inexistencia de unidad nacional en el Estado Español» (Panamá, pág. 511).

ÍNDICES

ÍNDICE DE MATERIAS*

---

* Los números hacen referencia a páginas.

ÍNDICE DE NOMBRES*

---

* Ha sido preparado por doña Angustias Luzón. Los números se refieren a las páginas del texto.

346 Hombre, etnia, estado

Braden, George D., 306.
Bradley, E., 62.
Brañas, César, 267.
Bravo, Gloria, 11, 41, 44, 45, 49, 51, 52, 59, 61, 64, 124.
Breton, Raymond, 26.
Brigham, John, 292.
Bright, William, 54, 59, 61, 73, 92.
Brumbraugh, 227, 293.
Burgos, Julia, 249.
Burns, Donald, 61, 65.
Buxó Rey, María J., 112, 115.

Campos Harriet, Fernando, 298, 329.
Canal Feijóo, Bernardo, 329.
Cardenas, G., 255.
Cárdenas, Daniel N., 270.
Caro Baroja, Julio, 104.
Carpentier, Alejo, 122, 198.
Carpizo, Jorge, 289.
Caso, Alfonso, 313, 320.
Castellanos, Juan de, 17.
Castellví, M. de, 95, 98, 99, 143.
Castillo, Nicólas del, 321.
Castillo Armas, Carlos, 284, 312.
Castro, Américo, 23, 258.
Castro, L., 55.
Cavalcanti, Themístocles Brandão, 265.
Cebollero, Pedro A., 211, 223, 224, 227, 228, 240, 245, 251, 252, 293, 305.
Celetti, Maria Chiara, 28.
Cerrón, Rodolfo, 53.
Certeau, Michel de, 197, 222, 233, 276.
Cervantes, Miguel de, 198.
Cifre de Loubriel, Estela, 212.
Clark, Victor S., 227, 231, 293.
Cohen, Félix S., 317.
Cohen, Marcel, 75, 76, 149, 151.
Colorado, Antonio, 249.
Cooper, R. L., 122, 197.

Cortés, Hernán, 45, 46, 65, 66.
Cortés, Santo Rodulfo, 268.
Cortright, Rupert L., 92.
Coseriu, Eugenio, 25, 31.
Costa, Joaquín, 252.
Coster, Lewis A., 89.
Craig, Hewan, 326.
Creider, J., 53, 68.
Cromberger, Jacobo, 55.
Cuenco, 296, 297.
Cuervo, Rufino José, 132.
Cuervo Navarro, Pelayo, 307.
Cuvillier, A., 28.

Chamboredon, Jean-Claude, 84.
Chouvenc, 317.
Christophe, Henri, 276.

Daniel, Pete, 322.
Darío, Rubén, 227, 243, 297.
Dauzat, A., 116.
Defleur, Melvin L., 82.
Delgado, Emilio, 227, 236, 240.
Dessalines, Jacques, 275, 294.
Díaz, Porfirio, 317.
Díaz del Castillo, Bernal, 46, 148.
Diego, José de, 249.
Domingo de Santo Tómas, Fray, 317.
Duarte Pereira, Osny, 265.
Dubois, J., 35.
Dubreuil, J. F., 314.
Dumbauld, Edward, 265, 313, 321.

Erasmo, 56.
Ervin-Tripp, S. M., 71.
Escobar, Alberto, 52, 53, 59, 60, 63, 64, 85.
Espinar, Alonso de, 55.
Esteban, J. de, 301.
Evans de la Cuadra, Enrique, 264.

Falkner, 293.

ÍNDICE GENERAL

3rd Edition

Patient Assessment & Care Planning in Nursing

Peter Ellis
Mooi Standing
Susan Roberts

Learning Matters
A SAGE Publishing Company
1 Oliver's Yard
55 City Road
London EC1Y 1SP

SAGE Publications Inc.
2455 Teller Road
Thousand Oaks, California 91320

SAGE Publications India Pvt Ltd
B 1/I 1 Mohan Cooperative Industrial Area
Mathura Road
New Delhi 110 044

SAGE Publications Asia-Pacific Pte Ltd
3 Church Street
#10-04 Samsung Hub
Singapore 049483

Editor: Laura Walmsley
Development editor: Richenda Milton-Daws
Senior project editor: Chris Marke
Project management: Swales and Willis Ltd,
Exeter, Devon
Marketing manager: Tamara Navaratnam
Cover design: Wendy Scott
Typeset by: C&M Digitals (P) Ltd, Chennai, India
Printed in the UK by Bell & Bain Ltd, Glasgow

Library of Congress Control Number: 2019953482

British Library Cataloguing in Publication data

A catalogue record for this book is available from the
British Library

MIX
Paper from
responsible sources
FSC® C007785

ISBN 978-1-5264-9210-4
ISBN 978-1-5264-9208-1 (pbk)

At SAGE we take sustainability seriously. Most of our products are printed in the UK using responsibly sourced
papers and boards. When we print overseas we ensure sustainable papers are used as measured by the
Egmont grading system. We undertake an annual audit to monitor our sustainability.

Contents

TRANSFORMING NURSING PRACTICE

Transforming Nursing Practice is a series tailor made for pre-registration students nurses. Each book in the series is:

 Affordable

 Full of active learning features

 Mapped to the NMC Standards of proficiency for registered nurses

 Focused on applying theory to practice

Each book addresses a core topic and they have been carefully developed to be simple to use, quick to read and written in clear language.

An invaluable series of books that explicitly relates to the NMC standards. Each book covers a different topic that students need to explore in order to develop into a qualified nurse... I would recommend this series to all Pre-Registered nursing students whatever their field or year of study.

LINDA ROBSON,
Senior Lecturer at Edge Hill University

Many titles in the series are on our recommended reading list and for good reason - the content is up to date and easy to read. These are the books that actually get used beyond training and into your nursing career.

EMMA LYDON,
Adult Student Nursing

ABOUT THE SERIES EDITORS

DR MOOI STANDING is an Independent Academic Nursing Consultant (UK and international) responsible for the core knowledge, personal and professional learning skills titles. She has invaluable experience as an NMC Quality Assurance Reviewer of educational programmes, and as a Professional Regulator Panellist on the NMC Practice Committee. Mooi is also a Board member of Special Olympics Malaysia.

DR SANDRA WALKER is a Clinical Academic in Mental Health working between North Bristol Trust and Southern Health Trust. She is series editor for the mental health nursing titles. She is a Qualified Mental Health Nurse with a wide range of clinical experience spanning 30 years and spent several years working as a mental health lecturer at Southampton University.

BESTSELLING TEXTBOOKS

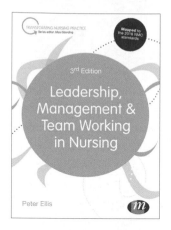

3rd Edition

Leadership, Management & Team Working in Nursing

Peter Ellis

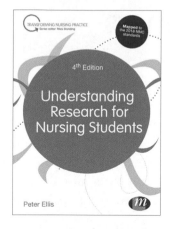

4th Edition

Understanding Research for Nursing Students

Peter Ellis

4th Edition

Critical Thinking & Writing in Nursing

Bob Price & Anne Harrington

3rd Edition

Psychology & Sociology in Nursing

Benny Goodman

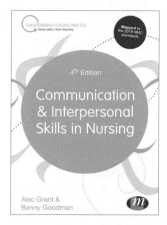

4th Edition

Communication & Interpersonal Skills in Nursing

Alec Grant & Benny Goodman

2nd Edition

Pathophysiology & Pharmacology in Nursing

Sarah Ashelford, Justine Raynsford & Vanessa Taylor

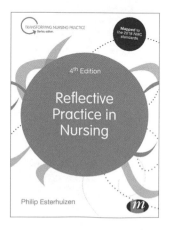

4th Edition

Reflective Practice in Nursing

Philip Esterhuizen

4th Edition

Evidence-based Practice in Nursing

Peter Ellis

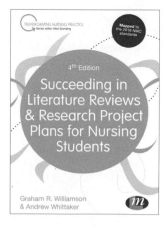

4th Edition

Succeeding in Literature Reviews & Research Project Plans for Nursing Students

Graham R. Williamson & Andrew Whittaker

You can find a full list of textbooks in the
Transforming Nursing Practice series at
https://uk.sagepub.com

About the authors

Peter Ellis is Registered Manager at the Whitepost Health Care Group and a former nursing director in the hospice setting. Prior to this, Peter was a senior lecturer and programme director at Canterbury Christ Church University, where he taught research and evidence-based practice, among other topics, to undergraduate and postgraduate students. Peter is also an Honorary Senior Research Fellow of Canterbury Christ Church University and has a special interest in palliative and end-of-life care.

Dr Mooi Standing is an independent academic nursing consultant with over 40 years' experience that includes: (1) practising mental health and adult nursing in a range of hospital and community settings; (2) lecturing pre-registration and post-registration nursing students from certificate to master's level and presenting scholarly papers at international nursing conferences; (3) researching how nurses develop clinical decision-making skills, and publishing articles, books and chapters on this topic for nursing students, registered nurses and advanced practitioners; and (4) providing external consultancy in curriculum development and quality enhancement of nursing programmes, both nationally and internationally. Mooi is currently a Series Editor for Learning Matters' Transforming Nursing Practice book series, and has had extensive experience serving as a Nursing and Midwifery Council (NMC) Quality Assurance Reviewer of nursing educational programmes and as a Professional Regulator Panellist on the NMC Practice Committee.

Susan Roberts is Senior Lecturer in Adult Nursing at Canterbury Christ Church University. Her particular interests lie in the fields of tissue viability and wound care, primary care and public health, and supporting learning in practice. She is currently involved in research into wound maceration.

Acknowledgements

To all of our patients, clients and residents who are the inspiration for this book. Our gratitude and thanks to Lioba Howatson-Jones, who was the primary author for the previous two editions of this book. We would also like to thank all our readers who have taken the time to provide us with their invaluable feedback to date, which has helped us in enhancing this current edition.

Introduction

Who is this book for?

The new, updated edition of this book is for all student nurses who wish to develop their assessment and care planning practice and for novice practitioners who wish to extend their interrogation of practice.

What is patient assessment?

Patient assessment is a process that identifies and defines patient problems in order for solutions to be planned and implemented in line with their preferences. The purpose of this book is to introduce student nurses and other healthcare practitioners to different stages of the assessment and care planning process. It also raises some of the considerations that need to be thought about within decision-making, such as inclusion of the service user and an emphasis on person-centredness. The book takes a holistic approach to patient assessment, which means that it looks at what is happening with the patient as part of a whole rather than concentrating on purely physical aspects.

The role of the nurse in assessment is changing. In order to prepare for the future, you need to be ready to recognise the complexity of assessment across different settings and within changing health needs. The health agenda is shifting to involving people more in their own care. In each of the chapters, you will be given opportunities for integrating your learning through the worked examples and case studies, which include assessments of people of all ages and with varying mental and physical problems. You will also be encouraged to examine the involvement of other healthcare practitioners.

The structure of the book

Chapter 1 sets all that follows firmly within the context of person-centred care. This chapter introduces us to the 6Cs of nursing and identifies your values and beliefs in relation to person-centred assessment and practice, before giving you some practical pointers for building upon these beliefs and putting them into action.

Chapter 2 explores the understanding of our role in patient assessment. It considers the factors that promote or inhibit effective patient assessment and looks at how to build on your current skills and knowledge of what patient assessment means. You will be asked to examine how attitudes, beliefs and stereotyping can affect the accuracy of patient assessment, and how to balance subjective and more objective forms of assessment.

Chapter 3 explores some of the different techniques needed for making sense of patient information. The chapter defines what patient information is and identifies the roles of different healthcare professionals in gathering patient information. You will be encouraged to try out different questioning techniques and to differentiate between different types and forms of information, and how to analyse these in order to identify nursing priorities.

Chapter 4 examines the purpose of assessment tools and looks at a range of assessment tools, including the Malnutrition Universal Screening Tool (MUST), the Waterlow score and the National Early Warning Score (NEWS2). You will be asked to reflect on the knowledge and skills needed to use assessment and screening tools and consider some potential problems of focusing purely on the tool. You will explore how to utilise information gained from screening and assessment to achieve a nursing diagnosis and a plan of care.

Chapter 5 defines what is meant by nursing diagnosis. It includes the history and development of nursing diagnosis and explores how it relates to the patient assessment process. You will be asked to examine the potential benefits and problems of nursing diagnosis for the patient and healthcare professionals. You will also be encouraged to practise developing a nursing diagnosis from a patient assessment.

Chapter 6 examines why care plans are necessary and how to identify a nursing problem. You will be asked to examine the care planning stages and identify short- and long-term goals and determine interventions. You will consider examples of different care plans and be given an opportunity to develop a written care plan of your own.

Chapter 7 introduces the relevance of nursing models to the care planning process. In this chapter, we will examine why models are important and look at a variety of nursing models. You will be encouraged to think about how a nursing model frames the patient assessment process and how the nursing model impacts on decision-making in care planning.

Chapter 8 introduces some of the ethical aspects of patient assessment. You will be asked to develop your understanding and application of ethics within patient assessment processes by reviewing ethical principles such as autonomy, beneficence, non-maleficence and justice. You will be encouraged to examine the relevance of ethical theories to patient assessment by considering some ethical problems in patient assessment and resource allocation. This is followed by an exploration of some problems with ethics in theory and ethics in practice.

Chapter 9 builds on the principles covered in the previous chapters to explore the concept of the community health needs assessment with regard to identifying the causes of ill health and the desire of patients to make changes. You will be asked to examine how a community health needs assessment is a tool for promoting the health of communities and individuals and is a part of the patient assessment process. You will be encouraged to consider why the community health needs assessment is important, the steps involved in the process and the application of the health needs assessment cycle.

Chapter 10 examines how patient assessment informs clinical judgement and decision-making. It relates patient assessment to Standing's (2020) ten perceptions of clinical decision-making in nursing (collaborative, observation, systematic, standardised, prioritising, experience and intuition, reflective, ethical sensitivity, accountability, and confidence), cognitive continuum theory (nine modes of practice) and the newly developed 'PERSON' evaluation tool. It explores how the issues discussed in Chapters 2–9 can be addressed by applying the perceptions of decision-making and the nine modes of practice to patient assessment and decision-making. The 'PERSON' evaluation tool emphasises the importance of continually reassessing and evaluating nursing decisions to ensure that they are patient-centred, promote safe and effective care, and identify areas for improvement.

The glossary at the end of the book explains specialist terms in plain English.

Requirements from the NMC Standards

Evidence-based nursing requires the nurse to have knowledge and skills that are outlined in detail in the document *Future Nurse: Standards of Proficiency for Registered Nurses* (NMC, 2018a). These standards are used by educational institutions when planning professional courses. They are grouped into seven 'platforms', as shown in the box below.

Standards of Proficiency for Registered Nurses

Platform 1: Being an accountable professional

Registered nurses act in the best interests of people, putting them first and providing nursing care that is person-centred, safe and compassionate. They act professionally at all times and use their knowledge and experience to make evidence-based decisions about care. They communicate care effectively, are role models for others, and are accountable for their actions. Registered nurses continually reflect on their practice and keep abreast of new and emerging developments in nursing, health and care.

Platform 2: Promoting health and preventing ill health

Registered nurses play a key role in improving and maintaining the mental, physical and behavioural health and well-being of people, families, communities and populations. They

(Continued)

(Continued)

support and enable people at all stages of life and in all care settings to make informed choices about how to manage health challenges in order to maximise their quality of life and improve health outcomes. They are actively involved in the prevention of and protection against disease and ill health and engage in public health, community development and global health agendas, and in the reduction of health inequalities.

Platform 3: Assessing needs and planning care

Registered nurses prioritise the needs of people when assessing and reviewing their mental, physical, cognitive, behavioural, social and spiritual needs. They use information obtained during assessments to identify the priorities and requirements for person-centred and evidence-based nursing interventions and support. They work in partnership with people to develop person-centred care plans that take into account their circumstances, characteristics and preferences.

Platform 4: Providing and evaluating care

Registered nurses take the lead in providing evidence-based, compassionate and safe nursing interventions. They ensure that care they provide and delegate is person-centred and of a consistently high standard. They support people of all ages in a range of care settings. They work in partnership with people, families and carers to evaluate whether care is effective and the goals of care have been met in line with their wishes, preferences and desired outcomes.

Platform 5: Leading and managing nursing care and working in teams

Registered nurses provide leadership by acting as a role model for best practice in the delivery of nursing care. They are responsible for managing nursing care and are accountable for the appropriate delegation and supervision of care provided by others in the team including lay carers. They play an active and equal role in the interdisciplinary team, collaborating and communicating effectively with a range of colleagues.

Platform 6: Improving safety and quality of care

Registered nurses make a key contribution to the continuous monitoring and quality improvement of care and treatment in order to enhance health outcomes and people's experience of nursing and related care. They assess risks to safety or experience and take appropriate action to manage those, putting the best interests, needs and preferences of people first.

Platform 7: Coordinating care

Registered nurses play a leadership role in coordinating and managing the complex nursing and integrated care needs of people at any stage of their lives, across a range of organisations and settings. They contribute to processes of organisational change through an awareness of local and national policies.

This book draws from these standards and presents the relevant ones at the beginning of each chapter.

Activities

At various stages within each chapter, there are points at which you can break to undertake activities. Undertaking and understanding the activities is an important element of your understanding of the content of each chapter. You are encouraged, where appropriate, to reflect on your practice and consider how the things you have learned from working with patients might inform your understanding of patient assessment and care planning. Other activities will require you to take time away from the book to find out new information that will add to your understanding of the topic under discussion. Some activities challenge you to apply your learning to a question or case study to help you reflect on issues and practice in more depth. A few activities require you to make observations during your day-to-day life or in the clinical setting. In some cases, you are encouraged to discuss your thoughts or findings with a practice supervisor or one or more fellow students. All the activities in this book are designed to increase your understanding of the topics under discussion and how they impact upon nursing practice.

Where appropriate, there are suggested or potential answers to activities at the end of the chapter. It is recommended that, where possible, you try to engage with the activities in order to increase your understanding of the realities of patient assessment and care planning.

Chapter 1

Person-centred assessment and practice

Peter Ellis

NMC Standards of Proficiency for Registered Nurses

This chapter will address the following platforms and proficiencies:

Platform 1: Being an accountable professional

At the point of registration, the registered nurse will be able to:

1.9 understand the need to base all decisions regarding care and interventions on people's needs and preferences, recognising and addressing any personal and external factors that may unduly influence their decisions.

Platform 3: Assessing needs and planning care

At the point of registration, the registered nurse will be able to:

3.4 understand and apply a person-centred approach to nursing care, demonstrating shared assessment, planning, decision making and goal setting when working with people, their families, communities and populations of all ages.

3.5 demonstrate the ability to accurately process all information gathered during the assessment process to identify needs for individualised nursing care and develop person-centred evidence-based plans for nursing interventions with agreed goals.

Chapter aims

After reading this chapter, you will be able to:

- identify your values and beliefs in relation to person-centred assessment and practice;
- assess how you might work in ways that are person-centred;

- discuss the 6Cs and how they relate to person-centred practice;
- identify what is meant by person-centred workplace cultures; and
- develop strategies to introduce person-centred and 6Cs-based practice.

Case study: Ella's experience of someone with learning difficulties

Ella was a midwifery student completing a placement in a high-risk birthing centre in her second year. Her supervisor Breed was a highly experienced midwife. Ella still had a number of objectives to achieve in order to progress to the third year, including empowering diverse service users, and she discussed this with Breed as part of her learning contract discussion. The phone interrupted their discussion and Breed took details. When Breed had finished the conversation, she informed Ella that a woman called Mandy was coming by ambulance with a difficult birth presentation, and that she had learning difficulties.

Ella was concerned about how she would communicate with Mandy as she had no experience of dealing with people with learning difficulties. She imagined that Mandy would be terrified, with no idea about what was happening to her. Ella also imagined that Mandy would probably have difficulty processing detailed information.

Mandy arrived with her mother, Ruby, who was looking distressed. Ella immediately went to reassure Ruby that they would help Mandy as quickly as possible while Breed got ready to examine Mandy. Breed ascertained that Mandy's baby was a shoulder presentation requiring a caesarean delivery and contacted the obstetrician and anaesthetist immediately. Throughout this, Mandy was crying in pain and Ella tried to help calm her, but Mandy was getting cross. Ella tried to explain what they were doing but realised that she was using medical terms that Mandy did not understand. She felt helpless but persevered by asking Mandy to tell her what she was experiencing. The obstetrician arrived, completed her assessment and explained the process for proceeding to caesarean to Ruby and asked her to sign the consent. Ella observed how Ruby explained to Mandy what was happening before going with her to theatre. Mandy's baby was a large baby boy whom she named Liam.

Afterwards, when taking a break in the coffee room, Ella listened to the midwives discussing Mandy's case. A number wondered how Mandy would cope with a baby. One midwife, Miranda, said that it was not fair on the baby. Others argued that Mandy had the support of her mother and that some women were not as fortunate as that. Ella found herself thinking that Mandy would need a lot of support because of her learning difficulties.

Introduction

Working in person-centred ways has become a key focus for quality improvement of health and social care following recent highly publicised deficits in care provision in services across the UK. As is highlighted in the case study above, some staff still hold values and beliefs that are not person-centred and are likely to influence the way they practise. This chapter will begin by providing some of the background to the quality improvement agenda in the UK and then proceed to identifying some definitions of what person-centredness is, and why it is so important. The chapter will outline the importance of developing awareness of our own values and beliefs and how these contribute to the ways in which we work and to the wider workplace culture. The chapter will conclude with some strategies on how you can develop working in person-centred ways that also encompass the 6Cs.

Background to quality improvement in health and social care in the UK

Deficits in care and compassion have been identified in a number of high-profile reports about failures to provide the requisite level of care to patients and/or service users in a number of health and social care organisations (EHRC, 2011; Francis, 2013; Keogh, 2013). These issues are not confined to England, but appear in the rest of the UK as well, although they are often explained as isolated incidents (Andrews and Butler, 2014) despite statistics for healthcare complaints rising sharply (NIPSO, 2016; SPSO, 2019). For context, in 2017/2018, the NHS in England received 208,626 complaints (NHS Digital, 2018), or 4,012 per week.

Indeed, healthcare failures are a worldwide problem (Walshe and Shortell, 2004; NSW Health, 2009). Notably, many of the failures and complaints relate not to care per se, but more often the ways in which care is delivered, poor communication and lack of information giving (NHS Digital, 2018).

Such figures about failures in care and the attendant complaints do raise the question: What is going on with care that makes it so bad? This question could also be more specifically directed towards nursing, which is singled out as a problem in many of the care failure reports. The most influential response came from the Chief Nurse for England, Jane Cummins, who, with the Department of Health, in 2012, developed a vision of compassion in practice for nursing, midwifery and care staff. This was rolled out to all NHS staff from 2014 by NHS England (Stephenson, 2014). This vision sets out the core values needed to underpin practice, which are commonly known as the 6Cs. They are:

Care

Care is nursing's core business and that of our organisations; the care we deliver helps both the individual and improves the health of the whole community. Caring defines us and our work. People receiving care expect it to be right for them, consistently, throughout every stage of their life.

Compassion

Compassion is a measure of how care is given through relationships based on empathy, respect and dignity. It can also be described as intelligent kindness and is central to how people perceive their care.

Competence

Competence means all those in caring roles must have the ability to understand an individual's health and social care needs and the expertise, clinical and technical knowledge to deliver effective evidence-based care and treatments.

Communication

Communication is central to successful caring relationships and to effective team working. Without communication, there can be no person-centred care. Listening to what patients and clients want is essential to support notions such as 'no decision about me without me' (Department of Health, 2010a). Communication is the key to a person-centred workplace culture that benefits both those in our care and staff.

Courage

Courage enables us to do the right thing for the people we care for, to speak up when we have concerns, and to have the personal strength and vision to innovate and to embrace new ways of working.

Commitment

A commitment to our patients and populations is a cornerstone of what we do. We need to build on our commitment to improve the care and experience of our patients, and take action to make this vision and strategy a reality for all and meet the health, care and support challenges ahead.

What this means in practice is treating the people we care for in a kindly way with dignity and respect, listening to their wishes and advocating for them when required (NMC, 2018a). This requires confidence in ourselves, in our profession and in each other to do the right thing. Blaming a lack of time or resources is not an acceptable reason for poor practice. Throughout the chapters in this book, you will be asked to review some of the case studies to identify which of the 6Cs are most applicable to the case. In this way, you will be able to become familiar with interpreting how the 6Cs play out in practice.

While a lack of resources and leadership coupled with a rising workload are very real issues for health and social care organisations, there appears to be a fundamental shift within some individuals who are employed by them, which apparently leads to uncaring attitudes and behaviours. While some of this may, over a period of time, be put down to compassion fatigue – where the ability to cope becomes overwhelmed (Sorenson et al., 2016) – some research suggests that the barriers to care are not the nurses and carers themselves, but the failure of organisations and society to adapt to an increasing social care model in the healthcare setting (Baumbusch et al., 2016). The Francis Report specifically calls for improvement in care and compassion as well as greater emphasis on involving people in decisions about care (Francis, 2013). Similarly, Scotland is focusing their healthcare improvement work on collaborating with people, their families and carers, bringing people together through, for example, the Person-Centred Health and Care Collaborative (HIS, 2014), which talks about *must do with me*, focusing attention on working *with*, and not *doing to*, people. Similar ventures are in their infancy in Northern Ireland and Wales. However, it is encouraging that lessons appear to be being learned from the seismic Francis Report through a change in emphasis from competency to the inclusion of caring attitudes and behaviours in quality audits. You are encouraged to complete Activity 1.1 to consider a different perspective.

Activity 1.1   Reflection

Watch the following video clip: **www.youtube.com/watch?v=XOCda6OiYpg**

How would you want to respond to the quality concerns raised previously?

There are some outline suggestions at the end of the chapter.

Within your answer to the activity, you might have considered your professional values and what your profession does well, and how you want to portray this to others. We move on now to consider what person-centredness is.

What is person-centredness?

In order to define person-centredness, we need to first consider: What is a person? Some define personhood as grounded in feelings of *being in the world* (Heron, 1992), while others suggest that such a being has rational capability and basic moral status or human rights (Ikäheimo and Laitinen, 2007), or more broadly possesses attributes that make them a person (Dewing, 2008). Carl Rogers, a well-known psychologist and humanist, argues that person-centredness is a way of being that sees the whole person embedded in their lifeworld (Rogers, 1995). What this means is that we need to recognise that people do not exist on their own, but are connected to others and to important events and interests in their lives that make them who they are. Such interests are both physical (e.g. being fed and warm) and psychosocial and spiritual (e.g. being treated with respect and dignity and being recognised as an autonomous being) (Ellis, 2017). Building therapeutic relationships with people uses values of respect, empathy, empowerment and being genuine. You might like to complete Activity 1.2 to consider what makes you the person you are.

Activity 1.2   Reflection

Consider the following:

- Who are the people you are connected with?
- What are the significant events in your life?
- What is important to you?

Based on your answers above, what kind of person do you consider yourself to be?

As this activity is based on your personal experience, there is no outline answer at the end of the chapter.

Consequently, if our ideas about what a person is are connected to how we interact with 'persons' in the world, what does being person-centred mean? Person-centredness has long been debated in the literature, and has often been used interchangeably with similar terms such as patient-centredness, which confuses the issue. Some definitions of person-centredness and person-centred care can be found in Table 1.1.

Person-centredness	*A standing or status that is bestowed upon one human by others, in the context of relationship and social being. It implies recognition, respect and trust.*
	(Kitwood, 1997, p8)
	Person-centredness is an approach to practice established through the formation and fostering of healthful relationships between all care providers, ... people [service users] and others significant to them in their lives. It is underpinned by values of respect for persons, individual right to self-determination, mutual respect and understanding. It is enabled by cultures of empowerment that foster continuous approaches to practice development.
	(McCormack et al., 2013, p193)

(Continued)

Table 1.1 (Continued)

Person-centred care	*Care that: is focused on clients/users; promotes independence and autonomy rather than control; involves services that are reliable and flexible and chosen by users; and tends to be offered by those working in a collaborative/team philosophy.*
	(Innes et al., 2006, pix)
	An approach to practice established through the formation and fostering of healthful relationships between all care providers, service users and others significant to them in their lives. It is underpinned by values of respect for persons, individual right to self-determination, mutual respect and understanding. It is enabled by cultures of empowerment.
	(McCormack and McCance, 2016, p20)

Table 1.1 Definitions of person-centredness and person-centred care

What these definitions have in common is respect, trust and a support for the right to self-determination. This can be enabled by practice development activity, which explores ways of working differently and critically reflects on how you are involved in your practice and with patients. Often the starting point is an analysis of the language used to describe your practice and patients/service users. This can reflect your values and beliefs about person-centredness, which is what we move on to consider now.

Identifying values and beliefs

You will have developed your own values and beliefs through reflection on your upbringing, life experiences and the people you interact with. Identifying your own values and beliefs is an important starting point for self-awareness. To do this, you first need to be clear what a value is and what a belief is. Some consider values to represent the authentic self in terms of identity behaviours (Stets and Carter, 2011) while others suggest that values can shift over time (Morris, 2012). One of the leading commentators on values, Schwartz (1992), describes values as being the beliefs that are attached to a desirable outcome of a particular action; values themselves are more important than any given situations, and therefore give us the ability to choose between different ways of behaving and the outcomes associated with them. Schwartz further suggests that people rank values according to what is important to them, and as such these values motivate our behaviours both as individuals and within societies.

Beliefs, on the other hand, are our convictions about the way we see things regardless of what the evidence is telling us. Through making explicit our values and beliefs, we are taking the first steps to making them a reality in the ways in which we practise and within the cultures of the workplace. Congruence between what we say we believe and how we act is one of the hallmarks of effective individuals, teams and organisations (Manley, 2000).

Activity 1.3   Critical thinking

You are now invited to complete a values clarification exercise to explore your values and beliefs about person-centredness. This may take you approximately 30 minutes. A values clarification exercise is a grand title for a simple exercise designed to access and clarify the values and beliefs we hold about something. For the purpose of developing an understanding of person-centredness, you are being asked to consider the following statements:

- I believe the ultimate purpose of person-centredness is ...
- I believe this purpose can be achieved by ...
- I believe the factors that inhibit or enable this purpose to be achieved include ...
- Other values/beliefs that I hold about person-centredness are ...

You might like to list three or four fundamental values that underpin your beliefs and guide your actions and behaviours. Once you have completed the exercise, make a note of any questions you are asking yourself. This exercise is adapted from Manley and McCormack (2003).

As this activity is based on your personal ideas, there is no outline answer at the end of the chapter.

It is important to understand our own values and beliefs because when we meet people who are different from us, we can temper the ways in which we act by recourse to our own values and beliefs, rather than being influenced by the behaviours of others, which may not be desirable. Similarly, we can identify people who share our values and beliefs and learn from the ways in which they behave and act, as you might do with your practice educator. Recognising and valuing someone else's perspective is a key aspect of being person-centred and of starting to understand different cultures, including those of the workplace.

Workplace culture

Culture is experienced as a social phenomenon involving people in different ways. Manley et al. (2011) state that workplace culture is:

The most immediate culture experienced and/or perceived by staff, patients, users and other key stakeholders. This is the culture that impacts directly on the delivery of care. It both influences and is influenced by the organisation and corporate cultures with which it interfaces as well as other idiocultures through staff relationships and movement.

(p4)

Idiocultures are the behaviours and knowledge that a group of people hold and with which they interact. A group that works together may have settled into a particular way of thinking and behaving, which they do unconsciously, and into which they acculturate new members. For example, the case study at the start of this chapter hints at a kind of midwifery workplace culture that might exist. Some of these hints (such as the assumptions made about how Mandy, who lives with learning difficulties, might cope) appear in the discussion in the coffee room. You are invited to think more deeply about workplace cultures and what culture means to you in Activity 1.4.

Activity 1.4   Critical thinking

Begin this activity by thinking about what words might be used to describe a workplace culture. You might consider using ideas such as describing the culture where you most recently worked as an animal, a colour or perhaps a car, describing why you have chosen to describe the culture in the way that you have.

When you have described your workplace culture, enter the word 'culture' into Google and consider the results. How do these compare and contrast to your ideas?

Now think about how culture is formed and who has the greatest influence on its development, and what you think (from your experience) makes it good or bad. List the attributes of both.

There is an outline answer at the end of the chapter.

You might have thought about a workplace where you felt everyone worked really well together or one where there was tension and disagreement. The important thing is to be able to critically analyse the elements of each so that you can recognise what the attributes are. Consider the following case study and answer the questions at the end to help develop your thinking.

Case study: Rob's observation of workplace culture

Rob was a radiography student completing a sampling placement on a care of the older person ward. He was only there for a week. His collaborative practice module in university had covered some theory relating to workplace culture, and for his assignment he needed to observe a workplace culture that was different from his own. Rob thought that this sampling placement would provide him with a good opportunity to observe the workplace culture in this area. He discussed this with the ward manager, Martin, who was keen to hear about his observations as he was trying to make some changes.

On his first day, Rob was welcomed by Julie, an older nurse who was approaching retirement. She spoke about this often. She said she loved the job but that it was getting harder with all the changes and new technology. After showing Rob round, Julie introduced him to other members of the team. She also introduced him to some of the patients she seemed particularly fond of. However, Rob noted the contrast when a member of staff from another ward came to ask about borrowing something. Julie was quite sharp in her response. The same happened when one of the kitchen staff came to say that a patient had spilled water on the floor.

Rob observed that the ward smelt fresh and was reasonably tidy. The clinical room seemed almost regimented in its order. He was assigned to accompany a healthcare assistant called Judith while she completed patient vital sign observations. He noted that she wheeled the observation machine from patient to patient and that she called them all 'duck' while explaining what she was doing. Other staff did not appear concerned about this and the patients appeared to respond positively.

During a coffee break, Rob listened to the conversation in the staffroom. It was mostly about what people were planning to do at the weekend or on future holidays. However, one part of dialogue caught his attention when Julie started to talk about the changes Martin was making to the ward. Although Julie could see the need for progress, she felt that 'old-timers' such as herself were not consulted, despite their years of experience. Julie looked around the staffroom for support, and May, a nurse who usually worked nights, started to snipe about Martin. Rob decided to leave the room at this point.

At lunchtime, Rob observed Martin leading the shift handover. There was some chat at the start about unrelated issues and then the relevant nurses handed over their patients. Rob noticed that the language used was very medically oriented, with little comment on how people might be feeling. The handover was predominantly about the tasks that had been fulfilled.

Rob made a few notes about his observations to help with his assignment preparation. What was of greater concern to him at present was how he was going to feed back his observations to Martin as he did not want to appear to have been 'spying'.

1. What observations do you think Rob is likely to have made about this ward culture?
2. In what way is Rob feeling uncomfortable about providing Martin with feedback?
3. How might Rob present his feedback?

There are some outline answers at the end of the chapter.

What the case study shows is that workplace culture is something which can cause you to respond in ways that are contrary to your values and beliefs as other factors come into play, such as power and authority. It also shows that workplace culture is dynamic and not fixed, and therefore can be changed by the participants. Therefore, if you, as a participant in the workplace, are thinking and working in person-centred ways, you can make a positive contribution to your workplace culture by influencing how others think and behave.

Person-centred ways of working

Being person-centred in our working means first of all developing person-centred thinking in the way we communicate with others and how we frame our practice. This can be difficult when healthcare systems appear to be committed to standardising practice, reducing the opportunities for getting to know patients as people (McCormack et al., 2013). You need to be prepared to use the time you have to attentively listen to what people are saying – whether patients or staff members – and develop empowering ways of problem-solving that support positive ways of working. Attentive listening involves the following:

- a facilitative attitude that shows trust in the person's potential;
- attending, observing and listening, showing you're 'being with' someone – this might be called *sympathetic presence*;
- processing what you have heard by thoughtfully searching for meaning; and
- being aware of your internal dialogue, checking for potential actions or assumptive obstacles.

(Egan, 2014)

Doing this requires you to focus on finding solutions *with* people rather than dwelling on problems that maybe they can do nothing about. Being solution-focused means interpreting things differently, with an emphasis on positive elements, such as the strengths and resources that people bring from their lives to achieve their goals (Lynch et al., 2008). The person, not the problem, is at the centre of enquiry. The person's ideas, language and expertise are privileged, and their way of being *with* persons is proactive rather than reactive (McAllister, 2007). For this type of thinking, you need to use imagination and creativity as well as reasoning. Their motivation is likely to increase because you are building on people's strengths as you generate personal plans. In this way, both the person and the health professional take responsibility to try creative solutions. Consider the following case study and then answer the questions at the end in order to help you develop some person-centred practice solutions.

Case study: Helen's hair solution

Helen is a mental health nurse working in a unit with older persons, many of whom are living with dementia. Last week, she admitted June. June had been living alone, with neighbours doing what they could to help her as she had no living family.

However, when she arrived, she appeared very unkempt, with extremely knotted hair and stained clothing. Helen had gently settled June into the unit with a hot drink and gave her options for what she wanted to do. It was clear that June was disorientated.

This week, June has appeared more settled, until anyone tries to go near to brush her hair, when she starts to scream and becomes very agitated. Helen sits down with June and asks her whether she liked going to the hairdresser. June starts to talk about when she was a teenager with a beehive hairdo, getting admiring looks from the boys. Her hair was her pride and joy until there was a house fire at home and she was seriously injured. She remembered how horrible she looked with burned hair. It took months for her hair to grow back. She doesn't like people touching it!

Helen asked June if she had any photos of her beehive hair. June said she had a small one in her bag. Helen looked at it with June. She said she knew a lady called Maureen who was really good at doing hair and asked June if she wanted to meet her. June mumbled, 'Maybe'. Helen arranged for Maureen to come in at the end of the week and asked Maureen to first show June what she could do by working on Helen's hair. She noted a spark of interest from June when Maureen started working on Helen's hair. When Maureen had finished, Helen asked June if she wanted Maureen to help her with her hair and what she wanted doing. June responded positively, and Maureen was able to gently release the tangles from June's hair and create a lovely style for her. Helen and June compared their styles at the end and had a good laugh together.

1. How does Helen's care delivery compare or contrast with what we have discussed in this chapter?
2. How does what Helen did compare to what you would do?
3. How can you develop imaginative thinking about finding solutions with persons?

There is an outline answer at the end of this chapter.

Activity 1.5   Critical thinking

Look back at the 6Cs and then at the case studies in this chapter. Can you identify which of the 6Cs are actively evident in the case studies?

There is an outline answer at the end of the chapter.

Chapter summary

This chapter has explored the concepts of the 6Cs and person-centredness with regard to values, beliefs and workplace culture, and explored more positive ways of working with people that encourage motivation and collaboration. Through the activities, you have been given opportunities to identify your own values and beliefs and definitions of culture, in order to help you understand how you can adopt the 6Cs into and develop your person-centred practice further.

Activities: brief outline answers

Activity 1.1 Reflection (p10)

You might have considered how members of your profession show how they care on a day-to-day basis, showing compassion and respect for patients/clients/service users, with some specific examples. You might also have thought about writing your own poem or narrative to show this.

Activity 1.4 Critical thinking (p14)

You might have thought that culture meant a shared set of behaviours or seeing things in similar ways to others. Examples of a culture as an animal might be a 'lion culture', where the staff are fearless in the defence and support of the people they care for. Your culture might be a 'Ford Mondeo' (nothing special, but reliable and always gets the job done) or a colour such as blue (everyone is always upset or downhearted).

When Googling the word 'culture', you might have discovered diverse meanings, such as a group of people sharing certain characteristics and acting on certain assumptions. People who have the most influence on the formation of cultures are often the leaders, who set the tone that others follow, or perhaps the most vocal, who always influence the ways in which others think and behave.

Your list of attributes for good cultures might have included self-awareness, clarity of roles and priorities, insight into the consequences of actions, giving and receiving effective feedback, high challenge and high support, and teamwork and open communication. Your list of attributes for bad cultures might have identified working individually, lack of clarity of roles, unclear priorities, closed communication, little or no feedback, and high challenge with low support.

Case study: Rob's observation of workplace culture (pp14–15)

Rob is likely to have observed the inconsistent welcome given to different people, which reflects how they are viewed by members of the ward team. He is also likely to have observed the use of non-person-centred language to patients and staff and the task-based approach to care and talking about care. This reveals that regardless of what the ward philosophy might be, the care experienced by patients and staff is not person-centred. Rob is likely to feel uncomfortable because he feels some of the socialisation effects from the conversation in the staffroom, and he now has to show that he does not want to be socialised to think as the group do. On the other hand, he also does not want to be socialised into Martin's way of working either, being uncomfortable with the adoption of a medical- and task-oriented model of care. Rob is likely to feel uncomfortable because in providing feedback to Martin, he is likely to feel that he is not being authentic. Rob might present his feedback as the observations of an outsider. In this way, he might align himself to a more neutral patient role.

Case study: Helen's hair solution (pp16–17)

Helen's care is based on getting to know June as a person, being person-centred, through talking about areas of her life that she is able to remember. We don't know what the culture on the unit is, or what Helen's values are specifically, but the fact that she is willing to take time to get to know June suggests that the culture might be supportive to working in person-centred ways and that Helen's values are about respecting persons. You might be more used to task-based care plans that are mainly physically focused, or you may be very familiar with working out solutions with people. The way to develop imaginative thinking is to take a risk as Helen did when asking June about her previous hairdresser experience. Through such gentle probing, solutions may start to emerge in creative ways.

Activity 1.5 Critical thinking (p17)

The first case study involving Ella and Mandy demonstrates use of care and communication. The case study involving Rob shows commitment and courage. The case study involving Helen and June demonstrates commitment, compassion and courage to innovate.

Further reading

Francis, R. (2013) *Report of the Mid Staffordshire NHS Foundation Trust Public Inquiry: Executive Summary.* Available at: www.midstaffspublicinquiry.com/sites/default/files/report/ Executive%20summary.pdf

The official report into the failings at Mid Staffordshire Hospitals trust.

Keogh, B. (2013) *Review into the Quality of Care and Treatment Provided by 14 Hospital Trusts in England: Overview Report.* Available at: www.nhs.uk/NHSEngland/bruce-keogh-review/ Documents/outcomes/keogh-review-final-report.pdf

This report was ordered by the then prime minister following the findings of the Francis Report, and looked at 14 hospitals that had high death rates.

Kitwood, T. (1997) *Dementia Reconsidered: The Person Comes First.* Milton Keynes: Open University Press.

Core reading about caring for people living with dementia.

Manley, K., Sanders, K., Cardiff, S. and Webster, J. (2011) Effective workplace culture: the attributes, enabling factors and consequences of a new concept. *International Practice Development Journal,* 1(2): Article 1.

The write-up of a long-term action research study into cultures in the workplace.

Useful websites

www.bapca.org.uk

Although this website is predominantly aimed at counsellors, it has some useful reading around the work of Carl Rogers and the person-centred approach, and will also be helpful to those working in other fields, particularly mental health.

www.helensandersonassociates.co.uk

This website offers a variety of resources and examples of person-centred practice with different groups of people, including child, adult and mental health nurses.

www.cqc.org.uk/guidance-providers/regulations-enforcement/regulation-9-person-centred-care

One of the regulations guiding care from the Social Care Act (2008) as inspected for by the Care Quality Commission.

Chapter 2

Understanding our role in patient assessment

Peter Ellis

NMC Standards of Proficiency for Registered Nurses

This chapter will address the following platforms and proficiencies:

Platform 3: Assessing needs and planning care

At the point of registration, the registered nurse will be able to:

3.4 understand and apply a person-centred approach to nursing care, demonstrating shared assessment, planning, decision making and goal setting when working with people, their families, communities and populations of all ages.

3.5 demonstrate the ability to accurately process all information gathered during the assessment process to identify needs for individualised nursing care and develop person-centred evidence-based plans for nursing interventions with agreed goals.

Platform 4: Providing and evaluating care

At the point of registration, the registered nurse will be able to:

4.1 demonstrate and apply an understanding of what is important to people and how to use this knowledge to ensure their needs for safety, dignity, privacy, comfort and sleep can be met, acting as a role model for others in providing evidence-based person-centred care.

Chapter aims

After reading this chapter, you will be able to:

- identify the nurse's role in patient assessment and discuss why it is so important;
- describe four ways of knowing and the nature of truth;
- use Standing's cognitive continuum and identify its relevance to nurses and patient assessment; and
- understand some consequences of stereotyping.

Introduction

> ## Case study: Mr Tyler's dog bite
>
> Mr Tyler keeps a number of very large dogs. One of them recently bit him on the left hand while he was trying to separate a dog fight in his back garden. Mr Tyler attended the local minor injuries unit, where he had the wound cleaned and dressed and was given a tetanus booster and a course of antibiotics.
>
> You are on placement with the community district nurses, who have been asked to check the wound and continue the dressings as necessary. Mr Tyler answers the door and you are faced by a man who has numerous piercings and tattoos and who is wearing a death metal T-shirt. You feel quite intimidated. Before you can clean the wound, the old dressing has to be removed, and it appears quite dirty. The district nurse asks Mr Tyler what he has been doing to get the wound dressing so dirty. Mr Tyler starts to get angry. The district nurse tries to calm him by saying that until she knows what his needs are, she cannot offer any potential solutions to keep the wound clean. Mr Tyler identifies that he repairs motorbikes and needs to use both hands to do this, and he cannot take time off as he has a number of projects due for completion. The district nurse suggests that he could wear gloves while he does this and identifies where he might buy these. She also emphasises the importance of keeping the wound clean in order to facilitate healing. She explains that the healing process will take longer because Mr Tyler is still using his hand. Afterwards, you ask if she felt intimidated. The district nurse explains the importance of meeting people where they are. Her priority is assessing the individual's needs rather than imposing an ideal solution.

The case study above highlights the importance of courage – one of the 6Cs – as you confront your fear and focus on the person instead (to review the 6Cs, see Chapter 1). In the previous chapter, you were asked to explore your values and beliefs around person-centredness. Our values can also form part of the framework for patient assessment. The Nursing and Midwifery Council's code of professional standards of practice and behaviour for nurses, midwives and nursing associates (NMC, 2018b) clearly states the values nurses are expected to apply within their professional work. Nurses come from different cultural contexts and backgrounds where their own individual value systems will have started to develop. It is important to recognise the origins of your own attitudes and beliefs and how these will influence how you see things, especially how they might affect the way in which you undertake patient assessments.

The case study above highlights how someone's dress and personal presentation can be interpreted as reflecting values and beliefs that may be very different from yours, and you may find this challenging and potentially intimidating. How you feel can influence not only how you behave, but also the way you frame your patient assessment, and may also affect how much time it takes. It is important, as the case study identifies, to work with the patient in planning their care. What is most important here is that the assessment is about the patient's health needs, not about who they are or what they believe. This chapter will explore factors that may promote or inhibit effective patient assessment. It will also look at how to build on your current skills and knowledge (both learnt in nursing and outside) to develop your patient assessment technique. It will begin by clarifying what patient assessment means and then continue by considering how attitudes, beliefs and stereotyping can affect the accuracy of patient assessment, and how to balance subjective and objective forms of assessment.

What is patient assessment?

Properly done, patient assessment is the *holistic* process of evaluating the patient's mental, physical, social, cultural, spiritual and personal needs, and of identifying the patient's wishes in relation to the options available for meeting these needs. Failure to recognise and respond to patient needs can result in those needs not being met and a failure of care (McCormack and McCance, 2016; Wilson et al., 2018). This will be detrimental to the patient and may be professionally damaging for health professionals caring for the patient, including you. For example, you may not pass the practice assessment component of your programme. Within patient assessment, it is important to consider the patient's *lifeworld* in order to identify that patient's needs. Lifeworld refers to the history, culture, people, relationships and situations that are part of a patient's experience (West et al., 2007). The following case study helps to illustrate these points.

Case study: Graham's medical ward placement

Graham was in the second year of his nurse preparation programme, working on a ward specialising in diabetes care. Sam, a student undertaking a law degree, was newly diagnosed with diabetes and was struggling with managing his blood sugar level control. Graham was asked by his practice supervisor, Brett, to complete Sam's admission assessment.

Graham checked Sam's notes before meeting him and identified that he had had two hypoglycaemic episodes in the last few days, the most recent being one that brought him to accident and emergency.

Graham asked Sam about his medical history and then checked his understanding of diabetes. He noted that Sam was a vegan and that he had been given advice from the dietitian previously. Graham assumed that Sam would therefore know what foods he could have and those he needed to take care with. Sam told Graham that he had

(Continued)

(Continued)

completed his exams recently, which he thought might have contributed to his hypo-glycaemic episodes, due to the stress affecting his eating pattern.

Graham completed the assessment, documenting Sam's veganism in the biographical section. He was pleased with managing to complete the paperwork and informed Brett that Sam's admission was complete without highlighting the issues about Sam's recent stress and the disruption to his eating pattern.

Activity 2.1   Critical thinking

In the case study above, what might be the repercussions for Graham, Brett and Sam of failing to report the issue of Sam's stress and disrupted eating in the patient assessment? How does this scenario relate to the 6Cs?

An outline answer is given at the end of the chapter.

As the case study highlights, assessment undertaken with, rather than on, patients is preferable because an inclusive approach is more likely to gain patient cooperation and more accurate information. Not only that, but the planned outcomes it elicits are more likely to align with what the patient actually wants. Such an assessment is called person-centred because not only does it take account of the patient's wishes, but it also takes account of the patient's lifeworld. This means all the elements that make up the patient's everyday life, including relevant family/friends, daily activities, preferences and interests. As the case study highlights, adding the information about Sam's recent stress and eating pattern might enable a broader assessment of his needs and more focused use of resources. The purpose of assessment is to identify what treatment, services or care the patient needs, but more importantly whether the patient also wants them (Field and Smith, 2008, p18). Graham's response suggests he is focused on the task of admitting Sam and completing the documentation rather than listening attentively to what Sam is saying. We now proceed to look at the nurse's role in patient assessment.

What is the nurse's role in patient assessment?

Undertaking a patient assessment requires the nurse to draw on different forms of knowledge. Carper (1978) previously defined the 'ways of knowing' required in nursing as *empirics, aesthetics* and *ethics* (p14). In essence, what this means is that evidence-based knowledge (empirics) should be used to underpin patient assessment, but that employing caring behaviours to help build a therapeutic relationship (aesthetics) with your patient is of equal importance and also needs to be sustained by ethical behaviour. The Royal College of Nursing has acknowledged that trying to define the knowledge that nurses use is complex and not necessarily helpful, as nursing is constantly evolving (RCN, 2003). More recent definitions of nursing knowledge suggest:

> *Nursing knowledge is the means by which the whole purpose of caring for patients is achieved because it underpins what we actually do.*

(Hall, 2005, p34)

> *Nursing knowledge is drawn from a multifaceted base and includes evidence that comes from science (research and evaluation), experience and personally derived understanding.*

(Moule and Goodman, 2009, p15)

From this perspective, nursing knowledge stems from implementing both theory and practice, including psychosocial and cultural elements as well as practical processes. As a nursing process, therefore, patient assessment also draws on the expertise of the nurse in being able to evaluate what is helpful, and what is less so, within the assessment process. Reflecting on such processes helps to add to your knowledge base and develop your practice as a professional.

It is important for you to clarify the focus of the assessment in order for patients to be able to respond appropriately. This requires you to start from a position of understanding your own feelings about the assessment and the patient, as these can influence the assessment process and be revealed by your body language. The following case study offers an example of a nurse needing to control her own feelings when assessing the needs of a patient.

Case study: Vanessa's child assessment

Vanessa was in the first year of her child nursing training. She was working with her practice supervisor, Meena, on a children's ward in an acute hospital. Vanessa had previously been shown how to carry out an initial admission assessment, and so was completing the assessment under supervision today.

Emily was 5 years old and was being admitted from accident and emergency (A&E) with a broken arm following a fall from her bicycle. The A&E nurse told Meena and Vanessa privately that there was some suspicion that the fall might not have been accidental. Vanessa began the assessment by checking how Emily was feeling. However, Vanessa found it difficult to maintain eye contact with Emily's mother

(Continued)

(Continued)

when she was asking her the assessment questions. Emily's mother responded by giving short answers. A few times Meena had to intervene to find out more information. Afterwards, Meena discussed with Vanessa how she thought the assessment had gone. Vanessa said she felt that she had got the relevant information but found it difficult to talk to the mother because of thinking how Emily might have broken her arm. Meena explained how she had observed Vanessa's non-verbal communication betraying her judgement of Emily's mother, which affected the responses the mother was making, and therefore the quality of the patient assessment. Meena emphasised the need to suppress our personal feelings in order to get the necessary information and to give unbiased care. Vanessa acknowledged that she found this a hard lesson to learn.

The case study above illustrates how personal feelings can sometimes cloud our judgement and why it is important first of all to master our own feelings and behaviours. Completing Activity 2.2 will help you to examine your own feelings about some of the different patients you might encounter.

Activity 2.2   Reflection

Make a list of situations where you have found it difficult to provide unbiased care for a patient, or to talk to a member of their family or someone accompanying them. Now reflect on why you found it difficult to care for them. What does the code of professional standards of practice and behaviour for nurses, midwives and nursing associates say a nurse must do in such circumstances (see the NMC weblink at the end of the chapter)?

Which of the 6Cs is most relevant and absent in your experiences and in the case study above?

Although this activity is based on your own experience, there is a limited answer at the end of the chapter.

Your experiences, or those of people close to you, are likely to have influenced the list you made. For example, you might have included those who perpetrate domestic violence or other abuses. Being aware of your reactions is an important first step to being able to deal with them, especially as in many cases our original suspicions about someone may turn out to be wrong. Having the 6Cs at the forefront of your thinking, and being aware of the code of professional standards of practice and behaviour for nurses, midwives and nursing associates (NMC, 2018b) can help you to reflect on your reactions to respond positively. If you have a number of patients to care for, you will also need to prioritise whose assessment is the most clinically important (Sully and Dallas, 2010) rather than reacting according to your own biases or prejudices or making snap moral judgements (Hill, 2010). Failure to prioritise according to clinical need may in some circumstances lead to harm to an individual. Nurses do need to make judgements about care needs, but should not make judgements about people, as these can be based on assumption, and therefore skew the accuracy of the patient assessment. The nurse's role in patient assessment is to work with patients to identify their nursing needs and preferences and to gather information on behalf of other professionals involved in the patient's care.

Why is accurate patient assessment so important?

Accurate patient assessment is important in order to plan appropriate care that meets the patient's needs. To be able to carry out an accurate patient assessment, you may also need to employ assessment tools (e.g. a wound assessment tool or a pressure area scoring system). Such tools enable the nurse to integrate important subjective information with objective data to produce a more accurate and reliable profile of the patient's needs. You can read more about how to use subjective and objective information in Chapter 3 and about assessment tools in Chapter 4. The following case study illustrates why accurate patient assessment is so important.

Case study: Mustafa's assessment

Mustafa is 88 years old and has recently lost mobility. He is cared for by his daughter at home. After a recent fall, he has lost confidence and wants to stay mainly in bed. As a result, he has developed a pressure sore on his sacrum. The district nurse, Katarina, is looking after him. Katarina has a holiday booked in the next week and Mustafa's daughter has noticed him becoming agitated.

Katarina is keen to ensure that her colleagues who are going to look after Mustafa maintain the same regimen as she knows he does not like change. She is therefore careful to document the pressure ulcer score and any contributing factors, as well as the wound dressing used. To aid with assessment, she also takes a photograph – with Mustafa's consent – so that all the assessment data can be reviewed subjectively and objectively.

Mustafa does not respond well to Gabby, Katarina's replacement, often refusing to cooperate. She calls another nurse, Fatima, to help out. Fatima changes the pressure ulcer

(Continued)

(Continued)

dressing after three days and notes that it appears to look better. She is basing this on visual inspection. She documents the improvement and tells Mustafa, who is pleased.

When Katarina is back from her holiday, the first thing Mustafa tells her is of the improvement in his pressure sore. When she inspects it and compares it to the photo she took, Katarina notes that it has in fact enlarged at one edge. She is left with the dilemma of what to say to Mustafa without compromising her colleague.

The case study highlights that it is important to be able to assess changes objectively and accurately in order to provide appropriate treatment and accurate information, as well as document the care planning process. When Fatima assessed Mustafa, the assessment was incomplete because she had based it on her subjective opinion and not included more objective information, such as the photo of the wound. Therefore, while the wound may have appeared to be getting better, the information about this that she gave to Mustafa was inaccurate. Any wound assessment needs to encompass wound bed condition as well as wound size and other factors such as the presence of slough or granulating tissue. What makes an assessment good is making sure the information collected is complete and, as far as possible, objective. This may involve other professionals who may have a different view of the assessment required but whose input to the overall evaluation of the problem is important (Field and Smith, 2008). Completing Activity 2.3 will help you to identify what other professionals might be involved in Mustafa's care and how this fits into the overall assessment.

Activity 2.3 Critical thinking

When thinking about Mustafa's case, who else do you think might be involved in his care and what would they be assessing in particular? Ask your practice supervisor who the tissue viability nurse is in your placement area and ask that individual what assessment strategies they use.

Which of the 6Cs is most relevant to Mustafa's case and why?

An outline answer is given at the end of the chapter.

Completing this activity should not only help you to identify other relevant professionals involved in Mustafa's care, but also demonstrate the importance of integrating their different perspectives before planning care. Field and Smith (2008) state:

The aim is to avoid duplication of information and records and to stop professionals giving conflicting advice.

(p21)

It is important for patients to experience a seamless service if they are to be confident that their needs are being properly assessed and communicated. In Mustafa's case, this means using validated standardised approaches to wound assessment or treatment, as well as using the objective data available from the photograph. Most healthcare organisations have adopted specific tools that are incorporated into their patient assessment documentation. Such tools are usually generated based on research, which in turn informs both guidelines and organisational policy. Wound assessment charts vary between organisations, but commonly consider the dimensions of the wound, the appearance of the wound bed and surrounding skin, any exudate or bleeding, the level of pain, and the location of the wound to be entered on the body map (Dougherty et al., 2015). The case study highlights that professionals need to be honest about any gaps in their understanding and explain to patients why they are pursuing certain avenues of enquiry because our ways of knowing vary.

Four ways of working with facts

Healthcare practice is uncertain because we are dealing with unique individuals who do not always respond in the way that we expect. It is important for health practitioners to be able to deal with this uncertainty constructively in order for patients to be able to trust them. When we are working, we usually access our knowledge to try to make decisions about what to do. Girard (2007) identifies four ways of knowing. How this relates to dealing with facts is set out in Table 2.1 using Johari window principles to consider areas that are known, others we are currently blind to, some we have not yet discovered, and others we are unaware of (Luft and Ingham, 1955, cited in Hillson and Murray-Webster, 2007, p116).

Being able to identify the four areas of factual knowledge is an important step to understanding how you think and how you can tap into knowledge that you might not know you have. Read the following case study and then complete Activity 2.4 in order to find out what you currently know and don't know, and more importantly what else you need to know to understand patients' needs and give effective care.

Facts you know you know	Facts you know you don't know
Available information that you can use (e.g. the name and age of the patient and the patient's problem)	Gaps in the information, where you know you need to find out more (e.g. what medication the patient takes/whether the patient has any allergies)
Facts you know but don't know that you know Knowledge you have but are not aware of until it is needed (e.g. how to deal with a fire)	**Facts you don't know you don't know** Information you are not aware that you need and need to discover (e.g. what to do about a patient's non-compliance)

Table 2.1 Four areas of factual knowledge

Case study: Mr Haughton's admission

Mr Haughton is a 60-year-old man with leukaemia. He is admitted to the ward with pyrexia of 38.6°C and nausea. He has a history of a previous laparoscopic cholecystectomy two months ago. Mr Haughton has blood taken and an abdominal X-ray is done. He is started on IV fluids and antibiotics. After ten days in hospital, Mr Haughton is able to return home.

Activity 2.4   Reflection

Review Mr Haughton's case and try to identify how your knowledge fits into the four areas illustrated in Table 2.1.

An outline answer is given at the end of the chapter.

Mr Haughton's case highlights that patients may have a number of concurrent problems, and this makes assessing and caring for them complex. While you may have knowledge about some of these, there are also areas that you need to discover more about. You may also need to understand how different problems interact with each other. Understanding that there are always gaps in our knowledge and that we need to be aware of areas we are ignorant of is an important aspect of understanding yourself in the assessment process and what you need to do. You might identify that you lack knowledge about the patient's condition or what decision to make. You might want to include others, such as your practice supervisor or another professional, in your thinking and decision-making processes. Standing's (2020) cognitive continuum might offer some ideas about how we think about *making decisions in practice* (for more information on making decisions within patient assessment, see Chapter 10).

Standing's cognitive continuum and relevance to nurses and patient assessment

Making decisions when assessing patients means understanding the evidence base for practice. There are a number of modes of practice according to Standing (2020). These are:

- intuitive judgement – sensing patient concerns and changes;
- reflective judgement – moment-by-moment reviewing and revising of your practice;

- patient and peer-aided judgement – reaching consensus decisions with the patient and others;
- system-aided judgement – making use of policies and assessment tools;
- critical review of experience and research evidence – critical evaluation of your experience and available research that underpins this;
- action research and clinical audit – evaluating practice against benchmarks;
- qualitative research – interpreting the patient experience;
- survey research – making use of trends of evidence within particular populations; and
- experimental research – identifying generalisable evidence.

(p8)

It is important for you to know what evidence you are drawing upon within patient assessment and care planning in order to ensure that you can justify the decisions you make to the patient and to the profession. This will be discussed further in Chapter 10, but we begin here with a case study and an activity to help you critically consider your current knowledge and skills.

Case study: Lily's bowel problem

Lily is 45 years old and has recently been having problems with some urgency and faecal incontinence. She has seen her GP, who has diagnosed irritable bowel syndrome, and as part of her care refers Lily to the specialist bladder and bowel nurse, Nicky. At Lily's assessment, Nicky takes a full history and asks Lily to keep a diary of her dietary and fluid intake and bladder and bowel actions. She also completes a bladder scan, which is normal. Nicky asks Lily to look at the Bristol stool chart and identify which best matches her normal stool appearance. Lily identifies that her stools best match types 4 and 5, which are smooth and soft, sometimes too soft. Nicky advises Lily that she needs to cut down on her fruit intake and explains ways for Lily to manage her occasional faecal incontinence. Nicky makes an appointment to see Lily again in six weeks.

In the case study, Nicky, the specialist bladder and bowel nurse, has gathered her evidence through talking to Lily about her history and eating habits, identified precisely the type of stool Lily is producing, excluded a bladder problem via the scan, and used her knowledge of research and practice to advise Lily on a plan of action. When completing an assessment, if we simply said to patients, 'You need to stop eating so much fruit', they would understandably be reluctant unless we can provide the evidence for our recommendation. Completing Activity 2.5 will help you to explore how you might use the different modes in your own practice.

Activity 2.5   Reflection

Think about your last placement and the different patients you nursed. Consider in what circumstances you can identify using a particular mode from Standing's (2020) continuum. Why was this mode of practice particularly relevant to the situation?

Although this activity is based on your own experience, there is a limited answer at the end of the chapter.

You might have made a system-aided judgement by using an assessment tool to help gain further information, or reflective judgement adapting how you were communicating as you talked with the patient. Less obvious is how we add all the understandings from the modes of practice together to come to the decisions we do. It is important to understand these thinking processes ourselves so we can explain them to the patient (as we saw Nicky do) and to other health professionals to justify the courses of action we propose. Given reasonable and well-presented evidence, patients might be more informed, and therefore more inclined to engage in the assessment and subsequent treatment processes. That said, it is important to recognise the subjective nature of truth in terms of what patients tell us and what we think is important. Completing Activity 2.6 will help you to understand that the truth we are seeking in patient assessment is what patients' needs are and the most effective way to help them.

Activity 2.6   Reflection

Reflect on what various forms of evidence you might need to undertake an assessment of a patient and plan their subsequent care.

An outline answer is given at the end of the chapter.

How we put together the narratives patients give us with the other facets of our information gathering within the context of our practice knowledge and policy is complex. Much of our initial assessment will be based on what the patient is reporting, but they may not understand that a minor symptom to them could aid in assessment of their care needs. The following case study will illustrate this point.

The nature of truth

Case study: Lucy's pain experience

Lucy was a learning-disabled woman living in an assisted living setting. She complained of stomach cramps during her normal menstruation and was usually given paracetamol by the support workers. Lucy was admitted to the local hospital for a minor procedure. A carer came with her but could not stay all the time. Lucy became distressed when she was in pain. The staff on the ward tried to calm her but Lucy got more and more distressed. Lucy was given pain medication, but not as frequently as she could have it, as the staff assumed that her agitation was part of her normal behaviour. The assessment tool they used for assessing pain was validated for use with children. Lucy was left unnecessarily in pain because the staff did not believe her and had made assumptions about her.

What Lucy's case study highlights is that we may use our own pain experience or behavioural norms to interpret the experiences of others rather than accepting the truth taken from their perspective. In doing so, we may use stereotyping assumptions for interpretation. McCaffery (1968) famously stated that 'pain is whatever the experiencing person says it is, existing whenever the experiencing person says it does' (p95); this highlights the issue that people both experience and express pain in different ways. The role of the nurse is to accept this definition without being judgemental or applying our own preconceived ideas as to what pain is or is not.

The case study illustrates a failure to live by three elements of the 6Cs: communication, care and competence. The nurses failed to communicate meaningfully with Lucy, they failed to provide adequate pain relief, which is a failure in care, and they demonstrated a lack of competence in understanding pain from her point of view.

Truth is determined by ourselves in accordance with our values and beliefs, by others and how influential we perceive them to be, and by society as a whole. For example, those perceived to be in a powerful position, such as doctors, may not be questioned about their version of the truth. In mental health nursing, we might call into question the singular nature of reality when many patients experience something very different. Therefore, truth remains tentative and uncertain and subjective in nature. Sometimes when truth is perceived to be what is expressed by another, the subjective view is discounted, closing down the ability to look at personal experience (Frosh, 2002). What this means is that if professionals impose their interpretation of the patient's experience on to the patient, it is less likely that patients will be able to tell what their actual experience is, and they may just go along with what the professional suggests. Decisions based on such a flawed perspective will then be compromised and may fail to be in the patient's best interests (however the patient defines these).

Stereotyping

Stereotyping is a way of categorising things and people that allows us to draw on previous experiences of those categories to direct our actions, which is quicker than forming new categories (Goodman and Clemow, 2010). That is to say we put people into categories (or boxes) according to our previous experiences, or assumed prejudices, of people we perceive as being similar to them. The negative effect of stereotyping is making assumptions about another person that are unlikely to be accurate. We stereotype based on our personal values, beliefs and experiences, and this may relate to patients, colleagues and peers. For example, if we saw a man weaving along the street looking dishevelled, we might stereotype him as being drunk, even though there are many reasons why someone might be moving in that way (e.g. they may have multiple sclerosis, be experiencing a diabetic hypoglycaemic episode or have sustained a head injury). As highlighted in the case study of Lucy, stereotyping can equally cause us to make inaccurate assumptions about why someone is behaving in a particular way. If a health professional is working from such an assumption, patient assessment will not only be affected, but it could be wildly inaccurate and dangerous. Completing Activity 2.7 will help you to examine situations where you may have been stereotyping people.

Activity 2.7   Reflection

Think about a recent practice experience where you think you might have been stereotyping someone and consider the following questions:

1.   How did you stereotype the person?

2.   Why do you think you were stereotyping that person?

3.   What was the result of your stereotyping that individual?

4.   What is it about your personal experiences to date that have led you to stereotype this person?

As this activity is based on your personal experience, there is no outline answer at the end of the chapter.

You might be stereotyping by using norms for situations, such as how to behave in class or in the professional setting, and expectations of particular roles (Goodman and Clemow, 2010). You might assume that someone is suffering from a particular condition because you have seen something similar before – this is itself a form of stereotyping as we are drawing on our 'previous experiences of those categories' to direct our thinking. However, if stereotyping results in diminishing someone else's choices, the effects are not helpful. We need to consider our own values and responses and adjust our professional behaviour.

Conclusion

Good patient assessment is the goal for the nurse because in order to provide good care, we need to learn a lot about our patients. We can only do this by accessing and applying the full range of relevant evidence at our disposal. This process of gathering and responding to the collected knowledge is what is known as an inductive process; that is, a process in which the nurse allows the evidence to guide them to a conclusion rather than forming a conclusion and looking for the evidence to support it – sometimes called deductive reasoning (Creswell and Poth, 2017). Nevertheless, it is also recognised that nurses and patients are individuals who have their own values and ideas which need to be reconciled in order for accurate patient assessment and care planning to ensue. This may sometimes be difficult to do, but in the process we can learn a lot about ourselves and become better professionals.

Chapter summary

This chapter has clarified what patient assessment is and why it is important. It has identified some factors that are helpful and some that are hindering to effective patient assessment, looking in particular at the influence of personal values and attitudes and application of the 6Cs. The activities included have invited you to consider your own values as you need to grasp how influential these are when you are assessing a patient. The chapter has also introduced Standing's (2020) nine modes of practice as a way of thinking about how you justify your thought processes and the decisions that you make. This will be discussed further in Chapter 10.

Activities: brief outline answers

Activity 2.1 Critical thinking (p24)

Graham has not thought through the implications of Sam's strict veganism and how this might affect his diabetes at a time of high stress. A further dietitian referral might be needed, or it might not, depending on what actually caused the hypoglycaemic episodes. Brett is accountable for this gap, and by not following up the information could result in Sam being at further risk of poor management of his diabetes when he leaves the hospital. Sam's knowledge about how to manage his diabetes remains compromised due to his dietetic and stress management needs not being adequately explored by Graham. This case study highlights how important commitment – one of the 6Cs – to the person is, and not just the task being completed.

Activity 2.2 Reflection (p26)

You might have included the following within your list:

- drunk driver;
- drug addict;
- paedophile;
- rapist;
- murderer; and/or
- terrorist.

The code of professional standards of practice and behaviour for nurses, midwives and nursing associates (NMC, 2018b) is clear that all nurses must treat people as individuals. This means you must:

- treat people with kindness, respect and compassion;
- avoid making assumptions and recognise diversity and individual choice;
- act with honesty and integrity at all times, treating people fairly and without discrimination, bullying or harassment; and
- be aware at all times of how your behaviour can affect and influence the behaviour of other people.

Compassion – one of the 6Cs – is the most relevant here because it demonstrates drawing alongside someone and not judging them, but trying to discern their needs.

Activity 2.3 Critical thinking (p28)

The other people involved in Mustafa's care are likely to include his GP, who will be overseeing the progress of his pressure ulcer. Mustafa may also be assessed by a dietitian, who will be evaluating his nutritional needs and preferences. Mustafa could also be assessed by the specialist tissue viability nurse, who will be monitoring the wound and healing specifically and offering advice on wound dressing options. A multidisciplinary meeting would help to integrate these assessment processes, but in the community setting comprehensive integrated notes are more often used for this purpose. Competence – one of the 6Cs – is the most relevant to this case in terms of how Fatima assessed Mustafa's pressure ulcer.

Activity 2.4 Reflection (p30)

The facts you know are Mr Haughton's age, the conditions he has come in with, his history of a laparoscopic cholecystectomy, and that he is pyrexial. The facts you know you don't know are his normal medication, any allergies, what type of leukaemia he has and how it is normally treated, and whether the pyrexia is due to his leukaemia or something going on with his previous surgery. The facts you don't know you know are about blood components and what they do, and you can therefore link this to how Mr Haughton is likely to be affected by his leukaemia. The facts you don't know you don't know are likely to be related to Mr Haughton's healing response in the light of having leukaemia and any other aspects of his condition or care that you have not thought about.

Activity 2.5 Reflection (p32)

You are likely to have used intuitive judgement such as realising that the patient was upset when you made your assessment and trying to understand the patient's response. At the same time, you are likely to have reflected on your own communication – one of the 6Cs – with the patient and how perhaps your tone of voice allowed that person to open up to you. You will have needed to interpret the patient's experience from what he or she told you. You may have needed to consult with your practice supervisor about the assessment or care planning process, as well as checking whether the patient was in agreement with what you planned. Using an assessment tool such as the Bristol stool chart might have helped you to collect accurate details on which to base your clinical judgement. When evaluating your practice experience more broadly, such as for your portfolio, you may have considered how your practice fits with the NMC Standards and the 6Cs and what you are actually using to underpin what you do.

Activity 2.6 Reflection (p32)

You might have included:

- the story/history that the patient gives about a need or problem;
- nursing observations;
- assessment tool results;
- peer-aided judgements such as discussion with your practice supervisor or multidisciplinary meeting outcomes;
- research findings; and/or
- policies and guidelines.

Further reading

Goodman, B. and Clemow, R. (2010) *Nursing and Collaborative Practice: A Guide to Interprofessional Learning and Working*, 2nd edn. Exeter: Learning Matters.

A useful book for understanding how professionals' values can influence their approach to patients and each other and guidance on how to work more collaboratively.

Standing, M. (2020) *Clinical Judgement and Decision-Making in Nursing*, 4th edn. London: SAGE.

This book introduces decision-making theory and its relevance to nursing practice.

Useful website

www.nmc-uk.org

The website of the Nursing and Midwifery Council, where you can find a great deal of professional information, including the latest guidance on the code of professional standards of practice and behaviour for nurses, midwives and nursing associates.

Chapter 3 Making sense of patient information

Peter Ellis

Platform 4: Providing and evaluating care

At the point of registration, the registered nurse will be able to:

4.2   work in partnership with people to encourage shared decision making in order to sup-port individuals, their families and carers to manage their own care when appropriate.

4.3   demonstrate the knowledge, communication and relationship management skills required to provide people, families and carers with accurate information that meets their needs before, during and after a range of interventions.

Chapter aims

After reading this chapter, you will be able to:

- differentiate between the nurse's and other professionals' roles in gathering patient information;
- identify when and why gathering information could be challenging;
- differentiate between different types and forms of information;
- identify different ways of gathering information;
- understand how to prioritise nursing actions from the information gained during assessment; and
- make sense of the information received from patients through checking accuracy of understanding, and be able to interpret and explain this to others.

Introduction

Case study: James Ashton's recent hospital visit

James Ashton is 68 years old and has been admitted to hospital for a number of con-ditions over the last few years. He is brought to your placement ward complaining of pain in his upper abdomen. James has quite a thick file of notes from his previous investigations and admissions. In the emergency department, James has had blood taken, an electrocardiogram (ECG), and baseline pulse, temperature, blood pres-sure and oxygen saturations. Your practice supervisor, Tamara, suggests you talk to James to find out how he is feeling and what he understands as being the problem.

(Continued)

(Continued)

Tamara also asks you to repeat the nursing observations while she checks through the notes for his history and the computer for his blood results. James tells you that he has previously had an oesophageal gastroduodenoscopy (OGD), and this found a small ulcer, which he thinks might be what is causing him pain. He also tells you that he recently retired and has been drinking a bit more than usual because he feels so low. Your practice supervisor tells you that his blood count indicates that he is anaemic, which might suggest that he is bleeding from somewhere. His ECG is normal, however.

When you complete James's nursing observations, you note he is a little tachycardic, which could also mean he is bleeding from somewhere. Subsequently, James has a further OGD, which demonstrates the ulcer has enlarged and is bleeding. Following a blood transfusion, James's medication is increased, and he is advised to cut down his alcohol intake and is discharged home. In order to help James manage his feeling of isolation following retirement, the ward social worker refers him to a retirees support group.

No matter how long or short their history, a great variety of information is gathered from patients when they enter the health and social care setting. As the above case study identifies, this information needs to be interpreted swiftly and accurately. What is also of note here for the nurse seeking to undertake a holistic assessment is the interplay between James's personal circumstances and his health issues. It is part of the nurse's role to make sense of this diversity of information by checking with the patient and others, and to use the information obtained accurately in planning appropriate care *with* the patient. In the above case study, the nurse checks with James what his view of the problem is, and the accuracy of the history found in the notes, then she integrates this with nursing observations and test results. As a student, you need to be able to gather relevant patient information and interpret it by identifying its meaning and significance and referring to other health professionals. This is important for developing your communication competence with others.

This chapter starts by defining patient information, identifying the roles of different healthcare professionals in gathering patient information, and categorising different forms of information, identifying the strengths and weaknesses of these categories. The chapter considers the appropriateness of different approaches to questioning, such as the use of open, closed, probing and laddering questions. A variety of activities are offered to encourage you to make sense of information, identify situations where gathering information is difficult, differentiate the role of the nurse from that of other healthcare professionals, and learn how to analyse information and use the analysis in order to act on it. Throughout these activities, you will be asked to reflect on the patient assessment process.

What is patient information?

Patient information is any information that relates to a patient. This will include personal details, such as name, age and date of birth, as well as information relating to the individual's social history and health status. It is gathered by health and social care professionals for the purpose of helping the patient. Different fields of practice broadly focus on different aspects of information and gather elements of the information offered in different amounts of depth. For example, mental health nurses may be concerned more with the psychosocial information about a patient than their general nurse colleagues. For the mental health team, therefore, information relating to family history, behaviour, mood, mental state, recreational activities and relationships is all deemed particularly relevant and important. Occupational therapy is concerned with what individuals can do for themselves in relation to the activities of daily living, while physiotherapists focus upon information relating to mobility and physical activity. Both professional groups, occupational therapists and physiotherapists, are interested in gathering information to support rehabilitating the patient. Therefore, patient capabilities and preferences are the main focus. Social work considers the social context in which the individual lives, particularly in relation to vulnerability.

Medicine is concerned with identifying and solving medical problems, an approach that has been described as taking a *deficit view*. Increasingly, doctors now take part in health promotion activities as well. Because of nurses' unique position of being in close and regular contact with patients, they are able to coordinate making sense of information with patients, interpreting terms, and explaining things patients do not understand. This offers the opportunity for achieving a more *holistic* perspective, which takes account of the patient's views as well as integrating a variety of professional opinions, as appropriate. 'Holistic' means a complete view that involves the patient. We now proceed to consider different types and forms of patient information. For further reading on what information is gathered in different settings of care, see Howatson-Jones and Ellis (2008).

Different types and forms of information

In its simplest form, information can be divided into *subjective* and *objective* information. This can also be related to intuitive forms of thinking versus more rational and analytical forms of assessment (Standing, 2020). For example, in the case study about James Ashton, objective information has been obtained from the nursing observations, the ECG and the blood results, which give a physiological view of the problem. Equally important, however, is the subjective information that James has conveyed about how he is feeling and what he perceives the problem to be. Through this line of questioning, other important information about his low mood and increased drinking is discovered. This case study highlights the importance of using both types of information in order to interpret accurately what is really happening.

Subjective information relates to the descriptions patients give of their experience and understanding of the situation. Your interpretation skills add another form of subjective information based on your professional experience. For example, when a patient describes a pain experience, you will be observing their non-verbal behaviour as well as listening to the description. It is likely you will also be filtering your interpretation of the patient's pain experience through your *intuitive* knowledge of what is going on.

The weakness of relying solely on subjective information is that it is based on particular experience, interpreted through the lens of the experience you have had, and as a result may miss other important cues of what is going on. Objective information is mostly *quantitative* data, data that can be measured (e.g. vital signs such as pulse and blood pressure and tests such as blood test results, which list the levels of different blood cells and electrolytes). The weakness of relying solely on objective information is that it signals an alteration has taken place but does not identify why this may have happened or how this affects the person.

Activity 3.1   Reflection

Reflect on the case study about James Ashton. Consider how the information gathered in the patient assessment was both objective and subjective.

Consider how these different forms of information were subsequently used to inform the interventions offered to James. What might have happened if not all of the forms of information had been collected?

An outline answer is given at the end of the chapter.

The main types of information gathered from patients and potential sources are given in Table 3.1, although this list is not exhaustive.

Subjective and objective information may also appear in different forms:

- Repeated information – this often comes from family and friends or carers who reinforce and help to elaborate the patient's story (e.g. what tests the patient has had and what they have been told).
- Observation – this information is gathered by closely observing the patient (e.g. being aware of the quality of the patient's breathing, how the patient is moving, and the patient's mood).
- Clinical information – this emerges from clinical activity with the patient (e.g. recording observations, doing a wound dressing, and checking pressure areas).

A good patient assessment involves gathering a mix of both forms of information and using your senses – your eyes to observe patient behaviours, movement and how the patient looks, your ears to listen to breathing and what the patient is really saying, your touch to feel what is revealed by the skin, and your smell to detect odours (Howatson-Jones and Ellis, 2008). This information remains subjective (i.e. open to individual interpretation) and is also reliant on nursing experience, and therefore very individual. Integrating objective information in order to confirm or deny the conclusions drawn from the collection and interpretation of subjective data is therefore important. For this reason, when checking someone's pressure areas, you will use your visual observations as well as the more objective Waterlow screening tool in order to assess for risk factors you cannot see. The following two case studies illustrate what can happen if health professionals do not integrate the subjective with the objective, but focus on one aspect only. Inexperience can result in unrealistic solutions.

Subjective	Part subjective, part objective	Objective
Biographical details – usually sourced from the patient themselves, but if they are incapacitated in some way information may be obtained from family/friends/carers or from documentary evidence, and relate not only to what the person can actually remember, but also their interpretation of this.	Medical history – a chronological sequence of events taken by a doctor, which integrates relevant test results with physical examination. Usually uses a biomedical focus on the problem (for the type of information sought, see **www.gpnotebook.co.uk** or **www.evidence.nhs.uk**). Again, in the absence of pre-existing notes, this is affected by memory and interpretation.	Test results – sourced from diagnostic and interventional techniques that examine anatomical and physiological activity within narrow margins of normal and abnormal. These have usually developed from clinical trials – the highest level of research evidence (Ellis, 2019). Test modalities and retrieval involve technology requiring healthcare professionals to be health informatics-literate to access and process results (Hutchfield, 2010).
Social context – usually sourced from the patient, but often added to by family/friends/carers and by healthcare professional assessment, such as occupational therapist, social worker community nursing and care managers.	Referral information – sourced from a variety of healthcare professionals, including general practitioners, specialist doctors/nurses, occupational therapists, physiotherapists, mental health teams, social workers, care managers, speech therapists and dieticians, and will also include any relevant test and observation results.	
Symptoms – sourced from the patient but may be added to by family/friends/carers (see **www.patients.uptodate.com**).	Prescription – sourced from general practitioner/ patient/family/carer. Pharmacist will review before dispensing.	

(Continued)

Table 3.1 (Continued)

Subjective	Part subjective, part objective	Objective
Observations – sourced from a variety of healthcare professionals, including nurses, occupational therapists, physiotherapists, dieticians, doctors and others.		

Table 3.1 Types of information and potential sources

Case study: Mrs Harrison's diabetic control

Mrs Harrison has Type 2 diabetes, for which she takes tablets. She mostly manages this herself at home, but her general practitioner has called her for a regular review at the surgery. A blood test is taken for glycohaemoglobin. This is a test that measures the amount of glucose bound to haemoglobin, and can be an accurate measure of the average levels of blood glucose in the preceding three months, and therefore the level of glucose control. The result came back as 10.3 per cent, which is significantly raised. The normal levels are between 2.5 per cent and 6.0 per cent, and with moderate diabetic control between 6.1 per cent and 8.0 per cent (Evans et al., 2003). Mrs Harrison's medication was reviewed, and she was referred to a dietitian for further dietary advice. No one was aware that during this time, Mrs Harrison's husband had left her. The stress of this is likely to have contributed to the raised blood glucose levels through the release of glucocorticoids, which are hormones released by stress. While the interventions chosen might be relevant, they do not address the main problem, which is Mrs Harrison's stress level.

Case study: Angelina's adaptation needs

Angelina is in her seventies and lives alone at home. She has been having difficulty getting about and washing and is generally finding it harder to manage. She is visited by Monika, an occupational therapist, who is relatively new. Angelina tells Monika what she would like. Monika completes her patient assessment and identifies that Angelina requires a number of aids and alterations to help her continue to live a relatively independent life. Her recommendations are for grab handrails to be fitted, for the bathroom to be converted into a wet room shower, and for a stairlift to be installed. Angelina is delighted with these proposals. However,

Angelina is less happy when Monika returns the following week to say that perhaps they need to start by trying out some handrails on the stairs first and look at other ways of helping Angelina with washing. Monika's lack of experience meant that her subjective view of the situation was unrealistic and she set up expectations which could not be met.

As demonstrated in the two case studies, focusing on the subjective and objective separately means that important patient information is missed and is not considered in planning interventions. They also demonstrate the importance of working with patients and their carers (if relevant), and not planning care from a purely professional viewpoint. We now proceed to consider when patients should be assessed.

When to assess patients

Patients need to be assessed at key points in their care journey. It is important to assess patients when they first identify they have a need, when meeting them for the first time, when their needs change, and when accepting, referring or discharging them. Where different healthcare practitioners are involved, it may also be necessary to complete different assessments, although increasingly healthcare teams are becoming integrated. This is particularly true of the interface between acute and community care, where the purpose of integrated teams is to reduce the assessment burden on the patient and promote a seamless service. Therefore, it may be possible that a therapist or a nurse undertakes some of the patient assessments. Situations that can make patient assessment difficult are those where the patient is not capable of responding or where patient response is impaired in some way. Completing Activity 3.2 will help you to think about some situations where this could be the case.

Activity 3.2 Critical thinking

Make a list of situations in which you think it is important for patients to be assessed.

What situations might make gathering information from the patient difficult, and what other methods might you use instead? To help you complete this activity, think back to your most recent placement experiences.

An outline answer is given at the end of the chapter.

We now proceed to consider some questioning techniques when gathering patient information.

Questioning techniques

Gaining a good rapport with a patient is an important part of creating the environment in which to gather the information needed in order to make a nursing diagnosis. This process also requires the nurse to develop a good questioning technique so that the patient can understand what is being asked and for the health professional to gain, in a complete and structured way, the information required to inform diagnostic and therapeutic processes.

It is imperative to build a good therapeutic relationship and trust before launching into questioning. Egan (2014) identifies that important communication skills, such as attentive listening, being open, responding and reflecting, are needed to help people tell their story and to develop dialogue that gets to the core of the matter through probing, and which aids understanding through summarising (Grant and Goodman, 2018). The way you respond to a patient the first time you meet that person sets the tone for the rest of the encounter, and therefore is crucial to establishing trust and subsequent dialogue. Take some time to complete Activity 3.3 and reflect on your communication with new patients. For further reading around communication techniques, see McCabe and Timmins (2013).

Activity 3.3 Reflection

Reflect on previous encounters you have had with new patients and consider the following questions:

1. What went well and what did not go so well?

2. Why might this have been?

3. What strategies have you already developed to improve your rapport with patients?

4. How can you help patients who have difficulty in supplying information?

As this activity is based on your experience, there is no outline answer at the end of the chapter.

Reflecting on your own patient encounters may have highlighted that it is not always easy to elicit information and relying on your current communication skills may not be enough. If you have not had much experience in practice, the following case study may help you to consider some of the issues involved in communicating with patients.

Case study: Johann's questioning experience

Johann was on a learning disability placement in his first year of his nurse preparation programme. He had no experience of communicating with someone with a learning disability. He was always fearful of triggering an outburst as he had heard from his peers of that happening sometimes.

Johann tried to think of things to say but found that people seemed to avoid him. When reflecting on this with his practice supervisor, Jenny, Johann identified that his body language was probably conveying his fear and making people avoid engaging with him. Johann and Jenny considered some strategies to overcome this.

- What strategies might you employ in a similar situation?
- Which of the 6Cs might this case study relate to?

There is an outline answer at the end of the chapter.

As this case study demonstrates, it is helpful to learn the art of asking questions. Nolan and Ellis (2008) describe a number of questioning techniques that nurses can employ. These include *open questions*, where patients are able to choose how to frame their answer, *closed questions*, where the answer is limited, and *probing questions*, which seek more specific information. Best avoided are *multiple questions*, which are often used to query related problems. For example, asking about the nature of a particular symptom and what causes and relieves it in one sentence is likely to leave the patient confused as to which bit of the question to answer. Similarly, *leading questions*, which already contain the answer (e.g. 'You're in pain, aren't you?'), will elicit an answer from the patient affirming what has been said. Leading questions, as well as usually gaining an answer affirming what has been said, also cause the patient not to talk about what they want to talk about, thereby suppressing the patient's experience and not providing anything new. It needs to be remembered that when patients are in an unfamiliar setting, they may not be able to respond as quickly or as thoughtfully as usual and will often rely on the nurse's skills to help them relay the necessary information. Probing questions are useful for focusing on specific issues or gathering more detail on answers already given. Rhetorical questions, statements which do not require an answer, may be used as icebreakers. For example, commenting on the weather may be useful to start to relax the patient and build a dialogue. However, such statements also need to be used with caution in order not to make people feel they are being patronised. Other more useful icebreakers could be used, such as introducing yourself, asking how the patient likes to be addressed, and checking whether they have any questions.

Different categories of question are useful for different stages of the assessment process because they serve different functions. Table 3.2 offers some examples.

Questioning may also identify areas that are outside your current scope of knowledge and require you to refer to others. Activity 3.4 will help you to identify the interplay of different forms of questioning.

Stage of nursing process	Type of question	Question content
Establishing baseline information	Closed questions	Can elicit biographical information such as name, date of birth, address, occupation, doctor, next of kin, whether a symptom is present or not, whether a procedure is consented to or not.
Problem identification	Open questions	Useful for gaining understanding of the reason for requiring health and social care intervention, symptomatic description, personal management of the problem.
Defining the problem	Probing questions	Can elicit what causes or alleviates the problem, clarification of patient explanation.

Table 3.2   Types of questioning used in the nursing process

Activity 3.4   Communication

Read the transcript below and identify where different forms of questions are being used.

> Student: Good morning, Mrs Riley. My name is Chris and I am a student nurse. Welcome to the ward. I have a few questions that I need to ask you about your personal details and why you have come here today. Would that be all right?
>
> Patient: Yes.
>
> Student: Let's start with your details. What is your full name?
>
> Patient: My full name is Patricia Anne Riley.
>
> Student: And do you like to be called Patricia, Anne or Mrs Riley, or something shorter?
>
> Patient: I prefer to be called Patricia.
>
> Student: What is your address?
>
> Patient: I live at 27 Long View Road, Brigstown, East Sussex.
>
> Student: What is your telephone number?

Patient: 01443 56789.

Student: Who is your next of kin?

Patient: John Riley, my husband.

Student: Does he live at the same address and have the same telephone number?

Patient: He has a mobile number, which is 07798 45607.

Student: What has brought you here today?

Patient: I have been having these terrible pains when I go to the toilet and I have been passing rather a lot of blood recently.

Student: When you say going to the toilet, do you mean passing urine or having your bowels open?

Patient: I mean having my bowels open.

Student: Is there anything that you have noticed that makes the pain worse?

Patient: When I eat spicy foods.

Student: I presume you pass blood then as well? Have you been told what the problem might be?

Patient: The doctor said something about irritable bowel syndrome but also having to rule out other causes and needing to do some more tests.

Student: Did you understand what the doctor said?

Patient: Not really.

Student: Would you like me to get my practice supervisor to help explain what irritable bowel syndrome is and the tests that the doctor has ordered?

Patient: Yes please.

An outline answer is given at the end of the chapter.

Price (2002) suggests that questions should be 'laddered', by which he means that they start from the least invasive questions about actions to the more invasive ones about beliefs and values. Laddering questions enables others to follow your focus and you to gain more in-depth information during a patient interview. Making use of reflective prompt cues, also known as Kipling's six honest serving men (Kipling, n.d.), can also be helpful. For example:

- Why – 'Why were you seeing your GP?'
- What – 'What were you doing just before the pain started?'

- Where – 'Where did you feel the burning sensation?'
- When – 'When do you feel the pain sensation?'
- Who – 'Who helps you with your care?'
- How – 'How does this make you feel?'

Completing Activity 3.5 will help you to practise different questioning techniques in a safe environment as well as consider your style of communication.

Activity 3.5   Communication

This activity is designed to enable you to practise different questioning techniques in order to gain an understanding of why and how information might be withheld by people and explore what you might do about this.

1. Spend about 15 minutes finding out as much as possible about the health of a peer or a family member.

2. Now compare the questions you asked with those you might ask as a health professional.

3. Were there any differences, and why might this be?

4. What further information do you need?

5. Did you suspect that some information was being withheld?

6. What alerted you to this, and what did you do?

An outline answer is given at the end of the chapter.

Gathering information can be problematic for a number of reasons. Some of these are listed below:

- Knowing what you are looking for – patients present with many different problems and sometimes they do not even know where to start explaining a *symptom*.
- Understanding what the patient is trying to say – this is likely to be related to the reason why you are seeing the patient in the first place, but sometimes people with limited experience struggle to make sense of what is being said to them and do not know what probing questions to ask to gain the information they need.
- Accurate recording and documentation – if records are not kept accurately and recorded in a timely manner, important information may be missing.
- Patient memory and ability to articulate it – patients may not be able to remember key points or be able to explain them; this is where asking a carer or family member can help to get a picture of the problem.

- Technology – technological breakdown can mean that important information is not accessible.
- Institutional differences – ways of collecting, collating and storing information can vary between institutions, making it difficult to make sense of some of the information that healthcare professionals have gathered.
- Archiving – archives can sometimes be difficult to access.

Patients may also not always be truthful in the information they give for various reasons. For example, ambulatory care settings, where people require care for less than 24 hours, often require there to be a responsible adult at home with the patient following certain procedures or day surgery. A patient may not want to admit that there is no one because they want to go home. Equally, the patient may be afraid that the procedure will not go ahead. And yet if something goes wrong at home as a consequence, the communication, assessment and decision-making processes of the nurse will also be scrutinised. It is therefore important to reflect on your own problem-solving and identify what options are available to you. Identifying nursing priorities is the next step after talking to the patient. We move forward now to consider areas to focus upon when analysing patient information.

Identifying nursing priorities through analysis of patient information

Part of the nurse's role is to analyse the information received from the patient and by other means, such as from carers and patient notes, in order to identify what needs to be done. Carpenito-Moyet (2016) suggests three main areas of focus when analysing patient information for nursing priorities:

1. strengths – areas that the patient can draw upon to progress to a previous or new health state;
2. risk factors – those things that might hold the patient back from recovery or progression; and
3. problems in functioning – areas that are not working properly.

A case study is offered to illustrate these points.

Case study: Bella's loss of sense of self

Bella Livesey is 45 and has come into the neurological unit because of a multiple sclerosis (MS) relapse that has affected her mobility, sight, and bladder and bowel control. She has had MS for 15 years and is usually relatively self-caring between

(Continued)

(Continued)

relapses. She has had six relapses in the last 15 years. The last two relapses have had a profound effect on her mobility each time, which is why she has been admitted to hospital. She is also due to receive a course of intravenous medication to try to deal with some of the effects of the relapse.

You are the nurse admitting Bella. You observe that she is using two sticks to walk, is very wobbly and uncoordinated, and appears to be taking time to absorb information and answer your questions. When you ask her to remove her cardigan so that you can record her blood pressure, she fumbles with the buttons. You start to think:

- What are the significant nursing features?
- What is the patient's nursing care priority?

You identify that Bella has had MS for 15 years, and therefore has built up her knowledge and coping strategies for dealing with the illness (strengths to draw on). You start by asking her what her immediate concerns are. She identifies that although her mobility has been badly affected, of greater concern to her is her loss of bladder and bowel control, which has altered her view of herself as a woman and a wife (problems with functioning). She feels that without that sense of identity, she cannot deal with her other losses (i.e. mobility and visual acuity). Previously, she has always been able to problem-solve and look forward with hope to recovery and a return to a degree of normality. This time she is not so sure and feels hopeless (risk factors).

Together you identify that the first priority is to involve the continence nurse to seek options and solutions. You discuss how she might cultivate a positive outlook to aid her recovery. You also consider how to solve functional problems by identifying what help she desires with washing and dressing, where to place the furniture to avoid obstacles, and how she might involve her husband in helping. You suggest the input of the occupational therapist for further advice on how to maintain her independent living. Finally, you discuss the planned medical treatment and its potential side effects, and what she might want to do to aid her recovery further when she goes home.

- How might the 6Cs relate to this scenario?

There is an outline answer at the end of the chapter.

The aspects relating to coping mechanisms, functional problems and altered self-image, as demonstrated in the case study, can then form the basis of your analysis of nursing priorities. Completing Activity 3.6 will help you to think about the nursing priorities in relation to Bella's case study.

> ### Activity 3.6 Communication
>
> Read the case study above about Bella again. How would you configure the nursing priorities within the scenario for a nursing handover?
>
> *An outline answer is given at the end of the chapter.*

Not all aspects will fall within your scope of practice or expertise, and therefore will require onward referral or notification to other health and social care professionals, such as the doctor, continence nurse or occupational therapist. It is important that nurses are able to reach agreement with the patient about what these priorities are as part of patient-centred care, which does not treat patients as objects, but as people concerned with their health and well-being and as collaborators in care. Working in such a way has been described as a skilled relationship that is based on viewing people as being in relationship with themselves, with those around them, the situation and the larger world (Dewing, 2004; McCormack, 2004).

As the case study demonstrates, working with the patient is important, but also something that can become lost in the busy healthcare environment. And yet how can we understand how people feel, what their symptoms are, or expect them to engage with self-management if they are not involved in discussing their own care and in subsequent decision-making? As the healthcare environment changes and more patients are cared for in the community in their own homes, supporting them in their self-management is increasingly important. Consequently, nursing priorities need to reflect and incorporate patient priorities in order to promote the continuity of care and recovery. Having identified these nursing priorities together, it is important to be able to ensure the patient understands what they mean and that they are able to make sense of this explanation when working with other health professionals. The following section considers how to make sense of patient information.

Making sense of information and interpreting this to others

Professionals need to focus on becoming what Egan (2014) calls 'translator-practitioners' (p29). What this means is having a good understanding of the relevant research and evidence base, as well as the practical possibilities in order to be able to communicate accurately, and in terms they can understand, with patients and other health professionals. Interpretation here means being able to clarify terms that may be profession-specific, as well as give an explanation of how they apply. Questions that you might want to ask yourself as part of this process are:

- What is the patient's reason for admission, or the patient's explanation/ understanding for their current situation?
- What are the trends and significance within the objective information available?
- What is the important subjective information in this case, and what does it tell me?
- Is there further information that I need?
- How do I develop a handover report?

Reading the case study below and then completing Activity 3.7 will help you to identify the key points that need to be considered and passed on within a given situation.

Case study: Robert's deteriorating health

Robert is a 65-year-old man who has chronic kidney disease and related hypertension. His condition has slowly been deteriorating and he has recently become quite depressed. He has difficulty sleeping and feels quite weak. He is under the care of the specialist community matron team where you are currently on placement.

He tells you that his wife normally takes care of him, but due to financial pressures she has had to take a part-time job. He feels deprived of company. His blood pressure readings are significantly raised, and when you check the nursing notes you see that these have been steadily rising. You note that he has had a recent blood test but does not know the result. He has an appointment in the pre-dialysis clinic scheduled for next week.

Activity 3.7   Critical thinking

List the important points you have identified from your interactions with Robert.

How would you formulate a documentary entry for informing other professionals about his situation and progress?

An outline answer is given at the end of the chapter.

Making sense of information means making sure you have gathered what you need and you understand it all in the first place. For example, do you know what causes chronic kidney disease and the effects it can have on people? Have you checked with Robert what he understands and how he copes? Do you know the management processes involved? Unless you understand the results of your questions, you cannot explain these to the patient and to other health professionals, such as the clinic nurse who Robert is going to see. Having made sense of a patient's information, it is also important to identify the nursing priorities with the patient in order to start formulating a care plan.

Conclusion and reflection

Finding all the patient information needed can sometimes be a process of detection as you follow up different clues and leads. This involves communicating not only with the patient, but also with a variety of people, often across different disciplines.

Reflection will enable you to develop your practice by tracking changes in the way you think and act and make sense of your responses (Esterhuizen and Howatson-Jones, 2019). Completing Activity 3.8 will help you to make sense of how you gather and interpret information.

Activity 3.8   Reflection

Consider a recent experience where you were involved in gathering and interpreting patient information and answer the following questions:

- How did you go about gathering and interpreting the information, and what problems did you encounter?
- How did you address any problems?
- What other ways could you have used?
- Would you do the same again, and why?

Having reflected on how you gather and interpret information, draw up an action plan of what you are taking forward. For further guidance on making use of reflection, you might like to refer to Esterhuizen and Howatson-Jones (2019).

As this activity is based on your own experiences, there is a limited outline answer at the end of the chapter.

Chapter summary

The processes of gathering and interpreting information are important to ensure the accuracy of patient assessment and care planning. This chapter has highlighted some of the techniques involved in developing a process of questioning and of working with subjective and objective information. It has focused on how to represent information to others involved in the patient's care and how to identify nursing priorities with the patient through analysis of the information received. You have been offered the opportunity to complete a variety of activities in order to help you to develop your communication and critical thinking skills and to reflect on how and why you carry out patient assessment and alternatives that might work differently.

Activities: brief outline answers

Activity 3.1 Reflection (p42)

In the case study, the objective information gained meant James Ashton had a blood transfusion and was given lifestyle advice. The more personal, subjective information identified that James was drinking because he felt isolated following retirement; this information was used to seek extra help for him from the support group. Dealing with the issue that caused the drinking might prevent a later relapse, which the transfusion and advice alone would not.

Activity 3.2 Critical thinking (p45)

Ideally, patients should be assessed continually. However, there are some key points when assessment is recommended, such as at admission, pre- and post-procedures, when transferred, and prior to discharge. Patient circumstances that might make this difficult are reduced mental capacity, level of consciousness, effects of drugs, language ability, effects of illness and trust. Other methods for gathering information that you might use are making use of your senses, intuition, and medical devices such as monitors. You might also expand your sources to include family, friends and carers, as appropriate.

Case study: Johann's questioning experience (p47)

Some strategies that you might think about could be to approach people as persons and develop a conversation by finding out what their interests are and talking about those. Being yourself is important. You could talk about a few of your interests as well, if it seems appropriate. This case study relates to communication – one of the 6Cs.

Activity 3.4 Communication (pp48–9)

Student: Good morning, Mrs Riley. My name is Chris and I am a student nurse. Welcome to the ward. I have a few questions that I need to ask you about your personal details and why you have come here today. *Would that be all right? (closed question)*

Patient: Yes.

Student: Let's start with your details. *What is your full name? (closed question)*

Patient: My full name is Patricia Anne Riley.

Student: *And do you like to be called Patricia, Anne or Mrs Riley, or something shorter? (closed question)*

Patient: I prefer to be called Patricia.

Student: *What is your address? (closed question)*

Patient: I live at 27 Long View Road, Brigstown, East Sussex.

Student: *What is your telephone number? (closed question)*

Patient: 01443 56789.

Student: *Who is your next of kin? (closed question)*

Patient: John Riley, my husband.

Student: *Does he live at the same address and have the same telephone number? (multiple questions)*

Patient: He has a mobile number, which is 07798 45607.

Student: *What has brought you here today? (open question)*

Patient: I have been having these terrible pains when I go to the toilet and I have been passing rather a lot of blood recently.

Student:	*When you say going to the toilet, do you mean passing urine or having your bowels open? (probing question)*
Patient:	I mean having my bowels open.
Student:	*Is there anything that you have noticed that makes the pain worse? (probing question)*
Patient:	When I eat spicy foods.
Student:	*I presume you pass blood then as well? (leading question) Have you been told what the problem might be? (closed question)*
Patient:	The doctor said something about irritable bowel syndrome but also having to rule out other causes and needing to do some more tests.
Student:	*Did you understand what the doctor said? (closed question)*
Patient:	Not really.
Student:	*Would you like me to get my practice supervisor to help explain what irritable bowel syndrome is and the tests that the doctor has ordered? (closed question)*
Patient:	Yes please.

Activity 3.5 Communication (p50)

You are likely to have used a more conversational and less formal questioning style with a peer or family member because your relationship is already established. Health professionals use more formal questioning techniques. You are likely to have been alerted to the withholding of information by a change in non-verbal behaviour, such as breaking of eye contact, fidgeting and breaks in sentence structure. Reasons for withholding information might be lack of trust, anxiety and not understanding the question. You might have thought of using reassurance, being open and honest about why you needed the information and what it would be used for, and adjusting your position to one that was open. When operating in the non-professional world, people may also withhold information that you just don't need to know because it is embarrassing.

Case study: Bella's loss of sense of self (pp51–2)

This case study relates to a number of the 6Cs. These include commitment to Bella by finding out what her priorities are, as well as compassion through understanding her struggle, caring through identifying ways to help her with activities of daily living, and competence in how the assessment is completed.

Activity 3.6 Communication (p53)

Bella Livesey is 45 years old and was admitted with an MS relapse. Some of the symptoms, such as loss of mobility and loss of bladder control, have been distressing for her. She has also been psychologically impacted by this abrupt change to her body image. I have assessed the nursing priorities to be helping Bella with maintaining a safe environment and to support her psychological adjustment to this new reality.

Activity 3.7 Critical thinking (p54)

Robert is feeling depressed. The reasons might include a loss of self-esteem because his wife has to go to work in order to ease their financial burden. He appears to be missing her company. His blood pressure rise may be linked to these factors, making him feel more stressed, but you also need to find out what the blood test was for and the result. Your documentary entry could go something like this:

01.04.2019: Attended Mr Watson today. His blood pressure was raised at 228/125 mmHg. The trend for this has been steadily rising over the last two weeks. He appeared lethargic and in a low mood today. On talking to him, he seems to be missing his wife's company and feels isolated. He had blood taken on 29.03.2019: results are being sought. He has an appointment in the pre-dialysis clinic on 08.04.2019. He may need a medication review and referral to the counsellor.

Activity 3.8 Reflection (p55)

Action planning involves identifying what you have learned and relating this to what you intend to do in practice:

Action plan: I had problems gathering patient information because the patient did not understand the terminology I was using. I changed my approach by using simpler terms, but this meant that I needed to understand what I was saying, and I was not clear on some areas myself. Next time I will make sure that I understand what I am trying to explain before I meet with patients. I intend to keep reading about this particular topic area and discuss with my practice supervisor to ensure the accuracy of my understanding.

Further reading

Ellis, P. (2019) *Evidence-Based Practice in Nursing*, 4th edn. London: SAGE.

This book clarifies what is meant by evidence-based practice and how you can find and apply it.

Esterhuizen, P. and Howatson-Jones, L. (2019) *Reflective Practice in Nursing*, 4th edn. London: SAGE.

A guide to the variety of ways in which you can reflect on your practice in order to develop and improve future practice.

Grant, A. and Goodman, B. (2018) *Communication and Interpersonal Skills in Nursing*, 4th edn. London: SAGE.

A useful introduction to communication and interpersonal skills for nursing students.

Howatson-Jones, L. and Ellis, P. (eds) (2008) *Outpatient, Day Surgery and Ambulatory Care.* Chichester: Wiley-Blackwell.

This book outlines the nursing role and procedures in a variety of ambulatory and outpatient settings and will help to develop your knowledge of nursing contexts.

Hutchfield, K. (2010) *Information Skills for Nursing Students.* Exeter: Learning Matters.

A clear description of where to source information and ways of doing this; this book will help you to be effective in your search for relevant information.

McCabe, C. and Timmins, F. (2013) *Communication Skills for Nursing Practice*, 2nd edn. Basingstoke: Palgrave Macmillan.

This book outlines the variety of ways in which nurses and midwives communicate with patients, each other and the wider team. It offers suggestions for developing your communication skills.

Useful websites

www.evidence.nhs.uk

This website links to the latest research and evidence about treatment for a variety of medical conditions.

www.gpnotebook.co.uk

This website is a reference source that patients and professionals can use.

www.patients.uptodate.com

This website offers information about various medical conditions.

Chapter 4 Assessment tools

Peter Ellis

NMC Standards of Proficiency for Registered Nurses

This chapter will address the following platforms and proficiencies:

Platform 3: Assessing needs and planning care

At the point of registration, the registered nurse will be able to:

3.5 demonstrate the ability to accurately process all information gathered during the assessment process to identify needs for individualised nursing care and develop person-centred evidence-based plans for nursing interventions with agreed goals.

3.11 undertake routine investigations, interpreting and sharing findings as appropriate.

3.12 interpret results from routine investigations, taking prompt action when required by implementing appropriate interventions, requesting additional investigations or escalating to others.

3.15 demonstrate the ability to work in partnership with people, families and carers to continuously monitor, evaluate and reassess the effectiveness of all agreed nursing care plans and care, sharing decision making and readjusting agreed goals, documenting progress and decisions made.

3.16 demonstrate knowledge of when and how to refer people safely to other professionals or services for clinical intervention or support.

Platform 4: Providing and evaluating care

At the point of registration, the registered nurse will be able to:

4.3 demonstrate the knowledge, communication and relationship management skills required to provide people, families and carers with accurate information that meets their needs before, during and after a range of interventions.

Introduction

Case study: Collaborative use of a falls assessment tool

Ian was in the second year of his nurse preparation programme and his placement was with the intermediate care team. He noticed that many different professions, such as occupational therapists, physiotherapists and nurses, worked alongside each other in this area. This was particularly evident with the falls risk assessment tool, where the nurses completed one side relating to the patient's presenting history, social background, biographical information and nursing observations, and the therapists completed mobility and independence assessment elements. The resultant document was then integrated with the medical assessment, enabling a multidisciplinary plan of care to be generated.

Ian noted in his reflective diary the advantages of collaborative practice enacted in this way, reducing repetition for the patient and subjective judgement based on their particular profession's take on the situation. The falls risk assessment tool also triggered certain actions that needed to be followed up. Ian thought this could be especially useful for less experienced professionals such as himself.

It is important for students to gain an understanding of the relevance of generic assessment and screening tools and how to apply and interpret them so as to be able to accurately assess patient needs. Screening tools offer an important and structured basis for planning care interventions. As the case study above highlights, they can be used collaboratively and also offer important trigger points to prompt the planning and delivery of care. The information collected by screening tools is also useful for compiling audit data to identify the effectiveness of care. It is important that you understand the usefulness of a variety of screening tools to aid your patient assessment and care. This chapter will clarify the purpose of assessment tools as well as identify some potential problems with their use. It will introduce the MUST, Waterlow and NEWS2 screening tools, and identify how the information they collate is used to make a nursing diagnosis. The activities offered throughout the chapter will help you to reflect on your own knowledge and skills as well as make use of some of the screening tools with a case study. You will be invited to apply some of the principles to your own practice experience.

The purpose of assessment tools

The purpose of assessment tools is to enable you to carry out an effective assessment. Not only that, but the tools ensure the process is structured (so nothing is missed) and that other professionals are also able to understand the data collected and how it might be put to use. Wilson et al. (2018) state that assessment tools can be categorised by what they do:

- health screening and diagnosis – identifying the problem and its severity (e.g. the Hospital Anxiety and Depression Scale) (Pritchard, 2011);
- descriptive – describing the problem but not necessarily directing action (e.g. the Barthel Activities of Daily Living Index) (Mahoney and Barthel, 1965); and
- predictive – identifying the potential for problems to develop (e.g. the Braden Scale for Predicting Pressure Sore Risk) (Anthony, 2010).

What assessment tools do is offer a way to measure the problem, or consider potential problems, in an objective fashion that can be consistently communicated to other professionals. The negative aspect of this is that the terminology and process may not always be comprehensible to patients, and therefore can exclude them from the process. Completing Activity 4.1 will help you to identify your knowledge about the range of assessment tools that are used in practice and their purpose.

Activity 4.1 Critical thinking

Make a list of the assessment tools that you have seen used in your placements. Now consider:

- What was their purpose?
- Were other professionals involved in their use, and if so how?
- Were there any problems with using the tool?
- How was the patient involved?

As this activity is based on your experience, there is no outline answer at the end of the chapter.

...ome of the more commonly used assessment tools in your list, ...ring systems, pain assessment scales and the mini-mental score. ...d specific problems with patient involvement, such as the use of ...cognitive ability and memory, and perhaps the time it might take ...so important to remember that assessment tools are only as good ... expertise of the person using them. The National Institute for ...ellence (NICE) has developed a range of guidelines that underpin ...essment tools (**www.nice.org.uk**). The next section explains in more detail th... ...e of knowledge and skills for using assessment tools.

Knowledge and skills needed to use assessment tools

An inaccurately used assessment tool can put patients at risk because you may over- or underestimate their risk of a particular problem or make inappropriate use of resources. It is important to ensure that you have the knowledge, skills and time to use the assessment tool and to continue to develop this with a diversity of patients so that you can improve your skills and competence. Key aspects that need to be considered before using assessment tools are:

- knowledge of the tool – the purpose of using the tool and how relevant and suitable it is to the patient's situation;
- knowledge and understanding of the patient's presenting problem and the reason for using the tool to assess this;
- communication – understanding how to gain information and explain what you are doing;
- obtaining data – understanding how to use the tool;
- recording data and information – understanding how to record the results accurately;
- evaluation of data and information – being able to analyse the results; and
- linking results to diagnosis and care planning – being able to think critically about the results and analyse what to do next.

Consider the following case study and then complete Activity 4.2 in order to apply these principles.

Case study: Assessing pressure area risk

Niamh was working in a community placement with the district nurses in the first year of her preparation programme. They had a patient, Gladys, who was bed-bound.

Niamh's practice supervisor, Maggie, explained that they needed to assess Gladys's pressure area risk and asked Niamh whether she knew how to do this. Niamh replied that she had used the pressure risk assessment tool in hospital but was not sure if it was different in a community setting. Maggie showed Niamh how the pressure risk assessment tool was used in the community and then told her to have a go at assessing Gladys's needs. They discussed the results, which showed that Gladys was at high risk and needed specialist equipment.

Activity 4.2   Critical thinking

Now you have read the case study, see if you can answer the questions below:

- What questions does Niamh need to address before using the tool?
- What should she communicate to Gladys?
- How should she record the results?
- What might she need to consider within her analysis of the results?

An outline answer is given at the end of the chapter.

When using an assessment tool, it is important to explain as fully as possible to the patient what the tool is and why it is being used, to ensure patient consent. This is why you need to understand how the tool works and what you hope to achieve in using it, in order to give an accurate description. Therefore, you need to address the following aspects when preparing to use an assessment tool so that you can justify what you are doing with the patient and communicate this to other professionals who may also be involved in the patient's care. Your explanation should include:

- the aim and objective of using the assessment tool;
- the benefits and limitations of the assessment tool;
- showing you have ensured that the information gathered is accurate;
- what you plan to do with the information gathered; and
- any actions that have been triggered from using the assessment tool (think about possible nursing interventions and also whether you need to involve other people).

Being clear about why you are using a particular tool and what you hope to achieve provides justification for your actions and the opportunity for you to reflect on what you have learned from this instance of using the tool. This helps to develop your knowledge and skills further. Completing Activity 4.3 can help you to think about what you have learned from using assessment tools.

Activity 4.3 Reflection

Think about an assessment tool you have used a number of times. Now consider the different situations you have used this tool in. What was similar and what was different? Were there any problems, and how did you solve them? What do you think you have learned?

As this activity is based on your experience, there is no answer at the end of the chapter.

You might have considered your use of pain assessment tools. You might have identified how variable the results could be because of subjective scoring and interpretation and difficulty with determining action. You might have learned that you needed to integrate the information from the assessment tool with other information available to you so that you can make informed decisions about care planning.

Potential problems

Some potential problems of using assessment tools are that you can become overly reliant on them, and therefore do not take sufficient note of the variety of evidence, of which they are only a part (Wilson et al., 2018). Over-reliance on an assessment tool may mean that you miss other issues going on with the patient, putting them at risk. Equally, assessment tools may not be culturally sensitive, and therefore may miss out important aspects (e.g. diet content or the different ways people respond to or express pain). Continuously relying on assessment tools may also be deskilling because you use your clinical assessment skills less (Wilson et al., 2018). In order to provide holistic care, it is important that you use your clinical observation skills and therapeutic communication to involve patients in your application of relevant assessment tools for their care. If you do not involve patients, how do you know what they are experiencing? Completing Activity 4.4 will help you to consider the relevance of clinical assessment skills for holistic assessment.

Activity 4.4 Reflection

List the clinical assessment skills that are important for developing holistic and person-centred care. How could you develop these further? How could you increase patient involvement and ensure you are integrating the 6Cs?

An outline answer is given at the end of the chapter.

Making sure that you continue to develop all your assessment skills will help you to avoid some of the potential problems identified above. We now proceed to consider some selected assessment tools and how to use them.

Malnutrition Universal Screening Tool (MUST)

The MUST is used to identify those who are malnourished or at risk of becoming malnourished (Holmes, 2010). It assesses body mass index (BMI) through height and weight measurements, establishes the percentage of unintentional weight loss according to tables provided, and scores subjective criteria such as the effects of acute disease, adding all these together to identify the overall risk (Malnutrition Advisory Group, 2012). The tool and explanatory information can be viewed at the British Association for Parenteral and Enteral Nutrition website (**www.bapen.org.uk**). Holmes (2010) emphasises that the MUST should be used in conjunction with clinical assessment information so that a nutritional support plan can be commenced and evaluated over time. Nutritional health is important for the body's ability to fight infection and for growth and repair (Rushforth, 2009). The National Institute for Health and Care Excellence (NICE, 2006) recommends that screening should be repeated in those cases where patients are deemed to be vulnerable (**www.nice.org.uk/CG32**). Such patients include those with:

- BMI <18.5;
- unintentional weight loss >10%;
- decreased absorptive capacity; and
- increased nutritional requirement (e.g. burns or other large wounds such as abdominal surgery).

Case study: Simon's ulcerative colitis flare-up

Simon was 19 years old and due to start university. He had been diagnosed with ulcerative colitis in his early teens. As he prepared to go to university, his symptoms of diarrhoea, abdominal cramps and general malaise worsened, and he started to lose weight. On his way to meet a friend, he collapsed and was taken to hospital. Following investigations in accident and emergency, he was diagnosed with an acute exacerbation of ulcerative colitis and admitted to the gastrointestinal ward. The student nurse, Geena, who was admitting Simon completed the MUST and noted that his BMI was 19, but that his weight loss was less than 5 per cent over the last three months. This gave Simon a MUST score of 1, which meant he was at medium risk of malnutrition. Geena documented Simon's MUST score and relayed the result to her practice supervisor, Peter. Peter explained that as Simon was at medium risk of malnutrition, they

(Continued)

(Continued)

would write that his nutritional intake was to be observed in the care plan, and that Simon was to be rescreened with the MUST in three days' time. Geena asked why they were not referring Simon to the dietitian now. Peter explained that, as Simon was deemed to be medium risk, the objective was to see what Simon ate and if there was anything interfering with his food intake in order to make a considered judgement. He explained that not everyone at risk needed full multidisciplinary team input immediately and that there is often a need to get more than one score for an individual in order to see if a pattern is emerging.

Over the next day, it was noted that cramping pain was interfering with Simon eating. His pain relief was adjusted, and as his medication to counteract the ulcerative colitis symptoms took effect, Simon began to eat more regularly. His repeat MUST screen indicated that Simon was now low risk and he was discharged home.

In Simon's case study, you will have noted that his absorptive capacity has been reduced by the flare-up of his ulcerative colitis, putting him at medium risk of malnutrition despite his age. Completing Activity 4.5 will help you to identify some other patient situations where using the MUST would be indicated.

Activity 4.5   Critical thinking

Make a list of patient problems correlated with the warning signs described above. What would alert you?

An outline answer is given at the end of the chapter.

In practice, you may find that you will be using a number of assessment tools concurrently, especially with very sick patients. What is also important is that you use assessment tools to help pick up issues that you might otherwise have missed. Only using an assessment tool once a problem is well established will not benefit the patient. The next tool we will consider is the Waterlow pressure ulcer risk assessment tool, which draws on some of the results from the MUST score.

Waterlow pressure ulcer risk assessment tool

The Waterlow pressure ulcer risk assessment tool was developed by Judy Waterlow in 1985. She recognised the economic and human cost of pressure ulcers, and has continued to revise and update the scoring system to include recent research

(Waterlow, 2008). The scoring system considers risk categories that are scored according to the patient's presentation. The scores are then added together to identify the overall risk. The categories include:

- BMI;
- visual assessment of skin type;
- age and sex (gender);
- malnutrition screening;
- continence;
- mobility; and
- special risks such as surgery, trauma, disease effects and neurological deficits.

The overall risk is defined as *at risk*, *high risk* or *very high risk*, and a range of pressure-reducing aids and nursing care options is proposed in order to manage the level of risk identified (Waterlow, 2008). The latest Waterlow scoring system can be viewed at **www.judy-waterlow.co.uk**, and you can download a useful quick guide. Completing Activity 4.6 will help you to identify the local version used in your practice area.

Activity 4.6   Critical thinking

Look at the quick guide on the Waterlow website (**www.judy-waterlow.co.uk**). Now consider the pressure scoring system you have seen used in your practice or look for one on your next placement. Are there any differences, and if so what might be the reasons? What does the local policy say?

As this activity is based on your experience and practice area, there is no answer at the end of the chapter.

Local policy takes account of research, national guidelines and other relevant assessment tools such as wound assessment. Local policy may also be influenced by the types of patients being cared for whose inherent risks for health issues, such as pressure ulcers, may differ from those of the general hospital population. It is important that you inform yourself of local policies and guidelines in order to be able to evaluate your use of assessment tools and their effectiveness. Local policies are developed through practitioner feedback as well as research and national guidelines. We now proceed to consider the NEWS2 scoring system.

National Early Warning Score (NEWS2)

There have been a number of early warning systems used in the care of acutely ill patients. The multiplicity of such systems used in healthcare institutions led to the development of a national standard because of differences in local systems and language.

The NEWS score was developed to provide acute care teams with a system that enabled a timely response to acutely ill patients, and was updated in 2017 to produce the NEWS2 scoring system. Early detection and a competent, timely clinical response are the key determinants of the outcome for people who are acutely ill. The NEWS assessment tool was developed as a standardised scoring system to warn of physiological changes in the condition of patients who were very unwell, so that timely interventions could be implemented (RCP, 2012). The National Institute for Health and Care Excellence (NICE, 2007) had previously recommended that acutely ill patients needed to be monitored more closely to identify deterioration in the acute hospital setting (**www.nice.org.uk/CG50**). The NEWS2 assessment tool integrates six simple fields to measure physiological parameters, forming the basis of the scoring system. These are:

1. respiration rate;

2. oxygen saturation;

3. systolic blood pressure;

4. pulse rate;

5. level of consciousness or new confusion; and

6. temperature.

The specialised observation chart uses colours to denote when observation results are entering danger trigger zones. You will see these used in acute settings such as surgical and medical wards, as well as intensive care and accident and emergency. When you next have an acute placement, examine the observation charts used and ask practitioners how they use them.

Of course, many other assessment tools are available, such as falls, pain, anxiety, informational needs, self-esteem and body image, sedation scores, and wound assessment, and different variations are also sometimes used according to the diseases or conditions the patient has presented with. We have only focused on three of the most widely used assessment tools here. These are all applicable to the following case study.

Case study: Mr Jordan's biliary stent

Mr Jordan is a 70-year-old man who has liver cancer. He has become more jaundiced and unwell. Although his condition is terminal, there are palliation procedures that can help him. One of these is a biliary stent insertion, which will help relieve pressure in the biliary duct and reduce the jaundice by allowing the bile to drain into the small bowel again, for a while. Mr Jordan has lost a considerable amount of weight in the last month as he has lost his appetite and has felt quite nauseous. On admission, his BMI is less than 18.5 and his skin is noted to be dry and warm. His vital signs are temperature 37.8°C, pulse 100 bpm, respirations 15 breaths/minute, blood pressure 130/85 mmHg. His urine output is 70 ml/hour. The biliary stent procedure is undertaken in the radiology department, requiring Mr Jordan to lie on a hard X-ray table for up to three hours. As it is a painful procedure, Mr Jordan is given pre-emptive analgesia of morphine and the sedative midazolam. The procedure is carried out successfully and Mr Jordan returns to the ward after three hours. The next day, his temperature starts to rise, and over the next few days his condition deteriorates. His vital signs are now temperature 40.1°C, pulse 50 bpm, respirations 24 breaths/minute, blood pressure 200/110 mmHg. His urine output has fallen to 20 ml/hour. Mr Jordan is sometimes delirious. Blood cultures confirm that Mr Jordan has septicaemia. He is moved to a high-dependency unit for further monitoring. Intravenous antibiotics are started, and Mr Jordan gradually improves. After a week, he is well enough to move out of the high-dependency unit. However, it is noted that he has developed a sacral pressure sore.

Read the above case study again and then use the assessment tools (Waterlow, MUST and NEWS2) discussed earlier to complete Activity 4.7.

Activity 4.7   Critical thinking

After reading the case study, use each of the Waterlow, MUST and NEWS2 assessment tools in turn and try to complete the tool you have chosen using the information provided. Now consider the following questions:

- What are the benefits and limitations of this tool in relation to the case study?
- What are the issues of using this tool with the patient case (e.g. do you have all the information you need or is some missing, and if so how will you find it)?
- What skills do you need?
- What actions are triggered by the use of the tool with the patient case?
- Who else might you need to involve?

An outline answer is given at the end of the chapter.

As you will have noted, the assessment tools all come to different conclusions. You need to analyse these conclusions and identify your nursing diagnosis of the situation. This is considered further in the next section.

Relationship of screening tools to making a nursing diagnosis

Screening tools help to identify the problems the patient has. The information provided by the assessment tool is analysed by practitioners to determine what to do next. Part of this analysis process is making a nursing diagnosis based on the results obtained, to direct further action and nursing interventions. Making a nursing diagnosis is what practitioners do when they are interacting with patients (e.g. identifying whether a patient is anxious or in pain). It is important to be able to communicate what the nursing diagnosis is to the patient and to other professionals so that they can understand why you are following a particular course of action. The following case study illustrates how this is done.

Case study: Making a nursing diagnosis of infection

Erica was a 58-year-old woman who was having her leg ulcers redressed by the community nurse, Alicia. Alicia used a wound assessment chart to assess the progress of Erica's leg ulcers. Wound assessment charts vary between organisations, but commonly consider the dimensions of the wound, the appearance of the wound bed and surrounding skin, any exudate or bleeding, the level of pain, and the location of the wound to be entered on the human diagram (Dougherty et al., 2015). An example of a wound assessment chart can be found at the following link: **www.health careimprovementscotland.org/our_work/patient_safety/tissue_viability_resources/ general_wound_assessment_chart.aspx**

When completing the assessment, Alicia noted that Erica seemed to be experiencing increasing discomfort. She examined Erica's leg ulcers and noted an increase in exudate and that the wound bed seemed to be showing signs of infection. Alicia made a nursing diagnosis of wound infection and altered the dressing regime. She explained to Erica why she was doing this. She also documented the change and her reasoning for this and communicated the change to Erica's GP.

The case study highlights that nurses make decisions about nursing interventions. These are based on the information gleaned from patients in a variety of ways. Being able to make a nursing diagnosis is important because you need to justify the changes that you make. We will look at how to make a nursing diagnosis in greater detail in Chapter 5. Next we consider how screening tools contribute to audit.

Screening tools and audit

Screening tools are used within audit procedures because they provide consistent and more objective assessment of a phenomenon. For example, pressure sore prevalence audits are recommended to be undertaken regularly to benchmark the quality of patient care (Defloor et al., 2005). Audit collects and measures available information with the purpose of measuring care against evidence-based benchmarks (Barker, 2013). The European Pressure Ulcer Advisory Panel classification system differentiates between other wounds and pressure sores, helping practitioners to make this distinction in a systematic way (Defloor et al., 2005). Completing Activity 4.8 will help you to identify the link between other assessment tools and audit.

Activity 4.8   Critical thinking

Make a list of any clinical audits you have seen completed in practice, or if you have not seen any, ask your practice supervisor which audits are carried out in your placement area. What information is collected and what tools are used to collect it? How do the results inform practice?

An outline answer is given at the end of the chapter.

You might like to explore the relevance of audit further by reading Ellis's (2019) *Evidence-Based Practice in Nursing*. Accurate assessment and interpretation of information are important to manage clinical effectiveness and promote high-quality patient care.

Conclusion

Assessment tools are useful for gaining information about problems, or potential problems, that patients may experience, as well as playing an important part in auditing the quality of care. They use a systematic approach and provide suggested further action, which is especially helpful to less experienced practitioners. Nevertheless, they should not take the place of other forms of clinical assessment such as observing and talking to patients to identify what they need.

Activities: brief outline answers

Activity 4.2 Critical thinking (p63)

Niamh needs to find out what is wrong with Gladys in order to determine the suitability of the assessment tool and how to interpret the results. She will also need to check with her practice supervisor whether her understanding of the tool, gained from using it in the hospital setting, is appropriate for the community setting before starting to use it with Gladys. Niamh will need to explain to Gladys what she intends to do and why, and gain her consent. She will then need to use the assessment tool prompts to gather the data, record the results on the tool paperwork and then interpret the results, again explaining these to Gladys and what the next actions are. She will need to record these in the nursing notes. Lastly, she will need to evaluate her use of the tool reflectively with her practice supervisor in order to inform her future practice.

Activity 4.4 Reflection (p64)

Clinical assessment skills include questioning techniques and attentive listening (to review these, return to Chapter 3), observation and analytical thinking. Analytical thinking in particular aims to integrate all the assessments undertaken by a variety of professionals so that appropriate interventions can be commenced. You could develop your clinical assessment skills further by practising them regularly with each patient you encounter and making sure you are always taking a complete view of the patient's care needs rather than concentrating on one issue. You could involve patients more by asking them about their experience and offering information and explanation. You can integrate the 6Cs through developing your competence and through communicating appropriately to find out the patient's perspective. In this way, you can also demonstrate your commitment and care.

Activity 4.5 Critical thinking (p66)

Problems that could result in a BMI of <18.5 include eating disorders such as anorexia nervosa and bulimia, mental illness such as depression, and physical illnesses such as cancer, particularly when patients are having chemo- or radiotherapy and when they are in the palliative stages. Sudden unexplained weight loss is often a sign of cancer. In the elderly, it may be because they do not have an appetite, for a variety of reasons, or have swallowing difficulties. Decreased absorptive capacity problems include Crohn's disease and ulcerative colitis and certain types of bowel surgery. Increased nutritional requirements are exerted by large wounds such as extensive pressure ulcers and burns and also by prolonged infection. Aspects that might alert you could include:

- mood and mental state;
- picking at food;
- lack of interest in appearance or hygiene;
- withdrawal from communication;
- vomiting and diarrhoea; and
- pain.

Activity 4.7 Critical thinking (p69)

Using the MUST on Mr Jordan, you will have identified that he is at high risk of malnutrition. You do not know the percentage of weight he has lost but take into account his subjective view that it is considerable. You consider the benefits of using the MUST as identifying Mr Jordan's nutritional risk, but its limitation is that it is based on a cognitively aware patient. The skills you need for using the tool are knowledge of how to use it and professional judgement of the patient problem and likely effects. The action triggered by the MUST is nutritional support. You would involve the dietitian to advise.

Using the Waterlow score in Mr Jordan's case, you will have identified that he is at high risk to very high risk of developing a pressure sore. You do not know the effect of lying on a hard X-ray table or how much weight he has lost. You consider the benefit of using this scoring system as identifying Mr Jordan's pressure risk but note its limitations in that it is based on your subjective interpretation as well as giving a tendency to overestimate. The skills you need to use the tool are observational and analytical. The main issues of using this tool in this patient's case are his changing condition and needs. The actions triggered are to provide pressure-relieving aids, ensure appropriate manual handling techniques are used, and grade the pressure sore and apply dressing in accordance with local policy. For this, you might involve the local tissue viability nurse.

Using the NEWS2 assessment tool, you would have identified that Mr Jordan's vital signs and level of consciousness have triggered the need for more frequent recording of observations and for review of Mr Jordan by the intensive care outreach team. You consider the benefits of using this assessment tool as alerting you to Mr Jordan's deterioration and of involving other relevant professionals at an early stage. You may consider one of the limitations of the tool is that some patients may score on the cusp of, or just inside, a danger trigger zone, and this can lead to uncertainty of what to do. The skills needed to use this tool are being able to carry out accurate nursing observations and understanding the significance of these observations. The actions triggered are more frequent nursing observations and involvement of the outreach team, as well as notifying the radiology team who carried out the biliary stenting procedure.

Activity 4.8 Critical thinking (p71)

The type of audits carried out in practice are likely to include mortality rates following medical intervention, resuscitation outcomes, pressure ulcer incidence, infection rates and record-keeping. What these have in common is that an assessment tool for finding out the information will be used. Assessment is therefore also important for practice in order to continue practice development.

Further reading

Ellis, P. (2019) *Evidence-Based Practice in Nursing*, 4th edn. London: SAGE.

This book has a clear section on the importance of audit and will help to inform your thinking about this.

Wilson, B., Woollands, A. and Barrett, D. (2018) *Care Planning: A Guide for Nurses*, 3rd edn. Harlow: Pearson Education.

This book has a useful section on the advantages and disadvantages of assessment tools and will help you to set their use within the wider context of care planning.

Useful websites

www.bapen.org.uk

This website gives information about the MUST score.

www.judy-waterlow.co.uk

This website identifies how to use the Waterlow scoring system.

www.nice.org.uk

This website offers information on NICE guidelines.

www.nice.org.uk/CG32

This link takes you to the page for Clinical Guideline 32, which offers specific information on nutritional assessment.

www.nice.org.uk/CG50

This link takes you to the page for Clinical Guideline 50, which gives specific information on the assessment of deterioration in acutely ill adults.

Chapter 5 Nursing diagnosis

Peter Ellis

(Continued)

Platform 5: Leading and managing nursing care and working in teams

At the point of registration, the registered nurse will be able to:

5.4   demonstrate an understanding of the roles, responsibilities and scope of practice of all members of the nursing and interdisciplinary team and how to make best use of the contributions of others involved in providing care.

Chapter aims

After reading this chapter, you will be able to:

- define what is meant by nursing diagnosis;
- explain the history and development of a nursing diagnosis;
- identify how a nursing diagnosis relates to the nursing process;
- consider some of the potential pros and cons of a nursing diagnosis for the patient and nurse; and
- develop a nursing diagnosis using the patient assessment.

Introduction

Creating a nursing diagnosis is a process in which nurses establish nursing priorities from their communication and interaction with patients. This chapter explains what a nursing diagnosis is and how you can develop one. It identifies some of the advantages and disadvantages of a nursing diagnosis and what this means for both the patient and the nurse.

What is meant by nursing diagnosis?

Wilkinson (2016) defines a nursing diagnosis as:

A concise label that describes patient conditions observed in practice. These conditions may be actual or potential problems or wellness diagnoses.

(p6)

The important point here is that a nursing diagnosis requires accurate description of the main characteristics of the conditions observed. However, this presents problems because the ways terminology is used may vary between different professions and professionals, and therefore standardisation of terms helps to ensure consistency (Carpenito-Moyet, 2016). For example, a doctor might talk about hypoglycaemia whereas a nurse may describe this as low blood sugar. Nurses and other healthcare professionals increasingly try to demystify medical terminology to help patients to understand what they have been told, but what Carpenito-Moyet (2016) is suggesting is that nurses also need to be consistent in the terminology they use. The following case study identifies how a nursing diagnosis is established.

Case study: Su's informational needs

Su is a 53-year-old woman who has recently had her first breast screening appointment. She is recalled to the clinic for further imaging due to an abnormality being found. Su is very nervous and concerned. She has further radiological images taken, followed by a breast biopsy, and sees the breast physician for the results a week later. Su is told that she has a fibroadenoma – a benign tumour. As it is small, nothing further needs to be done. Su goes home relieved. However, when talking it over with her husband, Su starts to worry. The word 'tumour' sticks in her mind. Su equates the word 'tumour' with cancer. Su begins to find it difficult to sleep and eat and is anxious most of the time. She is worried that the benign tumour may develop into a cancerous one. She goes to see the nurse at her GP surgery. Hayley, the nurse, makes a nursing diagnosis of informational need. Hayley explains to Su that a fibroadenoma is a small knot of fibrous and glandular cells. These cells are a normal component of breast tissue but have multiplied too much. The breast biopsy has confirmed the medical diagnosis, that the cells are benign. 'Benign' means that the cells will not become cancerous and spread, but will stay in their present location. Removal of the lump is only indicated if the fibroadenoma is particularly large. Hayley advises Su to become familiar with the feel of the lump so she can notice and act on any changes. In this way, Su can regain some control. After seeing Hayley, Su feels much better. She remembers that the breast physician did explain some of this to her, but she was too agitated at the time to take it in. Su also asks her husband to become familiar with the feel and shape of her breast and help to alert her to any change he may notice.

The case study above illustrates how the medical diagnosis of a benign fibroadenoma has left Su with further informational needs. This is partly because Su was too anxious to take in what was being said by the doctor, but also because she did not understand the medical jargon that the breast physician used. Hayley has listened to Su's concerns and from this has established a nursing diagnosis of *unmet need for information*. The case study shows that although medical and nursing diagnoses may be related, they often have differing foci and emphasis. The focus of the medical diagnosis is physiological; the focus of the nursing diagnosis in this case is the psychosocial impact of the physiological problem. Carpenito-Moyet (2016) asserts that nurses need to establish a classification system that describes not only the patient problem, but also patient responses, which are considered when making a nursing diagnosis. The key aspects of a nursing diagnosis are:

- defining the nursing problem (e.g. the person is unable to get out of bed);
- describing the characteristics of that problem using information from the patient and from objective assessment such as the use of an assessment tool (e.g. the patient says she cannot stand without support; a recent falls assessment identifies that she cannot balance due to right-sided leg weakness following a cerebrovascular accident);
- considering other relevant factors (e.g. level of visual acuity);
- considering different diagnoses for best fit (e.g. pain or arthritis causing immobility); and
- identifying what you hope to achieve (e.g. for the patient to be able to get out of bed as independently as possible).

(Wilkinson, 2016)

Nevertheless, trying to standardise terms should not distract nurses from clarifying information given to patients. Nursing diagnosis and medical diagnosis are different because the nursing emphasis is on a holistic assessment of the patient, which considers psychological as well as physical concerns (Wilson et al., 2018).

What a nursing diagnosis is not is simply stating a patient problem, such as 'cannot mobilise'. The problem needs to be defined. This means in reality that the nursing diagnosis needs to be clear about what 'cannot mobilise' actually means. Is it:

- Cannot stand at all.
- Can stand in a stand aid to be transferred.
- Can mobilise with a frame.
- Can mobilise only with the support of carer(s).

In contrast, a medical diagnosis will focus on a health deficit, such as rectal bleeding, for example, which is established by the medical practitioner. Nursing diagnoses try to involve and include patients by taking account of their experience and how this feels for them. Completing Activity 5.1 will help you to reflect on your understanding of a nursing diagnosis.

Activity 5.1   Reflection

Think about your last placement and the patients you cared for. When you were new to the area, were you able to use the care plan, containing the nursing diagnosis in order to help you provide the care that patients there needed? Was the description of the conditions the patients had clear enough for them to understand how they could be enabled and empowered, and what the role of the nurse is caring for them?

As this activity is based on your experience, there is a limited answer at the end of the chapter.

You may have identified that you carry out the instructions of others without always knowing how they are framing the nursing diagnosis or indeed that the verbal instructions are not reflected in the detail of the written nursing diagnosis. You may have thought about some of the descriptors used for patient problems, such as immobile, incontinent and unable to self-care. However, these are rather vague and could be more precise in order to help practitioners think about what to do, and perhaps more importantly the level of care the person has described themselves as needing. Dougherty et al. (2015) make the point that patient problems and nursing diagnoses may not always be phrased the same because other disciplines may not always see the problem in the same way. This is why it is important for nurses to take a holistic view in order to develop a nursing diagnosis that takes into account the involvement of other disciplines as well as the patient. In the next section, we consider how and why nursing diagnoses started to be used.

The history and development of nursing diagnosis

The history of nursing diagnosis grew out of the frustration of nurses with a biomedical view of illness and caring that focused on the disease and not the person, and which ignored nurses' observations of patient responses. Nursing diagnosis is not a new concept. Florence Nightingale was commenting over 160 years ago on the need for hospitals to keep records that enabled comparisons to be made on the effectiveness of care (Nightingale, 1859, cited in Weir-Hughes, 2007, p35). Systematic methods of planning and evaluating patient care were introduced globally into nursing programmes of learning and practice in the 1970s (Gordon, 1994). In the US, nursing diagnoses began to be used in the 1950s and were gradually amalgamated into nursing practice through the efforts of first the American Nurses Association and then through further definition by the North American Nursing Diagnosis Association (NANDA) as part of the nursing process (Carpenito-Moyet, 2016). There will be further discussion of the nursing process in a later section. Around the same time, Carper (1978) was developing her theories of nursing knowledge as being different from medical knowledge, and these have also informed the process of developing a nursing diagnosis. These theories see patients as unique, which they are, with their own resources and strengths that need to be considered. NANDA has defined and characterised many of the nursing diagnoses that patients are likely to present with in a variety of settings (see **www.nanda.org**). Examples include anxiety, grieving, hopelessness, acute pain, risk for violence, impaired mobility, deficient fluid volume, nutrition imbalance and many more (Carpenito-Moyet, 2016). Nurses are becoming more empowered through defining what the nursing diagnosis is, and this in turn is helping them to be clear in their definition of what nursing is. Completing Activity 5.2 will help you to understand this point.

Activity 5.2 Reflection

Think about when you first considered nursing as a career. What did you think nursing was? What informed your definition? What do you think nursing is now? What has informed your conclusion?

An outline answer is given at the end of the chapter.

What you may have realised is that the nursing diagnosis is about identifying elements, or activities, within the life of the patient that need support at any given time. It is these individual issues, as defined by the patient in collaboration with the nurse, that nursing care focuses on rather than the more reductionist medical diagnosis. So, for example, the nursing diagnosis may see a person as needing support with pain relief, protection from pressure sore development, and help with washing, dressing and feeding (among other things), while the medical diagnosis may simply be 'fractured neck of femur'.

In essence, this nursing diagnosis is more about what individual patients experience and what they might experience rather than some more objective label. We move on now to consider some of the advantages and disadvantages of using nursing diagnoses.

Advantages and disadvantages of nursing diagnoses

No nursing process should be undertaken without first reflecting upon whether it is fit for purpose and likely to achieve what you are aiming for. There will be more on the nursing process in the next section. While it is acknowledged that discipline expertise between nursing and medicine overlaps in areas of disease prevention, taking a history, diagnosing medical problems and seeking consultant advice, there are also many areas of difference, particularly in relation to nursing and medical definition and management of problems (Carpenito-Moyet, 2016). Like most processes, nursing diagnoses come with advantages and disadvantages.

Advantages of nursing diagnoses

- They clearly define the problem – it is important to be able to communicate patient problems clearly to nurses and other healthcare practitioners.
- They focus on the patient you are dealing with rather than all patients – patients are unique and nursing diagnoses reflect this.
- They consider nursing priorities, which may differ from medical ones – they consider problems from other scientific viewpoints such as the social sciences.

- They direct specific nursing action and evaluation of that action – nursing diagnoses provide the basis on which care is planned and evaluated.

(Hinchliff et al., 2008)

Therefore, by clearly defining the problem and the actions that should follow, information is passed between care providers regarding what the patient's needs are and criteria are established by which to measure outcomes. This may be particularly beneficial for novice nurses and those new to practice.

However, there are also some disadvantages of nursing diagnoses.

Disadvantages of nursing diagnoses

- The patient does not understand the nursing diagnosis – patients need to be included in discussion when the nursing diagnosis is being drawn up so that they can see how the nursing diagnosis is different from the medical diagnosis.
- The terminology may not be easily transferable to different healthcare systems.
- Nursing diagnosis-directed interventions can be prescriptive – the actions asked for dictate what should be done and may not allow other interpretation according to unique patient circumstance.
- Nursing judgements can become formulaic, restricting learning.
- Care is fragmented – nursing diagnoses give specific directions to nursing interventions, which can deconstruct the act of nursing care to a task.

(Carpenito-Moyet, 2016)

Some of these disadvantages are avoidable when nurses are self-aware and do not try to impose their own values and understanding of the patient situation or make judgements about the patient. Nurses also need to consider how the elements of the care that could fragment into tasks are driven by the patient's needs at any particular point in time and are delivered in a manner that is enabling and empowering. We now proceed to consider how nursing diagnosis relates to the patient assessment process.

How nursing diagnosis relates to the nursing process

The nursing process is a systematic way of problem-solving that includes the stages of assessing, planning, implementing and evaluating care. It includes critically thinking about potential nursing interventions to develop a care plan and then evaluating the outcomes of the care provided. The nursing process has been used for some time in the UK because it can help to articulate evidence-based nursing care (Dyson, 2004). Establishing the nursing diagnosis is a key part of the nursing process because it identifies what the nursing priorities are. The nursing process is cyclical and begins with patient assessment, which – combined with communication with the patient – helps the nurse to develop the nursing diagnosis. This is an important leadership role for nurses as they take the lead in developing a nursing diagnosis in order to plan nursing care for their patient(s).

Nurses use information obtained through patient assessment to make clinical judgements about the nursing care the patient needs. These clinical judgements are the nursing diagnoses (Dougherty et al., 2015). This suggests that there is a definite process to making a nursing diagnosis and subsequent decisions about care. Carpenito-Moyet (2016) identifies that patients are the starting point in the experiences and symptoms they describe, the signs they display, and their responses to medical and other health and social care interventions. Wilson et al. (2018) state that using a systematic process to develop a nursing diagnosis enables problems to be identified and solutions found. These are important considerations when trying to identify possible nursing problems, and from this a possible nursing diagnosis is made. Figure 5.1 shows the stages in the nursing process with the addition of the nursing diagnosis between assessment and planning, as suggested by Wilson et al. (2018).

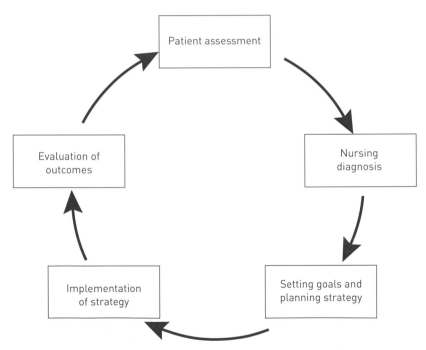

Figure 5.1   Nursing diagnosis as part of the nursing process

We have already established that because a systematic nursing diagnosis focuses not only on disease processes or treatment options, but also on nursing priorities, the outcomes looked for by nurses may be different from those sought by medical practitioners (Welton and Halloran, 2005). What is also important to recognise at this point is that nursing diagnoses and nurses' use of them also varies widely between nurses (D'Agostino et al., 2018). That said, accurate documentation of the nursing diagnosis process and implementation of the nursing actions planned are important for continuing effective and safe patient care (Paans et al., 2011). The following case study illustrates how nursing diagnosis fits into the nursing process of assessment and care planning.

Case study: Diagnosing Bill's inability to cope

Bill is a retired postman. He is married with two grown-up children, one of whom lives in New Zealand and the other has a high-powered job in London. Bill's wife died six months ago and he has lost interest in looking after himself. His GP has become concerned that Bill is depressed and has referred him to the mental health team. Gillian, the mental health nurse, visits Bill at home. She notices the dirty state of the house and unwashed cups and dishes in the kitchen. She also sees the stubble on Bill's chin and smells body odour. She asks Bill how he has been getting on and how things are since his wife died. Bill looks sad and starts to cry. Gillian remains silent but places a hand on Bill's to offer comfort. Gillian gives Bill time by moving on to discuss his current medication regime prescribed by his GP. When Bill is more composed, Gillian asks how he has been managing to look after himself. Bill says he has no appetite and sits most days in front of the television for company. Gillian asks him whether he has had any bereavement counselling.

Gillian makes a nursing diagnosis of inability to cope, which she defines as Bill not being able to carry out normal activities and avoiding people. She plans with Bill what to do. She finds out that Bill belongs to a local church, although he has not been since his wife died. Gillian gains Bill's agreement for her to talk to the vicar to come and see him and organise some help with cooking and cleaning from the congregation. Gillian also arranges for a Cruse group member to come and speak to Bill. When Gillian visits Bill the following week, he appears a bit more alert and interested. The visit of the Cruse group member has had a profound impact on him. He is talking about going to a group support session. Gillian sees this as regaining some ability to cope.

The above case study illustrates how nurses can define nursing problems, in this case a psychosocial issue, and find solutions by working with patients. Gillian was clear about the problem but did not try to impose solutions based on her own values; she worked with the activities and people already known to Bill. Nevertheless, involving others can sometimes also create problems when those people are not party to the initial diagnosis meeting, but are called upon to contribute in some way to the delivery of care. Therefore, continuous evaluation of the implementation phase of the nursing process is important to check on its validity and effectiveness for patient care.

Potential benefits and problems of nursing diagnosis for the patient and nurse

One of the benefits of accurate nursing diagnosis is that it can help promote effective patient care, and thereby potentially reduce the length of time that care is required (Weir-Hughes, 2007). What this means is that patients are able to return to their normal routines and leave care settings earlier because nurses focus on different outcomes to medicine (Welton and Halloran, 2005). Notably, nursing diagnoses are also, at least in some circumstances, predictive of not only the amount of care a patient will need, but also how long they may need it for (D'Agostino et al., 2017). In this way, nurses are able to demonstrate systematically the contribution nursing makes to patient care in the way they think about patient problems. In the case study relating to Bill, we have seen that he is able to recover partially through the application of a plan, agreed with Bill, to fulfil the needs identified in Gillian's nursing diagnosis. The nursing process, which incorporates nursing diagnosis as the next stage after patient assessment, offers practitioners a chance to reflect and gives them directions for doing so, which is particularly helpful to the novice practitioner (Wilson et al., 2018).

Conversely, problems which may arise from such systematic thinking are that patients may feel they are being 'processed' rather than being viewed as individuals with unique needs. Gillian might have spent her first meeting with Bill completing paperwork instead and firing questions at him. This might also have made Bill feel like he was being 'processed'. Avoiding the conveyor belt approach to nursing assessment and diagnosis is all about establishing a rapport with patients such that they become a part of the process, dictating at least some of the content of the diagnosis and subsequent plan according to their preferences and abilities.

When nurses are reliant on a process, it can also sometimes be difficult for them to think creatively and differently about their patient's problems and identify innovative solutions. Gillian identified one creative solution, Bill getting involved with his local church group again, as well as a Cruse support group, as a foundation for developing interaction. Read the following case study and then complete Activity 5.3 in order to identify some other potential benefits and problems with establishing a nursing diagnosis.

Case study: Jon's spiritual needs

Jon is a 10-year-old boy with leukaemia. He has had radiotherapy and a bone marrow transplant, but these have been unsuccessful. He is now having chemotherapy, which he is finding very tiring. Jon's mother, Angie, is staying with him in the hospital where he has been admitted because his blood count is low. Angie is exhausted and finds it really difficult to talk to Jon about his illness as she knows his prognosis is poor and she cannot hide her distress from him. Jon knows his mother is distressed but cannot talk to her about it because she shuts him out by talking about 'childish' things. Jon confides his concern for his mother to Maureen, an older nurse working in the children's cancer unit and someone whom Jon trusts. Jon says that he knows he is going to die and that everyone dies eventually anyway, so why hide from it? What he is finding hard is that no one seems to want to talk to him about it and they are always trying to 'jolly him along'. Jon has so many ideas and questions that he is looking to have answered. Maureen identifies that Jon has unmet spiritual needs. She sits down with him and asks him what he wants to know. Jon asks what will happen to him at the end and if he will be in pain. Maureen tells him that he will become more and more tired and eventually slip into unconsciousness. Jon asks if this is like sleeping, but Maureen is careful to make the distinction between sleep and unconsciousness so that Jon is not concerned to go to sleep at night. She suggests Jon starts keeping a diary so that he can record his thoughts and feelings. Maureen says that this might help him when he finds the right time to talk with his mum, but in the meantime Maureen is happy to talk with him whenever she is working. Jon asks what will happen to his things when he dies, and Maureen tells him they will be given to his mother. Jon thinks about this for a long time and then says that his diary can be a present to his mum.

Over the next week, Jon writes and draws in his diary, and at the end of the week Maureen finds Jon and Angie talking quietly. Angie later comes to find Maureen to thank her for helping her and Jon. She says that Jon's acceptance of his illness has helped to calm some of her own fears. The other nurses ask Maureen what she did as they have noticed a change in the relationship between Jon and his mother.

Jon gradually deteriorates and Maureen is now assigned to his care each time she is working. Jon dies at the end of the following week. Maureen gathers up his things and gives them to his mother, telling her that the diary was a special present from Jon to her.

Activity 5.3   Critical thinking

Read the case study about Jon again and identify the potential benefits of the nursing diagnosis for Jon, for Maureen and for other professionals. What might be the potential consequences for Jon's mother? Then consider any potential problems that the nursing diagnosis might create for the same group of people.

Having read Jon's case study, think about patients you have recently met on placement. Through reflection, how would you develop a nursing diagnosis of their spiritual needs? Which of the 6Cs does this relate to?

An outline answer is given at the end of the chapter.

Spirituality is often the section in patient assessment that is left blank or completed incorrectly in terms of focusing only on religious beliefs. However, spirituality is much more than this in terms of how people perceive themselves existing in the universe and have a sense of being (Clarke, 2013). Research suggests that spiritual distress is a meaningful and useful nursing diagnosis and therefore nurses would do well to better understand it (Caldeira et al., 2017). Being able to explain to others the characteristics of the nursing diagnosis and how you are using it also includes risk-assessing it in terms of the potential benefits and problems.

In the case study, Jon and Angie have benefited from Maureen's creative thinking resulting from her accurate and insightful nursing diagnosis. However, there are also risks attached because Maureen only has a snapshot view of their relationship and Jon's maturity of understanding. Maureen's good communication skills helped to support her development of the nursing diagnosis as well as its problem-solving, finding a solution and plan for implementation. The ward manager asked Maureen to give a talk to the new students starting on the ward about how to make a nursing diagnosis about spiritual needs. Maureen relates the story of her experience to help illustrate how and why the nursing diagnosis of unmet spiritual needs can help to plan useful interventions that can have profound consequences and outcomes. From having looked at some of the particular benefits and problems that establishing a nursing diagnosis can pose, you should now be ready to start to develop nursing diagnoses yourself using a patient assessment.

Developing a nursing diagnosis from a patient assessment

Carpenito-Moyet (2016) identifies a number of different categories of nursing diagnosis. These include:

- actual – the diagnosis is supported by the presence of major defining characteristics such as verbalisation of the inability to cope;
- risk – identifying vulnerability to the problem, such as risk of carer strain;
- possible diagnosis – there are cues for a possible problem, but further information is needed to confirm this (e.g. non-compliance might be an informed autonomous decision or might relate to lack of understanding);
- wellness – identifying the potential for being even better, such as managing health more effectively;
- syndrome diagnosis – a number of nursing diagnoses relate to a specific event (e.g. domestic violence may give rise to a number of different nursing diagnoses, but these all relate to a specific event); and
- diagnostic cluster – these are nursing diagnoses that relate to particular patient group situations, such as standard post-procedure care (e.g. following an endoscopy).

In order to assess the patient, you will need to collect and interpret information (for more detail on this, return to Chapter 3). This will include:

- medical history;
- history of the current problem;
- how the patient is feeling; and
- patient understanding of the problem.

All of these contribute to you being able to establish a nursing diagnosis. You will also need to think about psychological, physiological, sociocultural, spiritual and environmental factors, as well as the skills you need to deploy in relation to communication, analysis, creative thinking and problem-solving. Consider the following case study and then complete Activity 5.4.

Case study: Mabel's accident

Mabel is 56 years old and has learning difficulties. She lives in the community in a residential house. Mabel was crossing the road and got hit by a car that did not stop. Mabel was found unconscious by a cyclist who called an ambulance and stayed with her until it arrived.

Mabel wakes up in the ambulance but remains groggy and confused. Her Glasgow Coma Scale (GCS) score is 13. She has a headache and vomits once before reaching the hospital. Mabel is medically diagnosed with a head injury and admitted to the trauma ward.

When admitted to the trauma ward, Mabel becomes agitated by the strange environment and lashes out. She stays in the ward one night for observation and to receive anti-sickness medication and analgesia for her headache. When Mabel is discharged, she is given head injury advice and told to come back if her symptoms worsen. This is repeated to the care worker who comes to collect Mabel.

Activity 5.4 Critical thinking

After reading the case study, think about and list the different nursing diagnoses you can develop for Mabel. What categories do they fit with? What are the defining characteristics?

An outline answer is given at the end of the chapter.

You will have identified the possible nursing diagnoses as fitting into each of the categories described earlier. It might have been harder to think about the terms in which you wanted to describe them. Have a look at the diagnoses laid out in Carpenito-Moyet (2016) to help you with this.

Conclusion

Nursing diagnoses offer a nursing perspective on the problems that patients present with and can be focused on just the nursing elements or in collaboration with other professionals, but always in collaboration with the patient when they have the capacity to be involved. They articulate what expert nurses do all the time, and therefore are especially useful for those who are less experienced in practice. Nursing diagnoses are systematic and the starting point for any subsequent care planning. Therefore, they need to be accurately defined so that they are universally understood.

Chapter summary

This chapter has explained what a nursing diagnosis is and where it is placed in the nursing process, as well as offering some examples of different nursing diagnoses. It has clarified some of the advantages and disadvantages of using nursing diagnoses, as well as some of the potential problems they may pose for the patient and the nurse. You have been challenged to begin to think about your definition of nursing in order to contribute to advancing your professional understanding. You have been invited, through the activities, to apply critical thinking to the development of nursing diagnoses in different situations. They are the starting point for planning care; these themes will be revisited in Chapter 10.

Activities: brief outline answers

Activity 5.1 Reflection (p78)

You might have formulated patients' problems and needs according to their medical diagnosis, what information was handed over to you and what patients said. Terminology is therefore likely to have varied. Care plans that contain vague diagnoses are difficult to work with. For example, what does limited mobility mean? At what blood sugar level does a particular person living with diabetes start to suffer the effects of hypoglycaemia? What level of help does an elderly person need with their washing and dressing? Do the care plan and nursing diagnosis make this clear, or does everyone new to their care have to ask the person each time?

Activity 5.2 Reflection (p80)

You may have initially thought that nursing was about caring for people, although you could not really define this other than supporting patients who are feeling unwell by making them as comfortable as possible. You might also have identified nursing as giving medications. You could have been informed by the media and some of the programme dramas about nurses. You may also have based your definition on personal experience of being a patient. You are likely to realise now that nursing is based on the diagnoses that nurses make, which determine their nursing actions. While care is a key principle in any action taken by nurses, you need to be able to articulate your nursing diagnosis in order to explain your actions. What will have informed this conclusion is your placement experiences of seeing other nurses in action and being a novice nurse yourself. This is further informed by your learning theoretical elements such as accountability and the principles of the 6Cs. Nursing is therefore about recognising the uniqueness of each person and their individual needs, and developing a nursing diagnosis that directs nursing actions to help individuals attain their health potential. As spirituality is a part of health, considering spiritual concerns is especially important for those who are dying to ensure the experience is as good as it can be in the circumstances.

Activity 5.3 Critical thinking (p85)

You might have identified the benefits of this nursing diagnosis as making sure that Jon's needs are respected and acknowledged by him receiving honest answers to his questions. In addition, the relationship between him and his mother is improved through the diary, stimulating discussion about his spiritual needs. The potential benefits for Jon's mother are also having a lasting memento from Jon, a reduction in her anxiety and of feeling supported. The benefits to Jon's nurse, Maureen, are that she is able to identify Jon's individual need in addition to that of his medical diagnosis of leukaemia and deterioration, and teach others how to do this, from her experiential learning. The benefits to other professionals are that they are aware of how Jon's spiritual needs are being considered. The potential problems you might have identified are the risk of further alienation between Jon and his mother and that the diary could increase her pain after his death through what Jon has written. The potential problem for the nurse is in accurately gauging Jon's mental maturity to be able to understand and deal with the truth of his dying. The problem for other professionals may be in understanding Maureen's reasoning processes. Documenting her reasoning using the standardised care plan and clear terms could be helpful to support other professionals' understanding. The most relevant core values from the 6Cs here are care and compassion.

Activity 5.4 Critical thinking (p87)

You could have identified an actual diagnosis of a lack of understanding and communication issues, which may be a result of Mabel's learning difficulties, the trauma or a mixture of both. This would have been evident from the responses Mabel gave. You might also have identified a syndrome diagnosis of head injury, which included the headache and nausea that Mabel was complaining of. You might have considered a risk diagnosis for communication and how to ensure that Mabel understood the head injury guidance given. The defining characteristics of these diagnoses, according to Carpenito-Moyet (2016), would be as follows:

- nausea – wave-like sensation with salivation, pallor and tachycardia, subjective descriptions;
- confusion – disorientation, fear and anxiety;
- pain – the patient reports and describes the sensation and intensity of painful stimuli; and
- congruence between verbal and non-verbal message.

Further reading

Carpenito-Moyet, L.J. (2016) *Handbook of Nursing Diagnosis*, 15th edn. Philadelphia, PA: Wolters Kluwer Health/Lippincott Williams Wilkins.

This book identifies the history of nursing diagnosis and some of the issues nurses have with the concept, and sets out in detail the features and characteristics of a variety of nursing diagnoses. It is especially useful for the novice practitioner.

Useful website

www.nanda.org

This website contains the NANDA nursing diagnoses guidelines and updated information.

Chapter 6 Principles of care planning

Peter Ellis

Chapter aims

After reading this chapter, you will be able to:

*   explain the purpose of care plans;
*   identify a nursing problem;
*   understand the stages of care planning;
*   make the connection between nursing as a therapy and nursing care outcomes; and
*   develop a care plan.

Introduction

Case study: Grace's loss of confidence

Grace is 78 years old and lives with her friend, Mary, in a semi-detached house.
She suffered a fall recently that has knocked her confidence. Grace is normally
an outgoing individual, having previously attended many activities such as a reading group and helping out at a local lunch club, but she is now scared to leave the
house alone. Mary has severe arthritis and has not been able to help Grace much.
Siobhan, a nurse working with the intermediate care team, picks up Grace's referral and assesses Grace's needs and plans her care. The first thing she observes when
visiting Grace at home is that there are many loose rugs downstairs and that the
stairs leading up to her first-floor bedroom are rather steep, with only the main
banister for support. There is also a step from the kitchen into the dining area.

(Continued)

(Continued)

When Siobhan questions Grace about her eyesight, Grace admits that this has become progressively worse because of her diabetes. Siobhan checks Grace's blood sugar reading and the medication she is taking. The blood sugar reading is within normal limits. When Siobhan questions Grace about what led to her fall, Grace breaks down and says she and Mary had had a row about cooking supper, and she was not looking where she was going and tripped and fell. She felt unhappy and depressed, and this had worsened since the fall as she did not feel safe going out, but missed her other friends.

Siobhan identifies that Grace has issues with an unsafe environment and her mobility, as well as psychosocial issues that need to be factored into a plan of care. Working with Grace, Siobhan is able to develop a plan of care that includes other professionals such as the occupational therapist to ensure that Grace gets the adaptation aids which will make the house safer, the advice which will empower her to manage to self-care, and psychological support which will help address her low mood. Because Siobhan works closely with other professionals such as the occupational therapists in the intermediate care team, she is able to share her care plan and discuss some of the planned interventions.

Grace's house had an extra handrail fitted to the stairs and a wall-mounted grab rail fitted by the kitchen step. Grace and Mary asked a friend to remove the loose rugs and Grace invited people from the lunch club to visit her. The next time Siobhan saw Grace, she appeared more confident and happier.

This chapter builds on the previous ones by considering the elements that need to be written into care planning in order to ensure a holistic and person-centred application of the nursing process. A complete nursing care plan is also helpful for other professionals to understand how nursing actions fit with their priorities for the care of an individual. The case study above illustrates how teams work together and can involve different professionals in planning interventions for their patients. It also highlights how the principles of communication, care and commitment – three of the 6Cs – are enacted. This chapter will explain why care plans are needed and how to determine nursing interventions. Through the activities, you will be given the opportunity to make the connection between nursing as a therapy and nursing care outcomes and to develop a written care plan.

Why care plans are needed

Care planning is necessary because patients' needs are greater than just their medical needs, and therefore will involve different professionals. Creating a personalised care plan can offer benefits for patients, health and social care professionals, and the organisations within which they work. Some of these benefits include:

- personalised care – involving patients in deciding what their needs are and how these might be met;
- holistic care – care that considers all of the physical, psychological, social and spiritual elements of care a patient needs;
- promoting health – exploring patients' understanding of their problem and providing information as needed to help people achieve a higher level of wellness;
- reducing health inequalities – standardising care helps organisations to share and disseminate good practice;
- stimulating choice – the choices patients make can inform commissioning decisions; and
- reducing inefficiency – resources are deployed and used according to needs.

(Department of Health, 2009)

Perhaps the biggest reason that care plans are important is that they are used to pass the care of the patient from one professional to another in a way that ensures the individual's needs can be clearly understood by all concerned. Consider the following case study to see how these benefits might be achieved in practice and then answer the questions in Activity 6.1.

Case study: Lenny's long-term mental health condition

Lenny had started to hide in his room because he was hearing voices and thought his girlfriend, Milly, was trying to kill him. Milly became scared of Lenny and asked their GP, Paul, for help. Paul came to the house and spoke to Lenny through the door of his room. He could see that Lenny was in need of help but could not coax him out of his room. Lenny was admitted to the local mental health unit under the Mental Health Act (2007), which allows his detention in a hospital even if it is against Lenny's will, on the grounds of keeping him and others safe from harm. The fact that Lenny had started to become violent towards Milly made the admission necessary. Milly found all of this terribly upsetting and left Lenny at this time.

When Lenny was first admitted, his nurse, Moira, noted that he was confused, angry and scared. Moira understood Lenny's need to feel safe and gave him time and space to adjust. She showed Lenny to his room and asked him if he wanted something to drink. Knowing that Lenny was likely to be suspicious of any drink she made for him, Moira got a plastic bottle of Coke from the vending machine and gave it to Lenny unopened. Moira proceeded to talk to Lenny about his likes and dislikes over the next few days – when he liked to go to bed and get up, what activities he enjoyed, and so on. In this way, Moira started to build a therapeutic relationship with him as she ensured Lenny's preferences were taken into account, thereby giving Lenny as much control over his life as possible given the circumstances.

(Continued)

(Continued)

Lenny had been prescribed medication to help his symptoms. Moira was the nurse who had the most success in getting him to take it. Moira also managed to persuade Lenny to eat a proper meal by removing the things he had told her he did not like, such as cabbage and similar vegetables. Moira also managed to persuade Lenny to wash some days by telling him that she would stand guard at the door to make sure no one came into the bathroom while he was doing so.

Gradually, as Lenny started to respond to the medication and gain some sense of normality, Moira was able to explain what had happened to him and what could be done to keep his symptoms under control. When planning his care, Moira asked Lenny what he wanted to happen. When looking at his discharge planning, Lenny said that he could not go back to where he had previously lived because since his girlfriend had left, the rent had lapsed and the flat had new tenants. Moira suggested speaking to the social worker, who could help Lenny look at the options available to him.

Lenny met with the social worker, Jim, and a discharge plan was formulated that found Lenny some space in a halfway hostel for people with mental health issues. Moira helped Lenny to organise what he needed to take to the hostel. Moira also identified where Lenny could seek help if he needed it and explained his medication prior to discharge, and the importance of continuing to take it even though he felt well. Lenny was discharged to the halfway hostel, where he met up with Peter, his community mental health nurse, who would be continuing his care. With the help of Peter and Jim, Lenny eventually managed to secure some part-time work in a local supermarket.

The case study illustrates Moira offering Lenny choices in what he eats and personalising his care by meeting his needs for privacy. She also waits until he is ready to hear the explanation of his condition so that he can be more informed on how he can stay healthy. Only when Lenny's medication has started to have a therapeutic effect does Moira involve Jim, the social worker, to find Lenny work and somewhere to live. People with mental health problems suffer many inequalities, not least in the job market, and it is therefore important to set Lenny up to succeed. The choice of accommodation is also limited, but the halfway hostel recognises Lenny's stage of recovery and is used to people with mental health issues. Other housing options might not be as understanding. Inclusion of the community mental health nurse is a good use of resource in seeking to prevent Lenny's quick return to the mental health unit and supporting him in employment and in the longer term. You will find more information about the Mental Health Act (2007) under 'Useful websites' at the end of the chapter.

Completing Activity 6.1 will help you to think about the benefits of care planning in other settings.

Activity 6.1   Critical thinking

Think about the next placement you are going to. Make a list of questions about why care plans are needed in that setting and how they are used. Consider how health inequalities might be reduced by using personalised care plans in that setting.

An outline answer is given at the end of the chapter.

Modern health and social care tries to include patients in their own care wherever possible. Patients' involvement has become enshrined in government health policy since the 1990s and it is considered good practice to include patients in decisions made about their care (Anthony and Crawford, 2000). In fact, the Mental Capacity Act (2005) specifically states that 'a person must be assumed to have capacity unless it is established that he lacks capacity' and 'a person is not to be treated as unable to make a decision unless all practicable steps to help him to do so have been taken without success'. What this essentially means is that where anybody has the ability (capacity) to make choices, they should be helped to do so; this is especially important when decisions are being made that affect their care.

Consequently, when you are thinking about why care plans are needed, your answer might be because they can demonstrate inclusion of the patient's priorities and needs, and the planning process undertaken with the patient. The next step you need to consider is how patients' priorities can be translated into nursing problems.

Identifying a nursing problem

We have already touched upon some nursing problems in Chapter 5 when looking at nursing diagnoses. The intention here is to look more closely at what is considered a nursing problem and how you can interpret this as part of the care planning process.

Nursing problems are quite simply those care problems that have a nursing context. As you will have seen highlighted in Chapter 5, nursing problems can be used to develop nursing diagnoses, but they need to use standardised language that is easily understood by both professionals and patients. For example, a patient has unmet informational needs about his medical diagnosis, which is causing anxiety. When you are identifying the nursing problem, this does not mean imposing your nursing viewpoint. Instead, it means working with the patient to establish caring priorities. The caring priority in this example would be to ensure that the patient understands the medical diagnosis and its implications in order to take an active and informed part in what happens next, assuming that is what they choose to do.

Therefore, identifying a nursing problem involves utilising the communication skills that you will have identified in Chapter 3 in order to develop a therapeutic relationship where you are able to demonstrate having a *sympathetic presence*. This means being able to understand your patient's needs in a person-centred way and working with the core values of the 6Cs in ways that are meaningful to the patient and which advance nursing care and practice. In practice, this means engaging with care planning that is based on patient preference rather than only your professional opinion. When patient preferences are aligned with nurses' care priorities, nursing care can be improved as well as patient outcomes (Ruland, 1999).

Activity 6.2   Reflection

Look back at the case study involving Lenny and his nurse, Moira. Consider how Moira demonstrated her engagement with the 6Cs when planning Lenny's care in a person-centred manner.

An outline answer is given at the end of the chapter.

One way in which you can identify the nursing problem is to use the think-aloud reasoning process, which might involve the patient, as appropriate, as well as other professionals (Funkesson et al., 2007). This process identifies the nursing knowledge you are using to explain how the problem has been formulated while at the same time also taking note of the patient experience and contribution. When you are aligning nursing problems with patient problems, you are working in a person-centred way so that the care planning process is also person-centred. Person-centred understanding here is based on McCormack and McCance's (2016) way of looking at problems from the person's perspective and empowering the patient to make autonomous decisions. The involvement of other professionals and the patient in the process will also add to the holistic credentials of the plan that is being made (as we saw in the case studies involving Grace and Lenny). Reading the next case study will help you to understand how to identify nursing problems in a person-centred way.

Case study: David's anxiety about having a vaccination

David is 15 years old and at secondary school. He is due to have his BCG injection (a vaccination against tuberculosis), and all the teenagers in his year queue in the school hall where they are seen by the school nurse, Fiona, for the injection. David is unwilling to have the injection and will not cooperate. He becomes more and more distressed and then walks out, knocking a stack of papers to the floor on his way past.

Fiona decides to talk to David alone later. She meets David in her office the next day and asks him how he is feeling. David tells her that he felt very angry yesterday because he had had a row with his mum at home following the letter sent home from school about the impending injection. David's mum had told him how important it was for him to have this injection and David had told her that he did not understand why he needed it. He found it difficult queuing for the injection and started to feel more and more stressed as he waited with his peers. David described how his heart was racing and he broke out in a cold sweat when approaching the desk where Fiona was giving the injection. He did not want to show himself up in front of his mates and decided it was better to walk out. He did not see the point in having the injection as he did not mix with anyone who was sick and he did not think it was worth the hassle.

Fiona explained to David why the injection was important. She also asked him whether he had ever had any unpleasant experiences with injections. David said that he could remember going to his doctor with his mother as a young child and the nurse talking kindly to him and then putting what felt like a nail in his bottom. He had never forgotten it, and whenever he was now approached by health professionals he was very distrustful. Fiona explained that she thought David's anxiety had produced his feeling of panic and psychological unease. Fiona talked David through the injection process, the risks and benefits, and offered for David to have the injection in private. She talked through some visualisation techniques with David to help control some of his anxiety. David felt calmer and more in control, and asked Fiona to give him the injection now. He practised the techniques that she had taught him while Fiona gave the injection, and he hardly felt anything. Fiona advised David to talk to his mum about this in case his anxiety recurred in the future.

This case study demonstrates how *sympathetic presence* is part of a non-judgemental attitude that is essential for building trust and rapport. The case study can also be related to the core value of compassion by taking note of how patients are feeling and being with them. It would have been easy for Fiona to have made a judgement that David was behaving like a *typical teenager* who did not want to be told what to do. However, she realised that there was a problem underlying his behaviour – anxiety – which could be managed as a nursing problem of anxiety due to lack of understanding and fear of pain. By offering information to aid David's understanding, as well as some techniques, such as visualisation distraction, where the person thinks of something pleasant and a calm context in which they have previously been happy, Fiona and David managed to work together, with the outcome of David having the injection. However, Fiona recognises that David's anxiety could recur. By asking him to talk to his mum about it, Fiona is helping David to enlist further support and demonstrating commitment to him through seeking future solutions.

Nursing problems are not always issues that can be dealt with and resolved at the present time. They may require more long-term management going forward. For this reason, it is important to recognise that within the care planning process there will be short- as well as medium- and long-term goals. We will now examine the stages of the care planning process in more detail.

The care planning stages

The main stages of the nursing process have already been illustrated in Chapter 5 (see Figure 5.1, page 82). The stages of care planning follow the nursing process in a similar cyclical way, as follows:

1. identifying the problem and nursing diagnosis – clearly defining what these are from patient assessment information and discussion with the person;

2. establishing the goals – clearly defined benchmarks for measuring achievement of problem-solving that have been agreed with the person;

3. determining nursing interventions – listing nurses' actions based on assessed understanding of the situation and your knowledge and expertise;

4. evaluation of care processes – documenting outcomes of the care given; and

5. review dates – the date by which it is expected that a change will have been effected.

The application of the stages is identified in the box below.

As previously mentioned, it is important that you consider short-, medium- and long-term goals as well as psychosocial, spiritual and physical concerns in order for the care planning process to be holistic. The stages listed above are easy to recognise within certain fields of nursing, such as within hospital wards; however, they may not be so obvious within the documentation used in ambulatory care areas or the community. Nevertheless, these processes are part of nurses' care planning thinking, no matter where they work, and therefore it is important to be clear about how this is taking place in order to be able to share the rationale for the decisions you have made about the care of your patient (you can read more on decision-making in care planning in Chapter 10). We will now translate some of these principles into developing a written care plan.

Stages of the care planning process

Stage 1

The patient may have more than one problem, particularly in complex cases. The order in which the problems are identified will be determined by the nursing model you are using to frame the patient assessment and care planning process as well as the patient's current dependency. Problems will also be actual as well as potential because the care planning process includes risk-assessing and managing potential problems. In nursing care planning, it is important to be clear as to why a problem is a nursing problem. For example, patient anxiety is a nursing problem because nursing is about making patients feel listened to, comfortable, informed, and psychologically and socially safe.

Stage 2

The goal is what the patient will be able to do, or perhaps how they will feel, at the end of a care process (e.g. be able to walk with one stick or feel less anxious). Goals need to be specific, measurable, achievable, relevant and time-limited (i.e. SMART). If goals are too vague, it will be difficult to assess progress or to sustain motivation. Goals also need to be short-, medium- and long-term, as previously described. Another criterion that can be used when formulating goals is the PRODUCT criteria, described by Wilson et al. (2018) as patient-centred, recordable, observable and measurable, directive, understandable and clear, credible, and time-related. There are clear similarities between the SMART and PRODUCT criteria in that they need to be agreed with the patient and clear and measurable within a particular time span. Which one you use will depend on best fit with the patient and context of care.

Stage 3

Determining nursing interventions is about giving specific instructions about what you think nurses need to do in order to address the problem identified and reach the specific goal. Nursing interventions should also be evidence-based and use the latest research (Wilson et al., 2018). They should also incorporate the patient or service user's preferences and individual needs, such as cultural needs. Nursing interventions also need to be realistic and sustainable within the resources available.

Stage 4

When evaluating, it is necessary to revisit the problem definitions and goal statements in order to identify any changes that have occurred as well as any modifications that need to be made. Resolution of the problem may not always occur completely, and therefore ongoing care may require refining and modifying the definition of the problem and the planned nursing interventions.

Stage 5

The review dates need to be set within a realistic timescale for potential resolution of the particular problem. These are also important for communication between teams and continuity of care. These will ensure that there are particular checkpoints for evaluating a patient's progress and the outcome of care processes. This is also important to make sure that resources are used efficiently and appropriately.

Developing a written care plan

Caring for patients requires a clear vision of what you hope to achieve, who is to carry out the prescribed nursing interventions, and how these are progressing (Wilson et al., 2018). An example care plan that includes the stages described above can be found in the box below and Table 6.1.

Example care plan

Tim's assessment

Tim has been admitted to day surgery for a haemorrhoidectomy. Tim is a 50-year-old firefighter. He works shifts that include days and nights. He lives in a semi-detached house with his wife, Carol, and three children, aged 8, 12 and 14 years old. They have no pets. Carol also works shifts as a registered nurse. Tim is a non-smoker and only drinks alcohol on his days off duty. Tim's body mass index is 24. On admission, Tim's vital signs are temperature 36.2°C, pulse 74 bpm, respirations 12 breaths/minute and blood pressure 122/82 mmHg. Tim will have his operation under general anaesthetic. He is expected to make a sufficient recovery to be able to go home later today after his surgery and be cared for by his wife.

Some common problems with writing care plans are now provided in the following case studies to help you think about how you might avoid them. Activities 6.3 and 6.4 ask you to think critically about the problems and possible solutions.

Case study: Setting goals for Mindi

Mindi has diabetes and a chest infection. The student nurse looking after her has identified a number of problems, one of which is maintaining blood glucose control. She writes the goal as 'able to maintain normal blood glucose levels'.

Activity 6.3   Critical thinking

Can you identify any problems with this as a goal when applying SMART principles?

An outline answer is given at the end of the chapter.

Problem	Goal	Nursing interventions	Evaluation	Review date
Anxiety that the operation will have an impact on his ability to work	*Short-term*: Tim's Hospital Anxiety and Depression Scale (HADS) measurement is within the normal range by the time he is discharged from day surgery. *Long-term*: Tim is able to work after 14 days' rest.	The registered nurse will give Tim time and space to express his anxieties before and after his surgery. The registered nurse will provide Tim with information about the procedure and likely effects before the operation and at the point of discharge from day surgery. The registered nurse will advise Tim when he is being discharged from day surgery of the precautions to take to avoid complications. The registered nurse will check Tim's anxiety using the HADS prior to surgery and prior to discharge, and will communicate results to the team.	Tim expressed his concerns about getting back to work and being able to do what he did before. The operation procedure has been explained to Tim by the surgeon and the registered nurse, and he understands that he will not be able to undertake firefighting duties for 14 days. Tim has been advised of the need to avoid constipation and of the signs of infection. Tim has been given the out-of-hours number for day surgery.	Next day
Post-operative pain and nausea	*Short-term*: Tim's pain and nausea will be controlled with post-operative medication. *Long-term*: Tim will not have any pain or nausea after 14 days.	The registered nurse will check Tim's pain and nausea score (using numerical rating scales) on return from surgery, 30 minutes after giving any medication or an hour following his return from surgery and prior to discharge. The registered/assistant nurse will position Tim comfortably. The registered nurse will ensure that Tim has pain medication to take home and understands how to take it. The registered nurse will instruct Tim and his wife where to seek further help if his pain or nausea worsens when he is at home.	Tim's pain score on return from surgery was 3 and his nausea score was 1. He was given prescribed pain and nausea medication by the registered nurse, which alleviated his symptoms as measured 30 minutes after administration. By the time he was discharged, Tim's pain and nausea scores were 0. Tim and his wife understood how to take his medication and that he could not drink alcohol or operate machinery while taking it. They needed to speak to their GP if his pain or nausea worsened. Tim's pain lasted 12 days and he was able to go back to light duties after 14 days off sick.	On return from theatre, 30 minutes after administering medication, at one hour post-return from theatre and on discharge

(Continued)

Table 6.1 (Continued)

Problem	Goal	Nursing interventions	Evaluation	Review date
Cognitive ability and orientation to time and place	*Short-term*: Tim will be fully oriented to time and place on discharge. *Long-term*: Tim will be able to process decision-making information cognitively after 24 hours.	The registered/assistant nurse will give Tim time to wake up slowly. The registered/assistant nurse will tell Tim that he has returned to the ward and what the time is. The registered nurse will check Tim's sedation score using the Ramsay Sedation Scale. The registered nurse will offer explanations when Tim is fully awake.	Tim was sleepy on his return to the ward from theatre, with a sedation score of 3. He did ask twice what the time was. On discharge, Tim was fully oriented to time and place, although he still felt a bit tired, and was therefore advised to rest when he got home.	On return from theatre
Actual problem: Surgical rectal wound *Potential problem*: Infection	Wound shows signs of healing and absence of infection by end of week 1.	The registered nurse will observe the wound for any bleeding post-operatively prior to discharge. The registered nurse will advise Tim how to care for the wound at home. The registered nurse will advise Tim and his wife of the signs of infection and to seek help from his GP if any of these occur.	Tim's wound showed some minimal bleeding on the pad. He was able to remove the pad after three days. He followed the instructions regarding avoiding constipation, resting for 14 days and returning to light duties, and his wound healed well without incident.	Next day
Long-term problem: Further haemorrhoids	Tim is maintaining a high-fibre diet by day 7.	The registered/assistant nurse advises Tim about high-fibre diet options. The registered nurse will advise drinking at least 2 litres of water per day.	On discharge from day surgery, Tim knew what dietary and fluid options were helpful for his recovery.	On discharge

Table 6.1 Example care plan (see also the box on page 100)

Case study: Prescribing nursing interventions for George

George has had a stroke. He has recovered some of his speech but remains immobile. He is very depressed and finds it difficult to accept that other people need to carry out his care needs. The student nurse looking after George plans the following nursing interventions:

- Give all care to George.
- Refer to a counsellor.
- Refer to the occupational therapist.
- Refer to the physiotherapist.
- Complete an anxiety and depression scale score.

Activity 6.4   Critical thinking

Can you identify any problems with these nursing interventions?

An outline answer is given at the end of the chapter.

Activity 6.5 will help you to reflect on what you have learned so far about care planning and how you can apply this knowledge in practice.

Activity 6.5   Reflection

What are the main points that you need to remember when developing a care plan? How should you formulate goals? How can you ensure that your care planning process is person-centred and includes core values from the 6Cs as appropriate?

On your next placement, try to use the principles introduced in this chapter to develop a care plan with your patient, and discuss it with your practice supervisor to see whether you have succeeded.

An outline answer is given at the end of the chapter.

The connection between nursing therapy and nursing care outcomes

Nursing seeks to support patients emotionally, psychologically, socially, spiritually and physically. As a nurse, you will need to find ways of being *with* the patient that enable you to develop a therapeutic relationship and a *sympathetic presence*, which means that patients feel you understand their point of view. But at the same time, you also need to work systematically to achieve agreed goals. Nursing is reflected 'not in what we do, but in the way we provide care' (Hawkey and Williams, 2007, p8).

Nurses have the greatest contact time with patients, and it is in how we use that contact time that nursing becomes therapeutic rather than task-oriented. Nursing care outcomes are therefore centred on the person within the patient rather than a medical diagnosis (i.e. they are based on the person's experience of care and recovery). Nevertheless, the professional background of staff involved with a care setting or patient will influence the approach to care planning and the way care is implemented (Worden and Challis, 2008). Concept mapping is one way in which it is possible to gain a holistic nursing view of the person rather than one based on a disease process model (Taylor and Wros, 2007). In concept mapping, assessment information is sorted into clusters to identify problem areas and consider relationships between them. This is a dynamic process that considers gaps in knowledge and information and develops understanding of the complexities of patients' situations. In this way, how you develop the therapeutic relationship with the patient can also be related to the nursing outcomes to assess the effectiveness of your care planning and nursing care.

Conclusion

Care planning that is person-centred is based on developing a therapeutic relationship that recognises the person within the patient and concentrates on how care strategies are decided. Care planning in this way will require you to nurture and develop your way of being with the patient rather than how we *do* nursing *to* them. In the busy health and social care environment, taking time with people may be difficult but is also extremely rewarding in terms of achieving nursing outcomes and quality nursing care in line with the core values of the 6Cs.

Chapter summary

This chapter has explored why care planning is important for effective patient care. It has examined how the process of care planning relates to the nursing process and the different stages involved. You have been given the opportunity to avoid some of the pitfalls in care planning and to develop a care plan of your own. Consideration of how nursing therapy relates to nursing outcomes has promoted reflection on your nursing practice.

Activities: brief outline answers

Activity 6.1 Critical thinking (p95)

The following questions will help you to identify why care plans are useful in a particular setting.

- What type of care plans are used here?
- How are care plans used?
- Do care plans follow the same format for each patient/condition?
- Are they based on a particular nursing model/philosophy?
- How do the staff record preferences and likes and dislikes?
- Are patients/carers always involved in the care plan or are there exceptions?
- If so, what are these exceptions?

Health inequalities might be reduced by considering how individual patient needs and planning might translate more widely and give mental health patients optimum chances and access to resources.

Activity 6.2 Reflection (p96)

Care: Moira committed to helping Lenny in the best way she could and on his terms.

Compassion: Moira showed understanding and empathy and respected Lenny as a person, seeking to protect his dignity.

Competence: Moira understood how to approach Lenny's care needs in a timely fashion and involved others when needed.

Communication: Moira listened to Lenny and understood him. She communicated to him and to others who needed to be involved in his care.

Courage: Moira showed the ability to think laterally and tried different things to help Lenny, such as getting him a bottle of Coke and guarding the door while he bathed.

Commitment: Moira committed to support Lenny and used all her skills and knowledge to aid his recovery.

Activity 6.3 Critical thinking (p100)

You might have questioned what is meant by normal, what is the time frame, and how this will be measured when writing an appropriate goal. You might have considered a better goal might be 'will maintain blood sugar levels between 5 and 8 mmol over the next seven days, measured by glucometer'. This sets out exactly the conditions to be measured and how this will be done.

Activity 6.4 Critical thinking (p103)

You might have identified: first, these are not nursing interventions because many of them do not involve nurses; and second, there does not appear to be any involvement of George within these planned interventions. Therefore, nursing interventions might more appropriately include the following:

- Give George the time and space to express how he feels.
- Attentively listen to George to find out what his concerns and priorities are, and how he wishes to proceed with the way that he is cared for.
- Offer George some strategies for assisting with his care, and once these are determined add them to the plan of care.

This plan is more person-centred in its approach because it involves George in setting the priorities and in decision-making. While the referrals may be part of the care plan, they should not be the first solution because they are not in themselves nursing interventions.

Activity 6.5 Reflection (p103)

You might have identified the importance of adopting a person-centred approach to assessment and care planning. This means identifying patient priorities and aligning these with nursing problems. You may have considered the different stages of care planning as identifying the problem and establishing goals that are specific, measurable, achievable, relevant and time-limited. You might have considered that talking to patients, as well as giving them the time and space to express their needs and discuss care options and strategies, was an appropriate way to promote person-centred decision-making and implement working with the core values of the 6Cs.

Further reading

McCormack, B. and McCance, T. (2016) *Person-Centred Practice in Nursing and Health Care: Theory and Practice*, 2nd edn. Oxford: Wiley-Blackwell.

This book offers a comprehensive and contemporaneous guide to person-centred nursing practice.

Wilson, B., Woollands, A. and Barrett, D. (2018) *Care Planning: A Guide for Nurses*, 3rd edn. Harlow: Pearson Education.

This book gives a step-by-step guide to the care planning process and considers some nursing models that might frame it.

Useful websites

www.legislation.gov.uk/ukpga/2005/9/section/1

The Mental Capacity Act (2005) can be viewed here.

www.legislation.gov.uk/ukpga/2007/12/contents

The Mental Health Act (2007) can be viewed here.

https://improve.bmj.com/person-centred-care-2/

A website dedicated to the idea of person-centred care from the *British Medical Journal.*

www.ombudsman.org.uk

This website contains a number of case studies about situations where care has been lacking, has not been person-centred or where it has gone wrong. Applying the principles of this chapter to those case studies might help you to understand the importance of care planning for better outcomes.

Chapter 7 Nursing models and care planning

Peter Ellis

NMC Standards of Proficiency for Registered Nurses

This chapter will address the following platforms and proficiencies:

Platform 1: Being an accountable professional

At the point of registration, the registered nurse will be able to:

1.8   demonstrate the knowledge, skills and ability to think critically when applying evidence and drawing on experience to make evidence informed decisions in all situations.

1.9   understand the need to base all decisions regarding care and interventions on people's needs and preferences, recognising and addressing any personal and external factors that may unduly influence their decisions.

1.16 demonstrate the ability to keep complete, clear, accurate and timely records.

Platform 2: Promoting health and preventing ill health

At the point of registration, the registered nurse will be able to:

2.10 provide information in accessible ways to help people understand and make decisions about their health, life choices, illness and care.

Platform 3: Assessing needs and planning care

At the point of registration, the registered nurse will be able to:

3.6   effectively assess a person's capacity to make decisions about their own care and to give or withhold consent.

3.15 demonstrate the ability to work in partnership with people, families and carers to continuously monitor, evaluate and reassess the effectiveness of all agreed nursing care plans and care, sharing decision making and readjusting agreed goals, documenting progress and decisions made.

(Continued)

(Continued)

3.16 demonstrate knowledge of when and how to refer people safely to other professionals or services for clinical intervention or support.

Platform 4: Providing and evaluating care

At the point of registration, the registered nurse will be able to:

4.2 work in partnership with people to encourage shared decision making in order to support individuals, their families and carers to manage their own care when appropriate.

Chapter aims

After reading this chapter, you will be able to:

- describe a variety of nursing models;
- identify the importance of nursing models;
- explain how the use of nursing models structures the assessment process; and
- describe how using a nursing model impacts on decision-making in care planning.

Introduction

Case study: Maureen's asthma attack

Maureen is a 50-year-old accountant who has suffered from asthma since childhood. Her job is pressurised and can be stressful, particularly at certain times of the year when accounts need to be finalised for tax purposes. She takes medication for her asthma and has additional inhalers to use if she has an asthma attack.

It is autumn and the weather has become cold and damp. Maureen had her flu vaccination two weeks ago as she was deemed to be at risk of becoming very ill with flu given her asthma. Yesterday, Maureen woke up with a wheezy chest and her shortness of breath quite quickly became worse. She used her inhalers but they did not help. Her husband called an ambulance and Maureen was admitted to hospital. Maureen was admitted to the respiratory ward by Laura, who is a student nurse. Laura identified that the appropriate nursing model to frame Maureen's assessment and care plan was Roper, Logan and Tierney's activities of daily living model because this model helps to consider which areas of Maureen's activity are compromised and how these might be improved. The model is also sufficiently systematic to ensure that areas which might at present not be compromised are also considered.

Laura assessed how Maureen is currently compromised in the areas of daily living, including maintaining a safe environment, breathing, communication, controlling body temperature, eating and drinking, washing and dressing, mobilisation, expressing sexuality, death and dying, elimination, working and playing, and sleeping. She identifies that the greatest priorities at the moment are breathing, communication and mobility because Maureen is short of breath. Laura's care planning therefore initially focuses on these areas and on nursing interventions that can be employed to help Maureen. These include offering reassurance and explaining nursing actions, positioning Maureen to aid her breathing, administering and monitoring the effects of prescribed medication, and undertaking nursing observations. When Maureen's breathing improves, the nursing action will be to assist her to mobilise slowly and help her with personal hygiene needs. In terms of eating and drinking, the priority at the moment is to keep Maureen hydrated.

Maureen remained in hospital for a week, where she was treated for a chest infection. She was discharged and returned to work after a further two weeks.

Using a nursing model as a framework helps direct practitioners in their assessment and care planning process. As the case study above has illustrated, the choice of nursing model identifies areas to be assessed and gives direction for planning nursing interventions, particularly with regard to the focus of those interventions. This chapter will consider a number of nursing models and how they are used, and why they might be applied in different circumstances. It will also explore some of the main differences between the nursing models and how these relate to care planning. The chapter will also make the link between the nursing model and decisions made in the care planning process.

Why nursing models are important

There are different specialities of nursing, and therefore the way in which care is assessed, planned and delivered will vary between specialities. For example, nursing a patient with intensive care needs is different from nursing a patient in an ambulatory care environment, in the community or in a mental health setting. Equally, patients themselves are unique with their own differing needs. A one-size-fits-all model of nursing is therefore neither desirable nor practical, as it does not deal with the complexity of patients' health or personal needs or the nursing interventions needed to meet these needs. Nursing models were developed to reflect the nursing values and beliefs associated with nursing and to help express the focus and purpose of nursing activity with any individual patient with their unique nursing needs. Nursing models also identify how nursing priorities and concerns can be different from medicine (Wilson et al., 2018). While particular specialities may espouse certain nursing models, these models will always be aligned with the patient's presenting needs and wishes in order to ensure that a person-centred and holistic assessment and care plan are achieved. Completing Activity 7.1 will help you to think about why nursing models are important for the assessment and care planning process.

Activity 7.1 Reflection

Think about the nursing models you have seen used in practice. Consider the following questions:

- How did the model reflect the particular needs of the patient in the practice area?
- What was the impact of the model on the assessment and care planning process?
- If there was no nursing model in evidence, how were you able to justify what you were doing?
- How can you integrate working with the 6Cs?

Although this activity is based on your experience, there is a limited outline answer at the end of the chapter.

It may sometimes appear that no nursing model is being used in a practice area because care pathway documentation is used instead. Care pathways (sometimes known as integrated care pathways) are multidisciplinary because different professional groups can use them to record their activity with a patient and document their instructions and plans. Care pathways apply to a particular group of patients with similar problems. They often list specific criteria and actions (Wilson et al., 2018). Nevertheless, the framing of patient problems and evaluation of care will usually be based on the values and beliefs stemming from a particular nursing model. Therefore, what can on the surface appear to be working to a medical model by focusing on rectifying health deficits will often also be defined and underpinned by nursing principles based on the expertise of the practitioner. The continuing interest in the 6Cs means that these need to be considered in terms of how they are integrated into the application of the nursing model and the provision of care in ways that are meaningful. It is important to be clear how you describe and justify your nursing activity in order to communicate this accurately to the patient, as well as to other members of the nursing and interprofessional team.

Nursing models

Nursing models are based on the environment of care, the people involved in nursing activity, the health status of the patient, and the nursing capabilities and knowledge of the practitioner (Hinchliff et al., 2008). When applied well, the nursing model explains how we, nurses, will complete the different stages of the nursing process (Aggleton and Chalmers, 2000) (for more information on the nursing process, revisit Chapter 5). In addition, nursing models help to identify the appropriate assessment tools to use to help with the problem-solving process (for more on assessment tools, revisit Chapter 4). Linking the nursing model with the nursing process will enable you to assess, plan, deliver and evaluate structured, consistent and evidence-based nursing care where you critically examine the basis of your problem-solving and accurately and contemporaneously document the process (Dyson, 2004). Remember that – in legal terms – if it is not documented, it did not happen. Completing Activity 7.2 will help you to identify some of the skills required of the practitioner for using a nursing model.

Activity 7.2   Critical thinking

What skills, including the 6Cs, do you think are required of the practitioner when using a nursing model?

An outline answer is given at the end of the chapter.

You might have thought about communication and assessment skills, but the skills required of the practitioner are more far-ranging than these. There are many nursing models available as nursing theorists think about how nursing activity can be appropriately articulated and framed. The nursing models in use are also being adapted and updated because of the dynamic nature of healthcare and the diversity of service users. This means that, as a nurse, you need to be aware of and understand a number of nursing models and when it is most appropriate to use a particular one. This will require not only knowledge of the models, but also the ability to quickly assess the nature of the problems individual patients present with in order to choose the right model to inform the more formal assessment process.

We will look at four of the main nursing models in use in this chapter. These are:

1.   Roy's adaptation model;
2.   Roper, Logan and Tierney's activities of daily living model;

3. Orem's self-care model; and

4. Neuman's system.

Each model will be followed by a case study to demonstrate application of the model to patient care.

Roy's adaptation model (Hinchliff et al., 2008)

The aim of this model is to help the patient develop coping strategies for different health statuses. These are:

*   physiological;
*   self-concept;
*   role functions; and
*   interdependence.

The assessment focuses on stimuli and stressors that underpin these in terms of the main cause of the problem, factors that can influence the problem and the beliefs and attitudes of the patient about the situation. Now read the following case study to see how the principles might be applied.

Case study: Enid's adjustment to the beginning of dementia

Enid was in her mid-seventies. She lived with her granddaughter, Imogen, and was very close to the family. Recently, she had started to forget things and was often found wandering in the street. Imogen took her to see the doctor. Enid was referred and seen by a consultant, who diagnosed early dementia. Enid was devastated by this news, as was Imogen. The nurse, Ivy, talked through the diagnosis with Enid and Imogen. Because the diagnosis of dementia meant a lot of adjustments for Enid and Imogen, Ivy decided to use Roy's adaptation model to frame her assessment and care planning with Enid. Ivy asked Enid and Imogen to describe their daily life in order to identify potential triggers for Enid's change in behaviour. Ivy's assessment focused on:

*   how Enid thought about herself;
*   Enid's relationship with her granddaughter;
*   Enid's role in the family; and
*   any physical effects Enid was experiencing.

Ivy created a plan of care with Enid and Imogen that took into account their wishes and lifestyle. Ivy began by discussing their understanding of dementia. A short-term goal that Ivy identified was to increase their knowledge of dementia in order to give them confidence in how to deal with it as well as what to expect going forward.

Goal achievement would be evidenced if Enid and Imogen felt less anxious by the time they left the clinic. A longer-term goal was that Enid's relationship with her grand-daughter was strengthened as her dependency increased. Therefore, Ivy recommended that Enid and Imogen talked about their shared history regularly and used photos to revisit significant events. Goal achievement would be evidenced by Enid being able to remember and engage with Imogen by talking about some past events. Ivy also suggested that Imogen tried to involve Enid in family activities. The goal here was to maintain and support Enid's role in the family for as long as possible.

In the case study above, you will have noted that Ivy's assessment of Enid has identified anxiety stemming from the medical diagnosis of early dementia. She has planned care that includes providing information about early dementia and ways of coping with it. It is important to recognise that even in short-term care environments such as an out-patient clinic, nurses still use nursing models to underpin their assessment and care planning with the patient. Completing Activity 7.3 will help you to identify other possible aspects that have not been mentioned in the case study.

Activity 7.3   Critical thinking

Read the case study about Enid again and consider the following questions:

- What other aspects of Enid's self-concept might you consider?
- What other aspects of Enid's relationship with her granddaughter might you want to think about?
- What physical aspects might also need to be considered?
- How is Ivy demonstrating using the 6Cs?

An outline answer is given at the end of the chapter.

We will now explore the use of Roper, Logan and Tierney's activities of daily living model.

Roper, Logan and Tierney's activities of daily living model (Roper et al., 2000)

The aim of this model is to consider factors that comprise daily living in a holistic and systematic way. The model takes account of 12 arenas that make up what are termed the *activities of daily living*:

1. maintaining a safe environment;

2. communicating;

3. breathing;

4. eating and drinking;

5. controlling body temperature;

6. washing and dressing;

7. working and playing;

8. mobilising;

9. eliminating;

10. expressing sexuality;

11. sleeping; and

12. dying.

The assessment focuses on all the areas and plans nursing interventions within those areas that are compromised, or potentially compromised. Now read the following case study to see how the principles might be applied.

Case study: Evan's trip to the seaside

You are on a learning disability placement, and this week the residents have a trip organised to go to the seaside. You are going with them and are responsible for Evan. Evan is a 14-year-old boy who has Down's syndrome. You check his care plan in order to identify what care you should be giving him. The care plan identifies that Evan requires some help with washing and dressing and that he occasionally becomes frustrated, leading to angry outbursts when in unfamiliar situations. He likes helping in the garden and enjoys art. You note that Evan does not appear to have any problems with eating and drinking or elimination. He is quite affectionate with people, which can sometimes be taken the wrong way.

You talk with Evan before the trip to find out how he feels about it and what he wants to do. Evan says that he wants to find some shells so that he can make a picture. He also wants to paddle in the sea. You ask Evan what he thinks the seaside will be like and who will be there. Evan says that he thinks there will be sand and water and shells. You tell Evan that there will be a lot of people there whom he will not know, and that it might be a good idea if he walks with you. You also suggest that he should tell you if he does not like something. You plan to bring drawing materials with you so that Evan can draw a picture of the seaside. You plan to use drawing as a distraction if Evan becomes agitated and frustrated, to try to avoid an outburst.

The trip to the seaside goes well. Evan wanted to give the waitress in the café a hug and you were able to explain that he was showing appreciation for the meal and the service. Evan did become frustrated when told that he had to leave the seaside. You suggested that he started to think about a picture of his day at the seaside on the way back to the bus and then gave him the drawing materials on the bus to complete the picture.

In the case study above, you will have noted the communication used to prepare Evan for his trip to the seaside. You will also have seen how a safe environment is maintained through suitable distraction techniques and supervision. Evan's expression of his sexuality in his affectionate approach to others is appropriately explained so that there is no offence taken.

It is important to recognise that this model is suitable for use across a range of nursing contexts and settings. Completing Activity 7.4 will help you to consider the application of some of the other activities of daily living.

Activity 7.4   Critical thinking

Read the above case study again and consider the following questions:

- What other activities of daily living might be relevant here?
- What other aspects of maintaining a safe environment might need to be considered?
- In what way are the principles of the 6Cs demonstrated here?

An outline answer is given at the end of the chapter.

We will now explore the use of Orem's (2001) self-care model.

Orem's self-care model (Orem, 2001)

This model recognises that people have capabilities and limitations for self-care as follows:

- self-care agency – relates to being able to take deliberate action to achieve desired goals (e.g. getting out of bed);
- universal self-care requisites – relates to what we need to take in in order to stay alive (e.g. fluid, food, air);

- developmental self-care requisites – relates to physical, functional and psychological development across the lifespan;
- health deviation self-care requisites – means how disorders can interfere with acquiring what is needed;
- helping methods and nursing systems – actions taken to help compensate or overcome limitations to patients' ability to act; and
- self-care deficit – something that individuals might do for themselves but for which they require help due to limitations in capabilities, such as cognitive, physical or psychological ability (e.g. deficits might be needing support with washing, moving about or decision-making).

The major assumption of Orem's model is that individuals should be self-reliant and responsible for their own care. On this basis, therefore, nursing action is required to support individuals in dealing with limitations to their ability to be self-caring. The therapeutic relationship we build with patients influences the assessment of their response to whether they are managing or whether they need our help and support to attain the state where they are self-caring. Depending on the particular limitations an individual has, the nursing interventions required will be wholly compensatory (the nurse needs to do the whole of the intervention), partly compensatory (the nurse needs to do some of the intervention) and supportive-educative (the nurse needs to educate the person to self-care). Now read the following case study to see how the principles might be applied.

Case study: Patrick's rugby accident

Patrick sustained a shoulder injury that required surgery when playing rugby. His shoulder has been strapped following the surgery and he will be out of action for three months. Patrick, who is in his late twenties, is normally fit and well and will need to stay in hospital for a couple of days only. However, as his shoulder is strapped, he requires some help with washing and dressing and will not be able to carry things when he gets home. Sleeping is also awkward because he finds lying in bed painful.

Patrick is getting fed up with being reliant on other people to help him. His nurse, Margie, identifies that he has self-care deficits in that he will require nursing intervention to assist him with washing and dressing. He will also require pain relief and help with positioning at night to assist him to sleep. Margie shows him ways in which he can help himself with getting dressed. She also discusses with Patrick and his partner, Fern, how to continue when he is at home. By identifying what he can still do, Margie has helped ease some of Patrick's frustration, and he goes home in a better frame of mind to support his recovery and return to self-care.

In the above case study about Patrick, you may have noticed some of the helping roles that the nurse took in accordance with Orem's (2001) model. These include:

- partly compensatory, as the nurse assists with his washing and dressing but allows Patrick a role as well by guiding him to what he can do;
- wholly compensatory, by making sure he does not lift anything;
- teaching him about the best position for sleeping and how to take his medication; and
- supporting him by offering psychological support to deal with his frustration.

Completing Activity 7.5 will help you to consider other capabilities and limitations for self-care.

Activity 7.5   Critical thinking

Read the above case study again and consider the following questions:

- What other nursing systems could Margie use to help in her care planning for Patrick?
- What other limitations on self-care might also need to be considered?

An outline answer is given at the end of the chapter.

We now proceed to explore Neuman's system.

Neuman's system (Wilson et al., 2018)

This system is based on features that make us who we are, but which can also be variables that interact with each other in different ways depending on stress and personal factors. These are:

- physiological – relating to the anatomy and physiology of the person;
- psychological – relating to mental states, relationships and interaction with other people;
- sociocultural – with regard to background, beliefs and norms;
- developmental – relating to physical and psychological lifespan changes; and
- spiritual – with regard to belief systems.

Neuman sees health as a continuum of well-being that is constantly adapting to the environment (Wilson et al., 2018). Stressors arise from the internal and external environment and individual lines of resistance used to try to mediate these threats. Now read the following case study to see how the principles might be applied.

Case study: Andrea's new baby

Andrea is 29 years old and has come into hospital to have her first baby. Her job is a nursing sister in a care home. Her husband, John, has recently been made redundant and her family live mostly abroad. She has a sister who lives 200 miles away. She started her maternity leave a month ago and was planning to take three months off work. However, John's redundancy means that she will have to go back to work as soon as possible.

Following the birth of her daughter, Andrea appears withdrawn and does not seem to be sleeping very well. The baby is well cared for and Andrea responds to her baby's needs appropriately. Kate, the midwife caring for Andrea, is concerned for her wellbeing. She wonders whether the stresses that Andrea has experienced with John losing his job and now the new baby bringing changes to their relationship will overwhelm Andrea's lines of resistance, which include her professional knowledge of healthcare and some family support (albeit at a distance). Kate decides to speak to Andrea about her situation and offer some advice and guidance. She will also check Andrea for postnatal depression and get her seen by a doctor as well.

It is clear from Kate's assessment of Andrea that she is developing depression. Kate talks to Andrea and John about what they can do to minimise the effects and build up Andrea's defences. She shows them some relaxation techniques. The doctor also prescribes medication to help Andrea.

Andrea goes home at the end of the week when her baby has regained her birth weight. Her sister comes to stay to help her out, and the community midwife and health visitor both check on the progress of both Andrea and her daughter. With this support in place, Andrea seems to be more able to cope. She continues on the medication for another month and seems more communicative and engaged with the people around her.

Completing Activity 7.6 will help you to consider other stressors and lines of resistance that may also be relevant when using this model.

Activity 7.6   Critical thinking

Read the above case study again and consider the following questions:

- What other stressors might Andrea have?
- What other lines of resistance (means of dealing with the stressors) are available to her?
- What else could Kate do?
- Which of the 6Cs is Kate using here?

An outline answer is given at the end of the chapter.

We now proceed to looking at how a nursing model frames the assessment process.

How a nursing model frames the assessment process

Aggleton and Chalmers (2000) state:

The use of an appropriate nursing model informs assessment by establishing the kind of information required, the detail that is likely to be helpful and the ways in which the information might be best gathered.

(p11)

The nursing model provides the conceptual framework from which activity flows. Dougherty et al. (2015) further identify:

Structuring patient assessment is vital to monitor the success of care and to detect the emergence of new problems. Nursing models provide frameworks for a systematic approach to assessment.

(p10)

What this means is that if you are using a nursing model to frame the assessment process, it will ensure that you pay attention to relevant areas and are less likely to miss important cues. This means the models provide the structure for what might be holistic care planning; it is how you apply these with the patient that has the potential to make the assessment both holistic and person-centred. Table 7.1 sets out the different foci for assessment of the nursing models identified above.

Now read the following case study and complete Activity 7.7 in order to apply the different approaches to assessment relating to the different nursing models.

Case study: Bradley's development of epilepsy

Bradley is a mechanic. He is in his early twenties. After a night out with his mates six months ago, he was taken to hospital following a seizure. A number of tests were completed which showed that he had epilepsy. Bradley has found it difficult to come to terms with this diagnosis. He had to change his job because of not being able to drive, and now works for the council in the parks and gardens. The money is less, which is a worry for him. Three months ago, Bradley met a girl and they are becoming quite serious about each other. She is learning to cope with his fits. However, after another night out with his friends, he again is brought to accident and emergency with a longer seizure.

Activity 7.7   Critical thinking

Using the case study and Table 7.1, identify the main assessment points for Bradley when using the selected nursing models.

An outline answer is given at the end of the chapter.

Nursing model	Focus of assessment
Roy's adaptation model (Aggleton and Chalmers, 2000)	Adaptive problems (e.g. learning to live with a long-term condition).
	Patient experience (e.g. their narrative and description of how this is for them).
	Nursing diagnosis (e.g. anxiety about the developing relationship, not losing his girlfriend or job).
Roper, Logan and Tierney's activities of daily living model (Roper et al., 2000)	Biographical and health information such as the person's name, age, personal circumstances and reason for seeking health professional input.
	The person's ability to carry out the activities of daily living.
	Risk-assessing potential problems (e.g. personal injury during a fit).
Orem's self-care model (Orem, 2001)	Self-care capabilities: What resources and knowledge does the person have to be self-caring? What are the person's routines?
	Self-care limitations: What interferes with a person being able to self-care?
	Self-care agency: How has the person managed problems with being able to self-care?
Neuman's system (Wilson et al., 2018)	Person's perception of their situation: What are their health concerns?
	The effect of stressors on the person: How are things different?
	Your perception of the person and their situation: What do you see as the person's problem, and why?

Table 7.1   Foci for assessment with different nursing models

We now proceed to look at how nursing models also have an impact on decision-making in care planning (on decision-making in care planning, see also Chapter 10).

How a nursing model impacts on decision-making in care planning

As identified above, a nursing model directs the focus of assessment, and through this process also influences the decisions made for planning care. The transition from assessment to care planning involves critical thinking and clinical reasoning (Aston et al., 2010). Critical thinking means:

- evaluating assessment information; and
- forming judgements about the information you have.

When you are at the start of your preparation programme, you will probably follow the nursing model cues unquestioningly. However, as you develop knowledge and skill, you will start reasoning how applicable the model is for the patient's needs and consider the appropriate evidence to use for your care planning. Table 7.2 sets out the main considerations for decision-making in care planning for the nursing models identified above.

Nursing model	Focus of care planning
Roy's adaptation model (Aggleton and Chalmers, 2000)	The nursing diagnosis guides the care plan. Goals need to be short- and long-term. Nursing interventions are related to the stimulus for adaptation. Care planning should be evidence-based.
Roper, Logan and Tierney's activities of daily living model (Roper et al., 2000)	Helping people to return to independence. Teaching people what they need to know. Communicating information.
Orem's self-care model (Orem, 2001)	Prescribing nursing operations, which means the nursing interventions needed. Supporting self-care agency, which means involving individuals in their own care planning.
Neuman's system (Wilson et al., 2018)	Prioritising goals. Prevention as intervention, which means preventing someone either becoming unwell or becoming worse if already unwell.

Table 7.2 Care planning

Activity 7.8 Decision-making

Read Bradley's case study again and now apply the different approaches to care planning when using the selected nursing models, as identified in Table 7.2.

An outline answer is given at the end of the chapter.

Conclusion

What has been highlighted is that the approaches stemming from the different nursing models focus on particular aspects of assessment and care decision-making. It is important that you are knowledgeable about a range of nursing models so that you can select the most appropriate for your patient. Systematic assessment and care planning will ensure that you include and integrate all the relevant information from which to formulate the holistic care plan.

Chapter summary

This chapter has identified the importance of understanding and selecting from a range of nursing models to reflect different approaches to care in a variety of settings. These models are important for articulating nursing activity and the values and beliefs that underpin nursing. Summarising application of some of the principles associated with selected nursing models through the case studies supplied and the activities has given you the opportunity to think critically about how you might use nursing models in practice.

Activities: brief outline answers

Activity 7.1 Reflection (p110)

You might have identified Roper, Logan and Tierney activities of daily living model, Orem's self-care model, Roy's adaptation model and Neuman's system as nursing models you have seen used in placements. You may have identified that a particular nursing model reflected the type and level of support required by the patients in that area. You might also have considered how the model changed the focus of your assessment questioning in terms of whether the patient was returning to self-caring or adapting to a different health status. If there was no nursing model in evidence, you might have found yourself having to describe your assessment and care planning 'blind', and therefore potentially from a task-based perspective rather than underpinned by sound nursing principles.

Activity 7.2 Critical thinking (p111)

The skills required of the practitioner are:

* observation skills;
* communication skills;
* decision-making skills;
* assessment skills;
* nursing diagnostic skills for making a nursing diagnosis; and
* critical thinking skills.

Communication is the 'C' from the 6Cs in use here.

Activity 7.3 Critical thinking (p113)

Other aspects of Enid's self-concept that you might have considered are:

* not knowing who she is any more;
* lack of confidence in herself;

- fear of the future; and
- viewing herself as less capable.

Other aspects of Enid's changing relationship with her granddaughter, Imogen, which you might have considered are:

- switching of roles as Enid's dependency increases;
- more stressors for the relationship; and
- the illness overtaking Enid's identity as a grandmother.

Physical aspects that might need to be considered include:

- Deterioration in Enid's short-term memory, which might create safety concerns such as forgetting to turn the oven off, or checking the temperature of food or drink before ingesting or water before bathing.
- Other issues may emerge, such as issues with mobility, eating and drinking, and continence management.

Ivy is demonstrating using compassion by allowing Enid and Imogen time to adjust and by working with what is familiar to them, and is doing so in a caring manner. Commitment is demonstrated by looking at longer-term goals. Communication is used through the different strategies offered and the holistic nature of the assessment demonstrates that she is competent at what she is doing.

Activity 7.4 Critical thinking (p115)

Other activities of daily living that you might have considered are:

- washing and dressing if Evan spilt something on himself or was sick;
- working and playing as Evan likes to make pictures as part of the way in which he relaxes; and
- elimination in terms of how this would be supervised in a public space.

Other aspects of maintaining a safe environment include what you would do if Evan did have an angry outburst and how you would manage this. You would need to consider:

- Evan's safety, making sure that he could not harm himself;
- the safety of others, making sure that they were able to remove themselves from potential harm; and
- your safety.

The 6Cs are demonstrated through the communication used, the care strategies considered, and used to demonstrate some competence, and courage is shown in arranging the trip.

Activity 7.5 Critical thinking (p117)

Other nursing systems that Margie might have considered include:

- taking a nursing history about patterns of living; and
- using pain assessment tools.

As regards limitations on self-care, Patrick may not be able to cut up food and may also require advice with sexual needs.

Activity 7.6 Critical thinking (p118)

Other stressors for Andrea might be:

- not wanting people to know that she has professional knowledge because it does not relate to children;
- worrying that people expect her to know what to do;
- trying to manage her relationship with her husband at the same time as developing a relationship with her child;
- money worries; and
- returning to work so soon.

Other lines of resistance that Andrea could draw on might be:

- her professional knowledge of caring for others;
- a shared history with her husband;
- continuing more frequent contact with her sister;
- drawing on the experience of work colleagues; and
- talking to the mortgage lender and seeking financial advice.

Other areas that Kate could also consider include:

- referring Andrea to a counsellor and to self-help groups.

Kate is using the 6Cs through showing her commitment and compassion for Andrea by recognising how she is feeling and working with her and her husband to identify the resources she has. She is also showing her competence in being able to identify these with Andrea.

Activity 7.7 Critical thinking (p120)

When using Roy's adaptation model, your assessment is likely to have focused on Bradley's ability to adjust to having epilepsy and still remain within his circle of friends. Your nursing diagnosis might have been around anxiety relating to knowledge of the condition as well as interpersonal and economic factors.

When using Roper, Logan and Tierney's activities of daily living model, your assessment is likely to have focused on maintaining a safe environment by assessing Bradley's vital signs and consciousness and considering his ability to carry on working safely. You might also have risk-assessed the potential for Bradley to injure himself while having a fit, and for him to develop depression because of not yet having come to terms with his condition.

When using Orem's self-care model, your assessment is likely to have focused on Bradley's ability to take care of himself physically given his lifestyle and the unpredictability of the seizures. You might have identified that he requires nursing support in providing information for him and his girlfriend on ways they can take control of his care.

When using Neuman's system, your assessment is likely to have focused on whether Bradley feels stressed and what his main stressor is – is it that he worries about losing this job or his girlfriend leaving? You would think about discussing this with Bradley to find out how he is feeling and what his perception is. You would also ask how he normally manages his epilepsy and how he wants to be involved in his care. Your perception of Bradley's problem is likely to be that he is a young man in denial of his condition and in a serious relationship that is important to him.

Activity 7.8 Decision-making (p121)

When using Roy's adaptation model, your care planning is likely to focus on the nursing diagnosis that Bradley lacks insight into his condition and that he is anxious. The short-term goal that you may consider for Bradley is that he will be fully informed about his condition and treatment within one week. The longer-term goal that you may have identified is that Bradley is less anxious by the end of one week. Your care plan may include stress alleviation strategies such as talking, relaxation techniques and identifying where to get further support (e.g. financial benefits).

When using Roper, Logan and Tierney's activities of daily living model, your care plan is likely to focus on communicating information about Bradley's condition and treatment and interpreting this, as appropriate. You might also have considered the nursing observations required, such as neurological observations and positioning Bradley to ensure his breathing is supported. It is likely that you will also have considered teaching Bradley about his medication regimen.

When using Orem's self-care model, your care plan is likely to focus on prescribing the nursing interventions required, including educative components, compensatory strategies and support. These are likely to have included informing Bradley about why his seizures follow his nights out and what he can do about this. It is likely that you will involve Bradley in his washing and dressing and talk to him about ways of reducing his anxiety and stress.

When using Neuman's system, your care planning is likely to focus on prioritising Bradley's recovery from the seizure and ensuring medication is given on time. You would then consider how to reduce his anxiety and stress to prevent more seizures. You would also need to plan how to help him gain some control through providing information.

Further reading

Aston, L., Wakefield, J. and McGown, R. (eds) (2010) *The Student Nurse Guide to Decision Making in Practice.* Maidenhead: Open University Press.

This book is useful for outlining the decision-making skills required of the developing nurse and how to make use of evidence and team members to determine a course of action.

Hall, C. and Ritchie, D. (2013) *What Is Nursing? Exploring Theory and Practice*, 3rd edn. London: SAGE.

An introduction to the world of nursing, incorporating views from student and qualified nurses.

Hinchliff, S., Norman, S. and Schober, J. (eds) (2008) *Nursing Practice and Health Care*, 5th edn. London: Hodder Arnold.

This book identifies some of the different nursing models, giving examples of their use.

Useful websites

www.currentnursing.com/nursing_theory/
A good overview of a number of nursing theories.

www.nursing-theory.org/theories-and-models/
A very brief overview of a number of nursing models and theories.

Chapter 8 · Ethical aspects of patient assessment

Peter Ellis

NMC Standards of Proficiency for Registered Nurses

This chapter will address the following platforms and proficiencies:

Platform 1: Being an accountable professional

At the point of registration, the registered nurse will be able to:

1.1 understand and act in accordance with *The Code: Professional standards of practice and behaviour for nurses, midwives and nursing associates*, and fulfil all registration requirements.

1.2 understand and apply relevant legal, regulatory and governance requirements, policies, and ethical frameworks, including any mandatory reporting duties, to all areas of practice, differentiating where appropriate between the devolved legislatures of the United Kingdom.

1.9 understand the need to base all decisions regarding care and interventions on people's needs and preferences, recognising and addressing any personal and external factors that may unduly influence their decisions.

1.14 provide and promote non-discriminatory, person-centred and sensitive care at all times, reflecting on people's values and beliefs, diverse backgrounds, cultural characteristics, language requirements, needs and preferences, taking account of any need for adjustments.

1.19 act as an ambassador, upholding the reputation of their profession and promoting public confidence in nursing, health and care services.

Platform 3: Assessing needs and planning care

At the point of registration, the registered nurse will be able to:

3.15 demonstrate the ability to work in partnership with people, families and carers to continuously monitor, evaluate and reassess the effectiveness of all agreed nursing care plans and care, sharing decision making and readjusting agreed goals, documenting progress and decisions made.

3.16 demonstrate knowledge of when and how to refer people safely to other professionals or services for clinical intervention or support.

Platform 4: Providing and evaluating care

At the point of registration, the registered nurse will be able to:

4.1 demonstrate and apply an understanding of what is important to people and how to use this knowledge to ensure their needs for safety, dignity, privacy, comfort and sleep can be met, acting as a role model for others in providing evidence-based person-centred care.

4.2 work in partnership with people to encourage shared decision making in order to support individuals, their families and carers to manage their own care when appropriate.

4.3 demonstrate the knowledge, communication and relationship management skills required to provide people, families and carers with accurate information that meets their needs before, during and after a range of interventions.

Chapter aims

After reading this chapter, you will be able to:

- understand the relevance of ethical theories to patient assessment and care planning;
- relate ethical principles, including autonomy, beneficence, non-maleficence and justice, to patient assessment;
- identify some problems with ethics as theory and ethics in practice; and
- begin to problem-solve ethical difficulties in patient assessment and resource allocation.

Introduction

Case study: Nancy's ethical dilemma

Nancy is working in a mental health day unit where a number of the older patients who attend have early dementia. One woman, Sybil, has been coming for a number of months and Nancy has built a close therapeutic relationship with her. Sybil lives with her daughter, Marion. Marion works part-time on the days that Sybil is at the day

(Continued)

(Continued)

unit. Sybil has recently been complaining to Nancy that her daughter is locking her in her bedroom and hiding her money. She says she has been asking her grandson, Luke, for money and he has given her some of his pocket money. She says she has been asking Luke to run errands for her such as posting her replies to begging letters. Nancy is concerned about this. She considers whether she can break Sybil's confidentiality and speak to Marion about this as she is concerned about Sybil's vulnerability to scams and the involvement of her grandson.

Ethics underpin healthcare practice and are written into the code of conduct for nurses and midwives with clear expectations of how practitioners are expected to conduct themselves. The above case study raises ethical issues in relation to confidentiality, autonomy and mental capacity. It also raises the spectre of financial abuse, which is a serious safeguarding issue. This chapter will introduce some of the main ethical theories that inform healthcare practice. It will identify how these relate to patient assessment and care planning. You will be given the opportunity to explore ethical problems relating to patient assessment and care planning after you have had the chance to learn more about ethical principles, and will be asked to return to Nancy's case study above to discuss the dilemma described in Activity 8.4. The chapter will also ask you to consider issues about translating ethics as theory into ethics in practice.

Ethical theories

Morality and ethics are key underpinnings for the actions that healthcare professionals take (Ellis, 2017). Ethical and moral decision-making in any walk of life is best guided by the use of ethical theory and their underlying principles. As with using models of nursing to guide patient assessment, ethical theory gives structure to ethical decision-making and guides the user towards making a decision that is based on ethical reasoning. The two main ethical theories that are cited in healthcare ethics texts are *consequentialism* and *deontology*; although these are by no means the only theories that can be used, we will look at these two theories in a bit more detail now.

Simply put, consequentialism considers that the consequences of an action justify what is done. That is, the ends justify the means; if the results of the action the healthcare professionals take benefit the person, then this justifies whatever actions are taken to reach that goal. The *benefit* is hard to define, but classic utilitarians would say an action is justified if it achieved the greatest benefit (happiness) for the most people. For example, when a new drug becomes available, organisations such as the National Institute for Health and Care Excellence will not only consider its efficacy, but also the ethics of distribution in terms of how the greatest number of people can benefit within economic constraints. So, if the action is spending money on an expensive drug, how many people will it benefit, and by how much, compared to spending the same amount of money on a less expensive drug, or indeed not spending the money at all? Read the case study below to help you understand this theory.

Case study: Keeping a secret

Pearl is a resident in a care home where you are on placement. Pearl has been living with dementia for many years and now has very little in the way of short-term memory. Pearl has been in the home for several years and is well known to the staff. Pearl's husband, Ken, used to visit her several times a week but he has recently died. Pearl attended Ken's funeral but has no memory of going. Pearl often asks the staff where Ken is and becomes upset when they tell her he is dead. One member of the team who knows Pearl well, Loretta, suggests that perhaps people should tell Pearl he is coming later rather than that he is dead. Some of the team are uncomfortable with lying, but Pearl seems happy with the explanation, which is repeated to her several times a day.

Activity 8.1   Critical thinking

Is lying in this instance a reasonable thing to do? Explain your answer.

An outline answer is given at the end of the chapter.

Deontology

Deontology considers the motivation behind actions and whether these are morally just. This is determined by rules and obligations of duty such as are embedded in the code of conduct. Deontology is reflective of the Judaeo-Christian tradition of following one's duties and 'doing as you would be done by'. Deontologists are also sometimes called 'rule-based theorists' because they always follow the rules no matter what situation they find themselves in. For example, no matter how busy the placement area is, if a patient has been incontinent, they would expect you to help clean them up and not leave them wet. Read the following case study to help you understand this theory.

Case study: Beverley's first shift in accident and emergency

Beverley was on his third placement in an accident and emergency department. A prisoner called Bruce was brought in with a broken arm following an assault in prison. Beverley was asked by his practice supervisor Claire to assist in plastering Bruce's arm.

Claire asked one of the accompanying prison officers, Tony, what had happened to Bruce. Tony replied that Bruce was in prison for rape, and therefore a target for other prisoners. They had cornered him during lunch and broken his arm by snapping it across a table.

Beverley was surprised at how calmly Claire took this news and that she spoke kindly to Bruce as she plastered his arm, checking he was not in any undue pain. At the end of the procedure, Claire explained the plaster observations to Bruce, the prison officers and Beverley. Bruce thanked her and was escorted back to the prison van. Beverley found this all rather difficult to take in.

Activity 8.2   Reflection

In Chapter 2, you were asked to reflect on situations where you might find it difficult to provide unbiased care. Now put yourself in Beverley's situation and think about how you might react. What do you need to consider in order to give professional and unbiased care?

Although this activity is based on your experience, there is a limited outline answer at the end of the chapter.

Among the most widely cited of the principles that guide modern ethical thinking are those identified by Beauchamp and Childress (2012), which are *beneficence, non-maleficence, autonomy* and *justice*. These principles guide actions through identifying what our duty might be in a given situation and are therefore part of the deontological tradition. It is worth understanding each of these principles as they play an important role in modern ethical thinking.

Beneficence

Beneficence means *doing good* for the person. For example, health promotion aims to improve the health of individuals by helping them to help themselves. Such an activity would be classed as doing good. In this sense, *doing good* has quite a broad definition, and not only means giving good nursing care, but also refers to the manner in which the care is delivered, treating people well and with respect.

Non-maleficence

Non-maleficence means not doing harm. Risk assessment is a fundamental part of healthcare practices in order to avoid doing harm to patients. It is unlikely that a healthcare practitioner would deliberately set out to do harm to the person in their care (although, sadly, there have been some exceptions). It is incumbent on health-care professionals and considered good practice to incorporate risk assessment within the assessment and care planning process in order to ensure that plans are in place to avoid doing harm (to look again at how this can be done, revisit Chapters 6 and 7). That said, this principle can never be taken too literally in health and social care because a lot of the things we do actually cause some harm in order to have benefit to the person in the long term (e.g. vaccination, which initially hurts – causes harm – but which has a benefit to the person in the long term). The principle of not doing harm really means do not do deliberate harm, or if you inflict some harm ensure it is in the process of doing some good and that the doing good is your intention.

Autonomy

Autonomy recognises that individuals have the right to make their own decisions. For example, it is up to individuals when they want to get washed or dressed or when they want to go to bed, rather than having to fit in with a health and social care routine. Equally, while it may be considered in patients' interests to stop drinking alcohol or reduce their weight or modify their diet, it is nevertheless their autonomous right to choose whether or not to do so.

Justice

Justice is about the shared benefits and burdens of society, about treating everyone fairly (Ellis, 2017). It might also be considered that it is a contract between people whereby if that person has given what is asked, they can expect something in return. Health and social care is both a benefit and a burden to society as a whole in terms of receiving care and finding the money to resource that care. Justice requires that people with the same or broadly similar needs are essentially treated the same regardless of anything else. As the code of professional standards of practice and behaviour for nurses, midwives and nursing associates requires, act with honesty and integrity at all times, treating people fairly and without discrimination, bullying or harassment (NMC, 2018b).

We now proceed to consider the relevance of ethical theories for patient assessment and care planning.

The relevance of ethical theories for patient assessment and care planning

Ethical theories inform the philosophies of care that guide health and social care practice and for which practitioners are held accountable by service users (Lloyd, 2010). A philosophy of care is a statement about the values and beliefs that inform practice within a given area. It is these values and beliefs that are said to inform the ways in which care is delivered and how staff behave. The moral principles of autonomy, beneficence, non-maleficence and justice have implications for patient assessment and care planning in a number of ways, particularly where the values and behaviours of the 6Cs have not been observed. The values and behaviours of the 6Cs are about demonstrating care and compassion through recognising a person's autonomy and dignity of being. We will now consider how the four principles might apply to the process of care planning.

Autonomy

Autonomy assumes that patients have a right to be involved, or perhaps even take the leading role, in decisions about their care. Within assessment, it is important to gather relevant data without trying to control what the person says or reveals, and to do so in a non-judgemental manner, because people have the right to lead their lives as they choose (so long as it does not interfere with the rights of others).

Following on from assessing, when planning care, health and social care professionals may make recommendations, but it is up to individuals whether they take these up or not. The Mental Capacity Act (2005) is quite clear that people should be assumed to have capacity to make decisions unless it has been proven that they have not. The Act is also clear that people with capacity have the right to make decisions with which others may disagree, so in planning care with an individual who has capacity, and can therefore exercise autonomy, the plan made needs to reflect what they have decided. In cases where a person lacks capacity, and therefore is unable to exercise autonomy, any decisions about their care need to reflect what they might have chosen when they had capacity and be in their best interests. Reading the case study below may help you to make more sense of this.

Case study: William's deteriorating health

William is a 72-year-old retired railway worker who lives with his wife, Marjorie, in a bungalow. Marjorie has noticed that William appears to be becoming more confused. He forgets where he has put things and important dates, and she often finds him wandering around the house in the night. William had a fall

---

and sustained a sprained ankle. He is admitted to the medical assessment unit. Marjorie insists that William cannot do anything for himself and proceeds to tell you that you need to tell him what to do. Marjorie constantly tells William what to do, and William appears agitated and confused and says that he wants to go and meet his friends for a pint.

You make Marjorie a cup of tea and ask her to wait outside while you undertake your assessment of William. William is not able to answer a number of your assessment questions and repeatedly says he needs to go. You identify that he has memory problems and therefore is not sure where he is. You tell him where he is on a number of occasions and reinforce this information as required.

You identify that William is capable of expressing a preference for what he likes to eat or drink and whether he wants you to touch his ankle. William is also able to tell you whether he is in pain or not. However, you do have concerns about his ability to make decisions about his care arrangements, especially when he is discharged, and you communicate these concerns to the healthcare team.

Activity 8.3 Critical thinking

The case study above identifies some problems about William being able to make his own decisions. Consider the following questions:

- How is William's autonomy affected?
- What does the Mental Capacity Act (2005) have to say about this?
- What else might you need to consider?
- How does this relate to the principles of the 6Cs?

An outline answer is given at the end of the chapter.

Beneficence

Beneficence, as identified earlier, relates to doing good. With this focus in mind, you need to ensure your assessment considers the welfare of the patient and that at all times you are promoting their health. Taken alongside autonomy, doing good for the patient also means that you empower the patient to identify what good means to them (i.e. the patient is the person who defines what the proposed outcomes of care are). Read the following case study to help you to understand how this might translate into practice.

Case study: Henry's reluctance to engage

Henry is an 81-year-old man who lives with his daughter, Miranda. He has had incontinence issues for some time now and has become more and more reclusive, withdrawing from family interaction and engagement with people in general. The continence nurse has been to visit him and explained options available to help him manage his incontinence. However, Henry would rather continue using a bottle, which he misses a lot of the time, thereby wetting his clothing and his bed sheets, which Miranda has to deal with every day. Miranda is at her wits' end and finds Henry's stubbornness very unhelpful.

Henry has a son, Graham, who lives in the next county. Graham has invited Henry to come and stay so that Miranda gets a break. Henry is concerned about going because of his incontinence problems and refuses to visit Graham. Miranda talks to the community nursing team and asks them if there is anything they can do. The community nurse, Jill, gets in touch with the continence nurse again and arranges a meeting with Henry. They discuss the urisheath system, which will enable Henry to travel while being incontinent and might make his life easier when he stays with Graham.

Henry is at first reluctant, but as Graham and his wife have a baby daughter, Henry is keen to see his new granddaughter and finally agrees to try the new device and go to visit his son. Jill is careful to explain tactfully how to fit the urisheath and how to manage it and allows Henry time to get used to the idea. She leaves the urisheath for Henry to examine in his own time in private. She visits a few times to help Henry become more expert in using it.

Henry visited Graham and enjoyed meeting his new granddaughter. He is continuing to use the urisheath and is now able to engage better with Miranda and her family.

The case study above highlights the need for patient assessment specifically to identify problems and plan solutions that not only have a healthcare benefit, but which also promote patient well-being and fit in with patient autonomy. Healthcare recommendations may not always be welcomed immediately, but when care planning is shared and the benefits, *the good*, for patients are communicated and clarified in such a way that they can understand, then patients are more likely to see how proposed interventions can help them.

Non-maleficence

Non-maleficence is about not doing harm, as identified earlier. This can also be related to the competence element of the 6Cs. From this perspective, the assessment focuses on risk-assessing actual and potential problems. Care planning follows this with nursing interventions to prevent such problems occurring, or to minimise their impact. Read the following case study to help you understand this better in terms of patient assessment and care planning.

Case study: Eve's diabetic foot

Eve is 65 years old and has been living with diabetes for the last five years. She has now been prescribed insulin and is finding this very cumbersome because it interrupts her day. Eve normally enjoys going on walking holidays and visiting art galleries, but unfortunately she has started to develop neuropathy as her lack of blood sugar control has damaged the nerve endings in her feet, which makes walking difficult.

Eleanor is a student nurse on a community placement with the practice nurse who Eve comes to see for her regular check-up. Eleanor notices that Finola, the practice nurse, pays special attention to Eve's feet and examines them closely. Eleanor also notices that the skin is discoloured and dry and that Eve's toenails look gnarled and a different colour. Finola gives Eve advice on how to look after her feet, especially the skin. She refers Eve to the chiropodist for specialist help with her toenails.

When Eve has gone, Eleanor asks Finola why she did not offer to cut Eve's toenails as they looked rather long. Finola explains that because Eve is a diabetic, there are risks attached to cutting toenails, such as introducing infection through a sharp nail scratching a neighbouring toe, or a nick of the skin; people with diabetes should therefore have chiropody assistance with foot care. Finola emphasises that care planning includes risk-assessing potential problems such as infection and planning how to avoid these potential harms. Eleanor now appreciates the importance of including potential problems in care planning processes.

The case study above highlights the importance of risk-assessing potential harm that patients may do themselves as well as any potential harm that may result from health professionals not giving necessary information. Care planning to safeguard the patient may also need to involve other members of the health and social care team.

Justice

Justice within patient assessment and care planning relates to the equitable distribution of nursing interventions, resources and time. Read the following case study to understand how this might relate to practice.

> ## Case study: Zoe's sheet dilemma
>
> It was Christmas on the stroke ward, and due to norovirus many staff were off sick and some of the patients were affected too. Consequently, the ward was short-staffed. Zoe, the nurse in charge, needed to prioritise to ensure the patients received the care they needed. She was on shift with only two other staff – one qualified and one healthcare assistant. Between them, they determined who had the priority needs and explained to the patients why they might not be immediately available to provide care. Many of the patients had been incontinent or sick and needed changing. As it was Christmas, the ward was short of sheets and none were available from other wards. Zoe made the decision to change all the bottom sheets that were wet and replace these with the top sheet and provide blankets or duvets instead for covering the patients. Those who had also been sick received the last clean sheets available. Although not an ideal solution, it nevertheless meant that all the patients were left clean and comfortable.

The case study above highlights a very real situation where nurses frequently have to problem-solve. Ethical ideas of justice would expect that all the patients with wet beds would be treated equally and receive clean sheets. However, as this case study has demonstrated, equality is not always possible within finite resources, and therefore clinical judgement has to play a part. Patient assessment is crucial to this for identifying priorities as well as risk-assessing the potential for harm. This highlights that translating ethics into practice can sometimes be problematic. We now proceed to explore some such problems.

Problems with ethics as theory and ethics in practice

Problems with ethics as theory and ethics in practice often relate to resourcing issues. For example, waiting lists are the result of many people requiring treatment but there being limited spaces available or staff to provide the treatments people are waiting for. Equally, problems may arise from a mismatch in ethical thinking and ethical behaviour. For example, you may espouse non-discriminatory practice but may have identified that you do need to discriminate in order to provide necessary care. Aston et al. (2010) make the point that 'in everyday practice there are often situations where it can be difficult to know whether we are truly acting in the patient's best interests' (p90). This is especially true where patients come from different cultures and where you may find it difficult to integrate different world views. Consider the following case study, which may help your understanding.

Case study: Biji's sexual assault

Biji is a 20-year-old student studying law at university who is admitted to the gynaecology ward with vaginal injuries after she was raped on the way home from a party. Biji is a Hindu and does not want her family to know because of the shame this would bring on them. She is clearly distressed and in need of support. You find it hard to understand how this assault could be viewed as her fault by her family. You talk it over with Biji, but she is adamant that she does not want her family to know.

Her mother visits that afternoon and asks you what is wrong with Biji. Because Biji has expressly forbidden you telling her family, you say that that information is confidential, and she will have to ask Biji herself. Later you see Biji and her mother arguing, and when her mother leaves Biji is in floods of tears. You go to comfort her but she is inconsolable because her mother has disowned her. You try to reassure Biji that her mother will come round but she says that you do not understand her culture.

You are not sure what to do next, so you go to speak to your practice supervisor about this. Your practice supervisor identifies that you did the right thing by not breaking Biji's confidentiality and allowing her to make the decision herself about what she told her mother. Nevertheless, it would have been helpful to have had a member of staff there for additional support for Biji when she spoke to her mother. Your practice supervisor advises that you inform yourself about different religious and cultural rules and practices in order to be better prepared in the future.

Biji's case study highlights how differences in world views can sometimes constrain communication and the therapeutic relationship. Although Biji's confidentiality has not been broken, ethical questions nevertheless remain about whether this has resulted in doing her good and not doing her harm. Equally, the 6Cs highlight that care should also be compassionate, that health professionals should show commitment to patient need and use courage in approaching patients' problems. Moral dilemmas result from the fact that choices need to be made from different alternatives and it may be difficult to predict the consequences of decision-making in practice. For example, a treatment list may need to be cancelled or curtailed and it will be clinicians who decide who is prioritised for treatment. This impinges on the autonomy of individuals to make decisions for themselves, but may in fact be a fair exercise of justice. Aston et al. (2010) suggest that we need to consider how good, right, fair, honest and empowering our decision-making is when faced with such ethical dilemmas.

Nurses are morally accountable to do their best for patients (Wilkinson, 2016). In fact, the code of professional standards of practice and behaviour for nurses, midwives and nursing associates requires nurses to 'put the interests of people using or needing nursing or midwifery services first' (NMC, 2018b, p6). In terms of care planning, this means accepting responsibility to give good care that is effective, legal and competent. As a student, you may feel that you are not always competent to do what is asked of you. It is therefore important that you make known to your practice supervisor, or other team member, that you do not feel proficient to carry out the task, and then follow this up by extending your knowledge. The same applies if a patient asks you to do something that you are not sure about.

Maintaining confidentiality is an area that has been problematic and difficult in ethical terms. Revisit the case study about Nancy's ethical dilemma at the start of the chapter. When you have read the case study again, complete Activity 8.4 in order to problem-solve some of the ethical issues.

Activity 8.4   Critical thinking

You will have identified some concerns within the case study of Nancy's ethical dilemma. Make a list of what you see as the ethical issues arising in this case. Now answer the following questions:

- What does Nancy need to consider?
- What can Nancy do?
- Who else might Nancy involve?

An outline answer is given at the end of the chapter.

Conclusion

Ethical and moral theories and principles are useful for directing decision-making and actions, but they can also conflict with each other, producing moral and ethical dilemmas for the nurse. Clinical reasoning can help to problem-solve these dilemmas, but in itself will never be wholly satisfactory or entirely meet a person's needs. It is important for you to recognise this as a part of professional practice and an area for reflection in order to sustain further learning and develop your future practice.

Chapter summary

This chapter has explored some of the main ethical theories and principles that underpin nursing practice. These have been illustrated through case studies representing some common practice problems. You have been asked to explore critically and reflect on some of the issues raised. In so doing, you will have been able to identify some problems with translating ethical theory into ethical practice. Using this knowledge will enable you to better assess, plan, implement and evaluate patient care. Of course, understanding how to use these tools to make decisions is hard for any nurse, let alone a student. Approaches to clinical decision-making are addressed in some detail in Chapter 10, during which you should consider the lessons learnt in the previous chapters of this book.

Activities: brief outline answers

Activity 8.1 Critical thinking (p129)

Ordinarily, we do not lie to people in the health and social care setting because it is important to treat people as equals, and because lying will undermine people's faith in health and social care professionals in the long term when the lie is uncovered. In this case, however, Pearl is unable to make sense of the world in which she lives, and her thinking that Ken is dead will only continue to upset her every time she is told. It would seem reasonable, therefore, to reassure her that he is coming later, if only to help her manage her distress and maximise her happiness.

Activity 8.2 Reflection (p130)

It is likely that you would have considered the code of professional standards of practice and behaviour for nurses, midwives and nursing associates (NMC, 2018b), which states that you must: 'treat people with kindness, respect and compassion' and 'stay objective and have clear professional boundaries at all times with people in your care', as well as 'make sure you do not express your personal beliefs (including political, religious or moral beliefs) to people in an inappropriate way'. This means whatever your personal opinions and prejudices, you must not allow these to affect the way in which you treat an individual who is in your care. You may have identified situations where this might be personally difficult for you. In doing so, it is also important to consider strategies that will help you to overcome these difficulties and to meet and uphold the code within your practice at all times.

Activity 8.3 Critical thinking (p133)

William's autonomy is affected by him not knowing where he is and therefore being unable to make informed decisions about whether he stays or goes. In addition, his wife is trying to make decisions for him. The Mental Capacity Act (2005) identifies that even if he is not able to make complex decisions such as may relate to care arrangements for him when he goes home, he should nevertheless be consulted on simpler things (e.g. what he wishes to eat and drink, whether he wants to wash or get dressed, and what he wants to do with his day). It will be important for the healthcare team to determine whether William's decision-making capacity is temporarily or permanently affected. They will also need to consider who can make decisions on his behalf legally (i.e. who has power of attorney or has been appointed by the court of protection as his deputy). A further consideration that you might have thought about is the relationship between William and his wife, Marjorie. Has she an agenda for wanting to take over and make decisions for him? Is this part of their normal relationship? The nurse is demonstrating courage in asking Marjorie to wait elsewhere with a cup of tea. The nurse is using communication to assess what William really perceives of the situation and is demonstrating care in this approach.

Activity 8.4 Critical thinking (p138)

Your list of what Nancy needs to consider could have included:

- Sybil's autonomy in terms of (allegedly) being locked in her room;
- Sybil's mental capacity;
- the involvement of Sybil's grandson and his collusion;
- Sybil's confidentiality; and
- issues of beneficence and non-maleficence, in terms of trying to protect Sybil from being conned and losing all her money, as well as considering the relationship between Sybil and her daughter, Marion, and grandson, Luke.

Nancy first needs to speak to Marion to find out some background of what is going on at home. In doing so, she is not breaking Sybil's confidentiality. Nancy also needs to consider and assess Sybil's mental capacity and the organisational adult and child protection procedures. If she has concerns within these areas, she can then draw on these procedures, particularly as Sybil appears to be a vulnerable adult. Nancy could involve a social worker to help her with this.

Further reading

Beauchamp, T. and Childress, J. (2012) *Principles of Biomedical Ethics*, 7th edn. Oxford: Oxford University Press.

This is perhaps the best-known ethical textbook in use on modern healthcare.

Ellis, P. (2017) *Understanding Ethics for Nursing Students*, 2nd edn. London: SAGE.

This book sets out how ethics can be approached deductively and inductively, and how students can use reflective techniques to enhance their ethical knowledge and understanding.

Rahman, S. and Myers, R. (2019) *Courage in Healthcare: A Necessary Virtue or a Warning Sign?* London: SAGE.

A book that challenges us to be courageous in supporting ethical healthcare delivery.

Seedhouse, D. (2009) *Ethics: The Heart of Healthcare*, 3rd edn. Chichester: John Wiley.

This book sets out ethical theory in an understandable manner.

Useful websites

www.nmc-uk.org

The website of the Nursing and Midwifery Council, where you can find a great deal of professional information, including the latest guidance on the code of conduct for nurses, midwives and nursing associates.

www.gov.uk/government/policies/making-mental-health-services-more-effective-and-accessible–2

This website provides guidance to health and social care professionals on mental capacity issues and mental health services.

www.scie.org.uk/topic/careneeds/mentalhealth

The website for the Social Care Institute for Excellence has a page dedicated to mental health with information about government policies and best practice.

http://jima.imana.org/article/viewFile/5245/38_3-3

This PDF download will help you to understand how different religions view ethics differently.

Chapter 9

Community health needs assessment

Susan Roberts

NMC Standards of Proficiency for Registered Nurses

This chapter will address the following platforms and proficiencies:

Platform 1: Being an accountable professional

At the point of registration, the registered nurse will be able to:

1.1 understand and act in accordance with *The Code: Professional standards of practice and behaviour for nurses, midwives and nursing associates*, and fulfil all registration requirements.

1.9 understand the need to base all decisions regarding care and interventions on people's needs and preferences, recognising and addressing any personal and external factors that may unduly influence their decisions.

Platform 2: Promoting health and preventing ill health

At the point of registration, the registered nurse will be able to:

2.1 understand and apply the principles of health promotion, protection and improvement and the prevention of ill health when engaging with people.

2.3 understand the factors that may lead to inequalities in health outcomes.

2.4 identify and use all appropriate opportunities, making reasonable adjustments when required, to discuss the impact of smoking, substance and alcohol use, sexual behaviours, diet and exercise on mental, physical and behavioural health and wellbeing, in the context of people's individual circumstances.

Platform 3: Assessing needs and planning care

At the point of registration, the registered nurse will be able to:

3.3 demonstrate and apply knowledge of all commonly encountered mental, physical, behavioural and cognitive health conditions, medication usage and treatments

(Continued)

(Continued)

when undertaking full and accurate assessments of nursing care needs and when developing, prioritising and reviewing person-centred care plans.

3.15 demonstrate the ability to work in partnership with people, families and carers to continuously monitor, evaluate and reassess the effectiveness of all agreed nursing care plans and care, sharing decision making and readjusting agreed goals, documenting progress and decisions made.

3.16 demonstrate knowledge of when and how to refer people safely to other professionals or services for clinical intervention or support.

Platform 7: Coordinating care

At the point of registration, the registered nurse will be able to:

7.1 understand and apply the principles of partnership, collaboration and interagency working across all relevant sectors.

7.4 identify the implications of current health policy and future policy changes for nursing and other professions and understand the impact of policy changes on the delivery and coordination of care.

7.9 facilitate equitable access to healthcare for people who are vulnerable or have a disability, demonstrate the ability to advocate on their behalf when required, and make necessary reasonable adjustments to the assessment, planning and delivery of their care.

Chapter aims

After reading this chapter, you will be able to:

* explain what a community health needs assessment (CHNA) is and how it is developed;
* understand the policy context of a CHNA;
* describe the differences between a CHNA and a health needs assessment (HNA) for a patient on an acute hospital ward;
* understand who is responsible for undertaking CHNAs and explain how to prepare and carry one out; and
* explain the main benefits stemming from a CHNA to patients and practice.

Introduction

If you are to have an understanding of the wider picture of the assessment of health needs – and the subsequent planning and delivery of care to patients – it is important for you to explore CHNA. CHNA fits into the public health remit of community nurses, and understanding it is an essential part of current nursing. The primary care (community) agenda and public health have been at the forefront of nursing practice for several years now. Public health is concerned with health issues affecting populations as well as individuals. It is also linked to health issues that may need to be addressed by bodies such as local health organisations, local authorities and, on the very broad scale, government departments. Community nurses have a very strong public health role, the history of which will be explored later in this chapter.

This chapter includes case studies from practice, each of which gives an example of innovations carried out as a direct result of what has been learned through a CHNA. In each case, the information from the CHNA led (through a decision-making process) to the planning and implementation of interventions that can be shown to have positive effects on achieving a higher level of wellness.

Case study: Practice example showing a CHNA in action

An example of how priorities are agreed and resources allocated can be seen in a project called Acorns, developed in Thurrock, Essex. This is a nurse-led project that provides wide-ranging services for refugees, asylum seekers, travelling families and homeless people – all groups that may not be registered with a GP. This project was developed by a health visitor (working with a public health focus) who became aware through her work that these groups of local people were experiencing difficulties accessing primary healthcare services such as GP services or baby clinics. As well as providing 'traditional' health services, the project provides other support, such as filling in forms, and helps with language issues through the provision of interpreters in a variety of languages.

Context and background: the beginnings of community nursing

Community nurses have a long history of caring for people in their own homes. They have always had a health promotion/education and public health function.

District nurses, health visitors and school nurses all have their roots in the Victorian public health movement. In 1859, district nursing services were set up in Liverpool to provide care for sick, poor people in their homes. Part of this care was offering nutritional and hygiene advice.

Activity 9.1   Critical thinking

Florence Nightingale (1860) said, 'Besides nursing the patient … [this] shows them how they can call in sanitary help to make their one poor room more healthy'.

The language used in this statement may sound strange, and even patronising, to modern ears. But consider carefully whether there are any similarities in the role of today's district nurses. Think particularly about health promotion and collaborative working.

In 1862, the Ladies Sanitary Reform Association employed women, referred to as 'health visitors', to visit families in their own homes and offer advice on hygiene, sanitary and moral issues. Again, the terminology (e.g. the word 'moral') may sound alien to us today, but can you see the beginnings of the modern-day health visitor?

An outline answer is given at the end of the chapter.

Today, community nurses using CHNA continue and develop this Victorian tradition in adapting health services to meet the needs of people living in local communities. They address continuing social, demographic, environmental, political and economic change.

What is CHNA?

CHNA is an information-gathering exercise leading to an understanding of patterns of epidemiology (the study of patterns of disease) and demography (the study of populations). Factors such as age, gender, mortality rates (what people die from) and morbidity rates (what diseases people have) would be used. It also enables the identification of the major risk factors and causes of ill health, as well as enabling the identification of the actions needed to address these (WHO, 2001). Information gained can be used to guide the delivery of appropriate and effective services to a community (Hogston and Marjoram, 2011). This is important because resources in the NHS are limited, and effective planning is required in order to allocate them to the greatest effect. CHNA is a potentially powerful tool in enabling this process.

Case study: Community initiative in Scotland

The following is an example of the health of the local community being improved as a direct result of carrying out a CHNA.

Community nurses working in an area of Scotland carried out a CHNA by collecting information from the local community. The nurses gathered feedback and comments from a variety of sources:

- individual patients they had been caring for;
- questionnaires given out in the local community – in places such as mother-and-toddler groups, local pubs, youth clubs, and to groups such as support networks for older people and the Women's Institute; and
- questionnaires displayed at local GP surgeries.

The information gained in this way enabled the nurses to identify the priorities and concerns of the local population.

From this information, they identified groups of people living in a deprived inner-city estate who were interested in improving their health through healthier eating.

These nurses helped to facilitate a gardening project (on disused land, and with the support of the local council) for participants to grow their own food. The produce was used by those actively involved and also sold to other local residents at affordable prices to encourage healthy eating in the community while also covering the costs of production. The community healthcare nurses facilitated the setting up of this project using cross-department working and advocacy skills. Once the project was running successfully, the community nurses withdrew so that the residents could continue it themselves.

Concept summary

CHNA is a broad, multifaceted process that has many functions:

- CHNA examines the state of the health of the local population.
- CHNA explores the factors affecting the health of the local population.
- CHNA identifies potential risk factors affecting the health of the population.
- CHNA plans strategies to address these risk factors.

Looking at current nursing practice, the Royal College of Nursing highlights the aims of nursing services delivering public health as being to:

- increase life expectancy by influencing healthy behaviours;
- reduce health inequalities (e.g. targeting vulnerable populations to improve health outcomes and access services);
- improve population health (e.g. reducing obesity and alcohol abuse, improving sexual health behaviour);

- increase the awareness of positive healthy behaviours in communities;
- promote and develop social capital; and
- engage with individuals, families and communities to influence the design and development of services.

(RCN, 2012)

NICE (2005) defines CHNA as a 'systematic method for reviewing the health issues facing a population, leading to agreed priorities and resource allocation that will improve health and reduce inequalities'. It differs from HNA in a hospital setting in several important ways, as shown in Table 9.1.

CHNA	HNA in a hospital setting
Not specifically disease-focused	Relates to the presenting medical problem
Proactive (seeking out health needs)	Predominantly reactive (while looking at actual and potential problems)
Utilises a public health model	Utilises a variety of nursing models
Has a clear focus on health and aims to enable a higher level of wellness	Focuses on both health and illness and aims to enable a higher level of wellness
Deals with known and unknown need	Largely deals with what is known need and potentially may not have an awareness of what is unknown need

Table 9.1 A comparison between community health needs assessment (CHNA) and health needs assessment (HNA)

Source: Adapted from Gillam et al. (2007)

Why you need to know about CHNA

You will need to understand what a CHNA is and how it works because, as a nurse working in any setting (community/hospital/nursing home/clinic), your patients have lives, families, homes and 'worlds' that have a direct impact on their health. Your patients' community background has a profound influence on their health. For instance, if a person lives in a very damp, cold house, this could contribute directly to a severe chest infection from pneumonia, resulting in admission to hospital.

The patient's community/home background certainly has a profound impact in relation to discharge planning. A CHNA would enable the nurses in the patient's community to have a clear picture of the health needs of that community/population and to focus planned activities and resources to address these. For instance, in the case of the patient admitted to hospital with pneumonia, a CHNA would enable the community nurses to access local community projects/initiatives that can help the patient to find funding for insulating their house. These projects/initiatives may be carried out by local charities or voluntary groups. The wide and in-depth local community knowledge gained from the CHNA can give the community nurses detailed knowledge of any suitable projects, as well as providing them with links to a broad network of useful colleagues across a very wide range of sectors (the voluntary sector, charities, local housing departments) as well as social services.

With good teamwork between the hospital nurses and the community nurses, it may be possible for some of this work to be planned or started before the patient is discharged.

Activity 9.2   Critical thinking

Think about a patient you have cared for in hospital whose health had almost certainly been affected by the circumstances in which they lived in the community.

If you were planning this patient's discharge from hospital, what factors would you need to take into consideration? What information would you hope might be available to you from a CHNA in order to ensure that discharge planning for this patient was aimed at ensuring the patient would be able to remain in good health once back in the community?

An outline answer is given at the end of the chapter.

We will explore more practice examples of how CHNA can work throughout this chapter.

CHNA as an assessment process

When carrying out an assessment on an individual, you might use a model such as Roper, Logan and Tierney's activities of daily living (ADL; see Chapter 7) (Roper et al., 2000) and look at aspects such as mobility and breathing. When carrying out a CHNA, you would be carrying out a similarly holistic assessment on a community, using a framework/model (such as the five-step approach described later in this chapter) and assessing aspects affecting health, such as public transport services and mobility, protected characteristics, and the spectrum of diversity within the community. Not all of the ADLs have such a clear link with aspects of a CHNA, but there are obvious corollaries between some, such as breathing and pollution levels.

The process of CHNA is structured along similar lines to an individual assessment, looking at the community rather as if it were a whole person.

Activity 9.3 Critical thinking

Look at an example of assessment documentation based on Roper, Logan and Tierney's ADL model. Can you make any other connections (such as the example of breathing and pollution levels) between the individual assessment of the ADLs and possible areas you might assess in the community as part of a CHNA?

An outline answer is given at the end of the chapter.

Why is CHNA useful?

CHNA is used to plan and deliver the most effective care to those in greatest need. It enables the nurse to work in collaboration with the population and other professionals and organisations to bring about maximum health benefits effectively.

Activity 9.4 Reflection

In some areas of healthcare, services can be seen to be driven by the priorities of the professionals or the service, as opposed to being needs-led.

As healthcare professionals, do you think we always have the same views as our patients and the general public as to what is a priority? Reflect on an instance in your own practice where this has perhaps not been the case.

An outline answer is given at the end of the chapter.

The NHS Plan (Department of Health, 2000) laid out a firm intention that the views of the public ought to be at the heart of healthcare planning. It aimed to create a service that was geared around the views and priorities of the patients, service users and public. Patients and members of the public were invited to take part in local forums where local health issues were discussed. Patients' views were to be taken into account on decisions such as how money would be spent by local health services.

Following on from that, in 2006, the Department of Health carried out an extensive consultation exercise, involving 42,861 people in total, seeking out their views on what they considered to be priorities in health and how to improve health services provided in the community. This consultation process resulted in the document *Your Health, Your Care, Your Say* (Department of Health, 2006). One of the recommendations that came out of this listening exercise was to extend GP opening hours.

CHNA is embedded in government policy as part of its aim to reduce health inequalities (NICE, 2005). Reducing inequalities in healthcare could be seen as aiming towards a fair system of healthcare provision as well as producing more positive outcomes and being more responsive to change (Sines et al., 2009).

In recent health and social care policy, the importance of accurately targeting services (and resources) in a bespoke manner has been further highlighted (NHS England, 2014). There is a need to tailor-make services appropriate to the specific needs of a community, as opposed to a 'one-size-fits-all' approach. Examples of this strategy in action could be an option where community nurses work with other community specialists, social care professionals, mental health nurses, GPs and hospital specialists to create integrated out-of-hospital care (the multi-speciality provider) (NHS England, 2014). Examples of this could include multi-professional/multi-agency (including the voluntary sector) projects such as food banks. Such an innovative way of working would clearly rely on accurate local data – provided by a CHNA.

In healthcare terms, equity refers to the idea of fairness, where we are attempting to get rid of unfair differences in provision of services across differing socio-economic or geographical groups. This issue has been an important aspect of primary care since the Alma-Ata Declaration of 1978 (WHO and UNICEF, 1978). Social justice again incorporates the idea of fairness (e.g. aiming for services for teenagers or the elderly to be of similar standards regardless of geographical location or income).

Social justice can be defined as 'the objective of creating a fair and equal society in which each individual matters, their rights are recognized and protected, and decisions are made in ways that are fair and honest' (Park, 2007).

One of the key goals of CHNA is to apply the principles of equity and social justice in practice (Hogston and Marjoram, 2011). Demographic factors to be taken into consideration would include age, gender, ethnicity, sexual orientation, disability and class. These data can be found from sources such as those identified in Activity 9.6 later in this chapter.

Challenges to an individual's health and their experiences of healthcare provision can be experienced by potentially marginalised groups. They could face varying problems and would need services to be provided that are sensitive to their specific needs (see Rowe et al., 2001).

In order to avoid the potential creation of barriers and to encourage uptake of services, nurses need to be aware of, and take into account, specific needs and considerations. For example, members of some cultural or religious groups may require health services to be provided to individuals by a health professional of the same gender.

CHNA can be used as part of a planning cycle, informing local plans to meet local needs. It is an important first step in planning health strategies for a community, meeting health needs and planning health promotion activities. This process can enable nurses to make these activities relevant and effective, leading to positive outcomes and health benefits for patients.

Case study: Carers in the community

Using the information gathered for the local profile, one group of community nurses identified (from local GP practice data) a significantly high percentage of older people with dementia living in the area – an isolated country setting. As a result, the community psychiatric nurse team, working with older people in the locality, liaised with the practice nurses across the identified GP practices with a view to improving the provision of support for the carers involved. This involved linking in with voluntary groups to provide transport to pick up carers and take them to support group meetings, and also with agencies to provide respite care.

Who carries out a CHNA?

Activity 9.5   Reflection

If you have already had a community placement, think back to the range of professionals you came across.

Reflect back on your own experiences:

- Did you understand their roles?
- Did you see CHNA being carried out or discussed?
- Who was involved in this information-gathering exercise?
- Who do you think should have been involved?
- Do you think professionals should work together in this exercise?

If you are about to have a community placement, think about these issues when you go out.

As this is your own reflection, no outline answer is provided.

Exactly who is involved in carrying out this process may vary considerably in different locations. Ideally, CHNA should be carried out as a collaborative team effort in order to avoid duplication of information and to benefit from a range of relevant and appropriate expertise and stances.

Traditionally, CHNA was seen as the health visitor's responsibility. However, it is now firmly in government policy as part of the role of all community nurses. This reflects the evolution of community nurses.

Case study: Collaboration across communities

One project developed from a group of district nurses carrying out a CHNA. From profiling the area covered by a local GP practice, community nurses identified a high incidence of falls in older people in the catchment area. This information inspired them to set up a programme of regular falls prevention sessions in the local community hall, linking in with national policies on falls prevention.

Working in a collaborative manner to carry out a CHNA requires nurses to have excellent communication skills. It demands vigilant attention to issues such as data protection and storage of information. It can also be a fertile and productive way of trying out innovative ways of working (e.g. community nurses from different specialities working together in a more integrated way, challenging traditional, restrictive boundaries).

Case study: An inspirational example of innovative and collaborative working from a student nurse

An example of collaborative working and innovative ways of working can be seen in a project set up by a student nurse in Chester. Louise Williamson had some experiences of volunteering with various community groups. She then initiated the setting up of Treehouse, a food kitchen aimed at people who were homeless and/or those with social and economic problems. Louise worked in partnership with local organisations such as local church groups and the Samaritans. The project not only provides meals and hot drinks, but also a safe, warm environment and the opportunity for social interaction with others. It also provides links and advice on other services, including housing and employment (see **www.chester.ac.uk/node/27691**).

How to go about preparing for a CHNA

In order to gain a clear and full picture of all the various factors in the area that may have an impact on the health of the community, the community nursing team needs a wide range of information. However, exactly what information might be most relevant will vary from one area to another, as will the way it is collected. Activity 9.6 is designed to get you thinking about where to start. You might find it particularly helpful if you work alongside one or more colleagues and spend some time discussing your findings and thinking about how and why they may be different.

Activity 9.6   Decision-making

If you were a community nurse, what information do you think you would need in order to carry out a CHNA? What would you measure? Think broadly of all the factors in a community that would give you valuable information relevant to the health needs of the people living in that area. Make a list and discuss with a colleague.

Now think about the area you live in. How would you find out the information you have identified? What would be your sources of information? Who might you need to contact to find out some of the information?

Once again, you will get more out of this activity if you write down your findings and discuss with one or more colleagues.

An outline answer is given at the end of the chapter.

The vital role of the community nurse in assessing the health needs of a community is highlighted by the Royal College of Nursing, which identifies the need for nurses to be 'actively engaged and looking for those at risk of major preventable health issues' (RCN, 2012, p13). They add that community nurses need to 'identify high incidence of hospital readmissions, seek out the cause and target vulnerable populations' (p13). The RCN describes this concept as 'upstreaming' – a very accessible term to visualise these community nursing activities – which involves pre-empting problems (seeking out the causes of problems and attempting to prevent them) and stopping them from progressing further 'downstream'.

A five-step structured approach to CHNA

Once you have explored some of the background issues through Activity 9.6, you can start to think about structuring your approach to CHNA. There are many different practical frameworks for undertaking this exercise. A five-step process, such as that advocated by the National Institute for Health and Care Excellence (NICE, 2005), is a useful place to start, and Figure 9.1 shows how that might work in practice.

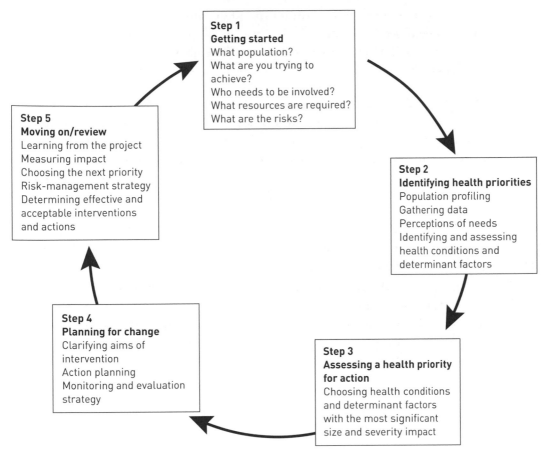

Figure 9.1   CHNA as a cyclical, dynamic process

Step 1 starts with identifying the population. For example, is it the nurse's caseload, or a geographical area, or are you looking at the population defined by the caseload of a GP/group of GPs with whom the community nurses work? Step 1 also defines your aims. Are you aiming to try to address areas of great health need in your area (e.g. falls in the elderly)? What could be the risks if you are not successful, having raised expectations you were unable to meet, for example?

Step 2 involves searching out information from a range of sources, such as the census, Director of Public Health reports, GP practice database and local government information (e.g. on housing and pollution). It also requires an understanding of the concept of need: Whose perspective or view of priorities are you using?

Step 3 involves analysing the data and identifying priorities. What are the major health needs in the area? Is there a high rate of unplanned teenage pregnancies, for example, or a high number of toddlers having accidents? Is there poverty, resulting in referrals from care professionals to food banks? You might like to look at the statistics of the Trussell Trust, which show a tripling of food bank use year on year since 2012 (see **www.trusselltrust.org/stats**).

When you reach step 4, you will be putting the plans into action. What are you going to do about the needs you have identified? Who will be involved in any projects? What resources will you need? How will you evaluate the project and measure whether you have been successful?

In step 5, you are evaluating, reflecting back on the experience and then planning to go through the cycle again, taking account of any new information. You may discover that, for example, your new system of teenage health drop-in clinics at a local gym has been evaluated by the participants as being very positive. You might therefore want to continue with this or even expand it. This may involve seeking out further sources of funding.

As Figure 9.1 demonstrates, the process of carrying out a CHNA should be a cyclical, dynamic one, not a one-off series of actions. This has implications for the use of community nurses' time and is another argument for carrying out the process as a collaborative exercise. Various different combinations of community nurses sometimes work together to produce a CHNA. For example, there may be a health visitor, district nurse, practice nurse and community psychiatric nurse, all of whom work with a similar population and geographical area who would collaborate to produce the CHNA, rather than each of them working separately, therefore avoiding potentially duplicating work.

Before you start Activity 9.7, it would be useful to look at the terms 'prevalence' and 'incidence'. You may have come across these terms before; they are defined in the box below.

Concept summary: prevalence and incidence

- Prevalence is 'the number of existing cases in a defined population at a defined point in time, divided by the total number of people in that population at the same point in time' (Carnerio and Howard, 2011, p18). For instance, 'The prevalence of breast cancer in a small rural village in Wales in June 2011 was 0.01'. This number can never be more than 1.
- Incidence is 'the frequency of new (incident) cases in a defined population during a specified time period' (Carnerio and Howard, 2011, p18). For example, 'There were two new cases of breast cancer in a small rural village in Wales between June and August 2011'.

Prevalence, then, is looking at the full picture of the total number of cases (of a well-defined disease or risk factor) at any one time, whereas incidence is looking at the number of new cases (of a well-defined disease or risk factor) in a defined time period.

The concepts of prevalence and incidence are used to describe 'disease distribution' within given populations (Aschengrau and Seage, 2013). Disease distribution involves the analysis of a variety of characteristics of the disease (i.e. who, where and when). Examining these characteristics can help us to understand the health status of a population and then plan and implement appropriate strategies (Aschengrau and Seage, 2013).

Activity 9.7   Research and evidence-based practice

Find a copy of the Director of Public Health report from one of the following:

www.apho.org.uk

www.dh.gov.uk (this website will be useful in other contexts too)

www.newcastle.gov.uk/health-and-social-care/health-services/
public-health-annual-report

www.bristol.gov.uk/policies-plans-strategies/
director-of-public-health-annual-report

OR

Look at the report in your own local area, or the website of the trust where you are on placement.

Choose one of the following categories:

- older people living at home with chronic diseases;
- teenage pregnancies;
- reducing the levels of substance and alcohol misuse; or
- deaths from heart disease.

Look at the assessment that was carried out and focus particularly on the part that relates to your chosen category.

Now try to answer the following questions:

- What is the incidence within one community?
- What is the prevalence within this community?

Looking at the decision-making:

- Is there evidence of strategies addressing the issues?
- What are examples of current service provision to address the needs?

(Continued)

(Continued)

- What decisions would you have made (based on the assessments) to address the needs?

This activity does not have an outline answer as it is based on your own research.

The real-life examples we have looked at in this chapter should give you an idea of the range of ways in which information gained from a CHNA can be used, and inspire you to look at some of the many and varied community health innovations and initiatives that may be carried out in practice in your area.

Activity 9.8   Communication

Try to find some examples of community health innovations in the area where you live. You may see articles in your local press or advertised in your GP practice. When you go out on a community placement, talk to your practice supervisor about CHNA in their practice and any activities your practice supervisor is involved with as a result.

This activity does not have an outline answer as it is based on your own experience.

Conclusion

All nurses have a responsibility for improving the health of the public. It is important to be aware that, in order to achieve this, a multidisciplinary approach is vital. The factors that potentially have an impact on the health of the public are not exclusively within the realm and remit of health professionals. The wide spectrum of factors impacting on health need to be incorporated into any strategies to improve health – we need to keep in mind the 'bigger picture'. In order to be able to incorporate these factors into planning care for our patients and the public, we need first to identify what the factors are: What is the 'bigger picture'? CHNA is an effective method of assessing this.

Chapter summary

We have explored how CHNA plays a central role in community nursing practice. It is a vital aspect of the assessment and decision-making required by community nurses, and is an ongoing, logical and cyclical process. The assessment carried out in this manner leads naturally on to decision-making processes, which then lead to action in response.

We looked at how CHNA is a fundamentally important area of community nursing, emanating as it does from the public health roots of the profession. It is also an important area for all nurses to be aware of as part of the 'bigger picture' affecting all patients.

We have identified that the ethos of CHNA is in line with both patient-centredness and the principles of primary care. It incorporates concepts of patient empowerment and collaboration, respecting autonomy. The process aims to address issues of inequalities and exclusion.

Activities: brief outline answers

Activity 9.1 Critical thinking (p144)

Modern district nurses still visit patients in their own homes, providing both holistic care and health promotion advice. In order to fulfil this role, they work in collaboration with a wide range of other professionals and groups across not just the health and social care spectrum. For instance, district nurses may sometimes need to contact the local housing department, acting as the patient's advocate, regarding improvements to the patient's housing situation (such as a damp flat or windows in need of repair).

Health visitors also still make home visits to children and families (as well as clinic work) and provide a range of supportive and health-monitoring services. They provide health promotion advice and offer support to families about child welfare and care.

Activity 9.2 Critical thinking (p147)

While the patient is on your ward, a discharge planning process would be carried out. This process should ideally begin when the patient is admitted, or even earlier in the case of planned admissions (Department of Health, 2010b). As part of this process, the ward multidisciplinary team would be carrying out assessments looking at all aspects that may affect the patient's safe discharge. This would include their home living conditions. These assessments may reveal that there are aspects of these home conditions that may have a detrimental effect on the patient's health (e.g. that the patient's house is damp). Good communication between the hospital and community staff may enable improvements or adjustments to be made to the patient's house before the patient is discharged.

Activity 9.3 Critical thinking (p148)

Some other examples of where the ADLs in a hospital assessment of an individual patient may have clear links to aspects community nurses may have identified from the CHNA might be:

- Controlling temperature: What is the general condition of housing in the community? Are there a lot of old neglected rental properties without central heating or insulation?
- Maintaining a safe environment: Are there busy roads in the community? Are there enough safe places to cross roads? Are there adequate safe footpaths and street lighting?
- Working and playing: What is the general level of employment/unemployment in the community? What are the local leisure facilities like? Are there public parks, cycle paths, public swimming baths and libraries?

- Sleeping: What are the levels of noise like at night? For example, is there excessive traffic noise, or noise from industrial activities?

Activity 9.4 Reflection (p148)

An example of this potential difference in priorities may be illustrated by the following anecdote. A practice nurse is carrying out blood pressure checks in a local supermarket. She discovers that Mr X has blood pressure of 200/120 mmHg. She then tries to interest Mr X in an action plan to address this. The practice nurse's priority is for Mr X to reduce his blood pressure to within acceptable limits. Mr X had actually walked into the supermarket to do his shopping after work feeling perfectly well and with no idea at all that there was anything wrong with his blood pressure. He is, however, extremely worried about the fact that he and his wife desperately want to have a baby and are having trouble conceiving. This is his priority.

Activity 9.6 Decision-making (p152)

What information do you need? What would you measure?

Remember, you would be trying to create a full, holistic assessment of the community, so you would be assessing a wide range of factors. Table 9.2 may be helpful as a reminder.

Factor for assessment	Aspects to be taken into account
Housing Public or private landlord? Public transport	How much is rented? What is the general condition of housing like? Do the local transport facilities serve the needs of the population? Are they suitable for mothers and babies/elderly or disabled people?
Employment/unemployment Air pollution levels Crime rates Education Epidemiology and patterns of disease Demography	Are there unemployment levels that may be causing socio-economic deprivation? Are these acceptable? Are they a potential health hazard? Are these a cause of anxiety for housebound people, for example? Educational achievement levels: Do local schools/colleges have good results on the league tables? Does this have potential implications for employment opportunities? Morbidity: What diseases are people in the local area being affected by? Mortality: What are people dying from, and at what age? What are the numbers in different age ranges and gender patterns within the local population? What are the statistics for ethnicity, disability and religion?

Table 9.2

How would you find this information? What sources would you use? Who might you need to contact?

There is a wide variety of sources to provide you with all this information, such as census results, Director of Public Health reports, Environmental Health Office, reports from the Department for Education, and GP practice data.

Further reading

Chilton, S. and Bain, H. (eds) (2017) *Textbook of Community Nursing*, 2nd edn. London: Routledge.

This has some useful case studies.

Hubley, J. and Copeman, J. (2013) *Practical Health Promotion*, 2nd edn. Cambridge: Polity Press.

This has a good section on assessing health in the community.

Useful websites

www.nhs.uk/ServiceDirectories/Pages/GP.aspx?pid=0846D25C-8F05-408A-8CD6-A9E809069C49

This website will give you a rich variety of examples of CHNA being used to improve health in the community, in the Acorns project.

www.gov.uk/government/organisations/public-health-england

This website is a good way to keep up to date with new public health developments, including issues related to nursing roles and innovations.

www.youtube.com/watch?v=-DW4HLgYPlA

This TED Talk on intersectionality can provide you with some very useful insights into the importance and complexity of addressing social justice issues in order to provide equity in healthcare.

Chapter 10 Patient assessment and decision-making

Mooi Standing

NMC Standards of Proficiency for Registered Nurses

This chapter will address the following platforms and proficiencies:

Platform 1: Being an accountable professional

At the point of registration, the registered nurse will be able to:

1.9 understand the need to base all decisions regarding care and interventions on people's needs and preferences, recognising and addressing any personal and external factors that may unduly influence their decisions.

Platform 3: Assessing needs and planning care

At the point of registration, the registered nurse will be able to:

3.9 recognise and assess people at risk of harm and the situations that may put them at risk, ensuring prompt action is taken to safeguard those who are vulnerable.

3.15 demonstrate the ability to work in partnership with people, families and carers to continuously monitor, evaluate and reassess the effectiveness of all agreed nursing care plans and care, sharing decision making and readjusting agreed goals, documenting progress and decisions made.

Platform 6: Improving safety and quality of care

At the point of registration, the registered nurse will be able to:

6.7 understand how the quality and effectiveness of nursing care can be evaluated in practice, and demonstrate how to use service delivery evaluation and audit findings to bring about continuous improvement.

Chapter aims

After reading this chapter, you will be able to:

- describe how patient assessment influences clinical decisions and interventions;
- appreciate the uncertainties, challenges and changing nature of health problems;
- identify strengths and weaknesses of intuitive versus analytical clinical judgement;
- apply cognitive continuum theory – nine modes of practice – to assessment and care;
- apply a matrix model – ten perceptions of decision-making – to assessment and care; and
- apply a 'PERSON' evaluation tool to assessment and decision-making in nursing care.

Introduction

Without accurate assessment of health problems, any decisions made about a person's care are likely to be unsafe and ineffective. Assessment, clinical judgement and decision-making are therefore closely linked because accurate identification of health problems needs to go hand in hand with delivering safe and effective nursing interventions. Chapters 1–9 showed how assessment involves gathering relevant information from various sources (e.g. what patients tell you, research evidence) in order to diagnose health problems, and then plan ethical, holistic nursing care (for individuals and communities) to address the problems. Using case studies, this chapter relates assessment of health problems to the clinical judgement, decision-making and interventions used to tackle them. Relevant theory and research, including cognitive continuum theory – nine modes of practice – and a matrix model – ten perceptions of clinical decision-making (Standing, 2010, 2020) – are applied to patient assessment. Finally, a 'PERSON' evaluation tool (Standing, 2020), developed in response to criticisms of nursing practice in the Francis Report (Francis, 2013), is applied to review and enhance patient assessment and decision-making in nursing.

Assessment, clinical judgement, decision-making and healthcare interventions

The following case study highlights the interrelationship between assessment, clinical judgement, decision-making in nursing and interprofessional healthcare interventions.

Case study: Assessing Angela's ear complaint and deciding what to do about it

Angela, age 48, is a police chief inspector. Part of her personal hygiene regime involves cleaning the inside of her ears with cotton buds. There are signs on the packaging warning against inserting them in ears, but Angela feels uncomfortable when she senses her ears need cleaning and this is the best method she has found to do so. One day, a cotton bud detaches itself and gets stuck inside her left ear. In trying to get it out, Angela pushes it further inside, increasing her discomfort. She takes paracetamol tablets every four hours to help control the pain.

Two days later, Angela cannot bear the constant irritation and pain any more, so goes to see her GP. He uses an auroscope to examine her ear and sees the bud, but is unable to remove it. He refers Angela to the practice nurse (trained in electrical ear irrigation) for the removal of a 'foreign body' in her left ear. However, the device is in need of repair, so the nurse advises Angela to go to the local minor injury unit (MIU).

Kim is a first-year nursing student observing Nigel, a nurse practitioner at the MIU, who sits behind a desk in the consulting room while Angela explains what the problem is. Nigel gets up and examines her ear with an auroscope but cannot see anything that should not be there. Kim notices that Angela is getting irritated when she says, 'It has been there for the last two days. It is hurting my ear. It's making me feel dizzy and I cannot concentrate on my work. My GP saw it this morning and said it could be removed, so if you are unable to see it, surely you can still irrigate the ear and then it might come out?'

Kim senses that Nigel might feel his competence is being challenged. He asks Angela whether the GP used an auroscope like he did to examine her. An argument ensues as Angela champions the GP's expertise, Nigel claims that he is also a qualified medical practitioner, and Angela retorts that he is a nurse, not a doctor. Kim feels torn between respecting her senior colleague and sensing that Angela is not well.

Nigel asks Helen, a nurse practitioner colleague, to examine Angela's ear (using an auroscope), and she states that she can see no foreign object. Nigel tells Angela they can find nothing wrong so they will not be irrigating her ear. Angela leaves the MIU (after filling in an evaluation form where she is very critical of the care received) feeling very frustrated because she does not feel any better but has been told there is nothing wrong. She contacts the surgery and is offered an urgent appointment with a different GP. He cannot see any foreign body, but he notices that the ear is very inflamed, prescribes antibiotics (by mouth), and refers Angela to an ear, nose and throat (ENT) clinic. The ENT consultant confirms there is no foreign body in her left ear ('the cotton bud must have fallen out') but that her ear remains infected. He informs Angela that ear irrigation is not recommended for ear infections and prescribes antibiotic ear drops. He advises Angela not to use cotton buds any more, but to use wax-softening ear drops to clean her ears in future. One week later, Angela feels much better.

Angela's case study shows how a seemingly innocuous event such as a cotton bud getting stuck in a person's ear can result in pain, discomfort, irritability and infection (which, if not treated, could cause more serious problems such as deafness). The case study also conveys how many people can be involved in one person's care in a short space of time, and the variations in their assessment of the health problem and what they did about it. Activity 10.1 gives you a structure to guide your reflection about Angela's case study so that you can appreciate some of the challenges and uncertainties of patient assessment and related healthcare interventions.

Activity 10.1   Critical thinking and reflection

The purpose of this activity is to get you involved in exploring some of the issues discussed, identifying different ways that Angela's problem was assessed and treated, and for you to become more aware of the interrelationships between assessment, clinical judgement and decision-making. Read the case study again and then complete the table by summarising how each person diagnosed (defined) the problem and what action they decided was necessary to resolve the problem.

Person doing assessment	Problems they identified	Their decision-making/ action
Angela		
First GP		
Practice nurse		
Nigel (nurse practitioner)		
Helen (nurse practitioner)		
Kim (student nurse)		
Second GP		
ENT consultant		

An outline answer is given at the end of the chapter.

Activity 10.1 illustrates the challenges and uncertainties in trying to reach an accurate diagnosis of a health problem and deciding the best course of action to take. In Angela's case study, the varied assessments and related clinical decision-making fall into three main groups, as shown in Table 10.1.

	Assessment and diagnosis	Clinical decision-making and action
1	Cotton bud/foreign body in left ear causing pain and discomfort	Remove foreign body from left ear
2	No foreign body in left ear and no health problem evident	No treatment required
3	Inflammation and infection in left ear causing pain and discomfort	Prescribe antibiotics to kill the bacteria causing the infection and thereby relieve symptoms

Table 10.1 Assessments and resulting decision-making

Each person assessing Angela's health problem used information (e.g. from what Angela reported, general observations and examination of her left ear) to make a decision based on the evidence available to them. The fact that they reached different diagnoses enables us to reach the following conclusions:

- Assessment, clinical judgement and decision-making is not an exact science.
- Healthcare practitioners have different sets of skills and may view problems differently.
- The potential for them to make errors means that nurses and doctors need to assess risks carefully regarding their proposed interventions. For example, Nigel missed signs of infection, but he was right not to irrigate the ear when he saw no reason to, because irrigation, although safer than ear syringing, can sometimes cause damage, especially if the ear is infected.
- Health problems are not static: they can clear up, stay the same, get worse or change. For example, the cotton bud causing discomfort apparently fell out but Angela still had an ear infection.
- Due to their changeable nature, health problems need to be continuously reassessed so that clinical judgement, decision-making and related interventions can be adjusted as needs be.

A flow chart rounds off this section, summarising the interrelationships between assessment of problems, diagnosis, clinical judgement, decision-making and healthcare interventions (see Figure 10.1). In Activity 10.2, you are asked to discuss and apply this flow chart to clinical practice.

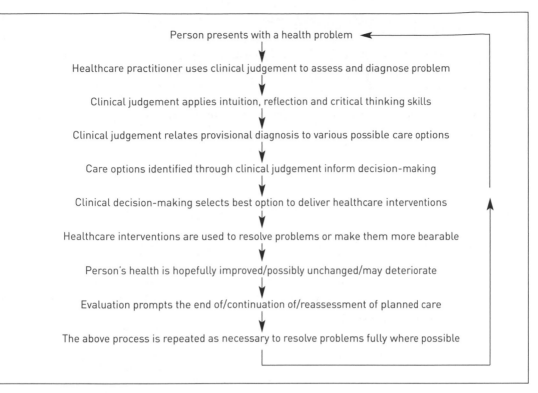

Figure 10.1 Assessment, clinical judgement, decision-making and healthcare interventions

Activity 10.2 Reflection and teamwork

The aim of this activity is to reinforce your understanding of the interrelationships between assessment, diagnosis, clinical judgement, decision-making and healthcare interventions. It also encourages you to appreciate teamwork in assessment and clinical decision-making.

Get together with some colleagues and work through the flow chart in Figure 10.1, thinking of examples from your combined experiences of practice placements. Remember how in Angela's case study, many different health professionals were involved, so try to incorporate the contributions of everyone concerned in the examples of patient assessment you and your colleagues identify. See if you can tease out different ways that they may have diagnosed a person's health problem and any differences in their clinical decision-making and interventions. Reflect on why this might have been so with reference to the various types of evidence on which they may have based their clinical judgement and decision-making. Review the effectiveness of interventions used in terms of patient outcomes, and how this influenced subsequent clinical decision-making. Finally, reflect on what you have learned from the activity and what aspects of the process described

(Continued)

(Continued)

in the flow chart you feel you need to learn more about. See if you and your colleagues can help each other understand any issues a little better and/or agree plans to find out more.

As this activity is for you and your colleagues to discuss and learn from, no outline answer is given.

Applying decision theory and research to patient assessment and healthcare

Standing (2010) applied cognitive continuum theory to nursing and healthcare using nine modes of practice (mentioned in Chapter 2), used in Table 10.2 to review decisions in Angela's case study.

Nine modes	Examples of decision-making in Angela's case study of practice
Intuitive judgement	Angela felt it was OK to use cotton buds to clean her ear despite warnings against doing so; Kim sensed that Angela was not well when she became irritated.
Reflective judgement	Kim reflected on feeling torn between respecting senior colleague Nigel and empathising with Angela.
Patient and peer-aided judgement	Angela explained the problem to practitioners and described her symptoms (e.g. pain); they referred Angela to other practitioners (e.g. Nigel asked Helen to examine the ear).
System-aided judgement	Special equipment (auroscope) used to examine ears; systematic problem-solving approach adopted by all.
Critical review of experiential and research evidence	(a) Angela was critical of the care she received in the MIU. (b) The second GP and ENT consultant recognised signs of infection and knew which antibiotics to prescribe as treatment.
Action research and clinical audit	(a) Angela completed an evaluation form in the MIU to give feedback on aspects of care that she felt were poor; faulty electrical ear irrigation device needs repair at surgery. (b) ENT consultant advises Angela to stop putting cotton buds in her ears and to clean them with ear drops instead.
Qualitative research	(a) Angela's experience of care is a qualitative case study. (b) Kim's reflections on what she has learned from her experiences could be written up and published one day.

Nine modes	Examples of decision-making in Angela's case study of practice
Survey research	Review of electrical ear irrigation indicates it is safer than ear syringing, but it still carries risks (e.g. damaging the eardrum if pressure is excessive or causing infection).
Experimental research	The antibiotics prescribed are developed and tested through scientific research and clinical trials.

Table 10.2 Nine modes of practice applied to Angela's case study

As you can see above, each of the nine modes of practice can be applied to review the decisions referred to in Angela's case study. This shows the wide range of knowledge and evidence that nurses and other practitioners draw upon in their clinical judgement and decision-making. Cognitive continuum theory of judgement and decision-making combines the two opposing extremes of *intuitive human judgement*, which is informed by a person's own subjective experience, versus *analytical decision-making*, which is informed by objective, scientific research (Hammond, 1996). The nine modes of practice show how judgement and decision-making can contain varying amounts of intuition and analysis, ranging from a 'gut feeling' about someone to giving medicine developed by scientific research and clinical trials.

Ideally, you don't have a favourite mode of practice that you stick to regardless of the circumstances. Intuition is invaluable when you have to make 'on-the-spot' decisions to react quickly when necessary, but if you rely too much on intuition you are likely to ignore important research evidence (e.g. Angela ignored the warning not to put a cotton bud in her ear). Analysis is invaluable when you have the time to research and plan evidence-based care, but if you rely too much on analysis you are likely to ignore important sensory or emotional information cues (e.g. Nigel focused on the absence of a cotton bud and did not notice the inflammation or acknowledge that Angela had a problem; he was also unaware of how his verbal and non-verbal communication style appeared to make things worse).

Clinical decision-making in nursing and healthcare can also make the difference between a person surviving or dying from an illness or injury. So, it is vital that clinical judgement and decision-making is accurate in diagnosing problems and delivering safe and effective care. However, the case study showed that it is not an exact science, and human error can lead to important information (e.g. signs and symptoms of ill health) being missed or misinterpreted. This is why it makes sense to research clinical decision-making in order to learn more about it, develop better skills and competence, and reduce the likelihood of errors and mistakes occurring.

Each of the nine modes of practice has strengths and weaknesses, and the idea is to use the most appropriate one to match the nature of the problem you are about to tackle. To be able to do this, you need to develop knowledge and skills in all nine modes of practice. The next section will develop your understanding a bit more by asking you to apply the nine modes of practice to a case study regarding a nursing student's experience of patient assessment.

Applying the nine modes of practice to a nursing student's patient assessment

As a student nurse, you can rightly expect to receive guidance and role modelling in decision-making from registered nurses, practice supervisors and other health professionals. However, unless you go about in a permanent trance, you are making decisions independently every moment of your waking life, including during practice placements, as the following case study shows.

Case study: Assessing Vicky's complaint of being 'stressed out' and deciding what to do

Marion is a second-year nursing student doing a community placement. It includes working with a school nurse who looks after pupils' health needs (e.g. first aid, health education, support, advice, immunisation checks) at a large comprehensive school. Vicky, age 14, goes to the school nurse's office and asks Marion if she can give her something for her 'nerves'. Marion explains that she is not the nurse, who should be back in 20 minutes, and asks Vicky if she wants to wait or come back. Vicky opts to stay and tells Marion that she hates coming to school and that it's 'stressing her out'. Marion asks if there is anything in particular that she finds stressful about school. Vicky describes feeling frightened and embarrassed because Sue, an older pupil, 'has a crush' on her, keeps trying to kiss her on the lips, follows her around both at school and on the way home, and will not stop stalking her despite Vicky saying, 'Stay away from me'. When Vicky rejected her advances, Sue apparently got angry and told her parents that a head wound she received (during a fight with a young woman who kicked her when she was lying on the floor) was caused by Vicky attacking her. Sue's parents then accosted Vicky and her mum in their car outside an ice skating club (where they knew Vicky went), verbally abused them, kicked the car, broke a door mirror, and punched Vicky's mum when she told them to stop. Vicky says she cannot sleep, is 'off her food', feels sick all the time, is really scared of Sue, and wants Marion to give her something that will 'make it all go away'.

While Vicky is describing these very disturbing events, Marion wonders what she has let herself in for as she feels completely out of her depth. Just then, she remembers a lecture on safeguarding vulnerable people and she realises that she is duty-bound to tell the school nurse what Vicky has said. The school nurse returns to the office and Marion briefs her about how she has handled Vicky's request for help, and the gist

---

of her problems. The school nurse says Marion has done well to enable Vicky to talk, and it is important to keep a record of this and report the matter to the head teacher, Vicky's teacher, parents and GP after she has spoken to Vicky.

Vicky's case study shows that you never quite know what might happen during your clinical placements. When something unexpected does happen, you often have to think on your feet and make a decision on the spot without the benefit of advice from a senior colleague or the opportunity to research how you should respond. Activity 10.3 asks you to review Marion's decision-making in caring for Vicky with reference to Standing's nine modes of practice.

Activity 10.3   Critical thinking and decision-making

The purpose of this activity is to give you some practice in applying decision theory to patient assessment and decision-making. Look back at how the nine modes of practice were used to review decision-making in Angela's case study, and then try to apply as many of the nine modes you think are appropriate to the decision-making evident in Vicky's case study.

Nine modes of practice	Examples of decision-making in Vicky's case study
Intuitive judgement	
Reflective judgement	
Patient and peer-aided judgement	
System-aided judgement	
Critical review of experiential and research evidence	
Action research and clinical audit	
Qualitative research	
Survey research	
Experimental research	

An outline answer is given at the end of the chapter.

A matrix model of nursing students' perceptions of clinical decision-making

Both Angela's and Vicky's case studies provide a glimpse of what it is like to be a student nurse (Kim and Marion) during practice placements, observing, reflecting on experience,

169

and developing skills in patient assessment, clinical judgement and decision-making. A research study of nursing students' reflections on developing decision-making skills created a matrix model describing ten perceptions (key aspects) of clinical decision-making in nursing (Standing, 2020). Table 10.3 lists the ten perceptions of decision-making identified by the nursing students in Standing's research study, together with a brief description of each one.

Collaborative	Consulting with patients, relatives, nurses, practice supervisors and health professionals to inform relevant patient-centred decisions.
Observation	Use of senses to assess patients' physical and mental health, monitor vital signs, review investigations, record responses to nursing/healthcare interventions and report any concerns.
Systematic	Using critical thinking and problem-solving skills to assess problems, set goals, deliver care and evaluate outcomes.
Standardised	Application of NHS trust policies, procedures and care plans, research evidence-based clinical guidelines and assessment tools.
Prioritising	Risk assessment and management to avoid causing harm to any patient, targeting care on those with more serious problems first, and safeguarding the vulnerable (e.g. physical or mental disability).
Experience and intuition	Recognising similarities and differences in current and previous situations, being guided by what worked before, not repeating mistakes, or realising you may lack the experience to make a decision.
Reflective	Reviewing events as they happen (reflection in action) or looking back (reflection on action) for insight into the best course of action.
Ethical sensitivity	Applying ethical principles (autonomy, justice, beneficence, non-maleficence) to ensure patients' human rights are respected (e.g. maintaining confidentiality, gaining informed consent to procedures).
Accountability	Being answerable to patients, public, NHS trusts, Nursing and Midwifery Council and the legal system for the consequences of your actions and being able to explain, justify and defend your decisions when asked to do so.
Confidence	Self-assurance from experience and achievements and professional assurance that give patients and colleagues confidence in you.

Table 10.3 Matrix model: ten perceptions of clinical decision-making in nursing

Activity 10.4   Reflection

Take a moment to think about the matrix model – the ten perceptions of clinical decision-making in nursing. This description of clinical decision-making came from pooling nursing students' reflections of their experiences in clinical practice over a four-year period, which included their first year as registered nurses. Does it tally with your experience? Can you relate to the different aspects of decision-making that are identified? Can you think of any other aspects that are not incorporated in the matrix model? How do you think it compares to the cognitive continuum theory – the nine modes of practice?

As this is for your own reflection, no outline answer is provided.

Comparing the nine modes of practice and ten perceptions of clinical decision-making

The ten perceptions of decision-making, like the nine modes of practice, is an evidence-based tool to guide and evaluate patient assessment, clinical judgement and decision-making. Both describe a range of knowledge and skills, and there are some clear similarities between them, as shown below.

Similarities in some of the modes of practice and perceptions of clinical decision-making

Modes of practice	Perceptions of clinical decision-making
Intuitive judgement	Experience and intuition
Reflective judgement	Reflective
Patient and peer-aided judgement	Collaborative
System-aided judgement	Systematic
Action research and clinical audit	Standardised

Due to their similarity, applying the above modes of practice and perceptions of decision-making to guide or review patient assessment would more or less cover the same ground. For example, if – when doing Activity 10.3 – you interpreted Marion's rapport with Vicky as an example of 'patient and peer-aided judgement', it would also be an example of 'collaborative' clinical decision-making if you were applying the matrix model. However, the other four modes of practice are more clearly research-focused (critical review of experiential and research evidence, qualitative, survey and experimental research). In contrast, the other five perceptions of decision-making are more clearly clinically focused (observation, prioritising, ethical sensitivity, accountability and confidence). To get an idea of what these perceptions of decision-making have to offer, it is worth seeing what light they cast on Vicky's case study (see Table 10.4).

Perceptions of clinical decision-making	Examples of decision-making in Vicky's case study
Observation	Marion observed that Vicky wanted something to make the stress go away, that she was prepared to wait to see the school nurse, that she was responsive to Marion asking probing questions about what might have led to her feeling stressed at school, and that – given her account of events – it was understandable that she should feel stressed out.
Prioritising	Marion and the school nurse identified that taking steps to protect Vicky from abuse and to ensure her safety was the main priority.
Ethical sensitivity	Marion respected Vicky's autonomy in choosing to tell someone about her problem; she was aware of the sensitive and confidential nature of their discussion while realising she had a duty to report it to the appropriate authorities; her actions appeared to help Vicky (beneficence) explain what was upsetting her, and help protect her from the alleged bullying, harassment and intimidation (maleficence) by Sue in the foreseeable future.
Accountability	Marion and the school nurse realised that the school has a duty to provide a safe environment for pupils and to take action where risks are identified; they also had to document what had happened as they might be called upon to explain and justify their actions.
Confidence	Marion's confidence was initially shaken when she found out the seriousness of Vicky's problems; she recovered her composure by focusing on safeguarding Vicky against further potential abuse, and her confidence was boosted when the school nurse said she did well.

Table 10.4 Perceptions of clinical decision-making applied to Vicky's case study

Activity 10.5   Critical thinking and decision-making

Take a moment to look back at Activity 10.3, where you applied the nine modes of practice to review patient assessment in Vicky's case study. Now look at the above application of five perceptions of decision-making and reflect on whether they help to identify any aspects of patient assessment that you did not find out using the nine modes of practice.

As this is for your own reflection, no outline answer is provided.

Both cognitive continuum theory and the matrix model offer evidence-based frameworks to guide, review and develop clinical judgement and decision-making in patient assessment. The matrix model is particularly relevant in pre-registration nurse education as the ten perceptions of decision-making come from nursing students' reflections on their clinical experiences. It also complements previous chapters by encouraging a cooperative, person-centred, holistic (bio-psycho-social-spiritual), ethical and health-promoting approach to patient assessment.

Applying the matrix model to patient assessment, clinical decision-making and healthcare

Successfully carrying out person-centred, holistic patient assessment to inform clinical decision-making in delivering safe and effective healthcare sounds lovely in theory but making it happen in reality is very challenging. As health professionals become more technically skilled, their clinical focus tends to narrow on specific aspects of care, and this can go against seeing patients as unique individuals. The next case study shows the problems that can occur when this happens.

Case study: A lesson in patient assessment and holistic care from Francis and his family

Francis, age 39, has received mental health care for 20 years since he was diagnosed as suffering from paranoid schizophrenia during his first year at university. When Francis is well, he is a shy, artistic, thoughtful and placid person. When unwell, he is convinced that people want to harm him (when they don't), and these false beliefs (delusions of persecution) are resistant to reason or evidence that challenges them. He may also hear voices (auditory hallucinations), which can make him agitated and aggressive. Francis's mental health has been stabilised through medication (e.g. clozapine, an antipsychotic drug) and support from his family and community agencies. His mum, Elizabeth, and dad, Jeffrey, live in the same town and encourage Francis

(Continued)

(Continued)

to visit or stay with them whenever he wishes. The parents never go away on holiday together to make sure that one of them is always available if he needs them. He has a younger brother, James, living 60 miles away, who he likes to talk to on the phone.

Two months ago, Francis found that he could not move his left arm or feel his fingers, so he went to the GP surgery. He saw a GP who did not detect that anything was wrong. A few days later, Jeffrey saw Francis and was worried about his inability to move his left arm. Jeffrey took Francis to an out-of-hours service at a local NHS trust hospital where the duty GP said Francis might benefit from physiotherapy, but no referral was made. A week later, there was no change. Elizabeth was so concerned that she took Francis to see the GP and insisted that something was done to find out why he could not move his left arm. The GP referred Francis to have a computed tomography (CT) scan to check for problems.

On the day of the scan, Elizabeth asked Francis to take a lorazepam tablet (as prescribed) to reduce his anxiety, she accompanied him to the hospital and the CT scan was carried out. They were not told the result, but a week later Francis got a letter with an urgent appointment for a magnetic resonance imaging (MRI) scan. No reason was given, and this made Francis very anxious.

Elizabeth went to see the GP to ask for an explanation and was told the CT scan showed an abnormality in Francis's brain that needed further investigation. She prepared and accompanied Francis for the MRI scan (as she had done for the CT scan) and it was carried out without incident. They were not told the result, but a week later Francis got a telephone call from the GP asking him to pick up a referral letter from the surgery and take it to the emergency care unit of the local hospital for him to be admitted.

Francis was upset and anxious and he called his mother. Elizabeth was surprised the GP did not let her know about this so that she might support Francis. She took him to the emergency care unit, where a consultant informed them that the MRI scan indicated Francis had had a stroke (also called a cerebrovascular accident, CVA) due to haemorrhaging (bleeding) in his brain. Francis was transferred to a ward that assessed and treated patients with strokes.

Francis was admitted to the stroke ward by Julie, a third-year nursing student. The ward used an integrated care pathway to guide and coordinate the multidisciplinary healthcare team in key aspects of assessment and treatment of patients who had suffered from a stroke. Julie's initial assessment of Francis focused on identifying any impairment of sensation and movement in Francis's limbs, particularly in his left arm, and how long this had been so. She did not ask about Francis's previous medical history. Julie informed Francis that he would need to have another MRI scan, 'probably sometime tomorrow'.

The next day, Francis was getting increasingly anxious and distressed. He knew Elizabeth was at work, so he phoned James and began crying, saying, 'I don't know what is going on'. James assured Francis that he would drive down to see him in the afternoon. In the meantime, a hospital porter asked Francis to sit in a wheelchair and took him to have his second MRI scan. The nurses were busy at the time and no one explained to Francis where he was being taken. At the MRI unit, Francis was highly anxious, very distressed and agitated. He started swearing and screaming at the staff not to touch him when they tried to do the MRI scan.

Francis was taken back to the ward. When James arrived, he was still agitated and bad-tempered, shouting and swearing at the nurses, who were unsure how to deal with him. He complained of pain in his left arm, which was bruised from unsuccessful attempts to insert an intravenous line in the MRI unit. James tried to calm Francis down, but he was too upset, and so James called their mother. Elizabeth came straight away, and she managed to comfort Francis and get him to relax a little bit, assuring him that nobody there really wanted to hurt him. The next day, Elizabeth got the consultant to agree to discharge Francis to the care of his family, who would prepare and accompany him for further tests or treatments as an outpatient.

Francis's case study provides a graphic account of how important accurate patient assessment is and how difficult it can sometimes be for doctors and nurses to achieve this. When things do not go as well as they should, it is vital to learn from the experience in order to improve. Francis and his family demonstrated many of the skills in person-centred, holistic patient assessment and care that nurses and other health professionals can learn from, as shown in Table 10.5.

Collaborative	(a) Francis informed the GP about his arm problem. (b) Jeffrey took Francis for a second opinion from a GP at the out-of-hours service. (c) James came to support Francis when he was distressed.
Observation	Francis and his parents saw that he had lost the ability to move his left arm, recognised that it needed investigation and alerted the GP.
Systematic	Elizabeth carefully prepared Francis for the CT and MRI scans by explaining what they were for, accompanying him to the hospital and supporting him during procedures to help relieve his anxiety.
Standardised	(a) Francis continued taking prescribed antipsychotic medication. (b) Elizabeth also asked him to take prescribed lorazepam tablets on the day of the scan to help control and relieve his anxiety.
Prioritising	When Francis's weakness in his left arm did not improve, Elizabeth insisted that the GP arrange for the problem to be investigated.

(Continued)

Table 10.5 (Continued)

Experience and intuition	Francis and his family sensed that something was physically wrong with him despite not knowing that he had had a stroke at that time.
Reflective	Francis's family were aware of his mental fragility if stressed, and realised that they had to support and nurse him through the investigations and procedures to avoid him becoming disturbed.
Ethical sensitivity	(a) Francis's family respected his autonomy – when he said something was wrong with his arm, they believed him (and were right to). (b) They applied beneficence by being very caring towards him.
Accountability	(a) Francis's family took responsibility for arranging for his discharge from hospital because the poor care he received was upsetting him. (b) They looked after him at home while supporting him during further investigations and treatment for the stroke as an outpatient.
Confidence	(a) Francis had confidence in his family's ability to help him because they saw beyond his diagnosis of paranoid schizophrenia and knew him as a unique person whom they loved and cared for. (b) His family knew that while he was taking antipsychotic medication, Francis was receptive to their attempts to explain things and help him.

Table 10.5 Ten perceptions of clinical decision-making applied by Francis and his family

Francis's case study reveals the challenges in applying the theory of person-centred, holistic assessment and care to practice. Francis's medical history of long-term mental illness appears to have got in the way of doctors and nurses being attentive to his physical and psychological needs. This is evident in the initial failure to take his physical complaint about not being able to move his arm seriously. Once it was clear that Francis had suffered a stroke, he was not given the care and psychological support in hospital that anyone would be entitled to receive. Francis and his family demonstrated how he should have been cared for by the doctors and nurses. This emphasises the importance of being open-minded, carefully observing patients, communicating with them and taking note of what they say to ensure that assessment and related care decisions are relevant to their specific individual needs and preferences. Applying the matrix model to patient assessment, decision-making and care interventions in this way can help nurses to succeed in relating theory in person-centred, holistic care to the reality of clinical practice.

Applying a 'PERSON' evaluation tool to review and enhance patient assessment and decision-making in nursing

So far in this chapter, we have looked at the interrelationship between patient assessment, clinical judgement and decision-making and related nursing interventions. We also applied relevant theory and research findings to help identify, develop, under-stand and apply a range of key knowledge, skills and attitudes to patient assessment. As the above case study shows, healthcare professionals can make mistakes and patients suffer as a result. We therefore need to continually evaluate patient assessment, care plans and decision-making to identify where we can improve. Evaluating nursing decisions in assessing, planning and delivering patient care has been defined as follows:

A critical review of nursing decisions and associated care in: (i) addressing patients' rights, needs, problems and preferences; (ii) avoiding causing harm to patients; (iii) carrying out interventions that have beneficial outcomes for patients; (iv) applying relevant evidence, research and clinical guidelines to patient care; (v) identifying strengths and weaknesses of care provided; and (vi) considering the implications of the findings for continuing patient care and our own professional development and education needs as nurses.

(Standing, 2020)

This definition of what evaluating nursing decisions means was developed in response to the publication of the Francis Report (Francis, 2013). The Francis Report high-lighted unacceptable standards of care in an NHS trust whose priority was meeting certain health targets (e.g. quantity of patients processed) rather than the quality of care patients received. Patients' and relatives' concerns and complaints were ignored; unsafe, ineffective care with poor patient outcomes was allowed to continue for years; and healthcare professionals were discouraged from 'whistle-blowing' about this. Evaluating nursing decisions must therefore focus on patients' experiences and feed-back about care they receive, and identify better ways of delivering safe and effective care that addresses their needs and health problems, prompting nurses to be open and honest in reviewing their actions and being committed to developing their clinical competence. A 'PERSON' evaluation tool was developed to address all of the points in the above definition, and this can be applied within any of the nursing pathways (adult, child, mental health, learning disability). It also summarises professional standards of conduct that nurses must adhere to (NMC, 2018b). The 'PERSON' acronym stands for the following:

P = patient-centred

E = evidence-based

R = risks assessed and managed

S = safe and effective delivery of care

O = outcomes of care benefit the patient

N = nursing and midwifery strengths and weaknesses

In order to evaluate nursing decisions using each element of the 'PERSON' evaluation tool, a series of questions was devised for nurses to answer in reviewing the quality of care they have provided, as described in Table 10.6.

'PERSON' acronym	Answer questions to evaluate decisions
Patient-centred	Were different care options explained to the patient?
	Did the patient give consent before the intervention?
	How did the patient's opinion contribute to care plans?
	If for any reason the patient was unable to contribute to decisions, how were their rights safeguarded?
Evidence-based	What patient observations indicated a need for action?
	What corroborating evidence supports your assessment?
	What was the rationale for the selected intervention?
	What research evidence underpins the intervention?
Risks assessed and managed	What threats to the patient's health/well-being were there?
	What was done to ensure a safe healthcare environment?
	What procedure did you follow to control known risks?
	How did you escalate concerns if problems worsened?
Safe and effective delivery of care	What knowledge/skills/attitudes were applied to care?
	What prior experience did you have of this intervention?
	How was your competence to give care quality assured?
	How did you share information on the care you gave?
Outcomes of care benefit the patient	What was the patient's/relatives' feedback about care?
	To what extent were desired outcomes of care achieved?
	How do you think the patient benefited from this care?
	How will you address any negative outcomes of care?
Nursing and midwifery strengths and weaknesses	What did you learn from this experience of patient care?
	How did you justify public trust in your ability to care?
	On reflection, what could you have done differently?
	What are you doing to improve decision-making skills?

Table 10.6 Clinical decision-making 'PERSON' evaluation tool

Source: Standing (2020)

The 'PERSON' evaluation tool also incorporates relevant decision theory (nine modes of practice) and research (ten perceptions of clinical decision-making), discussed earlier in the chapter. For example, there is a strong emphasis on nurses respecting patients' human rights, collaborating with patients, colleagues and others, using observation and prioritising skills, and being systematic, reflective and accountable in delivering and critically reviewing patient care. Table 10.7 applies the 'PERSON' evaluation tool to review Marion's assessment of Vicky in the second case study.

Patient-centred

Were different care options explained to the patient? Marion gave Vicky the option of waiting or coming back in 20 minutes when the registered school nurse would be there.

Did the patient give consent before the intervention? Vicky chose to wait and voluntarily began telling Marion about her problems.

How did the patient's opinion contribute to care plans? Vicky wanted something to be done to help her deal with feeling 'stressed out'.

If for any reason the patient was unable to contribute to decisions, how were their rights safeguarded? Vicky is a vulnerable minor who reported being abused. To safeguard her, subsequent decisions would need to involve her parents, teachers and GP.

Evidence-based

What patient observations indicated a need for action? Vicky went to the school nurse's office seeking help, was not put off when she wasn't there, and she described physical and psychological symptoms associated with anxiety and stress in relation to her account of being intimidated and assaulted by Sue.

What corroborating evidence supports your assessment? Marion only had Vicky's account of events to go on at the time, but it did explain why she felt 'stressed out' and why she wanted help to deal with it.

What was the rationale for the selected intervention? Marion applied listening, communication and interpersonal skills in responding to Vicky's wish to talk about her problems and enabling her to do so.

What research evidence underpins the intervention? The communication and interpersonal skills that Marion applied echo the findings of research questions about what nursing students associated with being a nurse. Their conceptions of nursing included 'listening and being there', 'communicating' and being 'empathising and non-judgemental' (Standing, 2020).

Risks assessed and managed

What threats to the patient's health/well-being were there? Vicky's physical health was a concern as she indicated she was not eating properly/felt sick and said she had been verbally and physically assaulted. Her mental health was also a concern as she was frightened, anxious and felt unable to cope.

What was done to ensure a safe healthcare environment? The school nurse's office provided a place of safety for pupils to discuss personal and confidential issues affecting their health and well-being.

What procedure did you follow to control known risks? Marion made it clear to Vicky that she was not the school nurse, but that she would be back in 20 minutes. In this way, she acknowledged her limitations in competence (NMC, 2018b) and that the school nurse was supervising her clinical placement.

How did you escalate concerns if problems worsened? When it became clear that Vicky's problems were of a serious nature affecting her health and well-being both in and outside school, Marion realised that she was unable to resolve these issues herself and she had a duty to report this to the school nurse.

(Continued)

Table 10.7 (Continued)

Safe and effective delivery of care

What knowledge/skills/attitudes were applied to care? In addition to the communication skills discussed above, Marion remembered a lecture regarding safeguarding, and this helped her to understand that Vicky is a vulnerable minor who needs to be protected from harm.

What prior experience did you have of this intervention? Marion had no experience of dealing with this challenging situation.

How was your competence to give care quality assured? Marion recognised that she was out of her depth given the seriousness of Vicky's problems, and that the school nurse needed to deal with it.

How did you share information on the care you gave? Marion informed the school nurse about how she had responded to Vicky's request for help and all the details of the problems that she described. The school nurse also asked Marion to write notes on what Vicky had told her as a formal record.

Outcomes of care benefit the patient

What was the patient's/relatives' feedback about care? The case study does not give details of Vicky's response to Marion's care. Her willingness to talk to Marion suggests that she felt comfortable doing so.

To what extent were desired outcomes of care achieved? Vicky wanted Marion to give her something to make the stress go away, suggesting that she was looking for medication to relieve anxiety, which Marion was not in a position to give. However, Marion's interventions helped to uncover the causes of Vicky's fear and anxiety, which laid the foundation for the alleged bullying and intimidation to be dealt with.

How do you think the patient benefited from this care? It took a lot of courage for Vicky to confide in someone about her problems, and if Marion had not been welcoming and approachable Vicky might have gone away, not come back, had her sense of being victimised reinforced, and her problems unresolved.

How will you address any negative outcomes of care? While Marion coped well with the situation, being left on her own to deal with pupils' health problems poses risks that need to be managed more effectively in future (e.g. not being left alone or calling the school nurse to supervise or deal with problems).

Nursing and midwifery strengths and weaknesses

What did you learn from this experience of patient care? Marion gained valuable experience in communicating with Vicky to assess why she was feeling 'stressed out'. She was also able to apply the theory of safeguarding to clinical practice, which reinforced her understanding. The school nurse said that she had done well, and this helped to validate Marion's positive learning experience.

How did you justify public trust in your ability to care? Marion put her feelings of being shocked by what Vicky told her to one side in order to behave in a professional manner. She focused on what Vicky needed from her and recognised that she needed to tell the school nurse about this situation.

On reflection, what could you have done differently? The school nurse told Marion she needed to produce a written report of her interactions with Vicky. With hindsight, it would be helpful for Marion to get in the habit of making notes or filling in forms during assessments. This would help to structure interviews, ensure vital details are included, reduce recall errors, and aid accurate documentation.

> **What are you doing to improve decision-making skills?** Marion is a second-year student, so she will continue to learn about decision-making skills during her nursing degree. She will also reflect on this episode of care and may incorporate this in her personal and professional development portfolio.

Table 10.7 Applying the 'PERSON' evaluation tool to review Marion's assessment of Vicky

The above example shows how applying the 'PERSON' evaluation tool offers a comprehensive framework to evaluate patient assessments, nursing decisions and associated healthcare. It does so by incorporating relevant decision theory and research, nurses' professional code of conduct, and the recommendations of the Francis Report (Francis, 2013). It is a person-centred system quality-assuring safe and effective nursing care, which requires nurses to be honest to acknowledge errors and their development needs. In this way, it also addresses health policy priorities by promoting the 6Cs of compassionate care: care, compassion, competence, communication, courage and commitment (Department of Health and NHS Commissioning Board, 2012). It is recommended that you use this tool to guide and evaluate your decision-making and to structure your personal and professional development portfolios.

Chapter summary

This chapter has shown you how assessing health problems involves clinical judgement (intuition, reflection, critical thinking) in reaching a diagnosis and considering possible courses of action. Clinical decision-making is where a choice is made about which care intervention to use. Two frameworks, cognitive continuum theory (nine modes of practice) and a matrix model (ten perceptions of clinical decision-making), were offered to guide the development, application and review of clinical judgement and decision-making skills. A 'PERSON' evaluation tool to guide and evaluate assessment, care plans and nursing interventions was then discussed. The 'PERSON' evaluation tool is recommended for you to use as it incorporates relevant decision theory and research, the NMC code of conduct and current health policy priorities, and addresses the Francis Report recommendations. It also complements person-centred, holistic patient assessment, care planning and nursing interventions, which are advocated throughout this book.

Activities: brief outline answers

Activity 10.1 Critical thinking and reflection (p163)

You may have included some of the following points:

Person doing assessment	Problems they identified	Their decision-making/action
Angela	Cotton bud stuck in left ear, pain, discomfort, dizziness, cannot concentrate on work, unable to bear it anymore	Try unsuccessfully to remove cotton bud, take paracetamol tablets to relieve pain, ask GP and nurses to remove it
First GP	Foreign body in left ear, pain and discomfort reported by Angela	Try unsuccessfully to remove it, refer to practice nurse for ear irrigation to remove it
Practice nurse	Foreign body in left ear, as advised by GP	Unable to do ear irrigation (equipment not working), refer Angela to the MIU
Nigel (nurse practitioner)	No foreign body in left ear, no health problem evident	(a) Request second opinion from nurse practitioner colleague; (b) refuse to do ear irrigation; (c) discharge Angela from MIU
Helen (nurse practitioner)	No foreign body in left ear	Attend to another patient
Kim (student nurse)	Angela was getting irritated, sensed that she was not well	Keep quiet and just observe, reflecting on feeling torn between respect for Nigel and empathising with Angela
Second GP	(a) No foreign body in left ear; (b) left ear inflamed and infected	Prescribe antibiotics (by mouth), refer to ENT
ENT consultant	(a) No foreign body in left ear; (b) left ear still appears infected	(a) Prescribe antibiotic ear drops; (b) confirm ear irrigation not appropriate; (c) give health promotion advice to Angela (i.e. stop putting cotton buds in ears, use ear drops instead)

Activity 10.3 Critical thinking and decision-making (p169)

You may have included some of the following points:

Nine modes of practice	Examples of decision-making in Vicky's case study
Intuitive judgement	(a) Vicky felt unable to cope so she sought help. (b) Marion sensed that Vicky needed to talk to someone. (c) Marion felt 'completely out of her depth' at one point.
Reflective judgement	Just when Marion was thinking she did not know what she was doing, she remembered a safeguarding lecture, and realised she had a duty to report Vicky's problems to an appropriate authority (given that Vicky is a vulnerable minor, aged 14, who has reported being abused).
Patient and peer-aided judgement	(a) Marion did not send Vicky away (after she had got up the courage to speak to someone about her problem) and she enabled Vicky to tell her what was 'stressing her out'. (b) Marion reported the matter to the school nurse, which influenced her subsequent action (e.g. inform head teacher, explore issues further with Vicky).
System-aided judgement	(a) The school nursing service is part of the organisational structure of the school and pupils know they can seek help there for health-related problems. (b) Marion and the school nurse appeared to understand that they had a moral and legal duty to report Vicky's suspected abuse.

Critical review of experiential and research evidence	The school nurse gave Marion positive feedback for her role in enabling Vicky to talk about her problems.
Action research and clinical audit	(a) The school nurse was aware that formal records needed to be kept of what Vicky had said, which may be subject to official scrutiny. (b) The school nurse recognised that Vicky's suspected abuse requires further action to be taken by the head teacher, as well as Vicky's teacher, parents and GP, to ensure Vicky's safety at (and to and from) school.
Qualitative research	Vicky's experience of care by the school nursing service is a qualitative case study.
Survey research	A database records allegations/instances of abuse of vulnerable children reported by schools and social services.
Experimental research	Vicky appeared to ask Marion to provide her with medication to relieve her feelings of being 'stressed out'. Such medication would have been developed via scientific controlled trials.

Further reading

Standing, M. (2020) *Clinical Judgement and Decision-Making in Nursing.* London: SAGE.

In-depth application of the matrix model. A chapter is devoted to each of the ten perceptions of clinical decision-making in nursing, cross-referenced to ten conceptions of nursing, which is demonstrated using case studies. There is also a more detailed account of the 'PERSON' evaluation tool and its applications.

Useful website

www.nice.org.uk

National Institute for Health and Care Excellence website, where you can find a wide variety of evidence-based assessment tools and clinical guidelines.

Glossary

Acculturate   become assimilated into a new (dominant) culture.

Anaemia   lack of haemoglobin, which lowers the oxygen-carrying capacity of the red blood cells.

Arteriogram   injection of substance that shows up on X-ray to outline arterial vessels.

Autonomy   the ability to exercise choice.

Beneficence   the ethical principle of doing good.

Body language   body movements and expressions that reveal emotions.

Cerebrovascular accident (CVA)   also known as a stroke, this is an interruption to blood flow in a vessel in the brain due to either a clot or rupture.

Clinical decision-making   applies clinical judgement to select the best possible evidence-based option to control risks and address patients' needs in high-quality care for which you are accountable.

Clinical judgement   informed opinion (using intuition, reflection and critical thinking) that relates observation and assessment of patients to identifying and evaluating alternative nursing options.

Closed question   questions that illicit a short, often one-word, answer.

Cognitive continuum   judgement, ranging from intuitive hunches to critical analysis, that is tailored to the constantly changing nature of clinical demands and health problems we deal with.

Consequentialism   the ethical theory that regards the ends as justifying the means.

Cruse   bereavement support service.

Delirious   suffering from confusion caused by fever.

Deontology   this is about rule-based ethics.

Electrocardiogram (ECG)   a procedure that records the electrical activity of the heart and produces a tracing of this.

Epigastric pain   pain in the upper abdominal region.

Exudate   leakage from a wound.

Fibroadenoma   a collection of fibrous and glandular cells that form a mobile lump with distinct boundaries.

Glasgow Coma Scale   a neurological scale that measures levels of consciousness.

Glucocorticoids   a group of hormones released by the adrenal cortex.

Holistic   taking into account the whole person: physical, mental, social and spiritual.

Hypoglycaemia   low blood sugar level.

Idiocultures   the knowledge systems and ways of behaving of a small group of people.

Ingest   eat or drink.

Intuition/intuitive   the ability to subconsciously use information cues to make sense of a situation.

Justice   the principle of treating people fairly.

Leading question   a question that suggests what the answer to it is.

Lifeworld   the world as experienced by an individual.

Mindfulness   focusing on and becoming acutely aware of things normally taken for granted.

Neurological   arising from the nervous system.

Neuropathy   loss of peripheral sensation, particularly in the feet, due to damaged nerve endings and reduced blood flow.

Non-maleficence   the ethical principle of not doing harm.

Objective   refers to things that can be measured in some way.

Oesophageal gastroduodenoscopy (OGD)   a procedure in which a flexible tube with a camera is passed through the oesophagus, stomach and duodenum to visualise the internal lining and structure.

Open question   a question that allows the person answering to choose what and how much they say.

'PERSON' evaluation tool   A new universal framework to question, evaluate and guide nursing and midwifery decisions/interventions in the six key areas, namely **p**atient-centred; **e**vidence-based; **r**isks assessed and managed; **s**afe and effective delivery of care; **o**utcomes benefit the patient; and **n**ursing and midwifery strengths and weaknesses.

Prognosis   predicted course of the disease.

Quantitative   Things that can be counted/quantified.

Stent   a corrugated metal or plastic cylindrical tube inserted into a vessel to maintain its patency.

Subjective   information and understandings that are based on personal opinion.

Sympathetic presence   employing empathy to understand a patient's needs in a person-centred way.

Symptom   a manifestation of a disease that the patient experiences but which cannot be seen or measured directly.

Ulcerative colitis   inflammatory disease of the large bowel.

Urisheath   a device that covers the penis, directing urine into a tube which empties into a bag.

References

Aggleton, P. and Chalmers, H. (2000) *Nursing Models and Nursing Practice*, 2nd edn. Basingstoke: Palgrave.

Andrews, J. and Butler, M. (2014) *Trusted to Care*. Available at: http://wales.gov.uk/docs/dhss/publications/140512trustedtocareen.pdf

Anthony, D. (2010) Do risk assessment scales for pressure ulcers work? *Journal of Tissue Viability*, 19(4): 132–6.

Anthony, P. and Crawford, P. (2000) Service user involvement in care planning: the mental health nurse's perspective. *Journal of Psychiatric and Mental Health Nursing*, 7(5): 425–34.

Aschengrau, A. and Seage, G. (2013) *Essential Epidemiology in Public Health*, 3rd edn. Burlington, MA: Jones & Bartlett.

Aston, L., Wakefield, J. and McGown, R. (eds) (2010) *The Student Nurse Guide to Decision Making in Practice*. Maidenhead: Open University Press.

Barker, J. (2013) *Evidence-Based Practice for Nurses*, 2nd edn. London: SAGE.

Baumbusch, J., Leblanc, M.-E., Shaw, M. and Kjorven, M. (2016) Factors influencing nurses' readiness to care for hospitalised older people. *International Journal of Older People Nursing*, 11(2): 149–59.

Beauchamp, T. and Childress, J. (2012) *Principles of Biomedical Ethics*, 7th edn. Oxford: Oxford University Press.

Caldeira, S., Timmins, F., Carvalho, E.C. and Vieira, M. (2017) Clinical validation of the nursing diagnosis spiritual distress. *International Journal of Nursing Terminology and Knowledge*, 28(1): 44–52.

Carnerio, I. and Howard, N. (2011) *Introduction to Epidemiology*, 2nd edn. Maidenhead: Open University Press.

Carpenito-Moyet, L.J. (2016) *Handbook of Nursing Diagnosis*, 15th edn. Philadelphia, PA: Wolters Kluwer Health/Lippincott Williams Wilkins.

Carper, B. (1978) Fundamental patterns of knowing in nursing. *Advances in Nursing Science*, 1(1): 13–24.

Chilton, S. and Bain, H. (eds) (2017) *Textbook of Community Nursing*, 2nd edn. London: Routledge.

Clarke, J. (2013) *Spiritual Care in Everyday Nursing Practice: A New Approach*. Basingstoke: Palgrave Macmillan.

Creswell, J. and Poth, C.N. (2017) *Qualitative Inquiry and Research Design: Choosing among Five Approaches*, 4th edn. Thousand Oaks, CA: SAGE.

D'Agostino, F., Sanson, G., Cocchieri, A., Vellone, E., Welton, J., Maurici, M., et al. (2017) Prevalence of nursing diagnoses as a measure of nursing complexity in a hospital setting. *Journal of Advanced Nursing*, 73(9): 2129–42.

D'Agostino, F., Pancani, L., Romero-Sánchez, J.M., Lumillo-Gutierrez, I., Paloma-Castro, O., Vellone, E., et al. (2018) Nurses' beliefs about nursing diagnosis: a study with cluster analysis. *Journal of Advanced Nursing*, 74(6): 1359–70.

Defloor, T., Clark, M., Witherow, A., Colin, D., Lindholm, C., Schoonhoven, L., et al. (2005) EPAUP statement on prevalence and incidence monitoring of pressure ulcer occurrence 2005. *European Pressure Ulcer Advisory Panel*, 6: 69–85.

Department of Health (2000) *The NHS Plan*. London: The Stationery Office.

Department of Health (2006) *Your Health, Your Care, Your Say*. London: The Stationery Office.

Department of Health (2009) *Long Term Conditions: Care Planning*. Available at: www.dh.gov.uk/en/Healthcare/Longtermconditions/DH_093359

Department of Health (2010a) *Equity and Excellence: Liberating the NHS*. Available at: https://assets.publishing.service.gov.uk/government/uploads/system/uploads/attachment_data/file/213823/dh_117794.pdf

Department of Health (2010b) *Ready to Go? Planning the Discharge and the Transfer of Patients from Hospital and Intermediate Care*. London: The Stationery Office.

Department of Health and NHS Commissioning Board (2012) *Compassion in Practice: Nursing, Midwifery and Care Staff, Our Vision and Strategy*. Available at: www.england.nhs.uk/wp-content/uploads/2012/12/compassion-in-practice.pdf

Dewing, J. (2004) Concerns relating to the application of frameworks to promote person-centredness in nursing with older people. *Journal of Clinical Nursing*, 13(3a): 39–44.

Dewing, J. (2008) Personhood and dementia: revisiting Tom Kitwood's ideas. *International Journal of Older People Nursing*, 3(1): 3–13.

Dougherty, L., Lister, S. and West-Oram, A. (eds) (2015) *The Royal Marsden Hospital Manual of Clinical Nursing Procedures Student Edition*, 9th edn. Oxford: Wiley-Blackwell.

Dyson, S. (2004) Transcultural nursing care of adults. In C. Husband and B. Terry (eds), *Transcultural Health Care Practice: An Educational Resource for Nurses and Health Care Practitioners*. London: RCN.

Egan, G. (2014) *The Skilled Helper: A Problem-Management and Opportunity Development Approach to Helping*, 10th edn. Belmont, CA: Brooks/Cole.

Ellis, P. (2017) *Understanding Ethics for Nursing Students*, 2nd edn. London: SAGE.

Ellis, P. (2019) *Evidence-Based Practice in Nursing*, 4th edn. London: SAGE.

Equality and Human Rights Commission (EHRC) (2011) *Inquiry into Home Care of Older People*. Available at: www.equalityhumanrights.com/legal-and-policy/our-legal-work/inquiries-and-assessments/inquiry-into-home-care-of-older-people

Esterhuizen, P. and Howatson-Jones, L. (2019) *Reflective Practice in Nursing*, 4th edn. London: SAGE.

Evans, D.M.D., Evans, C. and Evans, R.A. (2003) *Special Tests: The Procedure and Meaning of Common Tests in Hospital*, 15th edn. Philadelphia, PA: Elsevier.

Field, L. and Smith, B. (2008) *Nursing Care: An Essential Guide*. Harlow: Pearson Education.

Francis, R. (2013) *Report of the Mid Staffordshire NHS Foundation Trust Public Inquiry: Executive Summary*. Available at: www.midstaffspublicinquiry.com/sites/default/files/report/Executive%20 summary.pdf

Frosh, S. (2002) *After Words: The Personal in Gender, Culture and Psychotherapy*. Basingstoke: Palgrave.

Funkesson, K.H., Anbäcken, E.M. and Ek, A.C. (2007) Nurses' reasoning process during care planning taking pressure ulcer prevention as an example: a think-aloud study. *International Journal of Nursing Studies*, 44(7): 1109–19.

Gillam, S., Yates, J. and Badrinath, J. (2007) *Essential Public Health*. Cambridge: Cambridge University Press.

Girard, N.J. (2007) Do you know what you don't know? *AORN Journal*, 86: 177–8.

Goodman, B. and Clemow, R. (2010) *Nursing and Collaborative Practice: A Guide to Interprofessional Learning and Working*, 2nd edn. Exeter: Learning Matters.

Gordon, M. (1994) *Nursing Diagnosis: Process and Application*. St Louis, MO: Mosby Yearbook.

Grant, A. and Goodman, B. (2018) *Communication and Interpersonal Skills in Nursing*, 4th edn. London: SAGE.

Hall, A. (2005) Defining nursing knowledge. *Nursing Times*, 100(48): 34–37.

Hall, C. and Ritchie, D. (2013) *What Is Nursing? Exploring Theory and Practice*, 3rd edn. London: SAGE.

Hammond, K.R. (1996) *Human Judgement and Social Policy: Irreducible Uncertainty, Inevitable Error, Unavoidable Injustice*. New York: Oxford University Press.

Hawkey, B. and Williams, J. (2007) *The Role after Rehabilitation Nurse: RCN Guidance*. London: RCN.

Healthcare Improvement Scotland (HIS) (2014) *Person-Centred Health and Care Collaborative*. Available at: www.healthcareimprovementscotland.org/our_work/person-centred_care/person-centred_collaborative.aspx

Heron, J. (1992) *Feeling and Personhood: Psychology in Another Key*. London: SAGE.

Hill, T.E. (2010) How clinicians make (or avoid) moral judgments of patients: implications of the evidence for relationships and research. *Philosophy, Ethics, and Humanities in Medicine*, 5(11). doi:10.1186/1747-5341-5-11

Hillson, D. and Murray-Webster, R. (2007) *Understanding and Managing Risk Attitude*, 2nd edn. Farnham: Gower.

Hinchliff, S., Norman, S. and Schober, J. (eds) (2008) *Nursing Practice and Health Care*, 5th edn. London: Hodder Arnold.

Hogston, R. and Marjoram, B. (eds) (2011) *Foundations for Nursing Practice: Themes, Concepts and Frameworks*, 4th edn. Basingstoke: Palgrave Macmillan.

Holmes, S. (2010) Importance of nutrition in palliative care of patients with chronic disease. *Nursing Standard*, 25(1): 48–56.

Howatson-Jones, L. and Ellis, P. (eds) (2008) *Outpatient, Day Surgery and Ambulatory Care*. Chichester: Wiley-Blackwell.

Hubley, J. and Copeman, J. (2013) *Practical Health Promotion*, 2nd edn. Cambridge: Polity Press.

Hutchfield, K. (2010) *Information Skills for Nursing Students*. Exeter: Learning Matters.

Ikäheimo, H. and Laitinen, A. (2007) Dimensions of personhood. *Journal of Consciousness Studies*, 14(5–6): 6–16.

Innes, A., Macpherson, S. and McCabe, L. (2006) *Promoting Person-Centred Care at the Frontline*. York: Joseph Rowntree Foundation.

Keogh, B. (2013) *Review into the Quality of Care and Treatment Provided by 14 Hospital Trusts in England: Overview Report*. Available at: www.nhs.uk/NHSEngland/bruce-keogh-review/Documents/outcomes/keogh-review-final-report.pdf

Kipling, R. (n.d.) *The Elephant's Child*. Available at: www.kiplingsociety.co.uk/rg_elephantschild1.htm

Kitwood, T. (1997) *Dementia Reconsidered: The Person Comes First*. Milton Keynes: Open University Press.

Lloyd, M. (2010) *A Practical Guide to Care Planning in Health and Social Care*. Maidenhead: Open University Press.

Lynch, L., Hancox, K., Happell, B. and Parker, J. (2008) *Clinical Supervision for Nurses*. Chichester: Wiley-Blackwell.

Mahoney, F. and Barthel, D. (1965) Functional evaluation: The Barthel Index. *Maryland State Medical Journal*, 14: 56–61.

Malnutrition Advisory Group (2012) *Malnutrition Universal Screening Tool*. Available at: www.bapen.org.uk/screening-for-malnutrition/must/must-toolkit/the-must-itself

Manley K. (2000) Organisational culture and consultant nurse outcomes: part 1 – organisational culture. *Nursing Standard*, 14(36): 34–8.

Manley, K. and McCormack, B. (2003) Practice development: purpose, methodology, facilitation and evaluation. *Nursing in Critical Care*, 8(1): 22–9.

Manley, K., Sanders, K., Cardiff, S. and Webster, J. (2011) Effective workplace culture: the attributes, enabling factors and consequences of a new concept. *International Practice Development Journal*, 1(2): Article 1.

McAllister, M. (ed.) (2007) *Solution-Focused Nursing: Rethinking Practice*. Basingstoke: Palgrave.

McCabe, C. and Timmins, F. (2013) *Communication Skills for Nursing Practice*, 2nd edn. Basingstoke: Palgrave Macmillan.

McCaffery, M. (1968) *Nursing Practice Theories Related to Cognition, Bodily Pain, and Man–Environment Interactions.* Los Angeles, CA: University of California at Los Angeles Students' Store.

McCormack, B. (2004) Person-centredness in gerontological nursing: an overview of the literature. *Journal of Clinical Nursing,* 13(3a): 31–8.

McCormack, B. and McCance, T. (2016) *Person-Centred Practice in Nursing and Health Care: Theory and Practice,* 2nd edn. Oxford: Wiley-Blackwell.

McCormack, B., McCance, T. and Maben, J. (2013) Outcome evaluation in the development of person-centred practice. In B. McCormack, K. Manley and A. Titchen (eds), *Practice Development in Nursing and Healthcare,* 2nd edn. Chichester: Wiley-Blackwell, pp190–211.

Mental Capacity Act (2005) *Mental Capacity Act.* London: The Stationery Office.

Mental Health Act (2007) *Mental Health Act.* London: The Stationery Office.

Morris, R.C. (2012) The relative influence of values and identities on academic dishonesty: a quantitative analysis. *Current Research in Social Psychology,* 20(1): 1–20.

Moule, P. and Goodman, M. (2009) *Nursing Research: An Introduction.* London: SAGE.

National Institute for Health and Care Excellence (NICE) (2005) *HNA: A Practical Guide.* London: NICE.

National Institute for Health and Care Excellence (NICE) (2006) *Nutrition Support for Adults: Oral Nutrition Support, Enteral Tube Feeding, and Parenteral Nutrition.* London: NICE.

National Institute for Health and Care Excellence (NICE) (2007) *Acutely Ill Patients in Hospital.* London: NICE.

NHS Digital (2018) *Data on Written Complaints in the NHS 2017–18.* Available at: https://files.digital.nhs.uk/5B/D86467/Data%20on%20Written%20Complaints%20in%20the%20NHS%202017-18%20Report.pdf

NHS England (2014) *High Quality Care for All, Now and for Future Generations.* Available at: www.england.nhs.uk/ourwork/part-rel/transformation-fund/bcf-plan

Nightingale, F. (1860) *Notes on Nursing: What It Is and What It Is Not.* New York: Appleton.

Nolan, D. and Ellis, P. (2008) Communication and advocacy. In L. Howatson-Jones and P. Ellis (eds), *Outpatient, Day Surgery and Ambulatory Care.* Chichester: Wiley-Blackwell, pp8–24.

Northern Ireland Public Services Ombudsman (NIPSO) (2016) *Annual Report of the Assembly Ombudsman for Northern Ireland and the Northern Ireland Commissioner for Complaints: 2015/2016.* Available at: https://nipso.org.uk/site/wp-content/uploads/2016/02/Ombudsmans-Annual-Report-2015-16-for-web-publication.pdf

NSW Health (2009) *Caring Together: The Health Action Plan for NSW.* Available at: www.health.nsw.gov.au/publications/Publications/caring-together-plan.pdf

Nursing and Midwifery Council (NMC) (2018a) *Future Nurse: Standards of Proficiency for Registered Nurses.* London: NMC.

Nursing and Midwifery Council (NMC) (2018b) *The Code: Professional Standards of Practice and Behaviour for Nurses, Midwives and Nursing Associates.* London: NMC.

Orem, D. (2001) *Nursing: Concepts of Practice,* 6th edn. London: Mosby.

Paans, W., Nieweg, R.M.B., van der Schans, C.P. and Sermeus, W. (2011) What factors influence the prevalence and accuracy of nursing diagnoses documentation in clinical practice? A systematic literature review. *Journal of Clinical Nursing,* 20(17–18): 2386–403.

Park, C. (2007) *A Dictionary of Environment and Conservation,* 3rd edn. Oxford: Oxford University Press.

Price, B. (2002) Laddered questions and qualitative data research interviews. *Journal of Advanced Nursing,* 37(3): 273–81.

Pritchard, M.J. (2011) Using the Hospital Anxiety and Depression Scale in surgical patients. *Nursing Standard,* 25(34): 35–41.

Rahman, S. and Myers, R. (2019) *Courage in Healthcare: A Necessary Virtue or a Warning Sign?* London: SAGE.

Rogers, C. (1995) *A Way of Being.* Boston, MA: Houghton Mifflin.

Roper, N., Logan, W. and Tierney, A. (2000) *The Roper–Logan–Tierney Model of Nursing: Based on Activities of Living.* Edinburgh: Churchill Livingstone.

Rowe, A., McClelland, A. and Billingham, K. (2001) *Community Health Needs Assessment: An Introductory Guide for the Family Health Nurse in Europe.* Copenhagen: WHO.

Royal College of Nursing (RCN) (2003) *Defining Nursing.* London: RCN.

Royal College of Nursing (RCN) (2012) *Going Upstream: Nursing's Contribution to Public Health – Prevent, Promote and Protect.* London: RCN.

Royal College of Physicians (RCP) (2012) *National Early Warning Score (NEWS): Standardising the Assessment of Acute-Illness Severity in the NHS.* Available at: www.rcplondon. ac.uk/national-early-warning-score

Ruland, C.M. (1999) Decision support for patient preference-based care planning. *Journal of the American Medical Informatics Association,* 6(4): 304–12.

Rushforth, H. (2009) *Assessment Made Incredibly Easy.* Philadelphia, PA: Lippincott, Williams & Wilkins.

Schwartz, S.H. (1992) Universals in the content and structure of values: theoretical advances and empirical tests in 20 countries. In M.P. Zanna (ed.), *Advances in Experimental Social Psychology.* London: Academic Press.

Scottish Public Services Ombudsman (SPSO) (2019) *Investigation Reports.* Available at: www.spso.org.uk/investigation-reports

Seedhouse, D. (2009) *Ethics: The Heart of Healthcare,* 3rd edn. Chichester: John Wiley.

Sines, D., Saunders, M. and Forbes-Burford, J. (eds) (2009) *Community Health Care Nursing,* 4th edn. Chichester: Wiley Blackwell.

Sorenson, C., Bolick, B., Wright, K. and Hamilton, R. (2016) Understanding compassion fatigue in healthcare providers: a review of current literature. *Journal of Nursing Scholarship*, 48(5): 456–65.

Standing, M. (2010) *Clinical Judgement and Decision Making*. Maidenhead: Open University Press.

Standing, M. (2020) *Clinical Judgement and Decision-Making in Nursing*, 4th edn. London: SAGE.

Stephenson, J. (2014) *NHS England to Rollout '6Cs' Nursing Values to All Health Service Staff*. Available at: www.nursingtimes.net/nursing-practice/specialisms/management/exclusive-6cs-nursing-values-to-be-rolled-out-to-all-nhs-staff/5070102.article

Stets, J.E. and Carter, M.J. (2011) The moral self: applying identity theory. *Social Psychology Quarterly*, 74(2): 192–215.

Sully, P. and Dallas, J. (2010) *Essential Communication Skills for Nursing and Midwifery*, 2nd edn. Edinburgh: Elsevier Mosby.

Taylor, J. and Wros, P. (2007) Concept mapping: a nursing model for care planning. *Journal of Nursing Education*, 46(5): 211–16.

Walshe, K. and Shortell, S.M. (2004) When things go wrong: how healthcare organisations deal with major failures. *Health Affairs*, 23(3): 103–11.

Waterlow, J. (2008) *The Waterlow Score*. Available at: www.judy-waterlow.co.uk

Weir-Hughes, D. (2007) Reviewing nursing diagnoses. *Nursing Management*, 14(5): 32–5.

Welton, J.M. and Halloran, E.J. (2005) Nursing diagnoses, diagnosis-related group, and hospital outcomes. *Journal of Nursing Administration*, 35(12): 541–9.

West, L., Alheit, P., Anderson, A.S. and Merrill, B. (eds) (2007) *Using Biographical and Life History Approaches in the Study of Adult and Lifelong Learning: European Perspectives*. Frankfurt am Main: Peter Lang.

Wilkinson, J.M. (2016) *Nursing Diagnosis Handbook*, 11th edn. Harlow: Pearson Education.

Wilson, B., Woollands, A. and Barrett, D. (2018) *Care Planning: A Guide for Nurses*, 3rd edn. Harlow: Pearson Education.

Worden, A. and Challis, D. (2008) Care planning systems in care homes for older people. *Quality in Ageing*, 8: 28–38.

World Health Organization (WHO) (2001) *Community Health Needs Assessment: An Introductory Guide for the Family Health Nurse in Europe*. Available at: www.euro.who.int/__data/assets/pdf_file/0018/102249/E73494.pdf

World Health Organization (WHO) and United Nations Children's Fund (UNICEF) (1978) *Primary Health Care: Report of the International Conference on Primary Health Care*. Geneva: WHO.

Index